追求卓越：

思想政治教育卓越教师班2014级优秀论文辑

王兰芳　主编

山东大学出版社

图书在版编目(CIP)数据

追求卓越:思想政治教育卓越教师班2014级优秀论文辑/王兰芳主编. —济南:山东大学出版社,2019.6

ISBN 978-7-5607-6369-9

Ⅰ.①追… Ⅱ.①王… Ⅲ.①高等学校—思想政治教育—教学研究—中国—文集 Ⅳ.①G641-53

中国版本图书馆CIP数据核字(2019)第137135号

责任编辑:谭学秋
封面设计:张 荔

出版发行:山东大学出版社
社 址 山东省济南市山大南路20号
邮 编 250100
电 话 市场部(0531)88363008
经 销:新华书店
印 刷:济南华林彩印有限公司
规 格:720毫米×1000毫米 1/16
19.5印张 418千字
版 次:2019年6月第1版
印 次:2019年6月第1次印刷
定 价:48.00元

目 录

《共产党宣言》"消灭私有制"的路径思想及其当代意义

安瑞龙

摘要:马克思和恩格斯在《共产党宣言》中提出要"消灭私有制",特指消灭资本主义私有制。私有制的产生和灭亡都是历史发展的必然结果。但这不意味着私有制会自行消亡,"消灭私有制"仍将是一个长期的渐近式的过程,必须要满足一定的前提和条件。《共产党宣言》从辩证唯物主义和历史唯物主义的角度,为无产阶级"消灭私有制"提供了科学的论证逻辑和实现路径。从今天的认识高度出发,我们既要坚持"消灭私有制"这一奋斗目标不动摇,又要结合其实现的基本路径,准确把握我国当前的发展定位,辩证地对待私有制,既要毫不动摇地坚持社会主义公有制的主体地位,又要毫不动摇地鼓励、支持和引导非公有制经济的发展。

关键词:《共产党宣言》;消灭私有制;资本主义私有制;路径

马克思和恩格斯在《共产党宣言》(以下简称为《宣言》)中明确提出:"共产党人可以把自己的理论概括为一句话:消灭私有制。"①中国共产党坚持了这一思想。新中国成立后,中国共产党基本遵循了《宣言》"消灭私有制"的设计路径,完成了对农业、手工业和资本主义工商业的社会主义改造,使社会主义公有制在我国国民经济占据主导地位,我国也由此成为社会主义国家。但改革开放后,中共十五大将"公有制为主体、多种所有制经济共同发展"确立为我国的基本经济制度,明确提出"非公有制经济是我国社会主义市场经济的重要组成部分"②。中共十八大进一步提出毫不动摇鼓励、支持、引导非公有制经济发展,保证各种所有制经济依法平等使用生产要素,公平参与市场竞争,同等受到法律保护等等。中国共产党现在却反过来鼓励发展非公有制经济,也

① 《马克思恩格斯选集》第1卷,人民出版社2012年版,第414页。

② 中共中央文献研究室编:《十五大以来重要文献选编》(上),中央文献出版社2000年版,第22页。

就是私有制经济。这不禁让人产生疑惑，到底是马克思和恩格斯错了，还是中国特色社会主义"变色"了？所以，正确理解《宣言》"消灭私有制"思想的科学内涵，结合其中"消灭私有制"的基本路径，理顺"消灭私有制"与发展非公有制经济之间的关系，对我国坚持和发展马克思主义，巩固基本经济制度，保持经济增长活力，继续深化改革都有重要的理论和现实意义。

一、《共产党宣言》中"消灭私有制"的含义

私有制作为与公有制相对立的一面，是指生产资料归私人所有的一种制度。生产资料归谁所有不仅决定了人对物的占有关系，还决定了人与人在生产中的地位及其相互关系、产品分配方式等，进一步决定着整个社会的性质。作为生产关系中最基本的方面，生产资料归谁所有成为无产阶级革命运动中的"基本问题"[①]。因此，马克思和恩格斯在为世界无产阶级撰写革命纲领的时候，明确提出了"消灭私有制"的口号。这一口号的提出让世界无产阶级备受鼓舞，也让世界资产阶级心惊胆战。他们纷纷指责《宣言》"要消灭个人挣得的、自己劳动得来的财产，要消灭构成个人的一切自由、活动和独立的基础的财产"[②]，那些认为"消灭私有制"与我国当前发展非公有制经济相矛盾的人也大多从这种角度出发，认为"消灭私有制"即立刻消灭所有性质的私有制。事实上，如果我们从整体上理解和把握《宣言》的内容，不难发现中国当前坚持的"两个毫不动摇"的做法不仅没有违背马克思主义理论，反而更加准确地把握住《宣言》中对"消灭私有制"这一论断的真谛。

（一）"消灭私有制"不是消灭以生产者自己的劳动为基础的私有制

"消灭私有制"不是立刻消灭所有的私有制。在未来社会所有制问题上，《宣言》明确指出："共产主义的特征并不是要废除一般的所有制，而是要废除资产阶级的所有制。"[③]如何区别"一般的所有制"和"资产阶级的所有制"，这里涉及对私有制形式的再划分。以往"政治经济学在原则上把两种极不相同的私有制混同起来了。其中一种以生产者自己的劳动为基础，另一种以剥削他人的劳动为基础"[④]。"资产阶级的所有制"的存在，使生产资料与劳动者相互分离，明显具有剥削劳动者的事实。而"以生产者自己的劳动为基础"的私有就属于《宣言》中所说的"一般的所有制"，它是对"个人挣得的、自己劳动得来的财产"的合理的个人占有，实现了劳动者对生产资料的直接占有，"我们决不打算消灭这种供直接生命再生产用的劳动产品的个人占有，这种占有并不会留下任何剩余的东西使人们有可能支配别人的劳动"[⑤]。所以，具有剥削性质的资本主义私有制必须予以消灭，而以生产者自己的劳动为基础的"一般的所有制"则不能不加区分地同等对待。

---

① 《马克思恩格斯选集》第1卷，人民出版社2012年版，第435页。

② 《马克思恩格斯选集》第1卷，人民出版社2012年版，第414页。

③ 《马克思恩格斯选集》第1卷，人民出版社2012年版，第414页。

④ 《马克思恩格斯全集》第44卷，人民出版社2001年版，第876页。

⑤ 《马克思恩格斯选集》第1卷，人民出版社2012年版，第415页。

(二)消灭资本主义私有制,建立社会主义公有制

共产主义要消灭资本主义私有制,不是说共产主义只消灭资产阶级私有制,而要保留其他形式的私有制。以生产者自己的劳动为基础的“一般的所有制”本质上仍属于私有制的范畴,它虽然实现了劳动者对生产资料和劳动成果的占有,但这种占有是同落后的生产力相适应的,从历史上看,它是与个体劳动者的小生产方式相结合的。这种落后的生产方式以土地和其他生产资料的分散使用为前提,排斥生产资料的积聚,排斥同一生产过程内部的分工,排斥社会化生产力的自由发展。但生产力的发展促使生产资料加以集中,个人的分散的生产资料需要转化为社会的积聚的生产资料,小生产者分散的、落后的生产方式逐渐被资本主义社会化大生产所替代,建立在个人劳动基础上的小生产者的生产方式最终会在大工业的发展过程中走向灭亡。所以,每一个阶级都有其特有的时代任务,无产阶级的时代任务是消灭资本主义的私有制,而其他形式的私有制的消灭则是资产阶级作为先进阶级时所要完成的时代任务。

虽然资本主义社会“在它的不到一百年的阶级统治中所创造的生产力,比过去一切世代创造的全部生产力还要多,还要大”①,但它的发展同时也加速了生产资料与广大劳动者的分离。随着剥削的加重,社会上多数人的小财产变成了少数人的大财产,“私有财产对十分之九的成员来说已经被消灭了”②。随着生产力的进一步发展,资本主义私有制也不能适应生产力的发展了。那种建立在雇佣劳动基础上剥削工人剩余价值的资本主义私有制已经引发了一系列的社会问题,尤其是“危及整个资产阶级社会生存的商业危机”③不断爆发,更加说明资本主义也无法“再支配自己用法术呼唤出来的魔鬼了”④。所以,马克思大胆预言:“资本主义私有制的丧钟就要响了,剥夺者就要被剥夺了。”⑤

剥夺剥夺者,也就是改变少数人占有的大量生产资料的事实,将“全部生产集中在联合起来的个人的手里”⑥,把集体劳动创造的“资本变为公共的、属于社会全体成员的财产”⑦。由于“现代的资产阶级私有制是建立在阶级对立上面、建立在一些人对另一些人的剥削上面的产品生产和占有的最后而又最完备的表现”⑧,所以废除了资本主义私有制,也就从根本上废除了私有制,代之而起的将是生产资料的社会主义公有制。它的建立实现了对资本主义私有制的扬弃,重新建立了“个人所有制”,实现了劳动者对生产资料及其劳动成果的新的占有,使得生产关系再一次适应并促进生产力的发展。

---

① 《马克思恩格斯选集》第 1 卷,人民出版社 2012 年版,第 405 页。
② 《马克思恩格斯选集》第 1 卷,人民出版社 2012 年版,第 416 页。
③ 《马克思恩格斯选集》第 1 卷,人民出版社 2012 年版,第 406 页。
④ 《马克思恩格斯选集》第 1 卷,人民出版社 2012 年版,第 406 页。
⑤ 《马克思恩格斯文集》第 5 卷,人民出版社 2009 年版,第 5 页。
⑥ 《马克思恩格斯选集》第 1 卷,人民出版社 2012 年版,第 422 页。
⑦ 《马克思恩格斯选集》第 1 卷,人民出版社 2012 年版,第 415 页。
⑧ 《马克思恩格斯选集》第 1 卷,人民出版社 2012 年版,第 414 页。

二、关于《共产党宣言》"消灭私有制"的实践路径

从私有制的产生到私有制的灭亡，资本主义私有制终将被社会主义公有制消灭，这是历史发展的必然结果。但这种必然并不意味着私有制会自行消亡，共产主义社会所有制的建立也有其特殊的规律，所以"消灭私有制"必须要采取积极适当的措施，探索并创造满足它的条件。《宣言》指出："工人革命的第一步就是使无产阶级上升为统治阶级，争得民主。无产阶级将利用自己的政治统治，一步一步地夺取资产阶级的全部资本，把一切生产工具集中在国家即组织成为统治阶级的无产阶级手里，并且尽可能快地增加生产力的总量。"[①]《宣言》站在历史唯物主义的高度，为无产阶级"消灭私有制"提供了科学的论证逻辑和实现路径。

（一）无产阶级夺取政权是"消灭私有制"的政治前提

"无产阶级上升为统治阶级，争得民主"，即建立无产阶级专政的国家，根源于资本主义生产方式内部生产力和生产关系的矛盾激化、资本主义经济基础需要得到根本变革的客观要求。资本主义私有制的建立，使整个社会日益分裂成资产阶级和无产阶级这两个敌对的阵营。一方面，社会财富不断地积聚在少数人手里；另一方面，大多数人的生产资料被剥夺，使无产者的数量不断增加，对资本的依赖程度也不断提高。随着生产力的不断发展，生产的社会化和生产资料私人占有之间的矛盾会不断加剧，无产阶级和资产阶级之间的斗争随着这一矛盾加剧也不断扩大。最终作为先进生产力代表的无产阶级，必然会战胜资产阶级，推翻资本主义私有制及其全部上层建筑，建立起自己的政治统治，建立并完善新的生产关系和上层建筑。

世界革命的历史证明，无论怎样腐朽的统治阶级都不会自愿交出政权。在推翻资产阶级统治的过程中，必定会引起资产阶级和一切腐朽势力的疯狂报复和殊死抵抗。这种情况下，无产阶级只有采取暴力革命的方式，运用更加强大的暴力手段以及灵活正确的斗争策略，才能粉碎资产阶级的反抗，建立起自己的统治。然而，无产阶级政权的建立并不代表着一切阶级差别的消灭，无产阶级作为统治阶级仍然要利用国家的政治职能，以专政的方式继续同反动势力进行斗争，努力创造"消灭私有制"、消灭剥削和压迫所需的一系列条件。

在发挥无产阶级专政的同时，还要逐步地实现社会主义民主。社会主义的本质是民主，无产阶级国家专政职能的发挥正是保障人民享有民主的权利。随着社会主义民主制度的发展和完善，反社会主义的势力也会日益缩小，国家跟社会日益趋向统一，国家的政治职能越来越弱化，组织经济建设的职能越来越突出。最终，国家与社会实现完全的统一。

（二）生产力的充分发展是"消灭私有制"的物质基础

人类社会的历史发展，归根到底是社会基本矛盾自身运动的历史发展，社会基本矛盾是社会发展的根本动力。生产力与生产关系的矛盾、经济基础与上层建筑的矛盾

① 《马克思恩格斯选集》第1卷，人民出版社2012年版，第421页。

就构成了社会的基本矛盾。其中，生产力决定生产关系，生产关系反作用于生产力；经济基础决定上层建筑，上层建筑反作用于经济基础。这两对矛盾间层层决定和层层反作用的关系，构成了以生产力发展为最终动因的整个社会基本矛盾的辩证运动。

生产力的发展，推动着人类社会从低级形态向高级形态的转化。资本主义社会战胜了封建社会，在它不到一百年的阶级统治中创造了巨大的生产力。它通过雇佣劳动、自由竞争等方式炸毁了阻碍生产力发展的封建所有制关系，建立起了适应生产力社会化发展的资本主义私有制。随着生产社会化的进一步发展，资本主义私有制变得"狭窄"起来，它的存在加剧了生产社会化与生产资料私人占有之间的矛盾，造成了周期性爆发的经济危机，"资产阶级用来推翻封建制度的武器，现在却对准资产阶级自己了"①。

经济危机的周期性爆发表明资本主义已经无法通过自身的调节来解决社会基本矛盾了，生产力自身的发展让资本主义完成了对自身的否定。资本主义生产方式所创造的发达的社会化的生产力，不但为社会主义生产关系的产生奠定了客观的物质基础，还创造出推翻自己统治、实现历史超越的阶级力量——无产阶级。由于社会主义生产关系与以往一切私有制经济基础不相容，所以它不可能在资本主义私有制的经济基础内部自发地产生。只有推翻资本主义统治，建立无产阶级专政的国家，才能建立起以生产资料公有制为基础的社会主义所有制，实现劳动者对生产资料的重新占有，进而进行有计划、有组织的生产。

对无产阶级来说，夺取政权只是社会主义革命的开始，无产阶级掌握政权后，必须要立即着手建立并巩固自己的经济基础。在这一过程中，无产阶级需要在先进政党的领导下，依据客观经济规律，从现实的生产力水平和客观经济条件出发，"一步一步地夺取资产阶级的全部资本，把一切生产工具集中在国家即组织成为统治阶级的无产阶级手里，并且尽可能快地增加生产力的总量"②。不过"要做到这一点，当然首先必须对所有权和资产阶级生产关系实行强制性的干涉"③，即对生产资料私有制进行社会主义改造，建立生产资料公有制。

随着社会主义改造的完成，剥削阶级作为阶级基本被消灭，阶级斗争范围大大缩小。这并不意味着社会基本矛盾消失了；相反，它以更加纯粹的形式表现出来，生产与需求的矛盾成为社会的主要矛盾。社会的基本矛盾不再具有对抗性，它可以在社会主义制度范围内，通过自我调整和改革来解决。无产阶级成为统治阶级后，仍然要继续发展生产力，不断改革和完善社会主义的生产关系和上层建筑，培育和积累其中的共产主义因素，尽早完成向共产主义社会的过渡。特别是社会主义首先在一些生产力比较落后的国家取得胜利，发展生产力的任务更加突出，更应该充分发挥社会主义制度的优越性，大力发展生产力，在实践中逐步摸索经济体制和社会组织方面向共产主义

① 《马克思恩格斯选集》第 1 卷，人民出版社 2012 年版，第 406 页。

② 《马克思恩格斯选集》第 1 卷，人民出版社 2012 年版，第 421 页。

③ 《马克思恩格斯选集》第 1 卷，人民出版社 2012 年版，第 421 页。

转变的具体形式和途径。

(三)"同传统思想的彻底决裂"是"消灭私有制"的思想保障

人类社会的发展是以发展社会生产为前提，社会生产包括物质生产和精神生产。无产阶级夺取政权后，在新的生产关系条件下，社会生产力将会得到极大解放，物质文明会迅速发展，同时也不能忽视精神文明的建设。精神文明属于社会意识范畴，社会意识建立在一定的社会存在基础之上，是人们对社会生活的过程和条件在观念上的反映。一旦社会存在发生变化，社会意识也会发生变化，但这种变化不是同步的，社会意识也具有相对独立性，对社会存在也会起到反作用。

当无产阶级夺取政权，建立生产资料的社会主义公有制，社会存在也就发生了巨大的变化。但想要实现"同传统的所有制关系实行最彻底的决裂"[①]，仅仅完成对私有制的物质改造显然是不够的，人们长期形成的根深蒂固的私有观念、不同文化间的差异以及未来社会人们的觉悟程度都会成为"消灭私有制"的桎梏。社会主义社会是"刚刚从资本主义社会中产生出来的，因此它在各方面，在经济、道德和精神方面都还带着它脱胎出来的那个旧社会的痕迹"[②]。为了彻底地"消灭私有制"，更好地促进生产力的发展，无产阶级只有"同传统的观念实行最彻底的决裂"[③]，摆脱旧的社会意识的束缚，用先进的、科学的社会意识作为自己的指导思想，才能实现社会的变革和发展。

为了实现"同传统观念的彻底决裂"，一方面要继续发展生产力，促进社会物质财富的积累；另一方面，用先进的、科学的社会意识武装头脑，尤其是坚持马克思主义的指导地位，加强宣传教育，让每个社会成员的个人意识同先进的生产力相一致。

三、关于《共产党宣言》"消灭私有制"的路径特征

《宣言》作为无产阶级革命的第一个纲领性的文件，也是唯物史观形成后第一次科学的运用。《宣言》中，马克思和恩格斯运用唯物史观的基本原理，为无产阶级"消灭私有制"、实现共产主义提供了科学的论证逻辑和实现路径。对《宣言》中"消灭私有制"路径思想进行特征分析，不仅有利于把握《宣言》中其他思想，为研究其他马克思主义文献提供思路，还有利于正确把握科学社会主义的实质，加快我国社会主义现代化建设的步伐。

(一)科学性和革命性的统一

《宣言》关于"消灭私有制"的路径思想之所以具有科学性和革命性，首先在于它坚持了科学的世界观和方法论。马克思主义哲学作为彻底的唯物主义哲学，创造性地实现了唯物辩证的自然观和历史观的统一，从唯物史观的高度科学地回答了人类社会发展的一般规律。唯物史观认为人类社会的发展是由社会基本矛盾推动的，把生产力作为推动社会前进的最活跃、最革命、最根本的力量。《宣言》作为唯物史观全面形成后

---

① 《马克思恩格斯选集》第1卷，人民出版社2012年版，第421页。
② 《马克思恩格斯选集》第3卷，人民出版社2012年版，第363页。
③ 《马克思恩格斯选集》第1卷，人民出版社2012年版，第421页。

第一次运用，科学地分析了资本主义社会的内在矛盾，即生产社会化与生产资料私人占有之间的矛盾。生产社会化的不断发展客观上要求生产资料由社会全体成员共同占有，而资本主义私有制却导致了社会财富集中在少数资本家的手里。周期性爆发的经济危机证明资本主义的生产关系无法再适应生产力的发展，所以"消灭私有制"是资本主义发展的客观结果，是生产力发展的必然要求。不过，"无论哪一种社会形态，在它所能容纳的全部生产力发挥出来以前，是决不会灭亡的；而新的更高的生产关系，在它的物质存在条件在旧社会的胎胞里成熟以前，是决不会出现的"[①]。"消灭私有制"，建立生产资料社会主义公有制也是有条件的。"消灭私有制"不是完全否定私有制，马克思和恩格斯在《宣言》中批判资本主义私有制的同时，充分肯定了资本主义的积极作用，认为它创造出了巨大的社会财富，为无产阶级"消灭私有制"提供了物质基础。

路径思想的科学性和革命性还表现在它是实践的、与时俱进的。《宣言》从唯物史观的角度逻辑论证了"消灭私有制"的必然性，但正确的理论必须结合具体情况并根据现存条件加以阐明和发挥。由于各国客观经济条件的差异，决定了"消灭私有制"具体路径的不同，也决定了社会主义所有制结构模式不可能完全相同。为了避免陷入空想，《宣言》只是对"消灭私有制"和未来社会作了一些原则性的论述和预测。恩格斯反复强调：马克思主义是"发展着的理论，而不是必须背得烂熟并机械地加以重复的教条"[②]。所以，到底采取何种方式"消灭私有制"只能根据具体的国情在社会主义建设的实践中逐步摸索、检验和发展，在马克思主义指导下，坚持实事求是、与时俱进的原则。只有这样，才能全面准确地把握《宣言》"消灭私有制"路径思想的本质特征。

（二）长期性和曲折性的统一

《宣言》站在唯物史观的高度科学论证了"消灭私有制"的必然性，如果付诸实践，则需要满足诸多条件，克服很多困难，这决定了"消灭私有制"将是一个长期的、曲折的过程。

首先，"消灭私有制"的第一步是无产阶级夺取政权。只有当无产阶级的力量强大到足够与资产阶级分庭抗礼时，夺取政权才可能成为现实。此外，当无产阶级成为统治阶级后，还需进一步消灭旧制度的残存势力，镇压反动势力的反抗，这又将是一个艰难、漫长的过程。

其次，充分发展的生产力是"消灭私有制"的物质基础。生产力的提高不是一蹴而就的，社会化大生产的普及也需要一个长期的过程。从实际情况来看，随着生产力的发展，资产阶级为了继续生存下去，不断地调整其生产关系，以适应变化了的生产力的要求，这就使得资本主义私有制可以在一个较长的时间里存在下去，想要彻底地"消灭私有制"必然要克服诸多困难。同时，无产阶级夺取政权后，首要问题也是尽快发展生产力。马克思根据生产力发展的不同阶段，把共产主义划分成了两个阶段：高级的共产主义和低级的社会主义。在社会主义阶段中，又有许多小阶段。所以，要想真正达

① 《马克思恩格斯选集》第 2 卷，人民出版社 2012 年版，第 3 页。

② 《马克思恩格斯选集》第 2 卷，人民出版社 2012 年版，第 8 页。

到最高阶段的共产主义社会，仅仅靠几代人的努力是不可能完成的。

最后，与传统的观念进行彻底的决裂也需要一个长期的过程。由于人的思想具有历史继承性，想要完全消除受到几千年私有制影响的私有观念需要一个长期、艰难的过程。在社会主义公有制建设过程中，私有观念也不会立即消失，其所带来的巨大历史惯性会不断地干扰、阻碍社会主义的发展，这就使通往共产主义的道路变得更加曲折和漫长。

虽然“消灭私有制”是一个长期曲折的过程，但这一过程又是历史发展的必然结果。“消灭私有制”，实现共产主义是共产党的最高纲领，无论在任何时候、任何情况下，真正的共产党人都要坚定不移、矢志不渝地为之奋斗终身。

（三）阶级性和针对性的统一

马克思主义是代表工人阶级和广大劳动人民利益的理论学说，具有鲜明的阶级性，这种阶级性是建立在科学性基础上的。“消灭私有制”路径思想同样也是科学性和阶级性的统一。一方面，马克思科学地研究分析了资本主义生产方式，得出了资本主义必然灭亡的结论；另一方面，马克思还发现了资本家无偿占有劳动者劳动成果的残酷事实，看清楚了剥削的本质、广大劳动人民的贫困和悲惨境地，进而让马克思站在了无产阶级一边，为广大受压迫的劳动者和无产者呐喊。同时，生产社会化的发展让资本主义内部的矛盾不断加剧，阶级矛盾的激化和阶级斗争简单化让马克思找到了“消灭私有制”实现共产主义的力量主体——无产阶级。无产阶级作为大工业本身的产物，是代表着先进生产力发展的最革命、最有发展前途的阶级。同时，无产阶级又处在资本主义社会的最底层，受到的压迫和剥削最为严重，这让它没有私利需要维护，它的革命性是最为彻底和坚决，并且代表着绝大多数人的利益，使无产阶级的阶级利益和社会利益得到了统一。

资本主义私有制的存在造成了劳动者与生产资料的分离，阻碍了生产力社会化的发展，无产阶级作为大工业本身的产物，代表了生产力发展的方向，它只有“废除自己的现存的占有方式，从而废除全部现存的占有方式，才能取得社会生产力”[①]。这就为无产阶级提供了明确的历史任务：消灭资本主义私有制，建立生产资料社会主义公有制。资本主义私有制作为私有制“最后而又最完备的表现”[②]，只有把它消灭了，整个私有制才会被消灭。由于各国具体国情不同，生产力发展水平也不同，尤其是建立在生产力发展不充分基础上的社会主义国家，更不能简单地否定一切私有制，必须要对其进行扬弃，充分利用其合理因素，为促进生产力发展，“消灭私有制”创造条件。

四、《共产党宣言》“消灭私有制”路径思想的当代意义

《宣言》作为科学社会主义和马克思主义诞生的标志，其中关于“消灭私有制”的路径思想和对未来社会所有制结构的设想，对我们今天建设社会主义有重大的指导意

① 《马克思恩格斯选集》第1卷，人民出版社2012年版，第411页。

② 《马克思恩格斯选集》第1卷，人民出版社2012年版，第414页。

义。我们既要坚持“消灭私有制”、实现共产主义的最终奋斗目标，又要结合我国国情，遵循社会发展总的规律，不能教条地理解“消灭私有制”路径思想，要努力创造“消灭私有制”所需的各种条件。

(一)坚持中国共产党领导，坚持走社会主义发展道路

无产阶级要想作为一个独立的阶级进行运动，要想最大限度地发挥其革命作用，必须要通过先进的政党来领导。中国共产党作为中国工人阶级和广大劳动者利益的代表，是由工人阶级中最先进、最有觉悟的人所组成，在社会主义革命和建设过程中发挥着领导作用和强大的推动作用。中国人民在中国共产党的领导下，相继完成了新民主主义革命和社会主义革命，建立起了人民民主专政的社会主义国家。在中国共产党的领导下，我国开启了改革开放的新时代，中国人民正在为实现“两个一百年”的目标而奋斗，为实现共产主义社会这一最高的目标而努力。

尽管中国共产党在领导社会主义革命和建设过程中也出现过失误，但是没有哪一种社会制度在其一开始就是完善的，刚刚建立的所有制关系一开始也不是成熟的。社会主义公有制是人类历史上崭新的所有制，它和历史上一切所有制形式都是不同的，中国共产党只能在具体的革命实践中不断总结经验，摸着石头过河。

所以，我们既要坚持“消灭私有制”这一最高的目标不动摇，又要对中国共产党充满信心，坚持走中国特色社会主义发展道路，有足够的自信迎接改革开放过程中的挑战，同时也更应该自省，对改革开放过程中的问题及时纠正。

(二)大力发展生产力，坚持和完善我国现行的基本经济制度

我国从刚开始的单一的公有制经济，到中共十五大提出我国“以公有制经济为主体，多种所有制经济共同发展”为基本经济制度，再到中共十八大提出要毫不动摇巩固和发展公有制经济，毫不动摇鼓励、支持、引导非公有制经济发展的“两个毫不动摇”理论，这一发展过程反映了中国共产党对社会主义公有制认识的不断深入，越来越抓住《宣言》“消灭私有制”思想的实质，越来越符合我国的具体实际情况，更加有利于我国社会主义现代化建设。

毫不动摇地巩固和发展公有制经济，这是坚持和完善我国社会主义初级阶段基本经济制度首先要遵循的一条基本原则。公有制经济作为社会主义的经济基础，是社会主义生产关系的本质特征，是劳动人民当家作主的重要体现和有力保证。只有保持公有制经济在国民经济发展中的主体地位，才能确保我国社会主义性质。

其次，毫不动摇地鼓励、支持和引导非公有制经济，是坚持和完善我国社会主义初级阶段基本经济制度要遵循的又一条基本原则。马克思科学地区分了两种不同性质的私有制，“消灭私有制”意在消灭建立在剥削基础上的资本主义私有制，对建立在个人劳动基础上的非剥削性质的私有制则需要辩证地对待。新中国成立初期，我国完成了社会主义三大改造，资产阶级作为阶级已经被消灭，社会主要矛盾从阶级斗争转变成人们日益增长的物质文化需要同落后的社会生产之间的矛盾，但人口多、底子薄、生产力不发达和发展不平衡的状况至今没有得到根本性转变，我国将长期处于社会主义初级阶段。正是生产力不发达这一基本国情决定了非公有制经济在我国存在和发展。

我们在发展非公有制经济的同时，还应当加强对非公有制经济的引导，充分发挥非公有制经济促进生产力发展的积极作用。

（三）弘扬社会主义核心价值观，努力加强社会主义先进文化建设

生产力的发展奠定了“消灭私有制”的物质基础，但在建设物质文明的同时，还要努力加强社会主义精神文明建设。

首先，坚持马克思主义为指导思想。我国虽然建立了社会主义制度，但很多人并没有摆脱或没有完全摆脱旧的社会意识的束缚，并没有超出“资产阶级法权的狭隘眼界”。所以，必须要坚持马克思主义为指导思想，努力加强社会主义先进文化建设，通过宣传教育使更多的人从旧社会意识的束缚下解放出来，达到社会成员的个人意识与先进的统治阶级思想的统一，更好地为社会主义现代化建设服务。

其次，加强社会主义核心价值观的引领作用，努力提高人民群众的科学文化修养和思想道德修养。通过对社会成员进行思想政治教育，让先进文化内化于心、外化于行，让每个人的创造力、天赋和才干都得以充分发挥，让每个社会成员都得到自由全面的发展。

总而言之，私有制一定会被消灭，共产主义一定可以到建成，我们应该坚定共产主义的理想信念。同时也要清楚地认识到，“消灭私有制”的过程将是一个长期而艰难的过程，只有坚持马克思主义科学理论的指导，坚持实事求是原则，正确把握我国的实际情况，才能全面而准确地把握《宣言》“消灭私有制”路径思想，加快社会主义现代化建设。

（指导教师：于光胜）

五四运动时期中国先进知识分子接受马克思主义的原因

——基于李大钊著作的分析

袁佳佳

摘要:李大钊是率先在中国举起马克思主义大旗的开拓者。考察五四运动时期他的著作,可以窥见以李大钊为代表的中国先进知识分子接受马克思主义的原因。为了寻求救国救民的真理,中国先进分子不断向西方学习,但都以失败告终。1917 年俄国十月革命的爆发,给迷茫中的中国人民带来了希望。李大钊通过自己的观察、分析、比较和研究,认识到俄国革命的胜利预示了世界和中国革命的发展方向,中国人应向俄国学习,以马克思主义为指导从事革命运动,马克思主义是"世界改造原动的学说",能解决中国"向何处去"的问题。"五四"时期中国先进分子选择了马克思主义,开启了历史的新篇章。

关键词:五四运动时期;马克思主义;李大钊;俄国十月革命

近代以来,中国先进知识分子曾虔诚地向西方国家寻找救国救民的真理,但结果无不以失败告终。1917 年俄国十月革命爆发,给迷茫中的中国人民以希望。就像毛泽东指出的:"十月革命一声炮响,给我们送来了马克思列宁主义。"[①]李大钊等先进分子率先接受马克思主义,举起了马克思主义的大旗。考察五四运动前后李大钊发表的《俄国革命之远近因》《庶民的胜利》《布尔什维克主义的胜利》《我的马克思主义观》等文章,可以窥见以李大钊为代表的中国先进知识分子接受马克思主义的原因。学术界探究"五四"时期中国先进知识分子为什么接受马克思主义的论文有一些,但基于李大钊等人著作的分析还不多。

---

① 《毛泽东选集》第 4 卷,人民出版社 1991 年版,第 1471 页。

一、俄国革命的胜利预示了世界和中国革命的发展方向，给苦难的中国人民以希望

谈到中国人民在救亡图存道路上接受马克思主义就不得不提到俄国革命的影响，包括二月革命和十月革命给俄国乃至整个世界带来的深远意义，还要结合第一次世界大战这一国际大事件。作为帝国主义链条中最薄弱的环节，在国际上，俄国和其他帝国主义国家一样，深陷第一次世界大战无法自拔。在国内，俄国笼罩在腐朽没落的沙皇专制统治之下，面临着国内国际尖锐的社会矛盾。俄国工人阶级在布尔什维克党的领导下，向资产阶级临时政府发起总攻，建立了苏维埃政权和马克思主义政党领导的第一个社会主义国家——苏俄。而中国人民深受封建主义和帝国主义的压迫，处于水深火热之中，国家在政治、经济、社会的方方面面始终处于既软弱依赖又激烈斗争的矛盾境地。为了寻求救国救民的真理，中国先进分子从器物、制度、文化等层面向西方学习，但并没有取得好的成效，不能救国救民于水火之中。而1917年爆发的俄国十月革命，为迷茫中的中国人民带来了曙光。

（一）俄国革命的胜利给苦难的中国人民以希望

我们在研究李大钊著作的时候，注意到李大钊比较了中俄两国国情的相似之处，这对我们理解马克思主义在中国得以广泛传播并被知识分子所接受具有非常重要的意义。

李大钊这样描述俄国的现状："因之政治之底里，亦伏有此二大潮流，而时现不安之状。"[①]当时欧洲新思想在俄国的传播已经到了触及政治体制的地步了，遭到俄国封建贵族的顽固抵制，新旧思想的碰撞给社会带来了显著变化，社会思想分化成两派：斯拉夫派和欧化派。"斯拉夫派以保存俄国国粹为主义，其理想多在过去；欧化派以输入欧洲新文明为职志，其理想多在未来。"[②]类似政治理想的变法运动于中国就是1898年的戊戌变法，资产阶级维新派遭到地主阶级顽固派的残酷剿杀。虽然资产阶级的改良运动在中国以失败告终，但是思想的传播并不因为变法的失败而中断，欧洲新思想和封建旧思想的激烈碰撞促进了国人尤其是知识分子的思想启蒙，"一时新党虽慑于其威，而遏欲日久，将伺隙以求伸，此亦势之所不能禁也"[③]。新旧思想的轧轹为日后新文化运动打下思想基础。

李大钊在《俄国革命之远近因》中阐述"德国官僚主义之输出"这一远因时提到："然此种政治之运行，益以促俄国革命之觉悟，而有非革之除之使为立宪代议制不可之信念。"[④]自彼得大帝输入德国的官僚主义至18世纪后期，俄国形成了沙皇自上而下的专制官僚政治体系。官僚体制下，官官相护，玩忽职守，官员跋扈。李大钊的《俄国

---

① 《李大钊文集》(上)，人民出版社1984年版，第344页。
② 《李大钊文集》(上)，人民出版社1984年版，第344页。
③ 《李大钊文集》(上)，人民出版社1984年版，第345页。
④ 《李大钊文集》(上)，人民出版社1984年版，第346页。

革命之远近因》写在二月革命之后，他明确提到了官僚主义是革命爆发的潜在因素，“并以内务总长萧氏与司法总长多氏相结，而固后宠于宫庭。跋扈之势，日益滋长，而革命之动机，因以潜伏矣”[①]。同样，近代中国历史上官僚主义的剥削和反动统治也曾给本已岌岌可危的民族带来了不小灾难，中国封建官僚体制根基深厚，绵延两千多年的君主专制影响深远。除此之外，北洋军阀统治混乱，袁世凯复辟帝制是官僚集权思想的深刻体现。1916 年 6 月袁世凯死后，北洋军阀分裂割据，列强操纵下的官僚政治更是将灾难深重的中国推向了黑暗。可以说，官僚独裁和反动统治在一定时期会成为革命爆发的原因。

革命思潮的兴盛对社会变革的作用亦不容小觑。李大钊指出：“盖自法兰西千八百四十八年革命之前，革命思潮之勃兴，社会运动之强烈，已足与俄人以绝强之感化，湛深之信仰。”[②]法兰西革命思潮的勃兴带来了法国社会的巨大变迁，同时也深深影响了俄国。从俄国文学作品中能感受到，自 1840 年末以来，社会生活的各方面渗透着人道主义思潮即革命的思潮，“其思想家、著作家有所评论、有所创作，莫不以人道主义为基础，主张人性之自由发展，个人之社会的权利，以充丰俄罗斯国民生活之内容”[③]。托尔斯泰等文豪笔耕不辍大量撰文宣扬人道主义，“其与于此次革命之影响，正不减于法兰西之卢梭、福禄特尔、孟德斯鸠诸人也”[④]。在李大钊看来，文学作品对革命思潮的传播也起到了类似的作用。在中国，新文化运动方兴未艾，知识分子受西方启蒙思想的影响较大，面对帝国主义的加紧侵略和军阀统治的日趋黑暗，以《新青年》为思想阵地，包括李大钊在内的新文化运动领导人陈独秀、鲁迅、胡适等，发表大量文章对稳固封建统治的旧文学、旧思想、旧道德大加挞伐，对资产阶级提倡的新思想、新道德进行传播，解放了人们尤其是知识分子的思想。这为传播社会主义思想、启迪中国先进知识分子接受马克思主义奠定了基础。

除了以上客观因素催化了革命的爆发，主观层面的矛盾也导致了革命的爆发。在俄国，农民处在社会最底层，即便是经过 1861 年改革废除了野蛮落后的农奴制度、走上发展资本主义道路之后，农民的地位也并没有得到改善，加上俄国所处的地理位置属于高寒地带不利于农作物生长，所以粮食不足成为农民反抗的原因。李大钊在论述俄国革命爆发的原因时曾用法国革命运动原因之一“面包问题”加以佐证：“法兰西革命之勃兴，固自原因多端，其为最近之要因，即面包之缺乏是也。”[⑤]俄国的工人阶级和其他国家的工人阶级一样遭受着资产阶级的剥削和压榨，他们激昂的革命热情自然是不言而喻的。同样，五四运动时期的中国工人和农民阶级也是处在社会的底层，他们饱受资本主义发展带来的冲击和地主阶级的压榨。随着民族资本主义的发展，工人阶级的队伍随之扩大，其中不乏一些有文化的知识分子，加上剥削的严酷性，所以他们反

① 《李大钊文集》(上)，人民出版社 1984 年版，第 349 页。
② 《李大钊文集》(上)，人民出版社 1984 年版，第 346 页。
③ 《李大钊文集》(上)，人民出版社 1984 年版，第 346 页。
④ 《李大钊文集》(上)，人民出版社 1984 年版，第 348 页。
⑤ 《李大钊文集》(上)，人民出版社 1984 年版，第 353 页。

抗意识强烈。马克思主义作为工人运动的实践指导理论，非常适合指导工人联合底层的农民阶级扩大革命的社会基础，在救亡图存的历史上开辟出一条新的道路。

通过分析李大钊这个时期的著作我们也不难发现，在1917年3月到1918年7月这段时间里，李大钊的思想仍然是以民族主义为主，主要是由于他在这个时期接触到的是一般的社会主义而不是马克思主义。李大钊实质性地接受马克思主义主要是在1918年7月到1919年10月，在《布尔什维克主义的胜利》中，李大钊就明确指出："这件功业，与其说是威尔逊（Wilson）等的功业……毋宁说是列宁（Lenin），是马客士（Marx）的功业。"[①]此时，马克思主义指导俄国十月革命引领了世界革命的浪潮，中国作为反抗封建统治和帝国主义压迫运动的一支，也应从中学习和借鉴。

（二）由十月革命开始的社会主义革命代表了历史发展的潮流

1917年，俄国的工人阶级推翻资产阶级统治，建立了苏维埃政权和马克思主义政党领导的第一个社会主义国家——苏俄，这是马克思主义关于社会主义的主张由理论变为现实的伟大尝试。俄国十月革命的胜利不仅从实践上丰富发展了马克思主义关于科学社会主义的学说，而且更进一步推动了欧洲无产阶级革命运动的发展。在十月革命的影响下，亚、非、拉丁美洲的民族解放运动蓬勃发展，形成世界性历史潮流。"俄罗斯之革命是二十世纪初期之革命，是立于社会主义上之革命，是社会的革命而并著世界的革命之采色者也。"[②]相比大多数的知识分子，李大钊对于世界历史潮流的预见性要早得多，他在1918年7月发表的《法俄革命之比较观》中表达了对十月革命榜样价值的肯定，同时也表明了他对马克思主义道路的信仰。在写于11月份的《布尔什维克主义的胜利》中，他欢呼道："试看将来的环球，必是赤旗的世界！"[③]这体现了李大钊对于20世纪社会主义革命潮流的自信和追求。

李大钊写道："民主主义、劳工主义既然占了胜利，今后世界的人人都成了庶民，也就都成了工人。"[④]社会主义革命将是劳苦大众的胜利，人人将成为社会的主人，这是世界发展的大方向，也是千百年来人们的美好追求。就当时国际社会的局面来看，"匈奥革命、德国革命、勃牙利（即保加利亚。——引者注）革命，最近荷兰、瑞典、西班牙也有革命社会党奋起的风谣。革命的情形和俄国大抵相同，可以说是二十世纪式的革命"[⑤]。马克思主义指导下的革命浪潮已经是不可逆的大趋势，中国也应顺应时代潮流，这才是20世纪全世界人类共同觉悟的精神。中国人民也要对自己的劣势有清醒的认知。"我们中国人懒惰成性，不是强盗，就是乞丐，总是希图自己不工作，抢人家的饭吃，讨人家的饭吃。"[⑥]等到未来世界变成劳工的世界，我们这样懒惰的民族又将立身何处，这也是李大钊对人民大众的号召，积极行动起来，顺应历史发展趋势，在世界

① 《李大钊全集》第2卷，人民出版社1999年版，第243页。
② 《李大钊文集》（上），人民出版社1984年版，第573页。
③ 《李大钊文集》（上），人民出版社1984年版，第603页。
④ 《李大钊文集》（上），人民出版社1984年版，第595页。
⑤ 《李大钊文集》（上），人民出版社1984年版，第602页。
⑥ 《李大钊文集》（上），人民出版社1984年版，第595～596页。

上当一个“工人”，投身由十月革命引领的革命潮流中来。

二、十月革命是以马克思主义为指导的，是“世界改造原动的学说”

李大钊在《我的马克思主义观》中将马克思主义称为“世界改造原动的学说”[①]，足以见得马克思主义对于指导社会变革的巨大意义。1919年的《我的马克思主义观》，是李大钊在对社会思想有了更多接触和对马克思主义有了初步认识之后，开始从科学性的角度理解马克思主义。五四运动时期知识分子之所以接受马克思主义，与他们对马克思主义理论本身的实践性和科学性认识有关。李大钊从马克思主义的理论来源入手，对马克思主义的思想体系进行了整体性概括，为广大知识分子理解和接受马克思主义开辟了道路。

(一)关于唯物史观内容的见解

李大钊总结“马克思主义的唯物史观有二要点：其一是关于人类文化的经验的说明；其二及社会组织进化论”[②]。“其一是说人类社会生产关系的总和，构成社会经济的构造。这是社会的基础构造。”[③]一切社会的精神文化创造都是以一定社会的经济构造为基础的，这些属于人类意识的东西是受经济基础决定的，要适应经济的发展。“其二是说生产力与社会组织有密切的关系。生产力一有变动‘社会组织’必须随着他变动。”[④]这里的“社会组织”就是生产关系，当生产关系适应生产力时就会促进生产力的发展，不适应时就会阻碍生产力的发展。生产力的发展力量越大则与社会关系的冲突越激烈，直到引发社会革命，破除旧的社会关系。五四运动时期的生产力和生产关系的矛盾虽不至于说是激烈到一触即发，但已足以成为压迫民族新生和发展的重要因素，李大钊通过引用马克思主义唯物史观的理论来阐释社会发展的动因。

(二)关于阶级斗争学说的阐释

李大钊通过列举法国历史上迭起层兴的政治危机引述马克思主义的观点：“这类政治变动，由马克思解释，其根本原因都在殊异经济阶级之间的竞争。”[⑤]在《我的马克思主义观》中李大钊进一步阐述了这两种阶级“就是经济上利害相反的阶级，就是有土地或资本等生产手段的有产阶级，与没有土地或资本等生产手段的有产阶级的区别：一方是欺压他人，掠夺他人的，一方是受人压服，被人掠夺的”[⑥]。放眼当时中国社会，一方面存在着地主和资本家等有产阶级，另一方面存在着由受剥削压迫的农民和工人组成的无产阶级，社会矛盾普遍存在，阶级斗争时有发生。李大钊通过分析马克思主义理论认为“阶级竞争也将与这些资本家的生产方法同时告终”[⑦]。我们可以理解为，

① 《李大钊文集》(下)，人民出版社1984年版，第47页。

② 《李大钊文集》(下)，人民出版社1984年版，第59页。

③ 《李大钊文集》(下)，人民出版社1984年版，第59页。

④ 《李大钊文集》(下)，人民出版社1984年版，第59页。

⑤ 《李大钊文集》(下)，人民出版社1984年版，第61页。

⑥ 《李大钊文集》(下)，人民出版社1984年版，第62页。

⑦ 《李大钊文集》(下)，人民出版社1984年版，第62页。

只有革命的方式即无产阶级采取革命才能将资产阶级推翻,结束资本家的生产方法。阶级斗争学说为先进知识分子率先拿起思想武器,进行民主主义革命,争取幸福生活,提供了理论方面的可行性和必然性的指导。

(三)关于经济论的解说

李大钊在他的著作中引述了马克思经济论的两个要点"余工余值说"和"资本集中说"。通过对这两个要点剖析,揭示了资本主义剥削的实质:"把资本都集中于一处聚集在少数人的手中。于是产业家的权威,遂为少数资本家所垄断。"[①]联系五四运动时期世界变化形势,李大钊指出:"这无产阶级本来是资本主义下的产物,到后来灭资本主义的也就是他。现今各国经济的形势,大概都向这一方面走。"[②]

李大钊通过对马克思主义基本原理进行科学阐释,分析了资产阶级对工人剥削的实质、资本主义社会固有的矛盾以及工人阶级的历史使命,揭示了社会主义革命是历史发展的趋势。在李大钊看来,指导了十月革命、推翻俄国资产阶级统治的马克思主义,将引领20世纪新的时代潮流,开辟新世纪的纪元。

李大钊以严谨、认真、尊敬的态度对待马克思主义,强调要从时代环境出发看待马克思主义。他曾提到:"你们若是无奈何这新的经济势力,那么只有听新思想自由流行,因为新思想是应经济的新状态、社会的新要求发生的,不是几个青年凭空造出来的。"[③]马克思主义是在当时历史条件下形成的适应时代发展的新思想,提出了关于社会发展带有普遍性的东西,引领时代的发展,也可以指导中国社会的发展和进步。

三、马克思主义能解决中国"向何处去"的问题

近代以前,中国封建统治者故步自封,导致中国落后世界发展大势,地主阶级、农民阶级和资产阶级发起的救亡图存运动均以失败告终,有识之士意识到寻找近代中国的复兴之路必须与近代中国的实际需要结合起来。随着学生群体、工人阶级和民族资产阶级的队伍不断壮大,学生运动和工人运动热情的不断高涨,迫切需要一种新的理论的指导。李大钊通过发表大量理论著述对马克思主义进行解释和传播,为中国社会发展指明了正确方向。

李大钊写于1918年底的《庶民的胜利》《布尔什维克主义的胜利》开篇位置都在庆祝一战的胜利,但他不是以中国老百姓的身份看热闹般欢呼这场世界大战的结束,他是以思想开拓者的角色思考:这次的胜利,是谁的胜利;我们的庆祝,是为谁庆祝。他是这样回答的:"这回战胜的,不是联合国的武力,是世界人类的新精神。不是那一国的军阀或资本家的政府,是全世界的庶民。我们庆祝,不是为那一国或那一国的部分人庆祝,是为全世界的庶民庆祝。"[④]"原来这次战局终结的真因,不是联合国兵力战胜德国的兵力,乃是德国的社会主义战胜德国的军国主义。不是德国的国民降服在联合

① 《李大钊文集》(下),人民出版社1984年版,第83页。
② 《李大钊文集》(下),人民出版社1984年版,第84页。
③ 《李大钊文集》(下),人民出版社1984年版,第184页。
④ 《李大钊文集》(上),人民出版社1984年版,第593页。

国武力的面前,乃是德国的皇帝军阀降服在世界新潮流的面前。战胜德国军国主义的,不是联合国,是德国觉醒的人心。”[①]李大钊在他的文章中也丝毫不掩饰对无耻政客耀武夸功的批评,因为他更在乎的是找到并开创一条能够解救中国于水深火热的道路。

《布尔什维克主义的胜利》中,李大钊强调德国无产阶级革命的历史史实对加速一战结束具有不可磨灭的作用,新的工兵代表苏维埃掌握国家政权首先实现的是停战的愿望,一战的结束、德国的降服在一定程度上是战争发起国主观上的放弃。德国封建主义、军国主义、资本主义之间激烈的冲突导致内忧外患的国际国内环境,使得德国的士兵和工人不得不效仿十月革命布尔什维克主义的成功经验。当时的中国同样内忧外患,尖锐的阶级矛盾、民族矛盾使得苦难的民族深陷黑暗的泥淖,经历了洋务运动、戊戌变法、辛亥革命等的相继失败,需要向德国一样学习俄国十月革命的成功经验,用马克思主义理论指导并开拓革命道路。

《庶民的胜利》中,李大钊明确地道出了大战的结果是民主主义的战胜。民主主义战胜了“大……主义”。“‘大……主义’就是专制的隐语,就是仗着自己的强力蹂躏他人欺压他人的主义。”[②]这种民主主义是为抵抗强暴势力,同盟国之间联合互助,是自由平等在政治上的体现。李大钊在发表自己著作时从没有抛弃联系中国实际,他曾提到:“我们东方,也有‘大亚细亚主义’、‘大日本主义’等等名词出现。我们中国也有‘大北方主义’、‘大西南主义’等等名词出现。”[③]因此,解决当时专制主义在中国大地横行需要人民大众的联合,共同抵抗强暴势力,争取平等自由的国内环境。所以说“民主主义战胜,就是庶民的胜利”[④]。

与中国地缘相近、国情相似的俄国爆发了十月革命,之后以李大钊为代表的中国先进知识分子毅然决然地走上了马克思主义道路,一边研究和宣传马克思主义理论,一边深入研究中国社会问题,开始了马克思主义中国化的初步探索。李大钊对马克思主义理论的阐释和传播清晰地表明了:只有在马克思主义理论的指导下中国人民才能解决中国问题,马克思主义为中国革命道路的发展指明了正确的方向。除此之外,李大钊的著作也影响了一大批先进知识分子,“在马克思主义思想影响下,很多学生树立了马克思主义理想信念”[⑤],为以后中国革命培养了一批精英骨干。习近平曾说:“正是李大钊同志等一批革命家的艰辛努力……使大批先进青年接受马克思主义走上革命道路。”[⑥]受李大钊马克思主义观影响成长起来的马克思主义者主要有:毛泽东、周恩来、邓中夏、何孟雄等。他们最终带领中国共产党改变中国社会状况,并且丰富发展了马克思主义的理论和实践内涵。

---

① 《李大钊文集》(上),人民出版社 1984 年版,第 598 页。

② 《李大钊文集》(上),人民出版社 1984 年版,第 594 页。

③ 《李大钊文集》(上),人民出版社 1984 年版,第 594 页。

④ 《李大钊文集》(上),人民出版社 1984 年版,第 594 页。

⑤ 中国共产党中央委员会:《李大钊烈士碑文》,载《人民日报》1983 年 10 月 30 日。

⑥ 习近平:《在纪念李大钊同志诞辰 120 周年座谈会上的讲话》,载《人民日报》2009 年 10 月 29 日。

李大钊作为中国最早举起马克思主义伟大旗帜的先驱，最早完成了从激进民主主义者到马克思主义者的转变，带动和影响了一代探索救国救民真理的爱国青年。李大钊对马克思主义的宣传主要是依靠发表理论著述实现的，在五四运动时期发表的大量文章至今仍闪烁着思想的光辉。

五四运动时期，先进知识分子之所以能接受马克思主义，原因是多方面的，其中有两点尤其值得提出：第一，马克思主义批判封建主义的同时也大胆揭露了资本主义的弊端。作为一种来自西方的思想，符合了人们既要反对西方殖民侵略又要学习西方谋求解放的双重需要，所以它必然成为中国人民历史的选择。第二，马克思主义本身的实践性是其他思想理论无法比拟的。首先，它与经济基础相联系，有自己一套完整的政治经济主张；其次，马克思主义理论指导的现实作用已经通过十月革命得到证实，后来，共产国际又对中国实行积极主动的帮助，使中国人民从理论和现实方面看到马克思主义的可行性。

"五四"时期中国先进分子选择了马克思主义，以马克思主义为指导解决中国的问题，中国的社会历史进程发生了翻天覆地的变化，开启了新的时代篇章。今天，在国情、世情不断发展变化的情况下，我们更要坚定马克思主义理想信念，坚持马克思主义与中国实际相结合，以科学的态度丰富和发展马克思主义。

（指导教师：刘芳）

新文化的光辉篇章——《新民主主义论》阐析

李汉坤

摘要：毛泽东在《新民主主义论》中对新民主主义的文化纲领进行了系统阐述，科学区分了新旧文化的实质内涵，指出新民主主义革命时期的文化是以无产阶级社会主义文化思想为领导的人民大众反帝反封建的新民主主义文化，提出了"民族的科学的大众的"文化指向，并对"五四"以来的新文化作出了科学总结。新文化在当时的历史条件下代表着先进文化建设的具体方向，也是当前中国先进文化建设的主要思想来源，它对于当代中国特色社会主义文化的建设仍具有重要的现实意义。

关键词：毛泽东；新民主主义论；新文化；旧文化；中国特色社会主义文化

《新民主主义论》是毛泽东 1940 年 1 月 9 日在陕甘宁边区文化协会第一次代表大会上的讲演，原题为《新民主主义的政治与新民主主义的文化》。新民主主义论是马克思主义中国化的第一个理论成果，它是在总结革命斗争的实践经验、反思 30 年代东西文化论战和反击国民党文化围剿的背景下产生的，标志着毛泽东新民主主义文化思想的形成。毛泽东在《新民主主义论》这篇光辉著作中，用相当篇幅论述了文化问题。他把马克思主义的基本原理与中国革命实际紧密结合，在分析中国社会性质的基础上，概括了新旧文化斗争的历史，从理论上对资产阶级民主主义的新文化进行了详细阐述，对"五四"以来的新文化作出了科学总结，为新民主主义革命文化的建设指明了方向。文中关于坚持马克思主义的指导地位，从政治、经济、文化上全面变革中国社会，以及建立民族形式的科学民主新文化等思想，对于时下我们所进行的全方位的现代化改革和中国特色社会主义文化建设，以及在改革开放形势下正确对待外来文化和民族传统，无疑具有深刻的启示意义。

一、科学阐述新旧文化的实质内涵

毛泽东在《新民主主义论》中系统地阐述了文化和政治、经济的辩证关系："一定的文化（当作观念形态的文化）是一定社会的政治和经济的反映，又给予伟大影响和作用于一定社会的政治和经济；而经济是基础，政治则是经济的集中的表现。这是我们对于文化和政治、经济的关系及政治和经济的关系的基本观点。”[①]在他看来，文化和政治、经济是一个不可分割的有机整体，它们互相依存，互相制约。这是从历史唯物主义观点对“文化”概念的基本阐释，也是从中国实际出发，坚持以马克思主义基本理论为基础的体现。对此毛泽东在《新民主主义论》中重申了马克思的主张：不是人们的意识决定人们的存在，而是人们的存在决定人们的意识。中国的革命就是中国共产党人带领广大人民群众在中华大地上“把一个政治上受压迫、经济上受剥削的中国，变为一个政治上自由和经济上繁荣的中国，而且要把一个被旧文化统治因而愚昧落后的中国，变为一个被新文化统治因而文化先进的中国”[②]。文化革命和政治革命、经济革命一样，一直都是中国共产党人为之奋斗的目标。

从这个观点出发，毛泽东分析了新旧文化的根据，从根本上将这两种性质不同的文化区分开来。中华民族的旧政治和旧经济是中华民族的旧文化的根据。毛泽东在分析了中国近代社会性质之后，就对旧文化作出了明确的界定：为旧政治、旧经济服务的旧文化，则是殖民地、半殖民地、半封建的文化。

运用同样的方法，毛泽东对中华民族新文化的实质内涵也作出了明确表达：在观念形态上作为这种新的经济力量和新的政治力量并为它们服务的东西，就是新文化。

透视了新旧文化的实质内涵，就不难理解新旧文化斗争的实质乃是阶级间的生死斗争。

二、确定资产阶级民主主义时期的文化性质

五四运动划分了文化战线上两个不同的时期。在五四运动之前，中国文化战线上的斗争是资产阶级的新文化和封建阶级旧文化的斗争；在“五四”以后的新的历史时期，中国文化革命开始了资产阶级文化向新民主主义文化的过渡。可以看出，在“五四”之前，资产阶级对中国的文化革命还有领导作用；而在“五四”之后，资产阶级的文化思想“比较它的政治上的东西还要落后，就绝无领导作用，至多在革命时期在一定程度上充当一个盟员，至于盟长资格，就不得不落在无产阶级文化思想的肩上”[③]了。在中国，只有无产阶级领导的反帝反封建的民主革命才是彻底的民主革命，才能走上胜利发展的道路，思想文化战线也是如此。在中国，只有无产阶级才主张彻底的民主主义，新民主主义文化只有在无产阶级领导下才能是彻底的民主主义文化。而资产阶级顽固派在文化问题上鼓吹文化专制主义，和他们在政权问题上一样，都是完全错误的。

“五四”之后，中国出现了完全崭新的文化思想，这就是共产党人所领导的共产主义的文化思想，即共产主义的宇宙观和社会革命论。是否以共产主义思想为指导，是新民主主义文化区别于旧民主主义文化的最主要的标志。因此，同样是反帝反封建的资产阶级民主主义新文化，“五四”前与“五四”后的性质截然不同。在“五四”之前，中

① 《毛泽东选集》第2卷，人民出版社1991年版，第663～664页。

② 《毛泽东选集》第2卷，人民出版社1991年版，第663页。

③ 《毛泽东选集》第2卷，人民出版社1991年版，第697～698页。

国的新文化是旧民主主义性质的文化，属于世界资产阶级的资本主义的文化革命的一部分。在“五四”之后，中国的新文化却是新民主主义性质的文化，属于世界无产阶级的社会主义的文化革命的一部分。

值得注意的是，这种文化虽然包括了社会主义文化的重大因素，但并不属于社会主义性质。毛泽东认为这是由中国革命的性质决定的，因为中国革命仍处于资产阶级民主革命阶段，革命的基本任务主要的是反对外国的帝国主义和本国的封建主义，赢得民族的独立和人民的解放，是资产阶级民主主义的革命，还不是以推翻资本主义为目标的社会主义的革命。由此，毛泽东对新民主主义革命时期新文化的性质作了如下判定：“现阶段上中国新的国民文化的内容，既不是资产阶级的文化专制主义，又不是单纯的无产阶级的社会主义，而是以无产阶级社会主义文化思想为领导的人民大众反帝反封建的新民主主义。”①

三、“民族的科学的大众的”文化指向

毛泽东指出，新民主主义时期的新文化应具备这样三个特征：

第一，“新民主主义的文化是民族的。它是反对帝国主义压迫、主张中华民族的尊严和独立的。它是我们这个民族的，带有我们民族的特性”②。毛泽东高瞻远瞩地提出了文化的民族性这一重大历史课题，并以唯物史观的批判继承态度科学回答了中西问题。毛泽东认为，我们对外国文化的态度是开放的，民族文化在同其他民族和国家的文化交往中，不可能不受到外来文化形式的影响，不可能不借鉴外来文化形式的有益成分，他指出：“中国应该大量吸收外国的进步文化，作为自己文化食粮的原料。”③但必须以立足民族文化的现代化为原则，并采用取其精华、弃其糟粕的批判继承方法，坚决反对对外来文化一概排斥或生搬滥用。在这里毛泽东提出了一个著名的原则：“一切外国的东西，如同我们对于食物一样，必须经过自己的口腔咀嚼和胃肠运动，送进唾液胃液肠液，把它分解为精华和糟粕两部分，然后排泄其糟粕，吸收其精华，才能对我们的身体有益，决不能生吞活剥地毫无批判地吸收。”④同时他还特别批评“全盘西化”的错误主张，“形式主义地吸收外国的东西，在中国过去是吃过大亏的”，“公式的马克思主义”就是例证。洋务运动、辛亥革命时期都曾形式主义地吸收过西方的东西，但结果都没有使中国摆脱贫穷落后的面貌。他强调，吸收外来文化必须立足中国实际，“和民族的特点相结合，必须经过一定的民族形式，才有用处”。⑤ 即必须坚持“文化的民族性”，这是我们民族文化走向现代化的根本立足点。

同时，新民主主义文化应该批判地继承民族文化遗产。继承民族文化遗产是文化的民族性中应有之义。先进文化是继承和发展的统一体，没有继承，割断历史，创新就

---

① 《毛泽东选集》第 2 卷，人民出版社 1991 年版，第 706 页。

② 《毛泽东选集》第 2 卷，人民出版社 1991 年版，第 706 页。

③ 《毛泽东选集》第 2 卷，人民出版社 1991 年版，第 706 页。

④ 《毛泽东选集》第 2 卷，人民出版社 1991 年版，第 707 页。

⑤ 《毛泽东选集》第 2 卷，人民出版社 1991 年版，第 707 页。

会变成无源之水、无本之木。总之，批判地继承中国古代文化和批判地吸收外国文化，就是要做到“古为今用”“洋为中用”，其目的都是为了推进党领导的文化革命工作，建设和发展新民主主义的文化，服务于人民大众。

毛泽东非常重视中国左翼作家联盟领导的国统区革命文化运动，并高度评价鲁迅是“这个文化新军的最伟大和最英勇的旗手”，认为“鲁迅的骨头是最硬的，他没有丝毫的奴颜和媚骨”，“鲁迅的方向，就是中华民族新文化的方向”。[①] 毛泽东通过对鲁迅小说的民族特色的揭示，十分具体地展现了他自己所赋予文艺的民族特色的丰富、动态内涵。

第二，“新民主主义的文化是科学的。它是反对一切封建思想和迷信思想，主张实事求是，主张客观真理，主张理论和实践一致的”[②]。新民主主义文化的科学性首先体现在以科学的世界观——马克思列宁主义为指导。马克思列宁主义为中国的政治革命和文化革命指明了方向，提供了科学的世界观和方法论，是人民大众进行革命的精神武器。毛泽东特别指出：“在现时，毫无疑义，应该扩大共产主义思想的宣传，加紧马克思列宁主义的学习，没有这种宣传和学习，不但不能引导中国革命到将来的社会主义阶段上去，而且也不能指导现时的民主革命达到胜利。”[③]学习、宣传马克思列宁主义“不应当把他们的理论当作教条看待，而应当看作行动的指南。不应当只是学习马克思列宁主义的词句，而应当把它当成革命的科学来学习。不但应当了解马克思、恩格斯、列宁、斯大林他们研究广泛的真实生活和革命经验所得出的关于一般规律的结论，而且应当学习他们观察问题和解决问题的立场和方法”[④]。将马克思列宁主义的基本理论和中国的具体特点相结合，联系中国国情，解决中国的实际问题，用中国化了的马克思主义研究中国的文化。

这就要求我们，首先，在本体论上坚持辩证唯物主义，“中国无产阶级的科学思想能够和中国还有进步性的资产阶级的唯物论者和自然科学家，建立反帝反封建反迷信的统一战线；但是决不能和任何反动的唯心论建立统一战线。共产党员可以和某些唯心论者甚至宗教徒建立在政治行动上的反帝反封建的统一战线，但是决不能赞同他们的唯心论或宗教教义”[⑤]。这充分体现了毛泽东特有的灵活性和政治智慧，既坚持马克思主义的原则，同具有进步性的资产阶级唯物论者和自然科学家建立反帝反封建反迷信的文化统一战线，剔除封建性的糟粕，决不和任何反动的唯心论建立文化统一战线，又依据中国实际，可以和某些唯心论者甚至宗教徒建立在政治行动上的反帝反封建的统一战线。其次，在认识论上坚持唯物辩证法，坚持理论和实践相统一的原则，坚持实践第一。

第三，新民主主义的文化是大众的。毛泽东指出：“新民主主义的文化是大众的，

---

① 《毛泽东选集》第2卷，人民出版社1991年版，第698页。

② 《毛泽东选集》第2卷，人民出版社1991年版，第707页。

③ 《毛泽东选集》第2卷，人民出版社1991年版，第706页。

④ 《毛泽东选集》第2卷，人民出版社1991年版，第533页。

⑤ 《毛泽东选集》第2卷，人民出版社1991年版，第707页。

因而即是民主的。”[①]这里毛泽东将新文化的民主内涵和大众化问题放在一起讨论，既表明新民主主义文化是彻底的民主主义的文化，继承了新文化运动的民主传统，又看到民主的本质是人民当家作主，在文化上则表现为以人民大众为主体，为人民大众服务，克服了新文化运动中不重视发动人民大众的缺点，表明文化的民主性与大众化是统一的整体。

我们民族的主体，就是占全国人口百分之九十以上的人民大众，是工人、农民、士兵和城市小资产阶级，文化运动和实践运动都要依靠群众，同时新民主主义的文化应该为这些劳苦大众服务，适应大众的文化需求，对大众进行指导教育。“并逐步成为他们的文化”[②]。

科学和民主是现代文明的两大基本标志，也是一个世纪以来中国人民前赴后继不懈追求的文明理想。伟大的“五四”启蒙运动高举“德先生”和“赛先生”的旗帜，以此作为革除旧传统的武器和重铸新文化的明灯。《新民主主义论》继承了五四文化运动所倡导的“科学”和“民主”，同时又在新民主主义意义上赋予了其新的内容。我们看到，毛泽东在这里已把辩证唯物主义引入了“科学”范畴，而他对“民主”内涵的解释也已进一步扩大为广大的“工农劳苦民众”。这种体现无产阶级文化思想的彻底的“科学”“民主”精神，显然已经超越了资产阶级文化思想的范畴。以科学和民主为基础的新民主主义文化，必然成为社会主义新文化的前提和基础。

四、对中国特色社会主义文化建设的启示

《新民主主义论》不仅奠定了新民主主义文化革命的思想理论基础，而且也为社会主义建设时期党的各项文化工作提供了指导思想和基本方针。学习这篇著作，领会和掌握毛泽东新民主主义文化思想的精髓，对于当代中国特色社会主义文化建设有着极为重要的现实意义。

第一，坚持用马克思主义指导文化建设。毛泽东总结的以马克思主义指导文化建设的经验，成为我党一贯坚持的原则。在新民主主义社会，中国共产党人将马克思主义与中国实际相结合，高举新民主主义文化旗帜，建立了民族的科学的大众的文化。在社会主义建设时期，中国共产党继续探索马克思主义中国化的道路，强调对中国特色社会主义的文化自信，涌现出了许许多多文化创新的理论成果，社会主义文化建设蓬勃发展。不管是新民主主义文化，还是社会主义文化，都以马克思主义为根本指导，都在马克思主义的指导下得到科学、健康的发展。马克思主义在与中国实践相结合的过程中，先后形成了毛泽东思想和包括邓小平理论、“三个代表”重要思想、科学发展观、习近平新时代中国特色社会主义思想在内的中国特色社会主义理论体系。我们讲坚持马克思主义的指导地位，不仅指坚持马克思主义本身，而且要坚持它的与时俱进，从指导思想这一最高层面指导发展变化着的意识形态领域。历史经验证明，只有始终

---

① 《毛泽东选集》第2卷，人民出版社1991年版，第708页。

② 《毛泽东选集》第2卷，人民出版社1991年版，第708页。

坚持马克思主义为指导，才能保证中国特色社会主义文化发展的正确方向。

第二，文化建设不是纯粹的文化领域的单一维度，要把它与政治、经济等多方面的因素紧密结合起来，将其置于整个社会生产方式之内考量，才能真正实现文化建设的目标。党的十八大报告中指出：必须更加自觉地把全面协调可持续作为深入贯彻落实科学发展观的基本要求，全面落实经济建设、政治建设、文化建设、社会建设、生态文明建设五位一体总体布局，促进现代化建设各方面相协调，促进生产关系与生产力、上层建筑与经济基础相协调，不断开拓生产发展、生活富裕、生态良好的文明发展道路。这充分体现了把文化建设作为社会主义建设的一项任务而置于整个生产方式之内，是对文化建设的总体性思想的贯彻。

同时应该看到，发展中国特色社会主义文化，是在发展社会主义市场经济过程中进行的。当今时代，文化与经济的关系不再只是反映与被反映、服务与被服务的关系，而更多地体现一种相互交融的关系。文化在为经济发展提供强大精神动力的同时，文化的经济功能明显增强，经济的文化含量也在不断提高。文化不仅能够为经济发展提供精神动力和智力支持，还能为经济发展开辟新的领域，形成一定规模的文化产业，从而促使经济发展方式的转变。发展中国特色社会主义文化，必须首先认识到文化与经济的这种新型交融关系。只有适应这种关系，中国特色社会主义文化发展道路才能越走越宽广。

第三，坚持文化的民族性与时代性的统一。文化的民族性与时代性是辩证统一的，二者相互区别，却又不可分割。毛泽东关于“尊重自己的历史”和“向前看”的论断，今天看来依然有价值。习近平在纪念孔子诞辰2565周年会议上的讲话中指出：“正确对待不同国家和民族的文明，正确对待传统文化和现实文化，是我们必须把握好的一个重大课题。”[①]在当前全球文化多元的境遇下，文化的民族性面临严峻考验，事关国家的生存与发展。我们既不能脱离本民族文化的土壤，成为无本之木；也不能脱离世界文化发展的潮流，成为无源之水。因此，必须坚持文化的民族性与时代性的统一，既要呵护与发扬中华民族优秀文化传统，保持文化自觉与自信；又要在世界多元文化中博采众长，创新发展，二者相得益彰，相互促进。

第四，坚持为人民大众服务的文化价值取向。毛泽东一直坚持文化要为大众服务的主张，因为为了谁、依靠谁的问题是文化的一个根本问题、原则问题。人民群众不仅是社会物质财富的创造者，也是社会精神财富的创造者。人民群众是推动文化发展的力量源泉，中国特色社会主义文化建设不仅要依靠群众，发挥人民群众的文化创造力，更要服务大众，为人民大众所喜闻乐见，不断满足人民群众日益增长的精神文化需求，并进而用先进的思想文化教育大众。这既是社会主义制度的本质要求，体现中国共产党以人为本、执政为民的理念，也是文化发展的价值旨归。正如十八大报告中指出的那样：建设社会主义文化强国，要坚持为人民服务、为社会主义服务的方向，坚持百花

---

① 《习近平在纪念孔子诞辰256周年国际学术研讨会暨国际儒学联合会第五届会员大会开幕会上的讲话》，载《人民日报》2014年9月25日。

齐放、百家争鸣的方针，更要坚持贴近实际、贴近生活、贴近群众的原则，推动社会主义精神文明和物质文明全面发展，建设面向现代化、面向世界、面向未来的，民族的科学的大众的社会主义文化。

五、结语

社会主义文化是在新民主主义文化革命和文化建设的实践中孕育、生长、发展起来的。它是在社会主义革命取得胜利、劳动人民取得政权之后，在无产阶级专政的条件下，在以生产资料公有制为主导的经济基础上，继承人类优秀文化遗产而发展起来的。因而，新民主主义文化转变为社会主义文化，是人类文化史上质的飞跃。这一质的飞跃，既体现在社会主义文化代表先进的社会生产力、社会主义生产关系，也体现在社会主义的文化具有不同于历史上一切剥削阶级及其时代文化的根本性质和任务，体现在社会主义文化所追求的与历史发展、社会进步总趋势相一致的全新的政治理想、审美理想和全新的价值取向上。

当今世界，文化的力量，不仅深深熔铸在民族的生命力、凝聚力、创造力之中，而且越来越成为衡量综合国力和国际竞争力的重要标准。在新的世纪，我们要继承和发展毛泽东文化思想，牢牢把握先进文化的前进方向，发展面向现代化、面向世界、面向未来的，民族的科学的大众的社会主义文化，大力弘扬和培育民族精神，不断提高全民族思想道德素质和科学文化素质，为我国经济发展和社会进步提供源源不断的精神动力和智力支持。

（指导教师：刘芳）

邓小平理论对《共产党宣言》中人的自由全面发展思想的继承与发展

张广俊

摘要:《共产党宣言》的发表标志着马克思主义的诞生,其中初次阐述了"人的自由全面发展"思想,是马克思主义的本质和精髓,也是共产党人的价值追求。邓小平理论关于"人的发展"的思想,是对《宣言》中人的自由全面发展思想的坚持、发展和创新,因此,研究《宣言》中的人的自由全面发展思想,对丰富和发展邓小平理论,促进新时期人的自由全面发展具有重要理论意义和价值。

关键词:《共产党宣言》;人的自由全面发展;邓小平理论

《共产党宣言》(以下简称《宣言》)是马克思、恩格斯的重要理论著作,其中阐述的"人的自由全面发展"思想构建了未来社会的理想模式,是马克思主义一贯的理论思想和价值观念。中国共产党始终将马克思主义作为指导思想和前进旗帜,在建设社会主义的实践中,继承、坚持和发展了《宣言》中关于人的自由全面发展的思想,以邓小平为核心的党中央凝聚全党智慧,提出邓小平理论,走出了一条中国特色的人的解放和发展之路,对新时期我国人的自由全面发展提供了强大的理论基础。

一、邓小平理论对人的自由全面发展思想的继承

邓小平理论中并没有准确提及"人的自由全面发展"这一概念,但是这一思想却作为一个核心价值理念贯穿在邓小平理论许多重要方面,重新回答了社会主义新时期如何实现人的自由全面发展。

(一)社会主义本质理论体现着人的自由全面发展新思想

邓小平完整地提出社会主义本质理论是在1992年南方谈话中,他指出:"社会主义的本质,是解放生产力,发展生产力,消灭剥削,消除两极分化,最终达到共同富裕。"①

---

① 《邓小平文选》第3卷,人民出版社1993年版,第236页。

1. 邓小平重视生产力的发展在社会主义现代化建设中的重要作用

邓小平认为:"搞社会主义,一定要使生产力发达,贫穷不是社会主义。"[①]按照马克思对于生产力的定义,劳动者是生产力中最能动的因素,如其所说,"最强大的生产力是革命阶级本身"[②],在当代中国就是人民群众,所以,解放和发展生产力在一定程度上可以理解为解放和发展人民,发动人民去增强和提升自身的能力和思想觉悟。

生产力和生产关系的矛盾运动是社会发展的根本动力,资本主义生产力的发展使封建社会土崩瓦解,人从封建的束缚中解放出来。《宣言》承认了资产阶级的历史作用:资产阶级在其取得阶级统治之后近百年时间里创造了巨大的生产力,这比过去任何时代创造出的生产力的总和还要多。同时指出:"无产阶级将利用自己的政治统治……尽可能快地增加生产力的总量。"[③]不断满足人的物质需要,进而追求更高的需要,为人的全面发展提供物质保证。《宣言》中也揭露了资本家对工人的剥削,工人成为机器的附庸,只能做极其单调、极其简单的工作,除了工作,没有时间去做自己的事,造成了人的畸形发展,活动着的个人丧失了作为人的自主性和个性,能力是片面发展的。因此,要使人从劳动中解放出来,就要大力发展生产力。一方面,生产力的发展要求人们掌握先进的生产能力,以适应生产力发展的要求,发挥自身各种能力、综合各种条件进行实践活动,使人的个性得到丰富;另一方面,生产力的发展可以缩短劳动时间,从而从事自己喜欢的兴趣活动,还可以使物质财富的源泉充分涌流,丰富社会物质资料,为人的发展提供物质前提和时间条件。共产主义社会,生产力将空前发达,物质资料极大丰富,人们生产劳动的时间减少,可以从事自己喜欢的事情,在此基础上,人的发展将是自由全面的。马克思主义认为人的发展与生产力的进步相互影响,人的发展可以推动生产力的进步,同时人的发展也受到生产力发展水平的制约,实现人的发展就要促进生产力的飞跃。

邓小平坚持马克思主义理论,他认为社会主义最重要的任务就是促进社会生产力的发展,逐步改善人民的生活条件,进而提高国家的软硬实力。他还强调:我们要加速发展生产力,一定要根据和充分利用一切有利条件,使人民的物质生活、文化生活比以往上一个台阶,使人民的精神面貌更好一些。要通过解放和发展生产力来满足人们增长的物质文化需要和精神生活需要,这里集中反映了他对社会主义制度下人的发展的关注和重视。

2. 消灭剥削、消除两极分化也是人自由全面发展的重要条件

私有制和雇佣劳动关系是资本主义社会的支柱,资本家凭借生产资料的私人占有,将劳动者与生产资料分割开来,使工人不得不出卖劳动力,受制于资本,以获得生存。雇佣劳动下,工人成为机器的附庸,从事片面劳动,畸形发展,"雇佣工人靠自己的劳动所占有的东西,只够勉强维持他的生命的再生产"[④]。在这种条件下,要实现人的

① 《邓小平文选》第3卷,人民出版社1993年版,第225页。

② 《马克思恩格斯全集》第4卷,人民出版社1995年版,第197页。

③ 《马克思恩格斯文集》第2卷,人民出版社2009年版,第52页。

④ 《马克思恩格斯选集》第1卷,人民出版社2012年版,第415页。

自由全面发展是不可能的、不现实的。资本家对工人的剥削和社会财富两极分化的根源则是私有制，消灭了私有制也就消灭了阶级剥削和两极分化，因此《宣言》提出：共产党人将消灭资产阶级的私有制作为自己的理论概括和未来社会的基本特征，与资本主义私有制和一切传统的旧的所有制关系划清界限，消灭雇佣劳动，建立公有制。资本主义的占有方式让位于生产资料由工人阶级和广大劳动人民所有的占有方式：一方面由国家和社会所有，以满足维持和扩大生产的需要；另一方面由个人所有，以满足生活需要和作为享受资料。两方面相互结合，达到全体成员共同占有生产资料，实现人的共同而自由全面的发展。这正是共产党人所要做的，也是社会主义所要做的。只有这样，人们才能“结束牺牲一些人的利益来满足另一些人的需要的情况；彻底消灭阶级和阶级对立；通过消除旧的分工，进行产业教育、变换工种、所有人共同享受大家创造出来的福利，通过城乡的融合，使社会全体成员的才能得到全面发展”[①]。

3.实现共同富裕是人的发展所要达到的目标

我国实行以公有制为主体、多种所有制经济共同发展的基本经济制度，这种所有制形式必然会产生两极分化，导致人不能自由全面地发展，但是这与现实的生产力水平相适应。为了缩小贫富差距，邓小平提出：“我们允许一些地区、一些人先富起来，是为了最终达到共同富裕。”[②]共同富裕不仅指物质上的富裕，也包括精神上的富裕。他多次强调：我们是社会主义国家，建设社会主义要有高度丰富的物质资料和物质文明，同时也要有发达的精神文明。富裕要“共同”，这是生产资料公有制的必然结果，也是人全面自由发展的重要条件。《宣言》中揭示的未来社会是一个联合体，在这个联合体中“每个人的自由发展是一切人的自由发展的条件”[③]，也就是说一切人的自由发展以每个人的自由发展为基础。只有每个人都能够全面自由地发展，社会上一切人才能真正自由地发展，否则即使实现了自由发展也是不健全的。同样，富裕也要“共同”，即使是少数人的贫穷也不是真正的富裕，也不是每个人的共同的自由发展。

(二)邓小平的教育思想蕴含着人的自由全面发展理论

教育是促进人发展的关键环节，在资本主义社会里，私有制也扩展到了精神产品的占有，教育是资产阶级的教育，是资产阶级生产关系和所有制关系的产物。马克思和恩格斯在《宣言》中揭示了资产阶级教育的实质，这种教育要把社会中的绝大多数人训练成供资本家使用的机器。同时，呼吁无产阶级要消灭这种教育，共产党人在未来社会要废除这种教育，实现与传统的观念——反映和维护私有制及其他愚昧落后的观念的决裂，进行“社会教育”，树立共产主义和科学、进步的观念。正如马克思所说：共产党要时刻重视和教育工人阶级充分意识到自身同剥削压榨其的资产阶级的对立及其矛盾根源，使各国工人阶级能够运用资产阶级在发展中创造的消灭自身的武器和各种社会条件来动摇资产阶级的统治根基，在同资产阶级的暂时联合中推翻反动阶级，

---

① 《马克思恩格斯选集》第1卷，人民出版社2012年版，第308～309页。

② 《邓小平文选》第3卷，人民出版社1993年版，第195页。

③ 《马克思恩格斯文集》第2卷，人民出版社2009年版，第53页。

进而进行推翻资产阶级的斗争。通过有别于资产阶级统治下的教育,使人们获取新知识、新经验、新技能,提高精神觉悟,促进人的发展。

马克思强调教育对人的发展的决定作用,提出教育“不仅是提高社会生产的一种方法,而且是造就全面发展的人的唯一方法”[①]。通过知识技能的获得,实现人的发展。邓小平也强调教育是促进人全面发展的重要手段,他认为:经济和社会的发展靠科技,科技的发展要靠一批批科技人才,“科学技术人才的培养,基础在教育”[②]。他也指出要把教育放在优先发展的位置,教育和科技是工作的关键。可见,邓小平继承了马克思的教育思想,强调教育对人的自由全面发展的重要作用。

(三)邓小平的市场经济思想体现着《宣言》人的自由全面发展思想

在改革开放初期,有人对于在社会主义国家实行市场经济提出了不同的看法,认为市场经济是资本主义的标志,计划经济才是社会主义的特征。但是,实践证明了在计划经济下,体制的封闭性和空想性使“需要和生产计划化,诸环节都由国家统一指令,个人只能依从国家,这就限制了人的需求与能力的全面发展;交往的指令性、狭隘的地域性限制了个人的自由发挥;国家包办一切,助长了人的依附性;片面追求道德的完善,限制了人的个性,抑制了人的创造性。”[③]邓小平充分肯定了市场经济对我国经济建设的重要作用,提出:市场经济不是资本主义所特有的,社会主义也可以发展市场。通过市场经济,解放计划经济下被束缚的思想与人性,这是对《宣言》中阐述的人的能力、个性、需要及人际关系等方面全面发展的肯定。

《宣言》提到资本主义社会使劳动者摆脱了封建社会下的对地主的人身依附,使人有了一定的独立性,实现了从“人对人的依赖关系”向“人对物的依赖关系”的飞跃,但是雇佣劳动却压制了人的个性。马克思指出:在资产阶级的阶级统治之下,资本具有的独立性和个性湮灭了活着的个人的自主性和个性。《宣言》揭示,在资本主义社会里,工人变成了机器的附属品,是被资产阶级剥削压榨的奴隶。机器越推广,劳动的时间就越长,为资本家生产的剩余价值就越多,人发展个性、潜力的时间被旧式分工和劳动的异化束缚,被物质生产束缚,人的个性的发展根本无从实现。因此,只有推翻资产阶级统治,推翻私有制,消灭资本家和资本的个性、独立性和自由,才能使人类摆脱物的支配和束缚,摆脱资本家的压榨与剥削,实现人的个性的自由全面发展。市场经济一个重要的机制就是竞争,这唤起了人的竞争精神,在竞争中充分发挥个人潜力,实现个性的发展;社会主义市场经济下,人的生活更加多样化,丰富多彩的生活需要人发展自己的个性,以此实现生活的更加丰富多彩,市场经济也满足了人的个性发展需要。

《宣言》指出,资本主义虽然使人们从封建关系中解放出来,发挥了人的生产能力,但也批判了在雇佣劳动下,分工使工人所从事的劳动是极其单调、极其简单的,单一的

---

① 《马克思恩格斯全集》第23卷,人民出版社1972年版,第530页。

② 《邓小平文选》第2卷,人民出版社1994年版,第91页。

③ 段鹏飞、刘泓侠:《计划经济、市场经济与人的发展》,载《广西青年干部学院学报》2000年第6期。

工作使人的身心、能力严重畸形发展，而资本家凭借其资本的私人占有获得自身的发展。马克思、恩格斯指出：全面发展的人是“各方面都有能力的人，即能通晓整个生产系统的人”①，并预言在共产主义社会中，每个成员都能充分地发挥自己的才能。所以，共产党人要同资本主义私有制彻底决裂，挣脱沦为生产工具的地位，无产阶级掌握政权并夺取资产阶级全部资本，大力发展生产力，建立共产主义社会，为实现所有人的能力全面发展提供物质基础和精神保障。社会主义市场经济“打破了地域界限，分工更细化、国际化……创造了一个需要和能力充分发展的体系，给全体社会成员腾出充实的自由时间，把人们从奴隶般的分工中解放出来”②。社会主义市场经济使人从旧制度中解放出来，在市场竞争中求得生存必须发展自己的劳动能力、社交能力等，这必然会促进人的才能的全面发展。

马克思认为，人类最重要的实践活动就是物质资料的生产，这是人类社会历史产生和发展的基础，人为了生存的需要，就必须解决物质资料生产的问题，当生存需要满足后，就会产生其他的需要。马克思指出，人“以其需要的无限性和广泛性区别于其他一切动物”③。在资本主义社会里，劳动者通过劳动只能获得维持生存所必需的生活资料，只能满足生存的需要，劳动仅仅是维持生活的手段，人的其他需要是得不到满足的。到了共产主义社会，生产力充分发展，物质、精神财富极大丰富，人的物质、精神等各方面需要将全面得到满足，劳动成为个人展现价值的活动，成为人们生活快乐的源泉，而不再是谋生手段，每个成员在劳动中实现全面发展。社会主义市场经济使生产力极大发展，不断满足人民群众日益增长的物质和文化需要，为人的全面发展提供物质和精神财富。

《宣言》中提到，未来社会是一个自由人的联合体，社会的发展与个人的发展同步，每个人的自由全面发展以其他人的自由全面发展为前提条件。人是处在人与人相互联系的社会关系之中，正如马克思所说，人的本质是一切社会关系的总和，社会关系的发展也是人全面发展的一个重要组成方面。《宣言》提到：资产阶级虽然打破了一切封建的、宗法的和田园诗般的关系，将人们从封建关系的束缚中解放出来，却代之以剥削、雇佣关系和金钱关系，资产阶级的家庭充分发展，无产者的家庭却遭到破坏。所以，共产党人要消灭这些不合理的社会关系状况，建立高度和谐的社会关系，从而实现人的自由全面发展。在我国现阶段，人民是国家的主人，人民群众的利益在根本上是一致的，社会主义市场经济为人们突破血缘、地缘关系对人的束缚，为个人面向整个社会提供更大的发展空间，使人与人之间建立起普遍的联系，在共同的根本利益下，形成了和谐的人际关系，使人在和谐社会中自由发展。

由此可见，邓小平重视市场经济，正是因为其对促进人的个性、能力、需要及社会关系方面发展具有重大意义。

---

① 《马克思恩格斯全集》第4卷，人民出版社1995年版，第370页。

② 段鹏飞、刘泓侠：《计划经济、市场经济与人的发展》，载《广西青年干部学院学报》2000年第6期。

③ 《马克思恩格斯全集》第49卷，人民出版社1982年版，第130页。

二、邓小平理论对《宣言》中人的自由全面发展思想的发展

邓小平结合我国实际，将《宣言》中的思想运用到我国社会主义事业的建设实践中，创造性地发展了人的自由全面发展思想。

（一）“三个面向”方针

1978 年以来，我国开始实行改革开放战略，主动加入国际舞台。世界新技术革命如火如荼，而我国刚刚经历了“文化大革命”，各项工作刚刚恢复起步，无法适应新的国际局势，以邓小平为核心的党中央决定将工作重心转移到现代化建设上来，但我国的人才素质与现代化建设所需的人才素质不相适应，为此，邓小平因势提出了“三个面向”思想，即“教育要面向现代化、面向世界、面向未来”①，丰富和发展了马克思的人的自由全面发展思想，将其与中国时代特征相结合，为我国教育指明了前进方向，为我国人才培养奠定了基调。

（二）“四有”新人的提出

为了更好地贯彻“三个面向”，邓小平明确提出：“搞社会主义精神文明，主要是使我们的各族人民都成为有理想、讲道德、有文化、守纪律的人民。”②并在此基础上，逐渐形成培育“四有”新人的思想：“我们提出要教育人民成为‘四有’人民，教育干部成为‘四有’干部。‘四有’就是有理想、有道德、有文化、有纪律。”③从这里可以看出，社会主义教育不是促进人的单方面发展，而是力求多方面综合发展、全面发展；同时，他还多次提到要教育全国各族人民做到有理想、有道德、有文化、有纪律。可以看出邓小平的这一思想体现的全纳性，是对当代中国全体人民素质的要求。这一思想也不断得到坚持和完善，并以国家法律法规的形式加以确立和巩固。现行《教育法》对我国的教育方针作出了明确规定，提出教育必须遵循社会主义的方向，为现代化建设提供智力支持，必须紧密结合生产实践，培养出符合社会主义现代化建设要求的社会主义事业的建设者和接班人，鲜明体现了国家对公民素质的全面要求。邓小平提出的“全面发展”这一概念，是对邓小平理论以及人的自由全面发展思想的丰富发展。

（三）邓小平的“两个文明”思想与人的全面发展

马克思强调：人的发展不仅体现在物质资料的丰富发展，也囊括精神文化的提高。邓小平继承这一理论，指出我们要建设社会主义现代化国家，现代化不仅要体现在物质文明的高度丰富，还要体现在精神文明的充分提高。精神文明不但是指教育、科学、文化（这是完全必要的），而且是指社会主义信念和共产主义理想、正确的立场和观点、人与人的关系等。没有精神文明的支撑，缺失共产主义理想和社会主义信念，无纪律无原则无立场，就不能建设社会主义，就不能建成社会主义。同时，邓小平强调：“不加强精神文明建设，物质文明的建设也要受破坏，走弯路”④，形象阐明了两个文明之间

---

① 《邓小平文选》第 3 卷，人民出版社 1993 年版，第 35 页。
② 《邓小平文选》第 2 卷，人民出版社 1994 年版，第 408 页。
③ 《邓小平文选》第 3 卷，人民出版社 1993 年版，第 205 页。
④ 《邓小平文选》第 3 卷，人民出版社 1993 年版，第 144 页。

的辩证关系。当今，社会主义精神文明建设的任务就是：为社会主义现代化建设提供人才支持、理论基础和精神动力，培育“四有”社会主义公民，提高全国各族人民的思想道德素质和科学文化素质。“两个文明”为人的全面发展提供了理论支持，并指导中国特色社会主义事业建设的方向和成效。

（四）在人与自然的和谐中实现人的自由全面发展

在未来社会，人成为自然界和社会的主人，掌握并合理利用自然规律造福人类。因此，促进人的全面发展必须以实现人与自然的和谐为前提，就要处理好人口、资源与环境的关系。邓小平强调：“人口问题是个战略问题，要很好控制”①，人口太多也有不好的一方面，要坚定不移地实施计划生育政策。在谈到资源时，他说：要“合理地利用我国的丰富资源”，土地多但耕地少，地大物博但探明储量少……资源的有效利用非常重要。邓小平也非常重视环境问题，工业的发展致使环境遭到破坏，他说：一些工厂把环境和风景破坏了，这功不抵过，对于严重污染环境的工厂，他肯定地说：就是要关。可以看出，邓小平非常重视自然规律。在社会发展中，要认清并合理利用自然规律。在人与自然的关系上，邓小平继承并根据国情发展了马克思关于人的自由全面发展思想，丰富了马克思主义。

总之，邓小平的教育和生态思想是对社会主义新时期人的全面发展的具体要求，是对《宣言》中人的自由全面发展思想的丰富和发展。邓小平理论的指导，为我国培养了一大批各级各类人才，为中国特色社会主义建设提供了智力支持和思想保证。

三、邓小平人的自由全面发展思想的现实意义

邓小平理论对人的全面发展思想的继承和发展，展现了中国特色、中国风格、中国气派，对我国社会主义现代化建设下推进人的自由全面发展具有重要的理论价值和实践指导意义。

（一）邓小平人的自由全面发展思想的理论意义

邓小平理论中关于人的自由全面发展思想是马克思主义关于人的自由全面发展思想在当代中国的新飞跃，是邓小平理论的重要组成部分，为中国特色社会主义理论体系的发展提供了思想理论源泉。

1. 邓小平人的自由全面发展思想是马克思主义理论中国化的伟大成果

马克思主义理论是在对资本主义现实的剖析和批判、对未来社会的预设和憧憬、对现实实践的把握和升华的基础上形成和发展的。马克思、恩格斯在反思资本主义制度下人的片面不充分发展的基础上，提出了人的自由全面发展思想，对未来社会人的发展作出科学的预测。列宁、毛泽东等马克思主义者根据时代和实践发展的需要，丰富和发展了马克思主义人的自由全面发展思想。但是由于实践的限制和客观实际及主观条件的制约，他们的理论不免有时代的印记和缺陷。邓小平在改革开放和社会主义现代化建设的实践中，批判继承了不同时期马克思主义人的自由全面发展思想，提

① 《邓小平思想年谱》，中央文献出版社 1998 年版，第 126 页。

出了党的思想路线、社会主义本质理论等一系列新思想新经验，形成了改革开放新时期人的自由全面发展思想，为人的自由全面发展提供了物质保障、制度基础、精神条件和自然环境等，实现了马克思主义人的自由全面发展思想与中国实际相结合的新层次。

2. 邓小平人的自由全面发展思想渗透于邓小平理论的多方面

邓小平理论是我国改革开放和社会主义现代化建设集体经验的结晶，是指导中国改革和建设的正确的理论原则。邓小平理论回答了当时中国面临的前进道路问题和思想路线问题等，为中国改革开放指明了方向。邓小平理论中社会主义市场经济理论、社会主义本质理论、"三个有利于"思想、实事求是的思想路线、教育思想等蕴含着丰富的人本思想，邓小平人的自由全面发展思想贯穿在邓小平理论的多方面，是邓小平理论的重要组成部分。实事求是的思想路线为人的自由全面发展提供思想前提，解放思想、实事求是，把握人的发展规律；社会主义市场经济理论打破计划经济对人性的束缚，是对社会主义建设规律的大胆探索，通过发展市场经济，为满足人民的物质和精神等各方面需要提供市场条件；邓小平的教育思想、"三个有利于"标准等基本理论也包含着人的发展思想，以人为本、尊重人才、发展为民，为新时期人的自由全面发展提供理论保证。

3. 邓小平人的自由全面发展思想推动中国特色社会主义理论丰富发展

实践无止境，实践基础上的理论创新也是一个无止境的过程。马克思、恩格斯从来没有把自己的理论看成是一成不变的教条的东西，而是要求与时俱进，不断创新。邓小平理论作为中国特色社会主义理论体系的起始之作，为这一理论体系的继往开来、与时俱进提供了思想渊源。在此基础上，江泽民根据时代的发展和实践的要求，提出了"三个代表"重要思想，以先进生产力、先进文化和代表最广大人民的根本利益为人的自由全面发展提供物质条件、思想道德条件和强大动力；以胡锦涛为总书记的党中央为全面建设小康社会，构建和谐社会，以最广大人民的根本利益作为出发点和植根点，提出以人为本的科学发展观，统筹协调各方面发展，达到人、自然、社会三个层面的全面协调可持续发展；新时代以习近平同志为核心的党中央，把人民对美好生活的向往作为奋斗的目标，提出一系列新思想、新论断，形成了新时代中国特色社会主义思想，"人本思想"体现在这一理论成果的方方面面，可以说"五位一体"和"四个全面"为新时代中国人民的自由全面发展保驾护航。

（二）邓小平人的自由全面发展思想的实践意义

邓小平理论中的人的自由全面发展思想对中国特色社会主义建设和改革，实现中华民族强起来的历史飞跃具有重要的指导意义。

坚持邓小平人的自由全面发展思想，大力发展社会生产力。高度发达的生产力是共产主义社会的基本特征，是实现社会主义上升到共产主义的重要动力，也是实现人的自由全面发展的必要条件。改革开放 40 年来，我国社会的主要矛盾已成为人民的美好生活需要同发展的不平衡不充分之间的矛盾，城乡差距、收入差距、区域差距仍然较大，今后的主要任务就是解决发展不平衡不充分的问题，这就需要将发展作为第一要务，贯彻新发展理念，坚持以人民为中心的发展思想，促进落后生产力的转化，满足人民的物质和精神文化需要，做到人人贡献、人人共享。

坚持邓小平人的自由全面发展思想，改善政治经济体制环境。改革开放使我国确立了社会主义与市场经济相结合的经济体制和社会主义民主政治体制，使我国人民群众的独立性和个性得到解放和发挥，主体性和创造性进一步释放。进入新时代，习近平总书记时刻将人民放在第一位，提出"供给侧"结构改革，提高供给质量，改善供给结构，以满足人民群众日益丰富的生活需求；协调市场和政府"两只手"的关系，完善社会主义市场经济体制，使人民群众的主体地位和首创精神得到尊重和发挥；发挥社会主义协商民主的作用，扩展民主内涵，开拓民主渠道，推进依法治国，深化政治体制改革，保障人民群众当家作主，发挥人民群众的主体性、能动性和创造性，为人的自由全面发展提供良好的体制环境。

坚持邓小平人的自由全面发展思想，促进人与自然和谐。习近平总书记强调，生态建设是千年大计、民之所向，要处理好人和自然的关系，实现绿色、循环、永续发展。自然界是人类社会产生和发展的外在条件，是人类存在和发展的前提，人类社会的现代化不断打破人与自然的和谐共生关系，生态恶化不仅威胁人类的生存健康，也制约着人的自由全面发展。贯彻生态文明新理念，走绿色发展道路，实现人与自然的再和谐，事关国家兴亡和人类发展。因此，要加强生态文明建设，多还账不欠账，正确处理人口、资源和环境的关系，加强能源节约和生态保护，着力解决重大生态问题，遵循自然规律，实现人类从"必然"向"自由"的飞跃。

邓小平理论中人的自由全面发展思想，思想深刻、内涵丰富、价值深厚，为新时代促进全国各族人民的发展提供理论和方法指导，是中国特色社会主义理论体系的重要组成部分。当今仍需要继续挖掘其思想价值和理论内涵，为社会主义建设和改革、为实现中华民族伟大复兴和"强起来"的历史飞跃助力。

（指导教师：王青）

习近平对邓小平反腐倡廉思想的发展

郭丽丽

摘要：中国共产党长期以来一直坚持反腐倡廉建设，认为其关系到党和国家的兴衰成败。新形势下，习近平继承发展了邓小平的反腐倡廉思想，形成了独具特色的反腐思想和理论。在反腐重要性认识上，习近平将反腐倡廉提升到国家战略和顶层设计的高度，认为其有利于实现中国梦和“两个一百年”奋斗目标。在反腐制度保障上，习近平提出要狠抓制度建设，并与时俱进创建巡视制度。在反腐突破口上，习近平认为“打铁还需自身硬”，更加重视党的建设，全面推进从严治党。在反腐宣传教育上，习近平摒弃令群众厌恶的官话套话，以其生动形象接地气的语言指导反腐倡廉工作。

关键词：邓小平；反腐倡廉；习近平；继承发展；从严治党

党的十八大以来，习近平高度重视反腐倡廉建设，在新形势下进行了系统的探索，在这方面提出了一系列新观点和新举措，进一步发展了中国共产党的反腐倡廉思想。习近平对邓小平的反腐思想既有继承又有发展，主要表现在以下几个方面：

一、在反腐重要性认识上，新时代新高度

邓小平十分重视党员干部的违纪腐败问题，早在第二次国内革命战争时期就把干部的清正廉洁列为党建的重要内容之一，邓小平曾明确指出，我们的苏维埃政权才刚刚建立就出现了很多腐败现象，这样是很难在人民心中树立威信的。到了改革开放初期，针对当时出现的不正之风，邓小平强调：“如果我们党不严重注意，不坚决刹住这股风，那么，我们的党和国家确实要发生会不会‘改变面貌’的问题。”[①]后来，邓小平又反复告诫全党，腐败，尤其是高层的腐败，会使党面临失败的危险，一定要严加防范。由此可见，邓小平认为反腐倡廉建设关乎党的面貌、党的成败，关乎党和国家的生死存亡，是必须要重视的。

习近平继承了邓小平反腐倡廉的重要性认识，认为反腐倡廉关系到党和国家的生

① 《邓小平文选》第2卷，人民出版社1994年版，第403页。

死存亡。新时期,中国共产党面临“四大考验”“四大危险”和“八大斗争”,如何经受住这些考验,化解这些危险,赢得这些斗争,反腐倡廉,大力加强廉政建设,迫在眉睫!他在十八届中央政治局第一次集体学习时发表的讲话中指出,我们党一贯坚持反对腐败,建设廉洁政治。广大人民群众始终关注党的清正廉洁。他告诫大家:“一些国家因长期积累的矛盾导致民怨载道、社会动荡、政权垮台,其中贪污腐败就是一个很重要的原因。大量事实告诉我们,腐败问题越演越烈,最终必然会亡党亡国!我们要警醒啊!”[①]习近平站在新的时代高地,认为反腐倡廉建设对于“两个一百年”奋斗目标和中国梦的实现具有重要意义。2012年,习近平在参观“复兴之路”展览时提出和阐释了中国梦。他强调,要想实现中华民族伟大复兴的中国梦,前提是要建设好我们的党,党风廉政建设和反腐败斗争是当前党建工作的首要任务。要实现“两个一百年”奋斗目标和中国梦,就必须建设好我们的党,必须要搞好反腐倡廉建设。只有坚持党要管党,从严治党,才能保持和发展党的先进性和纯洁性。另外,习近平将反腐倡廉建设提升到国家战略和顶层设计的高度。2013年2月20日,中共中央印发了《建立健全惩治和预防腐败体系2013～2017年工作规划》,用来指导这五年的党风廉政建设和反腐败斗争。习近平在十八届中纪委三次全会上指出,建立健全惩治和预防腐败体系,应该作为国家战略和顶层设计。将反腐败斗争纳入国家战略和顶层设计去思考,这体现了新时期腐败问题的严重性和我党坚持反腐倡廉毫不动摇的坚定决心。将反腐败斗争作为国家战略,说明反腐倡廉关系到国家总目标的实现,意味着要将反腐败上升为与经济、政治、社会、文化等方面的国家战略布局的同等地位,意味着要将反腐败作为一项长期且艰巨的重大政治任务来抓,真正建立一套行之有效的惩治和预防腐败制度体系。将反腐败作为国家的一项顶层设计,需要从整体上规划和实施,而不仅仅是“摸着石头过河”。反腐倡廉纳入国家战略布局之中,进入顶层设计之列,使反腐倡廉工作能够系统规划、整体作战、协同一致。这充分表明了以习近平为核心的党中央对反腐的鲜明态度和坚定信心。

二、在反腐制度保障上,与时俱进创建巡视制度

邓小平在分析腐败产生的深层次原因时,认为我国的政治体制存在弊端,干部权力过分集中同时缺乏有效的制约和监督,这十分容易产生官僚主义。制度上存在的弊端与当时的国情分不开。在改革开放初期,我国经济体制由计划经济向社会主义市场经济转变,出现了许多新情况、新问题。然而,已有的政策法规、规章制度对这些新情况、新问题难以作出正确的估量和判断。正如邓小平所言:“现在的问题是法律很不完备,很多法律还没制定出来。往往把领导人说的话当作‘法’,不赞成领导人说的话就叫做‘违法’,领导人的话改变了,‘法’也就跟着变。所以,应该集中力量制定刑法、民法、诉讼法和其他各种必要的法律。”[②]有了这些必要的法律,才会做到依法行事,严格

① 中共中央文献研究室编:《十八大以来重要文献选编》(上),中央文献出版社2014年版,第81页。
② 《邓小平文选》第2卷,人民出版社1994年版,第334页。

执法，才会遏制腐败问题的产生，否则只能顺从这种依人而定的“法”，导致人们失去有效的判断力和正确的价值观，从而导致腐败问题的出现。邓小平认为，组织制度、工作制度等方面的问题是我们过去发生的各种错误的更重要的原因，好的制度能使坏人无法横行，坏的制度能使好人无法充分做好事。因此，他认为制度在反腐中起的作用十分重要，如果不解决好制度问题，思想作风问题也难以解决。因为制度是更根本、更全局和更稳定的东西，它关系到党和国家会不会改变面貌的问题。1992 年初，邓小平在南方谈话中再次强调要依靠法制。

习近平同样注重制度对于权力的制约和监督作用。他在担任福建省宁德地委书记期间，就强调，杜绝腐败从根本上来说要依靠一整套全面、系统的制度来制约和监督权力的运行。担任总书记以后，他更加重视权力与腐败之间的内在联系，特别强调制度在反腐中的根本性地位和作用。他认为权力是一把“双刃剑”，反腐倡廉的关键是制约和监督权力。他指出，当前我们面临的一个重大课题就是如何利用制度更有效地防治腐败，因此提出“要健全权力运行的制约和监督体系，要加强对权力运行的制约和监督，把权力关进制度的笼子里”①，强调制度执行要狠抓，“制度篱笆”要扎牢，真正使铁规发力、让禁令生威，要做到用制度管权管事管人，真正发挥制度的作用。

习近平重视制度建设，并且创新巡视制度，重视巡视工作，把巡视作为党内监督的战略性制度安排。在巡视制度方面，提出中心任务是为党风廉政建设和反腐败斗争服务，巡视内容要详细具体有针对性，要推动巡视工作与时俱进。从 2013 年到 2014 年，习近平在审议中央巡视组巡视情况报告时曾先后提出，要严肃查处在巡视中发现的任何违法违纪的问题线索，有多少就处理多少，一个也不能放过；要创新组织制度，增强巡视工作的机动性和灵活性，达到范围全覆盖，形成更大震慑力，同时要求发挥巡视的威慑、遏制作用；要利用好巡视这把反腐“利剑”，对于被巡视地区、单位出现的问题要严厉指出，“不能看人看地方‘下菜碟’，对领导同志工作过的地方，不能投鼠忌器，要全部扫描”②；要多“回头看”，杀个“回马枪”，要抓紧时间修订巡视工作条例，加强专项巡视，不断完善巡视制度。这些对于巡视制度的重要论述，集中反映了习近平对于巡视工作的基本要求和总体思路，不断推动巡视工作取得更大成效。巡视制度是习近平在制度保障方面对反腐倡廉工作的创新和发展，具有十分重要的理论意义和实践意义。

三、在反腐突破口上，全面推进从严治党

中国共产党是以马克思主义理论武装起来的，以全心全意为人民服务为宗旨，始终代表中国先进生产力的发展要求，代表中国先进文化的前进方向，代表中国最广大人民的根本利益。只有坚持中国共产党的正确领导，才能搞好反腐倡廉建设，这是做好一切工作的保障。而要使党领导好反腐倡廉工作，突破口就是加强党的建设。一个

---

① 中央纪委、中央文献研究室编：《习近平关于党风廉政建设和反腐败斗争论述摘编》，中央文献出版社、中国方正出版社 2015 年版，第 121 页。

② 中央纪委、中央文献研究室编：《习近平关于党风廉政建设和反腐败斗争论述摘编》，中央文献出版社、中国方正出版社 2015 年版，第 114 页。

政党的健康发展不能只依靠少数领导机关和领导干部,必须依靠全体党员的力量,必须要有党内民主作为保障。党内民主是党的生命。“文化大革命”之后,邓小平多次提出要加强党内民主和人民民主建设。党内民主是无产阶级政党的基本组织原则,只有重视加强党内民主建设,形成民主的权威,才能有效防止党内腐败问题及各种不良现象的出现,这对于党风廉政建设和反腐败斗争具有基础性意义。邓小平还指出,共产党内部是最容易出问题的地方,而我们党现在就存在不少严重问题,总体情况还不那么令人满意。邓小平的这些话都表明了党加强自身建设的必要性,只有加强党的思想、组织、作风建设,建设一个先进、纯洁、令人满意的政党,才能保证反腐倡廉工作的顺利进行。邓小平始终认为,腐败与权力紧密相关,主要来自共产党内部,来自掌握大权的领导干部,对抗腐败的主要阻力亦在于此。对此,在1978年邓小平就指出:“高级干部能不能以身作则,影响是很大的。现在,不正之风很突出,要先从领导干部纠正起。我们是社会的表率,党的各级领导同志是全党的表率,廉洁从政只有从党内,从高级干部抓起,才能为全党、全社会树立典范,才能带动广大群众和一般干部的廉洁,进而才能带动整个社会风气的好转。”[①]因此,在反腐倡廉中,要特别重视保持高级干部的清正廉洁。为此,中央制定了《关于高级干部生活待遇的若干规定》,对高级干部在生活各方面的待遇作出了必要的限制。后来,1989年的《中共中央、国务院关于近期做几件群众关心的事的决定》对高级干部的行为及待遇作出了更加严格的规定。另外,邓小平认为监督是做好反腐工作的关键,领导干部要接受人民群众的监督,而最直接的监督来自党委会本身。

习近平更加重视党的建设,强调管党治党一刻也不能松懈,要确保我们党始终走在时代前列,因而把从严治党作为一项系统的工程来推进。他坚持对于党内腐败零容忍的态度,要求保持惩治腐败的高压态势,既要坚决查办大案,又要切实解决发生在群众身边的不正之风和腐败问题。[②] 他多次诫勉领导干部要怀有敬畏的态度,不要存在侥幸心理,决不允许各级领导干部做出以权谋私、权钱交易等腐败行为。2016年,党的十八届六中全会专题研究全面从严治党问题,从严格党内政治生活和加强党内监督两个方面入手,对党要管党、从严治党作出了新的制度安排,在推进党的建设新的伟大进程中具有里程碑意义。全会审议通过的《关于新形势下党内政治生活的若干准则》和《中国共产党党内监督条例》,是进一步加强全面从严治党的有力保障。在加强和规范党内政治生活方面,六中全会坚持与时俱进,制定出《关于新形势下党内政治生活的若干准则》,有利于规范全体党员的政治行为,进一步净化党内政治环境,促进中国共产党的健康成长。在加强党内监督方面,六中全会全面修订了《党内监督条例》,明确提出了党内监督没有例外,党风廉政建设和反腐败斗争是永远的任务。党内监督的任务是确保党章党规的有效执行,维护党的团结统一,有利于改善党的领导弱化、建设缺失、观念淡薄、纪律松弛等问题。六中全会还提出了要特别防范党的领导机关和领导

---

① 《邓小平文选》第2卷,人民出版社1994年版,第125页。

② 参见习近平:《在中国共产党第十八届中央纪委第三次全体会议上的讲话》,2014年4月14日。

干部发生腐败,发现一起,查处一起;提出了建立健全党内监督体系,在邓小平重视党内监督的基础上进一步明确了方案和路径。

建设中国特色社会主义,高素质干部队伍是关键。要培养造就一支钢铁一般的干部队伍,应当具有崇高的信仰、坚定的信念、严明的纪律,这有利于防止腐败问题的产生。习近平对于好干部的标准作出了这样的概括:信念坚定,勤政务实,为民服务,清正廉洁,敢于担当。有了好干部,接下来就要把好干部用起来。要建立科学有效的用人选人机制,紧密结合干部工作实际,科学合理使用干部,改进考核的方法手段,形成系统完备、有效管用、科学规范、简便易行的制度机制。另外,还要充分调动广大党员干部的积极性、主动性和创造性,要加强对干部的教育培训,把严格管理和热情关心结合起来。全面从严治党有利于进一步加强党的自我净化能力,把我们党对从严治党的认识提升到了一个新的境界,开创了党的建设的新局面,是党领导好反腐倡廉工作的有力保障。

四、在反腐宣传教育上,创新语言表达风格

在反腐宣传教育上,邓小平直面现实,言语犀利,一针见血。"在对错误倾向、坏人坏事作思想斗争和组织处理的问题上,这些年来党内确实滋长了过分容忍、优柔寡断、畏难手软、息事宁人的情绪,这就放松了党的纪律,甚至保护了一些坏人。"[①]同时语言又不乏质朴、真诚。比如在制度上,邓小平认为:"要靠法制,靠法制靠得住些。"[②]"我们肩膀上的担子重,责任大啊!"[③]"最大的失误是在教育方面,思想政治工作薄弱了。"[④]这些发自肺腑的言语来源于邓小平对我国国情的深刻把握和崇高的爱国情怀。邓小平认为思想政治教育是反腐倡廉的基础,"过去我们党无论怎样弱小,无论遇到什么困难,一直有强大的战斗力,因为我们有马克思主义和共产主义的信念。有了共同的理想,也就有了铁的纪律。无论过去、现在和将来,这都是我们的真正优势"[⑤]。因此,他指出,一定要教育好我们的军队,教育好我们的专政机构,教育好共产党员,教育好人民和青年。所以要在全党、全社会加强思想政治教育,增强领导干部的共产主义信念,使他们打心底里不想腐,这样才能从根本上减少和杜绝腐败行为。邓小平一再强调反腐倡廉的根本问题在于教育人,要从根本上下功夫,必须坚持经常性的教育。他说,要坚持共产主义思想教育、国家法律法规教育、爱国主义教育、纪律教育,其中特别强调理想教育。

习近平也同样重视反腐的宣传教育,特别重视语言艺术的运用。习近平指出:"理想信念是共产党人精神上的'钙',没有理想信念,或理想信念不坚定,精神上会'缺

---

① 《邓小平文选》第3卷,人民出版社1993年版,第38页。
② 《邓小平文选》第3卷,人民出版社1993年版,第379页。
③ 《邓小平文选》第3卷,人民出版社1993年版,第383页。
④ 《邓小平文选》第3卷,人民出版社1993年版,第306页。
⑤ 《邓小平文选》第3卷,人民出版社1993年版,第144页。

钙'，就会得'软骨病'。"[①]共产党人想要拥有"金刚不坏之身"，必须用科学的理论武装头脑、指导实践，不断建设自己的精神家园，切实解决好世界观、人生观、价值观这个"总开关"问题。[②] 从习近平对理想信念教育的论述中可以看出其语言十分形象生动，易于理解，而语言表达风格的创新是习近平在反腐宣传教育上的一大特色。语言有种神奇的力量。习近平在反腐宣传教育中，常用打比方、讲故事的方式阐述深刻的道理，用中国优秀文化传统元素来提纲挈领、纵横捭阖。他在语言表达方面力图摒弃长期以来为群众所厌恶的官话、套话，紧跟时代潮流，用人民群众易于接受、易于理解的表达方式，使得语言本身富有亲和力，平易近人、推心置腹，有一种直指人心的力量，从而有利于人民群众对反腐倡廉理论的接受和认同。如强调不能使制度成为"纸老虎""稻草人"，要扎牢"制度篱笆"，增强制度的整体功能和执行力，不开"天窗"，不留"暗门"，让制度成为硬性的约束而不是"橡皮筋"。执行巡视制度时要多"回头看"，杀个"回马枪"。提出"老虎""苍蝇"一起打，不打倒"老虎"，"苍蝇"就会越来越多。[③] "零容忍""猛药去疴""刮骨疗伤""壮士断腕"，表明了习近平查处腐败的坚定决心和勇气。在谈到政党问题时，习近平指出，政党不是"乌合之众"，不是"私人俱乐部"，必须严明党规党纪，不能为所欲为，共产党员要经常"照镜子，正衣冠"等等。这些富有时代气息、接地气的语言得到了群众的认同，拉近了理论与人民群众的距离，使反腐倡廉深入人心，推动反腐倡廉成为全社会的共同任务。

继承是发展的前提，发展是继承的要求。以习近平为核心的党中央继承了邓小平的反腐思想，并与时俱进，不断推动反腐倡廉工作向深层次、宽领域发展，取得了新的成效，这有利于我国社会各方面的健康发展。坚持反腐败的高压态势不减，追求政治清明的坚定决心不变，中国共产党定会带领广大人民群众早日实现中华民族的伟大复兴！

（指导教师：孙天蕾）

---

① 《习近平：理想信念是共产党人的精神之"钙"》，新华网，http://www.xinhuanet.com/politics/2014-01/20/c_119051416.htm。

② 参见《习近平总书记在纪念马克思诞辰200周年大会上的讲话》，载《光明日报》2018年5月10日。

③ 参见习近平：《在中国共产党第十八届中央纪委第三次全体会议上的讲话》，2014年4月14日。

关于道路自信的几点思考

刘巧莲

摘要：道路问题是关系党的事业兴衰成败第一位的问题，道路就是党的生命。[①] 党领导全国各族人民立足中国特殊国情在艰辛探索和实践中，找到了、坚持了、拓展了中国特色社会主义道路。现如今，为推动中国特色社会主义道路越走越宽广、越走越亮堂，我们必须树立高度的道路自信。道路自信是基于对近现代历史必然选择与现实发展内在要求的深刻认知，来自于改革开放以来社会主义现代化建设的辉煌成就，也是基于国际视域下与他国发展道路比较的正确判断。

关键词：道路自信；历史与现实；辉煌成就；比较优势

一、道路自信的内涵

自信是主体对自己所作准备的一种积极情感，是主体发自内心的自我相信和自我肯定，深信自己一定能做成某件事，实现所追求的目标。[②] 自信，是取得成功的基本保证，是克服艰难险阻的精神动力，是获得他人信任的前提。习近平总书记在庆祝中国共产党成立 95 周年大会上指出：全党要坚定道路自信、理论自信、制度自信、文化自信。[③] 所谓“道路自信”，是指全国各族人民坚信选择中国特色社会主义道路既符合我国时代特征又适应我国特殊国情，是对发展道路上取得成就的充分肯定和对这条道路未来发展前景的坚定信心。道路自信有助于人们意识到实现中华民族伟大复兴的中国梦的远大前途，增强全国人民撸起袖子加油干的凝聚力和号召力；在中国特色社会主义道路的引领下，中国既没有崩溃更没有对世界造成任何威胁，道路自信使国际上关于我国本土特色道路的质疑不攻自破；走中国特色社会主义道路，中国特色社会主义事业蓬勃发展，向世界宣示了中国所走道路的正确性，为广大发展中国家提供了宝

① 参见中共中央宣传部：《习近平总书记系列重要讲话读本》，学习出版社、人民出版社 2016 版，第 18 页。

② 参见覃纯：《浅论自信的内涵、作用和培养》，载《科技创新导报》2012 年第 9 期。

③ 参见《习近平：在庆祝中国共产党成立 95 周年大会上的讲话》，新华网，http://www.xinhuanet.com/politics/2016-07/01/c_1119150660.htm。

贵的经验借鉴，鼓舞了其他社会主义国家走自己道路的士气。

坚定道路自信中的“道路”是指中国特色社会主义道路，是中国共产党领导全国各族人民经过长期探索、实践取得的根本成就，是中国社会发展的必然选择，是实现“两个一百年”奋斗目标和中华民族伟大复兴的必由之路。坚定道路自信，关键在于深刻认识和牢牢把握中国特色社会主义道路的基本内涵，即在中国共产党领导下，立足基本国情，以经济建设为中心，坚持四项基本原则，坚持改革开放，解放和发展社会产力，建设社会主义市场经济、社会主义民主政治、社会主义先进文化、社会主义和谐社会、社会主义生态文明，促进人的全面发展，逐步实现全体人民共同富裕，建设富强民主文明和谐的社会主义现代化国家。①

二、道路自信是基于对近现代历史必然选择与现实发展内在要求的深刻认知

中国特色社会主义道路是近现代中国历史发展的必然选择。回首近现代中国历史，各阶级的仁人志士都为探寻强国救民的道路前仆后继，但均以失败告终。伴随着马克思主义在中国的传播和工人阶级力量的强大，中国共产党应运而生。党团结并带领中国人民探索出了适合中国国情的新民主主义革命道路，浴血奋战、顽强奋斗，于1949年建立了伟大的中华人民共和国，并不失时机地提出了过渡时期总路线，实现了从新民主主义社会向社会主义社会的华丽转身，为中国特色社会主义道路的开创奠定了根本政治前提和制度保障。随后，以毛泽东为核心的党中央带领全国人民以苏为鉴，独立自主地探索社会主义建设道路，虽然走了不少弯路，但为中国特色社会主义道路的开创积累了成功的经验、留下了失败的深刻教训，是拓展中国特色社会主义道路的长度和宽度宝贵的思想资源。十一届三中全会，解放思想、实事求是，立足中国社会主义初级阶段的基本国情成功开创中国特色社会主义道路，实现了党和国家的历史性转折。30多年来，这条道路日臻成熟，与其相关的理论体系和制度也不断完善。历史的发展充分证明：只有在中国共产党的领导下走中国特色社会主义道路才能在经济文化落后的中国实现国家现代化。

中国特色社会主义道路的成功在于始终立足于社会主义初级阶段的基本国情。道路自信的基础是道路自觉，而道路自觉就在于对我国社会发展状况的准确定位。②党的十八大报告指出：我国仍处于并长期处于社会主义初级阶段的基本国情没有变，我国的社会主义还处在初级阶段，表现为生产力发展多层次、不平衡，科学技术水平相对落后，民族文化素质还不高，具体的社会制度还不完善等等。社会主义初级阶段决定了我国不能照搬照抄马克思主义，追求纯而又纯的社会主义，现阶段生产力发展水平多层次性需要多元的生产关系与之相适应。中国特色社会主义道路立足于基本国情，追求一主多元，兼容并包，因时而变，坚持发挥自我优势、民族特色。因此，我国社

① 参见胡锦涛：《坚定不移沿着中国特色社会主义道路前进，为全面建成小康社会而奋斗——在中国共产党第十八次全国代表大会上的报告》，载《人民日报》2012年11月9日。

② 参见王灵灵：《“道路自信”的依据及意义研究》，东北师范大学硕士学位论文，2016年，第16页。

会各方面取得了近代以来前所未有的又好又快发展，极大地调动了人民走中国特色社会主义道路的积极性。

中国特色社会主义道路自信是对主张走“老路、邪路”的有力反驳。党的十八大报告指出，我们既不走封闭僵化的老路，也不走改旗易帜的邪路，表达了我们坚定不移地沿着中国特色社会主义道路前进的决心。自中国特色社会主义道路提出以来，来自各方的怀疑和否定一直都没有消失过，这些反对的声音集结形成各种社会思潮。有人希望走过去的封闭僵化老路，追求纯而又纯的社会主义，把当前社会问题看得过于严重，利用社会中出现的矛盾否定我们现在所取得的辉煌成绩以达到否定中国特色社会主义道路的目的；更有人希望走改旗易帜的邪路，走西方资本主义道路，其实质在于反对中国共产党的领导和社会主义制度。实践证明：老路只会阻碍生产力的解放和发展，导致人民生活在低水平徘徊；邪路只会葬送我国朝气蓬勃的社会主义事业，甚至亡党亡国。走中国特色社会主义道路才是中国发展唯一的选择。道路自信要求我们实事求是，坚持“中国特色”，避免老路；明确方向，坚持社会主义，避免邪路。

三、道路自信来自于中国社会主义现代化建设的辉煌成就

中国特色社会主义道路是改革开放新时期党领导全国各族人民在实现社会主义现代化过程中千辛万苦走出来的。改革开放30多年，改革成果丰硕，开放成就非凡，中国社会实现了从封闭、贫穷、落后、缺乏生机到开放、富强、文明、充满活力的历史巨变。[①] 根据“三个有利于”标准，改革开放以来，我国在解放和发展社会生产力、增强国家综合国力、提高人民生活水平等方面取得了辉煌成就，以下一笔笔鲜活的数据无疑是最好的见证，这也成为了道路自信最具说服力的现实基础。

（一）社会生产力的大解放、大发展

改革开放以来，在中国特色社会主义道路的引领下，最显著的成就即社会生产力的解放和发展。1978年我国国内生产总值约为3645亿元，经济总量排世界第10位，2016年国内生产总值约为744127亿元，中国的经济规模先后超过了英、法、德、日四国，成为仅次于美国的世界第二大经济体。30多年来，中国经济年均增长将近10%，在世界经济发展史上史无前例。我国产业结构不断优化升级，1978年农业在国内生产总值中的比重约为27.9%，到2016年农业在国内生产总值中的比重只有10%左右，服务业增加值占国内生产总值比重上升到51.6%[②]，就业人员也持续从农业转向第二、第三产业，实现了经济快速健康增长。雄厚的经济基础为我国有效应对各种难题、冲击提供了强有力的保障，也促使全国各族人民在中国特色社会主义道路上越走越自信。

（二）综合国力不断提高，国际影响力显著增强

著名的外交家吴建民曾说：改革开放30多年来，中国正在从世界舞台的边缘走向

---

① 参见杨天宇：《中国特色社会主义道路自信的依据研究》，载《中国市场》2016年第8期。

② 参见李克强：《2017年政府工作报告》，新华网，2017年3月6日。

中心。改革开放以来,我国坚持走中国特色社会主义外交道路,综合国力不断提高,国际地位也得到前有未有的发展,国际影响力显著增强。

我国坚持大规模“引进来”和大踏步“走出去”相结合,综合国力显著提高。一方面,由于我国具备资源和劳动力等要素相对廉价、市场广阔、政策优惠等优势,发达的资本主义国家竞相到我国投资设厂,使我国连续多年成为吸引外商投资最多、规模最大的发展中国家。另一方面,随着我国企业实力的发展壮大,“走出去”的步伐提上日程,在“一带一路”建设带动下,2016年中国对外直接投资净额高达1701亿美元;中国高铁更是走出国门,促使人类共享幸福梦,赢得了国际的广泛赞誉。

在中国特色社会主义外交道路的引领下,我国不断推动中国文化走向世界舞台,讲好中国故事,传播好中国声音,增强了中华文化的国际影响力。遍布全世界的孔子学院和中小学孔子课堂,打造了良好的中国形象,传播了中华文明,也方便了世界各国更好地了解中国。

十八大以来,以习近平同志为核心的党中央坚持独立自主的和平外交方针,推动构建以合作共赢为核心的新型国际关系,促使中国的“朋友圈”不断扩大,国际地位也得到显著提升。我国力图与美国构建新型大国关系,求同存异,强化合作协商以实现共赢。中俄全面战略协作伙伴关系迈向更高水平,鼎力支持彼此的发展复兴,尊重对方的核心利益、发展道路和社会政治制度。我国从战略高度深化与欧洲的全面战略伙伴关系,与欧洲协力打造和平、增长、改革、文明四大伙伴关系,加快了世界政治格局朝多极化发展的步伐。我国向来重视睦邻友好,“一带一路”倡议学习经验、分享资源、共享利益,调动了周边国家的参与热情,进一步巩固了我国同周边国家的友好关系。值得一提的是:杜特尔特当选菲律宾总统之后主动同我国改善关系,对我国进行国事访问,中菲关系实现了华丽转身。

(三)人民生活水平显著提高

广泛的人民群众基础是道路自信最深厚的根基。改革开放以来,党和国家善于抓住人民最关心、最直接、最现实的利益问题,促使人民生活水平迈上了一个大台阶,也在潜移默化中不断夯实和提升全国人民走中国特色社会主义道路的自信心。

改革开放以来,党中央、国务院致力于收入分配制度改革,努力实现居民收入增长和经济发展同步、劳动报酬增长和劳动生产率提高同步,确保了城乡居民收入的快速增长。截至2016年,城镇居民人均可支配收入33616元,比1978年增长98倍,农村居民人均纯收入12363元,比1978年增长92倍。温饱问题基本解决后,教育的重要性愈发突显,我国努力办好人民满意的教育并取得了辉煌成就。以素质教育为主题,30多年来九年义务教育和高等教育实现了历史性跨越,职业教育也日臻成熟和完善。就业始终是民生之本,我国精准发力抓好就业工作,坚持就业优先战略,使得就业规模不断扩大,例如,2016年城镇新增就业人数就超过了1100万人。国家主席习近平在2017年新年贺词中提及最牵挂的还是困难群众,道出了国家对扶贫工作的重视。近年来,我国不断加大扶贫力度,创新扶贫方式,精准扶贫脱贫,据统计,2016年中央和省级财政专项扶贫资金首次突破1000亿元，走出“贫困圈”的贫困人口高达1000多万。[①] 另外，一张保基本、兜底线、广覆盖的民生保障网逐渐织密织牢。我国坚定全覆盖、保基本、多层次、可持续的方针，社会保障水平不断提高，截至2016年9月，全国基本养老保险、基本医疗保险、失业保险、工伤保险、生育保险参保人数分别为8.71亿人、6.98亿人、1.78亿人、2.16亿人、1.82亿人。[②]

四、道路自信是基于国际比较下的正确判断

世界各国由于经济基础、政治制度、文化习俗、历史条件等因素相差各异，便形成了各具特点的发展道路。新的时代背景下，将中国特色社会主义道路同国际视域下其他国家发展道路相比较，从而显示出了中国特色社会主义道路独具的优越性。这种比较优势不仅有力地回击了当前国内外敌对势力对中国道路的歪曲，而且更加坚定了中国人民沿着这条道路继续前进的信心、决心和恒心。

（一）中国特色社会主义道路对苏联模式的突破

中国道路的形成发展走过了一条从照搬苏联、学习苏联、以苏为鉴到突破超越苏联模式弊端的路程。我国既吸取了苏联模式成功的经验，更突破了其封闭僵化的弊病，形成了一条在经济、政治、文化等方面突破、超越苏联模式的中国特色社会主义道路。

所有制上，苏联坚持单一的公有制，公有制在国民经济中占绝对地位，经济增长活力遭遇严重束缚，与此同时导致苏联人民物质文化生活水平长期在低水平徘徊；而我国坚持以公有制为主体、多种所有制经济共同发展的基本经济制度，不仅确保了中国经济发展的社会主义方向，而且强有力地推动了处于社会主义初级阶段的生产力大解放、大发展。

经济体制上，苏联实行高度集中的中央计划经济体制，行政命令是经济管理的唯一手段，拒绝市场，严重压抑了企业发展和广大职工生产劳动的积极性、主动性、创造性，致使社会生产效率低下；而我国坚持社会主义市场经济体制，市场在国家宏观调控下对资源配置发挥决定性作用，大幅减少政府对资源的直接配置，并积极推动资源配置按照市场规则、市场价格、市场竞争实现效益最大化和效率最优化。

政党制度上，苏联实行一党专政，对国家和社会进行全面领导和控制，并压制其他政党和政治力量，使政治体制长期存在党政不分、以党代政的现象；与此同时，也助长了党的领导人个人集权和极端的个人崇拜，使民众在社会政治生活中长期处于边缘化地位，严重破坏了社会主义民主政治的发展。而我国努力克服苏联高度集权的弊端，实行中国共产党领导的多党合作与政治协商制度，鼎力支持各民主党派发挥参政议政、民主监督作用，并有效开展干部任期制和接班制，解决了个人专权的问题，社会主义民主政治的优越性得到了发挥。

---

① 参见林鄂平：《数读2016脱贫攻坚：1000多万贫困人口靠什么脱贫》，中国经济网，2016年12月29日。

② 参见人社部：《社保覆盖范围持续扩大，养老金调整超1亿人受益》，人民网，2016年10月25日。

思想文化建设上，苏联在意识形态方面长期奉行左的路线，强化马克思主义的核心统治地位，同外界隔绝，造成了苏联意识形态长期的封闭性①；学术界打压不同意见，扼杀学术争鸣和理论创新，严重阻碍了苏联科学文化发展与学术创新。而我国坚持马克思主义意识形态下保证文化多样性发展，一方面，牢牢掌握意识形态工作领导权和话语权，巩固马克思主义在意识形态领域的指导地位；另一方面，尊重差异，包容多样，利用社会主义核心价值观引领、整合多样化的社会思潮。如此一来，不仅保证了思想文化发展的社会主义方向，而且有力地促进了文化多样性和思想开放性。

(二)中国特色社会主义道路对资本主义发展道路弊端的克服

近年来，资本主义国家发展道路的弊端日益显现，受困于金融危机和债务危机经济长期低迷不振，社会分配不公导致国内阶级对立尖锐、社会矛盾激化；相比之下，我国人民生活幸福安康，经济发展继续谱写着又好又快的发展篇章，在世界经济复苏乏力的背景下“风景这边独好”。形成这种鲜明对比的一个重要原因是我国成功克服了对资本主义发展道路的弊端，独立自主地开创了一条具有中国特色、中国风格、中国气派的社会主义道路。

所有制上，资本主义国家坚持生产资料私有制，不仅造成经济危机周期性爆发，给以生产力严重破坏；而且致使贫富差距加剧，社会矛盾不断激化。而我国坚持公有制主体地位不动摇，毫不动摇地鼓励、支持、引导非公有制经济发展，推动各种所有制取长补短、互相推动、共同进步发展，不仅为生产力的发展开辟了广阔的空间，而且为全体人民共享发展成果最终实现共同富裕提供了制度性保证。

分配制度上，发达资本主义国家主要按资分配，不可避免地导致两极分化，激化社会矛盾，影响社会安定；而我国始终坚持实现共同富裕的目标，实行按劳分配为主体、多种分配方式并存的分配制度，兼顾公平与效率，不仅有助于将收入差距控制在一定范围内，而且促使劳动、技术、资本、管理等要素的活力竞相迸发，创造了更多的社会财富。

政党制度上，发达资本主义国家坚持两党制或多党制，政党交替轮流执政经常造成政策难以确定、贯彻、执行，进而导致行政效率低下，多党制甚至还会带来政府更迭频繁，政局动荡；掌控较多经济资源的阶级或集团利用手中的资源通过各种方式影响并控制社会公共权力，以保护和扩大本阶级或本集团的利益，因此很难真正代表选民的利益。而我国实行中国共产党领导下的多党合作与政治协商制度，通过充分协商的方式达到求同存异的效果，使得不同群体的利益得到最大限度的整合优化，不仅有助于坚持党总揽全局、协调各方的领导核心地位，保证党对社会各个方面发展的统一规划和总体部署；而且从根本上克服了资本主义国家政党之间相互排挤、彼此攻讦的弊病。

主导价值观上，个人主义是发达资本主义国家普遍的道德原则，以个人私利为根本出发点和归宿，倡导个性解放。现实生活中资本主义私有制条件下，个人主义并不

① 参见王秋雷:《苏联模式的反思与中国道路的自信》，载《中共石家庄市委党校学报》2016年第7期。

是真正意义上的“个性解放”,其最终结果必然导致利己主义,甚至致使个体为追逐功利完全忽略个人情操和道德修养。[①] 而我国,集体主义是社会主义道德体系的主导原则,它强调集体利益与个人利益相结合,但集体利益高于个人利益,反对任何形式的损公肥私、损人利己的资产阶级个人主义,有效地维护了公共理性和社会正义。国家发生重大事件时集体主义的优越性尤为突出,例如2008年汶川大地震,党领导全国各族人民拧成一股绳,心往一处想,劲往一处使,夺取了抗震救灾斗争的伟大胜利。

五、结语

丧失自信的国家永远不会有前途,缺乏自信的人民始终看不到希望。每一个中国人都应该有树立足够自信沿着中国特色社会主义道路前进以实现中华民族伟大复兴的中国梦。当然,有了一条正确的道路并不意味着我们可以高枕无忧,在民族复兴的伟大征程中,必然要经历曲折和反复,需要党领导全体人民根据新的时代特征进行理论创新和实践创新,与时俱进地拓展中国道路的长度和宽度,让中国特色社会主义道路越走越宽广、越走越亮堂。

(指导教师:张福记)

① 参见李志军:《比较视域中的中国经验》,中国社会科学出版社2009年版,第33页。

论"一带一路"建设对推进我国文化强国建设的意义

张嘉升

摘要:"一带一路"建设是以习近平同志为核心的党中央统揽全局、顺应时代潮流所作出的重大战略决策,是实施新一轮扩大开放的重要举措。"一带一路"建设不仅是沿线国家的政治合作和经济合作的宏伟蓝图,更是不同民族文化的交流与融合。"一带一路"建设对于推动中华优秀传统文化的"走出去",推进我国社会主义文化强国建设,增强文化自信具有十分重要的现实意义。

关键词:一带一路;文化强国;文化建设

2013年9月和10月,中国国家主席习近平在出访中亚国家哈萨克斯坦和东南亚国家印度尼西亚期间,先后提出了共建"丝绸之路经济带"和"21世纪海上丝绸之路"的重大倡议,简称"一带一路"。"一带一路"建设是以习近平同志为核心的党中央根据国际政治、经济、文化和社会等方面的深刻变革,统筹国际国内两个大局所作出的重大战略决策。当前"一带一路"建设已经得到了100多个国家和国际组织的积极响应和支持,已有40多个国家和国际组织同中国签署了合作协议①,"一带一路"建设正呈现出蓬勃发展的良好势头。"一带一路"不仅是一条政治互信之路、经济共赢之路,更是一条文化交流与发展之路。我们要抓住推进"一带一路"建设的重要契机,既要充分继承和发掘中华优秀文化,又要应势而为,主动推动中华优秀文化"走出去",带动我国相关文化产业的发展,让"一带一路"建设助力我国的社会主义文化强国建设。

一、文化视角下"一带一路"建设的内涵

(一)"一带一路"是一条文化自信之路

文化自信是一个民族、一个国家以及一个政党对自身文化价值的充分肯定和积极践行,并对其文化的生命力持有的坚定信心。习近平总书记在庆祝中国共产党建党

① 参见张高丽:《携手推进经济全球化 共同开创亚洲和世界美好未来》,载《人民日报》2017年3月26日。

95 周年大会上强调:"全党要坚定道路自信、理论自信、制度自信、文化自信。""文化自信,是更基础、更广泛、更深厚的自信。"这是习近平总书记首次把"文化自信"与"道路自信、理论自信、制度自信"并提,将文化自信与"三个自信"有机一体,既体现出习近平对文化自信的高度重视,又极大拓展了"三个自信"的广度和深度。"一带一路"是连接东西方文化的重要走廊,不同民族、不同国度、不同宗教的多元文化在这里碰撞、交流,向世界展现了中华民族对中华优秀文化的自信,展现了中华优秀文化对促进世界文化大发展和大繁荣的自信、对推进世界历史文明进程的自信。

丝绸之路,古已有之。早在西汉时期,张骞肩负汉王朝的和平使命,曾经冒着生命危险两次出使西域,由此开辟了一条横贯东西、跨越语言和种族障碍、连接欧亚大陆的丝绸之路。丝绸之路也因其沿线文明形态多样,商贸、文化交流之频繁而被载入人类文明的史册。可追溯到始兴于秦汉、兴盛于宋朝的海上丝绸之路是世界上已知的最为古老的海上航线,它是中国联系亚洲、欧洲和非洲的海上商业贸易路线,也是古代中国与外国进行文化交流与融合的海上通道。可以看出,中国人民从来就对中华文化充满了自豪与自信。勇敢、勤劳、智慧的中国人民借助于丝绸之路和海上丝绸之路,向不同的民族、不同的地区和人民展示了中华文化的博大精深和包容性,显示出了对中华文化的高度自信。如今,中国秉承着"共商、共建、共享"的原则,提出了"丝绸之路经济带"和"21 世纪海上丝绸之路"的宏伟蓝图。"一带一路"赋予了中国古代丝绸之路和海上丝绸之路全新的生命,承载着沿线各个国家的美好愿景,顺应了和平发展、合作共赢的时代潮流,体现了我国的文化自信。

(二)"一带一路"是一条文化开放之路

"一带一路"建设是开放的,而不是封闭的;是双向的,而不是单向的。不是中国一家的独奏,而是沿线国家的合唱。[①] 中华文化一向具有开放包容的特性,能够借鉴世界上其他优秀文化成果,做到博采众长、兼收并蓄,使中华文化能够在几千年的历史发展过程中始终保持生机与活力,屹立于世界民族文化之林。改革开放以来,我国坚守对外开放的基本国策,不断提高对外开放水平。习近平总书记多次指出,中国的发展根本出路在于改革,中国开放的大门永远不会关上。[②] 中国正以更加开放、包容的心态,积极与各个国家进行交流与合作,进一步形成全方位、多层次、宽领域的开放格局。"一带一路"建设,不仅是经济的开放与合作,也是文化的开放与合作。通过"一带一路"向不同民族、不同国家展示中华文化的源远流长、博大精深,传递和表达了中华优秀文化讲仁爱、重民本、守诚信、崇正义、尚和合、求大同的时代价值。[③] "一带一路"也为中华优秀文化更大规模、更高质量、更有成效地"走出去"提供了前所未有的宝贵机遇,丰富了文化开放的途径和手段,提升了我国文化开放的整体水平。

---

① 参见习近平:《迈向命运共同体 开创亚洲新未来》,载《人民日报》2015 年 3 月 29 日。

② 参见中共中央宣传部:《习近平总书记系列重要讲话读本》,人民出版社 2016 年版,第 276 页。

③ 参见中共中央宣传部:《习近平总书记系列重要讲话读本》,人民出版社 2016 年版,第 203 页。

(三)"一带一路"是一条文化交流之路

文化交流是"一带一路"建设的灵魂。"一带一路"不仅是一条经济之路,更是一条众多民族相处、多种宗教交织、不同文明交融的文化交流之路。古丝绸之路鲜明体现出"和睦、和谐、和平、多元、共荣"的文化交流特征,在当今形势下,我们可以把中国梦同各国人民过上美好生活的共同愿景对接起来,共同追求中国人民和各国人民的福祉。

"一带一路"建设沿线的民族和国家文化丰富多彩,这为中华文化与其他地域的文化的交流提供了天然的渠道。文化因交流而多彩,文明因互鉴而丰富。"一带一路"建设顺应文化交流的历史潮流,一方面中华民族可以向世界展示和而不同、文明互鉴的价值理念,并且作为一个兼容并蓄、海纳百川的民族,在"一带一路"的文化交流过程中能够不断学习其他文化的长处和优点,经过创新性发展、创造性转化形成自己的民族特色,增强中华文化的活力和生命力。另一方面,世界上的其他文化也可以通过"一带一路"建设的机遇,吸收、借鉴中华文化中的有益成分,促进自身的文化的发展与完善。在沿线民族和国家的共同努力之下,"一带一路"建设也必将成为"世界文化的大运河"。

(四)"一带一路"是一条文化繁荣之路

在古丝绸之路上,中华文明、印度文明、阿拉伯文明和欧洲文明形成了丝绸之路的4个极点。不同民族和国度的文化秉持开放、包容心态,对话沟通,彼此接纳,共同发展,形成了文化繁荣兴盛的壮丽景观。习近平总书记指出,古丝绸之路经过的地方,曾经为沟通东西方文明,促进不同民族、不同文化相互交流和合作做出过重要贡献。东西方使节、商队、游客、学者、工匠川流不息,沿途各国互通有无、互学互鉴,共同推动了人类文明进步。① 现在,在全球化深入发展的今天,在"一带一路"建设下的沿线民族和国家又迎来了最好的经济发展和文化发展的机遇期。"五色交辉,相得益彰;八音合奏,终和且平。"②人类文明没有高低优劣之分,因为平等交流而变得丰富多彩,不同的文明互鉴互融,不同的文化交相辉映。文化平等原则下的"一带一路"建设将会促进沿线文化的大繁荣。

二、"一带一路"建设对推进我国文化强国建设的积极作用

(一)"一带一路"建设有利于增强我国的文化自信,提升对于中华优秀传统文化的关注度

马克思说:"物质生活的生产方式制约着整个社会生活、政治生活和精神生活的过程。"③文化作为精神生活的一种表现形式,根本上是受到了生产活动和生产方式的制约。文化自信作为文化生活中的一种现象,从根本上是受到了经济基础的制约。"一

---

① 参见习近平:《弘扬人民友谊 共创美好未来》,载《人民日报》2013年9月8日。

② 习近平:《弘扬丝路精神,深化中阿合作——在中阿合作论坛第六届部长会议开幕式上的讲话》,载《人民日报》2014年6月6日。

③ 《马克思恩格斯选集》第2卷,人民出版社2012年版,第2页。

带一路”是由中国主动提出并且带动沿线国家共同发展的建设，无疑也会促进中国的经济实力、政治影响力以及综合国力的提升，促进我国文化的繁荣发展，提升中华文化的影响力和感召力，进而增强中国人民的文化自信和民族自豪感。习近平总书记曾多次强调要坚守文化自信，他指出，站立在960万平方公里的广袤土地上，吸吮着中华民族漫长奋斗积累的文化养分，拥有13亿中国人民聚合的磅礴之力，我们走自己的路，具有无比广阔的舞台，具有无比深厚的历史底蕴，具有无比强大的前进定力。中国人民应该有这个信心，每一个中国人都应该有这个信心。[①] “一带一路”建设的过程亦是中华文化向外传播的过程，这个过程也会促进国人对于中华文化的审视与重视，挖掘中华优秀传统文化，加强对于中华优秀传统文化的保护，使我们不丢掉中华民族的“根”和“魂”，不忘本来，才能开辟未来。

(二)“一带一路”建设有利于拓展我国文化与世界文化交流与合作的渠道和平台，不断提升我国文化与世界文化交流与合作的层次和水平

“一带一路”建设中，加强文化交流与合作是其中的重要内容，可以抓住“一带一路”的契机推动我国文化对外交流与合作迈上新台阶。一是“一带一路”有利于丰富我国文化的交流与合作机制。“一带一路”沿线国家有着不同的经济制度、政治制度和宗教信仰，因此有着风格迥异的文化交流与合作机制。中华文化可以在与不同的文化接触的过程中建立各层次、各领域的交流合作机制，并与不同的文化机制相互配合和补充，避免机制的单一化。二是“一带一路”有利于搭建文化交流与合作的平台。通过与“一带一路”沿线国家轮流举办文化节、文化年等文化活动以及举办以文化交流与合作为主题的国际论坛和研讨会等来拓展中国文化对外交流与合作的平台和载体。三是“一带一路”有利于拓宽文化交流与合作的渠道。坚持党委领导、政府主导、部门协同、社会参与的手段，加强与沿线国家在广播影视、新闻出版等方面的交流与合作，扩大中华文化的传播范围、提升中华文化的影响力，提高我国文化对外交流与合作的层次和水平。

(三)“一带一路”建设有利于打造我国民族文化品牌，推动中华文化更好地“走出去”

民族文化品牌是一种具有鲜明民族文化特色的文化标识，具有强大的影响力和代表性。一个民族的文化品牌强大与否代表着这个民族的文化水平的高低。当前，我国民族文化品牌建设水平不高，与国际知名品牌还存在着明显差距，还有较大的上升空间。“一带一路”横贯东西，是中国与沿线各国进行政治、经济交流的重要走廊，也为民族文化交流、交融、发展提供了重大机遇。我们要以时不我待、只争朝夕的紧迫感，利用“一带一路”建设加快进行对具有中国特色的文化资源的整合，建设一批能够拿得出去、能够产生好评的具有国际影响力的民族文化品牌。利用孔子学院、海外中国文化中心等传播机构及国际友好城市等，有重点地推介一批精品民族文化品牌。国内各民族文化品牌要积极参与“一带一路”的交流与合作，与不同文化品牌进行沟通对话，取

---

① 习近平:《在纪念毛泽东同志诞辰120周年座谈会上的讲话》，载《人民日报》2013年12月27日。

长补短，全面发展。

（四）“一带一路”建设有利于营造和平发展、合作共赢的氛围，为文化强国建设提供良好的周边和国际环境

“一带一路”是促进共同发展、实现共同繁荣的合作共赢之路，是增进理解信任、加强全方位交流的和平友谊之路。中国政府倡议，秉持和平合作、开放包容、互学互鉴、互利共赢的理念，全方位推进务实合作，打造政治互信、经济融合、文化包容的利益共同体、命运共同体和责任共同体。“一带一路”建设是沿线各国开放合作的宏大经济愿景，需各国携手努力，朝着互利互惠、共同安全的目标相向而行。努力实现区域基础设施更加完善，安全高效的陆海空通道网络基本形成，互联互通达到新水平；投资贸易便利化水平进一步提升，高标准自由贸易区网络基本形成，经济联系更加紧密，政治互信更加深入；人文交流更加广泛深入，不同文明互鉴共荣，各国人民相知相交、和平友好①，为我国的中国特色社会主义文化强国建设营造良好的环境。

三、“一带一路”建设下推进我国文化强国建设需要注意的问题

（一）坚持双向互动，互学互鉴

正如习近平总书记所说：“对人类社会创造的各种文明，都应该采取学习借鉴的态度，都应该积极吸纳其中的有益成分，使人类创造的一切文明中的优秀文化基因与当代文化相适应、与现代社会相协调，把跨越时空、超越国度、富有永恒魅力、具有当代价值的优秀文化精神弘扬起来。”②“一带一路”倡议开放包容、互学互鉴，这就要求所有的经贸、文化合作都应是双向的，不能故步自封。中国既要鼓励中华优秀传统文化“走出去”，也要平等地对待其他民族的优秀文化，欢迎世界上其他民族的优秀文化被“引进来”。参与“一带一路”建设的各级政府和相关企业要改变过去固守“一亩三分地”的保守思维和僵化的体制机制，以开放包容的胸怀充分借鉴、吸收和利用世界上其他民族的优秀文明成果，做到博采众长，为我所用。

（二）注意澄清外界疑虑，把握好舆论导向

我国社会主义文化强国建设的目标之一就是增强文化软实力，提高我国的国际话语权。但是随着我国经济实力和综合国力的增强以及国际话语权的提升，有关“中国威胁论”和“中国称霸论”的言论甚嚣尘上，造成了一定的负面影响，抹黑了中国的国际形象。“一带一路”建设的一个重要使命就是讲好中国故事，传播好中国声音，要注重向世界展示一个绝不走“国强必霸”道路的中国，一个爱好和平、追求合作共赢的中国。我们要利用建设“一带一路”的机会，宣传“和平丝绸之路”的理念，进一步弘扬和践行中华文化中“仁”“礼”“和”等思想，向世界展示一个真实的中国，为中国的社会主义现代化建设营造良好的舆论环境。

---

① 参见习近平：《推动共建丝绸之路经济带和21世纪海上丝绸之路的愿景与行动》，载《人民日报》2015年3月29日。

② 习近平：《在纪念孔子诞辰2565周年国际学术研讨会暨国际儒学联合会第五届会员大会开幕会上的讲话》，载《人民日报》2014年9月25日。

(三)注重经济与文化的融合,发展文化产业和文化企业

文化产业是20世纪末兴起的特殊产业,是文化与商业经济、现代科技紧密结合的产物,它不仅是推动现代化建设的强大动力,也是国际竞争力的基础。“一带一路”带来的是我国与欧亚大陆各国之间文明的融合和大发展,在建设“一带一路”的进程中,文化产业的发展是题中之义。[①] 在“一带一路”中推动发展文化产业“走出去”不仅可以带来经济效益,而且还能够盘活文化资源,把我国丰富的文化资源优势转化为经济优势、发展优势。文化企业是文化产业的主体。文化企业要根据“一带一路”沿线国家对于文化产业的需求,做好我国的文化产业的供给侧结构性改革。要注意以下两点:一是积极做好“走出去”的准备,必须事先对国际商务的各种通行惯例和规则了然于胸,对目标国家或者地区的政局状况、法律规章、风俗人情等充分熟悉,同时,为提高属地化水平,有必要尽可能多地了解当地的社会风气、人际关系、环境意识等特点特色,这方面的了解越透彻,越有利于在当地长期扎根发展。二是文化企业要注重所打造文化产品的科技含量、产品层次等因素,必须抢占国际价值链中的上端位置,顺势而为地提高各方面的能力与层次,并最终形成综合性的良性互动。只有这样我国的文化产业和文化企业才能在“一带一路”建设中更好地助力我国的文化强国之梦。

(指导教师:史家亮)

① 侯东、杨妮、李宝怀:《文化自信在“一带一路”建设中的作用及彰显途径探析》,载《辽宁教育行政学院学报》2015年第5期。

自媒体时代高校马克思主义大众化传播的困境与出路

魏 琦

摘要：随着互联网技术与传播媒介的变革、发展，自媒体已成为我国当代主要流行的大众即时交互平台，马克思主义大众化传播的时代背景发生了巨大的变化。高校作为推进当代马克思主义大众化传播的主要阵地，思想政治理论课借助新兴媒介传播，延伸课外课堂成为新态势。自媒体时代既对高校马克思主义大众化传播方式、效果、内容等领域提供了机遇，同时也使其面临着挑战马克思主义主导地位、淡化政治意识等困境。坚持加强自媒体阵地建设、规范传播秩序，探索话语体系、创新传播形式，加强舆论引导与人才建设，是高校不断推进马克思主义大众化传播的有效路径。

关键词：自媒体；高校；马克思主义大众化；困境；出路

党的十八大以来，习近平在不同场合提出要加快媒体融合发展，占领信息传播制高点。新媒体思想舆论工作的正道，在于化解负效应，激发正能量，成为治国理政、凝聚共识的助手。十八大报告中强调不断推进马克思主义中国化时代化大众化，坚持不懈用中国特色社会主义理论体系武装全党、教育人民，进一步明确了马克思主义大众化在我国思想教育阵地建设的重要地位和指导方向。这表明党和国家高度关注马克思主义大众化与互联网文化建设，要求通过互联网传播正能量。在自媒体时代背景下推进马克思主义大众化，不仅是高校推进马克思主义大众化面临的新形势新要求，同时也是打造马克思主义大众化新阵地的现实需要。因而，探讨自媒体发展背景下高校马克思主义大众化传播的困境与出路是推进当代马克思主义大众化传播面临的时代课题。

一、自媒体时代高校马克思主义大众化传播的内容

自媒体时代是一个“所有人对所有人的传播”时代，是对传统媒体传播格局的全新突破，对当代大学生的思想和行为产生了深刻的影响。“自媒体”这一概念最早是在丹·吉摩尔对“新闻媒体3.0”的定义中出现的，相较于以前的“1.0”即传统媒体或旧媒

体和“2.0”(即新媒体),“3.0”则指自媒体。[①] 近年来,以微博、微信的迅猛发展为标志,自媒体平台的实力不断增强,由此奠定了自媒体在信息传播领域的重要地位。自媒体时代的到来,极大地改变了传统舆论格局,使人与人、人与社会间的互动交流变得频繁而复杂。

马克思主义大众化,通常是指用通俗易懂的方式进行传播,并让人民群众掌握马克思主义理论,树立马克思主义理想信念。马克思主义大众化的过程就是“马克思主义基本原理由抽象到具体、由深奥到通俗、由被少数人理解掌握到被广大群众理解掌握的过程,就是不断发展的马克思主义理论的宣传、教育、普及过程,被广大人民群众认识、掌握、运用的过程”[②]。高校作为推进当代马克思主义大众化的主要阵地,在马克思主义教育与传播中发挥着不可替代的重要作用。高校马克思主义大众化传播的过程就是充分发挥大学生群体的主体性作用,主动把马克思主义理论融入平日的学习生活实践中去,认同其思想观念并逐步内化为行为的过程。

高校以思想政治理论课为马克思大众化传播的主要载体,传统媒体条件下,自上而下“灌输”是传播马克思主义理论的重要手段,新形势下采用单维“填鸭灌输”明显效果不佳。鉴于自媒体具有即时性、互动性、双向性、多元性、自由性、易操作性等突出特点,可以将思想政治理论课堂学习延伸到自媒体空间。自媒体时代推进高校马克思主义大众化的内容主要从以下两个方面展开:一是要加强对大学生的马克思主义理论教育,包括马克思主义基本原理、毛泽东思想、中国特色社会主义理论体系及党的路线、方针、政策的宣传普及;二是要“加强大学生对主流意识形态的坚定与认同,树立马克思主义理想信仰,在实践中践行马克思主义”[③]。通过采取切实有效的方式、灵活多样的手段,把党的路线方针政策和先进的科学文化知识广泛地传播到高校,为广大师生所掌握,使他们牢固树立对马克思主义主流意识形态的坚定和认同。

自媒体时代下,高校马克思主义大众化的传播应该坚持与时俱进,及时调整传播路径和方法,贴近学生大众现实的精神文化需求,实现其对思想的引领,提高马克思主义大众化的传播率。自媒体作为一种新兴的文化承载的传播媒介,以其独特的传播特点为马克思主义大众化带来了机遇和挑战。

二、自媒体时代对高校马克思主义大众化传播带来的机遇

(一)自媒体时代有利于传播方式更具多样化与开放性

自媒体改变了以往高校马克思主义理论的传播借助报刊、著作等媒介形式,大大增加高校马克思主义大众化的受众学生数量和范围。随着互联网的迅速发展,我国网民的规模日益增大。据国家统计局统计,经过十几年的高速发展,我国的网络普及率已经大大超过世界平均水平,网民数量达到4.86亿,移动网络用户也达到3.19亿,网

---

① D. Gillmor, *We the Media: Grassroots Journalism by the People, for the People*, New York: O' Reilly & Assoc Inc., 2004, p. 20.

② 袁君、熊永兰:《如何以网络推动马克思主义大众化》,载《人民论坛》2010年第35期。

③ 郑冬芳:《大学生马克思主义理想信仰研究》,中国社会科学出版社2015年版,第143页。

络上的各种平台建设也达到发达国家水平，各种论坛总数超过上百万个，80%以上的网站都具有留言功能。自媒体可以拓展高校马克思主义大众化的渠道，比如通过开通博客，建立马克思主义大众化虚拟教室，设置在线学习、时时互动，引导学生随时随地加入自主学习。微博、微信等互联网产品的覆盖面广，各种信息能在网络上得以快速发布并有效传播，一方面这些途径使高校中的师生都能成为信息的发布中心，同时马克思主义大众化提供了便利条件。不仅极大地拓展了马克思主义理论的传播范围，而且创新了高校马克思主义大众化传播的方式。

（二）自媒体时代有利于传播效果更加快速实效与深入人心

自媒体具有即时传播的优势特点，可以第一时间为人们提供纷繁复杂的社会资讯。微博和微信等新媒体的出现，给高校师生提供了一个自由发表言论并能快速获得广泛关注的平台，形成一个强大的舆论阵地。马克思主义是不怕交流的，通过交流既可以消除广大民众对马克思主义的误解，使马克思主义更加深入人心，也可以了解人民群众的真实心态，方便对其进行及时正确的引导，这也有利于在网上进行马克思主义理论宣传来引导人们树立正确的世界观、人生观、价值观。传统媒体偏于单向信息传递，被动的思想传播过程中得出反馈信息较少，使得马克思主义理论很难实现有效的大众化传播；相反，利用自媒体在高校传播马克思主义理论学生更易于接受，通过双向交流和理论的辩证，可以使马克思主义理论传播更快速实效与深入人心。

（三）自媒体时代有利于传播内容更加精细化与有针对性

传播途径的多样化导致受众群体的数量的增大，受众群体的增多需要创新马克思主义大众化传播内容的通俗话语表达，要求马克思主义大众化传播对象更加类别化，传播的内容更加精细化，传播过程更加互动化，舆论控制更加制度化，通过可操作性的技术影响受众的认知与行为，而不仅仅是泛化地、空洞地说教与灌输理论内容。不同领域的受众在自媒体平台上对马克思主义理论的不同方面发表见解，表达诉求，与他人分享生活中的点点滴滴，人们的主动性、积极性、互动性得到了很好的体现和发挥，使马克思主义大众化传播更具针对性。

三、自媒体时代高校马克思主义大众化传播面临的困境

高校马克思主义大众化的过程遵循的是教师（传播主体）通过宣传，将马克思主义理论通过不同的传播方式传播给学生（传播客体）的路径。网络传播媒介经历了从传统媒体到新媒体再到自媒体的飞跃发展，但不同信息技术条件下的高校马克思主义大众化随之面临的困境亦是不同。自媒体的优势特征在为马克思主义大众化提供机遇的同时，不可避免地在某些方面加大了马克思主义大众化传播的艰巨性，对马克思主义大众化提出空前的挑战。

（一）自媒体的多元化对马克思主义主流意识形态的指导地位形成挑战

意识形态领域的多元化和多样性是不以人的意志为转移的客观存在，在网络化、全球化迅速发展的今天，我们不仅要否认“意识形态终结论”，还要承认意识形态的共生和发展。自媒体的开放性和多元性使互联网上各种各样的思潮并存：既有资本主义

的，又有社会主义的；既有个人主义的，又有集体主义的；既有激进主义的，又有保守主义的；既有无政府主义的，又有新权威主义的。可以说，自媒体已成为各种思想文化、价值观念和意识形态竞逐的集中地。面对网络上形形色色的意识形态，有些是对我国主流意识形态的良好补充，而有些却是非马克思主义，甚至是反马克思主义的。自媒体在传播不同国家价值导向、赋予人们自由发表言论的同时，加大了我国在政治文化方面进行舆论导向的困难。尤其是在面对多元价值观的复杂社会现状，部分群众对坚持共产主义理想信念、坚持社会主义道路持怀疑的态度，而自媒体环境下又难以进行及时监控，这种多元化和复杂化对我国马克思主义的主导地位形成挑战。

(二)自媒体的虚拟性不利于高校马克思主义大众化传播内容的规范管理

自媒体时代下，信息传播的虚拟性、低门槛易操作等特点使发布和传播信息成本大大降低，虽然增加了高校马克思主义大众化受众对信息的接收方式，但与此同时也加大了控制和管理高校马克思主义大众化传播的难度，为散布虚假信息和谣言者提供了温床，弱化了高校马克思主义大众化的公信力，不利于传播主体进行规范管理。一方面，自媒体为传播者和高校学生提供了即时、平等、发表不同言论的权利；另一方面，高校马克思主义大众化传播者对高校学生所接受和反馈的信息难以控制，使传播者在高校马克思主义大众化传播中的优势和权威地位受到挑战。自媒体平台的重要特征之虚拟性为信息发布提供了“无责”空间，使消极信息的传播弱化了传播主体的影响力，也淡化了传播客体反馈信息的主动意识。

(三)自媒体的普泛化致使大学生个体意识张扬与政治意识淡化

传统媒介传播主体的权威角色作用于传播客体，直接导致客体处于受控、被动的地位，充当受教育、被灌输的角色。而自媒体最重要的作用是：话语权受众范围广，它张扬自我，助力个性成长，铸就个体价值。在高校中尤为明显，当代大学生独立思考能力和批判思维强，敢于向权威挑战，这种普泛化的特点使“自我声音”的表达愈来愈成为一种趋势。大学生在自我参与、自我革新、自我服务的学习交流中，“自我中心”的自主意识和个性追求得到了充分彰显，主体地位得到了提升，实现自主选择和自我需求的同时，容易导致有意无意淡化政治的倾向。

四、自媒体时代推进高校马克思主义大众化传播的路径选择

(一)加强高校自媒体阵地建设，规范马克思主义大众化传播秩序

高校是意识形态领域的重要阵地，深入推进自媒体环境下高校马克思主义大众化，巩固马克思主义在意识形态领域的指导地位，就必须规范传播秩序，管好办好自媒体阵地，巩固网络主流舆论。邓小平指出：“我们要向资本主义发达国家学习先进的科学、技术、经营管理方法以及其他一切对我们有益的知识和文化，闭关自守、故步自封是愚蠢的。”[①]当前自媒体已经成为大学生思想交流与提高、道德形成与发展的重要阵地。在高校校园网络上传播马克思主义理论，应该树立科学的自媒体管理理念，办好

① 《邓小平文选》第3卷，人民出版社1993年版，第227页。

管好校园网、官方微博等自媒体平台，以成立校园官方新媒体联盟为例，设置自媒体运营管理条例，为高校马克思主义大众化提供阵地支持，切实规范管理校园媒体传播秩序。

(二)探索马克思主义大众化话语体系，创新马克思主义传播内容与形式

马克思主义理论是严谨的科学，其理论具有严密的逻辑性，其哲学思想的阐述和大众话语差异较大，致使“话语鸿沟”的出现。自媒体互动、共享、即时等特性和优势，极大地丰富了马克思主义理论宣传的内容、方式与手段。“马克思主义大众化传播不仅要求语言文字上得到广大群众的认同和喜爱，而且要求形式上也受到大众的接受和欢迎。”[①]要主动根据自媒体特性和当代大学生心理特征，选用大学生喜闻乐见的语言探索马克思主义大众化网络话语体系，将马克思主义基本原理转化为群众的通俗语言，既简明、扼要，又容易识记；利用自媒体媒介，将马克思主义经典文本转化为网络读本、图片和视频，既形象、生动，又便于理解；借助网络平台，把马克思主义与群众生活实际联系起来，实现理论体系与受众对象在网络上的真正融合。实践表明，高校学生更易于接受形式多样、内容生动、道理贴近生活的理论教育。所以要不断创新马克思主义大众化话语体系，实现马克思主义亲民化，才能跨越“话语鸿沟”，从而加深高校师生对马克思主义理论的了解度和认同感。

(三)加强高校网络舆论的正确引导，坚持主旋律与个性化相结合

由于自媒体授话语权给普通民众发表个人观点与评论，这种普泛化的特点使马克思主义理论的传播在复杂的网络社会中遇到很多问题，甚至这些问题会被网络舆论成倍地放大。要想妥善解决这些问题，有效进行马克思理论的传播，高校就需要坚持正确的舆论导向，形成积极向上的主流舆论。江泽民强调以正确的舆论引导人，胡锦涛也曾强调要努力掌握网上舆论引导的主动权。因此，我们要“高度重视网络舆论阵地建设”[②]，充分利用自媒体传播的交互特性，通过微信、微博等途径，与学生积极交流，及时回答学生所关注的社会现实问题。同时，帮助广大学生分析恶意网络舆论的实质，使大学生能够认清是非，做遵纪守法的文明网民。坚持主旋律与个性化的结合，弘扬主旋律，传播积极向上的思想，还要包容个性化，对于学生的个性化，高校要坚持先尊重、后正确引导的原则。

(四)加强人才队伍建设，巩固自媒体传播马克思主义大众化的主阵地

推进马克思主义大众化传播，需要一支强大的马克思主义理论宣传、教育队伍。针对专业人才缺乏的现状，各高校应着力培养一批政治意识强、理论素养高、能熟练掌握自媒体技术的师生团队，既能明确并深入地理解马克思主义的基本立场、观点和方法，又要具有较高的网络技术水平，能够使用网络，灵活应用网络，对互联网上萌发出的不同思想观点，要有迅速的反应能力，引导高校青年之声。在各种思潮相互激荡的互联网上，特别需要以马克思主义为指导的主流舆论，建立校园官方自媒体阵地传播

① 《江泽民文选》第3卷，人民出版社2006年版，第85页。

② 李秀芝：《高校马克思主义大众化：困境与思考》，知识产权出版社2014年版，第218页。

先进文化，可以利用官微、官博平台等工具，开展深度主题的“微阅读”“微故事”“微评论”教育活动，如山东师范大学官方微信“一周新闻”等栏目，时时动态传递丰富翔实的资讯，使广大学生随时随地进行阅读和评论，进而激发大学生理论学习的热情，为实现高校马克思主义大众化传播创造条件。

自媒体时代下推进高校马克思主义大众化传播机遇转折与困境挑战同在，实现自媒体视阈下高校马克思主义大众化传播不仅是时代课题，也是一项长期而艰巨的战略任务，这需要与时俱进不断推进马克思主义中国化。同时，理论的研究最终还是要落到实践中去，因为任何理论最终要回到实践之中才会具有意义。高校马克思主义大众化只有通过青年学生树立马克思主义理想信念，积极顺应自媒体传播的大趋势，准确分析其运行的内在规律和特征，创新马克思主义大众化话语体系，在探索实践中不断推进高校马克思主义大众化才具备现实意义。

（指导教师：孙天蕾）

论当代农村文化传承与精神脱贫

卢梦原

摘要:在习近平总书记“精准扶贫”思想的背景下,各地高度重视贫困地区的扶贫开发工作,物质贫困问题得到有效的遏制,而目前精神贫困却是脱贫攻坚战最大的阻碍。只有做好精神上的扶贫,真正激发农民摆脱贫困的内生动力,才能真正实现脱贫。因此,从农村文化传承角度出发,在农民的观念、教育和农村基础设施等方面入手,促进农村物质与精神双脱贫,才能走出一条成功的扶贫和脱贫之路。

关键词:当代农村;文化传承;精神贫困;精神脱贫

随着社会主义市场经济和城乡一体化的逐步深入,农民的物质生产条件和生活水平得到了极大提高,但农村文化发展却依然面临很多问题,比如多元文化对传统文化的冲击、观念认识不足、农村文化建设环境不够优化等,由此造成了当代农村传统文化逐渐衰落、农民整体文化素质和思想观念落后,再加上在农村扶贫中忽视帮扶对象的精神贫困,精神扶贫就显得尤为重要。

一、当代农村文化发展过程中的问题

(一)当代农村传统文化逐渐衰落

在城镇化进程中,城市不断向四周扩张以及乡村撤并、村庄整治、农房改造等推进进程中传统村落、传统民居及其布局的迅速消失,加上西方文化的冲击,农村传统文化价值体系的逐步崩溃,文化记忆逐步消失空心化。这样,不仅造成农村经济的空心化,更造成农村文化的空心化。相关调查显示,农村家庭平均每户就有1人打工外出。中西部农村外出人员一般要占全村总人口的30%左右,西部个别地区可能达到40%。[①]大量失地农民涌入城市,一方面,离开土地的农民失去了农村文化的精神根基;另一方面,进城农民工在城市之间找不到精神寄托,难以适应城市生活。由此可见,农村原有

① 参见全国农村文化联合调研课题组:《中国农村文化建设的现状分析与战略思考》,载《华中师范大学学报(人文社会科学版)》2007年第4期。

传统文化价值体系正在逐步崩溃,文化记忆正在逐步消失。在这种情况下,农民不仅失去了原有的文化环境,更失去了精神寄托,从而缺乏摆脱贫困的内生动力。

(二)农民整体文化素质不高,思想观念落后

伴随着城乡一体化的迅速发展,农民的素质也在不断提高,但从农村文化建设的需求看,农民的素质依然比较低,思想观念也存在落后的方面。农业部的统计数据显示,在我国4.9亿农村劳动力中,高中文化程度仅占13%,小学以下文化程度占36.7%,接受过系统农业职业技术教育的不足5%。[①] 这是阻碍农村生产力发展和农民生活水平提高的重要因素。此外,受市场经济负面因素影响的冲击,许多农民的质朴观念正在发生改变,拜金主义、享乐主义、个人主义蔓延至农村,正侵蚀着一些传统美德。另外,由于生产工具的革新,农民的劳动负担减轻了,农闲时间增多;再加上铺天盖地的现代媒体,农民接触各种娱乐文化信息,因为缺乏文化知识和是非分辨能力从而很容易迷失自我,极易被一些落后、腐朽文化所影响。并且,农民思想观念依然相对落后,"重男轻女""多子多福""传宗接代"的生育养育旧观念依然存在,"读书无用""知识无用""读书不如打工"的功利思想等落后的思想观念是导致贫困者之贫困的根源。

人无精神不立,国无精神不强。产生这种思想的根本原因是精神贫困。相比于物质方面的贫困,精神贫困更可怕,它容易消磨人的意志,使农村贫困人口缺乏脱贫的精神动力。这样一来,在精准扶贫中即使投入了大量的人力、物力和财力,有些地区脱贫效果依旧不明显,或者在短暂脱贫之后又再度返贫。

(三)农村扶贫忽视了对象的精神贫困

"三农"问题一直是国民经济发展的重中之重,党中央采取了一系列措施促进农村经济的发展。

一方面,党中央高度重视农村扶贫,在"十三五"规划中提出"全力实施脱贫攻坚"的思想:充分发挥政治优势和制度优势,贯彻精准扶贫、精准脱贫基本方略,创新扶贫工作机制和模式,采取超常规措施,加大扶贫攻坚力度,坚决打赢脱贫攻坚战。[②] 经过30多年的努力,农村贫困人口大幅减少,贫困发生率明显降低。按现行标准计算,"十二五"期间,我国农村贫困人口从1.22亿人减少到5575万人,7000多万贫困人口实现脱贫。国家扶贫开发重点县农民收入水平和生活水平显著提高。

但是另一方面,以生存为根本的扶贫制度在一定程度上漠视了扶贫对象的精神贫困。长期以来,农村扶贫注重物质经济,而对精神思想方面却大为忽视。现实中,我们所面临的贫困乡村,不单是物质的匮乏,更为严重的在于根植于内心深处的思想贫困,在于他们那些安于贫困现状的生活态度,因此,思想贫困是比物质贫困更加难以根除的痼疾。[③] 简单的大规模的物质扶贫极易产生"等、靠、要"的懒惰思想,相比而言,扶

① 参见谭建跃:《当前我国乡村文化建设存在的问题及对策》,载《南华大学学报(社会科学版)》2008年第8期。

② 参见《中华人民共和国国民经济和社会发展第十三个五年规划纲要》,载《人民日报》2016年3月18日。

③ 参见许陵:《关于我国农村扶贫问题的综述》,载《经济研究报告》2006年第55期。

贫更应注重扶志。没有精神之堤,难守物质之财。

二、当代农村文化问题的原因分析

(一)多元文化对传统文化的冲击

一方面,城市文化向乡村蔓延。随着城市化进程的加快,城乡二元制的社会格局已经发生了巨大变化。在此情况下,城乡交流不断加深,农村人生活态度、价值观念与处事方式难免也会受到都市文明的影响,甚至发生一定变化。这种冲击及其引发的变化虽然会促进传统农民向现代农民转变,但也使一些农民面临着一定的迷茫与困惑。

另一方面,西方文化的兴起。当前,世界已进入信息化和全球化的时代。随着西方文化的全球化扩散,在中国农民的日常生活方式和生活观念中也渗透着诸多主流的、非主流的消费观与价值观。然而,受传统思想束缚、长期处于封闭落后环境下的中国农民缺乏对事物精华与糟粕的判断能力与创新能力,只能被动地在西方文化和东方文化的冲击下,逐渐迷失了方向。在多种思潮共同作用下中国农村的传统文化逐渐消落。

(二)观念认识不足

首先,政府和社会认识不足。各级政府长期围绕以经济建设为中心,对地方文化建设、乡村文化建设及统筹城乡文化的发展认识不足。在经济水平提高的情况下,农民精神食粮的匮乏远比经济水平落后情况下农民精神匮乏的危害要大,容易导致富裕起来的人们失去了奋斗的目标和前进的动力,贪图享乐,不思进取,对个人和社会发展都有极大的危害。因而经济的发展需要文化的发展为其提供相应的精神动力和智力支持。此外,农村文化发展是一个系统的工程,而不是一个表面的活动,更不是直接用城市价值观统治农村价值观。应立足农村传统文化根基,特别是对特色的农村文化,加以保护、培育、发扬。

其次,农民自身认识不足。实行家庭联产承包责任制以来,由于农村生产模式变得相对分散,农民相互之间依附关系逐渐减弱,外出务工人员增多,家庭越来越独立。这是时代进步的结果。而且,一个村需要有教化和归属感才能形成良好的风气。但是,如今农民对农村文化发展的认识相对滞后,"靠、等、要"思想仍然存在。他们没有意识到自身是农村文化建设的主体,主体意识缺失。

此外,农民对农村特色文化的认识发掘也不够。农民羡慕城市文化,被城市文化的光环所笼罩,却在土生土长的文化面前表现出了不屑与自卑。农民应改变自己认识方面的不足,挖掘优秀传统文化,用原汁原味的乡村文化滋养自身的精神生活,建设属于自己的精神家园。

(三)农村文化建设环境不够优化

第一,政策不够配套,乡村文化建设氛围不如城镇文化氛围浓厚。有的乡镇文化站、村文化室名存实亡,乡村文化活动处于瘫痪或者半瘫痪状态,有的文化资源尚未得到有效利用。文化体制不顺、机制不活,造成文化产品、文化服务供应不足。

第二,不良文化在农村占有一定市场。一些看相、算命、看风水等封建迷信活动还时有发生。红白喜事中还存在大操大办的现象。在部分农村，由于对传统文化认识不足及经费等因素制约，先进文化、健康文化受到限制，传统优秀文化得不到充分挖掘，农民缺乏精神食粮，群众文化需求得不到满足。

第三，文化公共产品提供不足。乡村文化生活的贫乏为乡村消极文化现象的产生、发展留下了极大的空间。各种低俗和消极文化也趁虚而入，乡村文化处于边缘化的境地，农民的价值观念也被极大地扭曲。同时，一些农村文化阵地使用率不高，文化设施没有发挥应有的作用，加上农村文化活动中以老人、小孩居多，青年文化沙漠化现象日益突出，青年人缺乏参与农村文化活动的热情；此外，“文化下乡”力度不够，文化供应针对性不强，远不能满足农民的文化需求。

三、当代农村精神脱贫途径分析

（一）正确对待农村传统文化，构建农民精神家园

习近平总书记指出：“不忘本来才能开辟未来，善于继承才能更好创新。”[①]中华传统文化是我们民族的“根”和“魂”，如果抛弃传统、丢掉根本，就等于割断了自己的精神命脉。中国正处在社会转型的关键时期，农民的价值观亟须优秀传统文化的涵养。

一是明确政府主导、农民主体的定位，充分发挥农民的主体性。农民既是民间传统文化的创造者，也是民间传统文化的传承者，更是民间传统文化资源的享受者。因此必须面向群众，提高群众的参与热情，扩大文化活动的参与范围。文化建设自下而上地进行比自上而下更有效，应鼓励、动员扶持以民间传统文化为主的农村民办文化，让农村民办文化成为农村文化建设的生力军；应充分发挥乡土艺术家在优秀民间传统文化传承过程中的骨干作用并形成有效的人才培养机制，形成优秀民间传统文化保护传承的群众基础。

二是积极挖掘和甄别农村传统文化资源并加以改造和创新，健全农村文化基础设施建设，优化农村文化建设环境。“脱穷帽”必须“拔穷根”，“拔穷根”必须换脑、扶志、增技。扶持贫困村建立道德讲堂阵地，引导群众自觉遵守道德规范。扎实开展“道德模范”“十佳孝子”“最美人物”创评活动，发挥道德榜样的带头作用，引导广大家庭以德治家、文明立家、创业兴家、致富发家、平安保家、节约持家、贤孝传家。培育内容积极健康、具有浓厚乡土气息的农村群众文化，继承和弘扬有益于当代的乡贤文化并赋予时代内涵，使之与社会主义核心价值观相契合。以传统孝道文化为核心，以文化礼堂为载体，将中华优秀传统文化传播到家家户户，构建农民的精神家园。

（二）加强农村贫困人口教育，改变农民落后观念

习近平总书记强调：“扶贫必扶智。让贫困地区的孩子们接受良好教育，是扶贫开发的重要任务，也是阻断贫困代际传递的重要途径。”[②]教育作为社会主义物质文明和精神文明的桥梁，是拔穷根、阻止贫困代际传递的重要途径，根本上转变人们的落后观

① 中共中央宣传部：《习近平总书记系列重要讲话读本》，人民出版社2014年版，第100页。

② 习近平：《携手消除贫困　促进共同发展》，载《人民日报》2015年10月17日。

念，提高人的素质。抓好农村贫困地区的教育，首先要从孩子抓起，特别要做好学前教育，形成自立自强的观念，确保义务教育普及到各个贫困地区，保证后代受到应有的教育，从根源上杜绝文盲；其次，要扭转成年贫困人口的不良观念，让积极向上的正能量成为贫困群众脱贫致富的良药；另外，还要加强农民的科学文化和技术教育，例如重视职业教育和成人教育，培育贫困人口专业技术和技能，把精准扶贫的重点放到“授人以渔”上。转变农民“靠、要、等”的惰性思想，引导农民树立自力更生、不怕困难、艰苦奋斗思想和决心，通过参观学习脱贫致富模范的做法以“扶智”，激发农民精神脱贫的内生动力。

“文化使代与代之间、一个历史阶段与另一个历史阶段之间保持了某种连续性和同一性，构成了一个社会创造与再创造自己的文化密码，并给人类生存带来了秩序和意义。”[①]所以不管什么时候，一定的文化传统是绝对不可割裂的，在精神脱贫战役中，我们的教育要讲继承和创新，在历史和现实的结合点中，既要继承优秀文化成果又要借鉴外来的新事物，增进贫困地区人们的认同感，引起他们积极主动参与和广泛响应。外力必须通过内力才能起作用。如果贫困人口自身不努力、不作为，外力再强，“可持续脱贫”也是一句空话。所以，我国的贫困攻坚应该更加注重由输血式扶贫向造血式扶贫转变，更加注重精神脱贫。

（三）抓好基层党建促扶贫，变“输血式扶贫”为“造血式扶贫”

“农村是我国传统文明的发源地，乡土文化的根不能断，农村不能成为荒芜的农村、留守的农村、记忆中的故园。”[②]2015年11月，习近平在在中央扶贫开发工作会议上提出，要坚持精准扶贫、精准脱贫，重在提高脱贫攻坚成效，关键是要找准路子、构建好的体制机制，在精准施策上出实招，在精准推进上下实功，在精准落地上见实效。坚持中国共产党的领导，发挥农村党员干部的模范带头作用，将扶贫政策落实、落细，真正实现“权为民所用，情为民所系，利为民所谋”。“帮钱帮物，不如建个好支部。”要选好村级领导班子，鼓励和选派思想好、作风正、能力强、愿意为群众服务且群众信得过的干部到贫困村工作，真正把基层党组织建设成为带领群众脱贫致富的坚强战斗堡垒。

要把“输血式扶贫”转变为“造血式扶贫”。虽然通过财政转移支付、拨款补贴等“输血式扶贫”政策能够缓解一时的困难，但对于一个贫困家庭来说却不能彻底挖断穷根。因此，重视“造血式扶贫”，通过一定的政策鼓励农民发展特色农业和农产品加工业，使农民自力更生。这就要求基层党员干部不仅要为他们寻找致富之路，创造致富条件，还要帮他们更新观念，树立自强、自信、自立的意识，增强他们战胜贫困的“内生动力”。

（指导教师：王盛辉）

---

① 樊浩:《中国伦理精神的现代建构》，江苏人民出版社1997年版，第199页。

② 《中央农村工作会议在北京举行》，载《人民日报》2013年12月25日。

我国青少年社会主义核心价值观教育研究

张　妍

摘要:中国特色社会主义核心价值观是我国社会主义意识形态的本质体现,对国家发展和青少年个人成长具有重要意义。青少年作为国家的未来、民族的希望,是社会主义现代化建设的主力军。但青少年正处于身心发展的关键时期,如何对其加强社会主义核心价值观教育,使核心价值观真正成为帮助青少年武装思想、指导行为的利器,成为一个迫在眉睫的问题。

关键词:青少年;社会主义核心价值观教育;借鉴与对策

一、社会主义核心价值观含义及其国家战略意义

(一)社会主义核心价值观基本内涵

价值观是人们对某类事物价值的根本观点和总的看法,是包括价值关系、价值评价标准、价值取向在内的完整的观念系统,它具体表现为人们对某类事物相对稳定的信念、信仰和理想。而核心价值观又集中体现了社会主体成员的根本利益,反映社会主体成员的价值诉求,暗含着一定社会的性质、本质以及发展趋向,对其他价值观念发挥支配作用,是整个价值体系中最基础、最核心也是最不可或缺的部分。自党的十八大以来,习近平总书记多次就培育和践行社会主义核心价值观作出重要讲话,进一步明确了社会主义核心价值观的具体内涵和实际要求。社会主义核心价值观"不仅体现社会主义意识形态的本质要求和社会主义制度在思想与精神层面的质的规定性,而且凝结着社会主义先进文化的精髓,是中国特色社会主义道路、理论体系和制度的价值表达,是实现中华民族伟大复兴的中国梦的价值引领"①。

(二)加强社会主义核心价值观教育的国家战略意义

当今世界,和平与发展成为时代主题,在趋于稳定的国际环境下,各国竞相提高以

① 刘云山:《着力培育和践行社会主义核心价值观》,载《求是》2014年第2期。

经济和科技实力为基础的综合国力，国与国之间的竞争与较量日益激烈。而文化作为国际竞争中的软实力，对一个国家综合国力的提升发挥着愈来愈重要的作用。我们党和国家始终把提高国家文化软实力作为一项重要任务，放在国家发展战略的突出位置上。习近平指出："核心价值观是文化软实力的灵魂，也是文化软实力建设的重点。一个国家的文化软实力，从根本上说，取决于其核心价值观的生命力、凝聚力、感召力。"[①]一个国家、一个民族如果没有科学技术，一打就垮；一个国家、一个民族如果没有自己的核心价值观、没有民族精神，不打就垮。可见，"核心价值观是一个民族赖以维系的精神纽带，是一个国家共同的思想道德基础。如果没有共同的核心价值观，一个民族、一个国家就会魂无定所、行无依归"[②]。中华民族之所以能够在几千年的历史长河中生生不息、薪火相传，正是因为她具有一脉相承的精神特质、精神追求和精神脉络。

社会主义核心价值观不仅关系到社会的和谐与稳定、国家的发展与繁荣，而且与实现中华民族伟大复兴的中国梦和"两个一百年"的奋斗目标有着紧密的联系。此外，社会主义核心价值观还是人们精神上的支柱、行动上的向导，对于提升中华民族的精神境界发挥着重要作用。一个人能否把握青春、实现自我价值，一个民族能否屹立于世界民族之林而不倒，在一定程度上取决于他们是否遵循社会主义核心价值观的内在要求。因此，我们必须把加强社会主义核心价值观教育放在突出的战略地位，巩固全国各族人民团结一致、众志成城，凝聚中国力量，为实现中华民族的伟大复兴而不懈奋斗。这不仅是时代赋予我们党和国家的历史重任，也将是我国今后思想政治教育工作的重中之重。

二、加强青少年社会主义核心价值观教育具有现实意义

青少年作为伟大的社会主义事业的接班人和建设者，是国家的未来和民族的希望，是社会主义现代化建设的主力军，他们身上肩负着国家富强、民族振兴的历史责任和时代使命。因此，当代优秀青少年必须具备社会主义核心价值观的思想意识，以科学正确的世界观、人生观、价值观作为人生指导，成为一个有理想、有目标、有文化、有纪律的社会主义新人。然而，伴随着经济全球化、市场经济和信息技术的迅猛发展，当代中国日新月异，各种观念与思想百花齐放、百家争鸣，造就了多种文化相互交织的信息时代，人们的价值观念也随之发生巨大变化。而处在社会大背景下的青少年，由于其自身辨别是非能力较弱、抵抗诱惑能力不强等特点，在世界观、人生观和价值观的形成过程中不可避免地受到了直接或间接的影响。因此，加强对青少年的社会主义核心价值意识形态教育，用核心价值观为青少年的健康成长保驾护航具有重要的现实意义。

有关青少年社会主义核心价值观的问卷测评数据显示：我国青少年社会主义核心

---

① 习近平：《核心价值观是文化软实力的灵魂》，载《人民日报(海外版)》2014年2月26日。

② 习近平：《在文艺工作座谈会上的讲话》，载《人民日报》2014年10月15日。

价值观总体呈现积极向上状态，但同时当代青少年教育也存在着核心价值观缺失的现象，引发一系列不可忽视的发展失衡、理想信念缺失、道德素质滑坡等问题。

（一）理想信念的淡漠与缺失

理想可以指引人生方向，信念能够决定事业成败，理想信念是个人人生价值的最高体现，也是其人生发展的内在动力。习近平在全国组织工作会议上指出："没有理想信念，或理想信念不坚定，就会导致精神上'缺钙'，就会得'软骨病'。一个人如果'精神缺钙'，那么必定无力承担时代赋予他的历史重任。"[①]然而，当代青少年在外界冲击和自身特点的双重作用下，出现了厌倦学习、沉迷网络、虚晃度日的现象，甚至是理想信念的迷失与淡漠，他们逐渐在成长的道路上迷失自我，沦为一个精神上"缺钙"、患了"软骨病"的人。

理想是人生前进的动力，信念是开辟美好未来的锁钥。中国梦不仅是全国各族人民共同的梦，也应该是青少年一代牢固树立的理想追求。青少年理应"把理想信念建立在对科学理论的理性认同上，建立在对历史规律的正确认识上，建立在对基本国情的准确把握上"[②]，为实现中华民族的伟大复兴而努力奋斗。

（二）价值观念的偏差与扭曲

处于社会转型期的中国，不可避免地面临新旧文化冲击与中西价值观碰撞的问题，这在一定程度上引导社会价值取向呈现多样化的发展趋势，也导致社会上出现了一些是非模糊、善恶不明、荣辱错位的问题。青少年作为社会变革中最新锐而敏感的社会群体，必然会随着社会的变化在价值观上产生复杂共振，例如青少年群体中出现了拜金主义、享乐主义、利益至上、以自我为中心的不良风气，对青少年个人发展和社会风气都造成了极为恶劣的影响。

青少年处于世界观、人生观和价值观形成和发展的关键时期，应牢牢把握马克思主义理想信念，以中国特色社会主义核心价值观为指引，以正确科学的世界观、人生观和价值观为导向，防止价值观念出现偏差和扭曲。

（三）道德素质的匮乏与滑坡

修业者必先修其德。近代教育家蔡元培曾说过：若无德，则虽体魄智力发达，适足助其为恶。"德"是每个人成才的前提和基础，一个人只有德才兼备才能真正成为国家和人民需要的栋梁之才。正如习近平总书记所说："一个人只有明大德、守公德、严私德，其才方能用得其所。"[③]

随着改革开放和现代化建设事业的深入发展，中华民族的传统美德与体现时代要求的新的道德观念相融合，成为青少年道德建设的主流。但是，青少年道德建设中仍然存在一些不容乐观的问题：社会公德状况不容乐观，家庭美德有所弱化，个人品德问题突出，知行脱节问题严重等。为此，广大青少年必须在日常生活中大力加强自身的

---

① 习近平：《在十八届中共中央政治局第一次集体学习时的讲话》，载《新华日报》2012 年 11 月 19 日。

② 蒋金锵：《人民要论：筑牢理想信念的思想根基》，载《人民日报》2016 年 3 月 16 日。

③ 习近平：《青少年要自觉践行社会主义核心价值观——在北京大学师生座谈会上的讲话》，载《人民日报》2014 年 5 月 7 日。

道德修养，注重道德实践，自觉弘扬爱国主义、集体主义、社会主义的思想信念，以自己的实际行动促进社会道德的进步，引领社会良好风气。

（四）责任意识的淡薄与逃避

责任意识是指个人或群体组织分内应做的事情，以及应承担的职责、任务和使命，责任意识具有普遍性，责任无处不在。然而目前由于受到应试教育和市场经济观念的影响，一些青少年责任意识淡薄，缺乏承担责任的勇气，甚至毫无责任意识，这都对青少年树立社会主义核心价值观产生不良影响。事实证明，一个缺乏责任意识和担当的人，也很难为社会发展、国家建设做出卓越贡献。

青少年作为建设社会主义和谐社会的建设者和接班人，理应常怀感恩之心，不断增强责任意识，勇于承担历史赋予的重任，在我国构建社会主义和谐社会和社会主义现代化建设事业的过程中贡献自己的一份力量。这不仅是发展的需要，也是时代的呼唤和历史的选择。

三、当代主流核心价值观教育方法的启示与借鉴

在当代中国，推行社会主义核心价值观教育是一个漫长而不断求索的过程，它贯穿于实现中华民族伟大复兴和构建社会主义和谐社会的始终，是我们党和国家在新的起点实现各项战略目标必须要坚守的文化阵地。而在教育方法的选择上，既要植根于我国教育的实际情况，对我国的教育方针和教育模式深入剖析、概括总结，又要对世界上其他发达国家的核心价值观教育进行多维判断、检验和选择，进而借鉴其他人类文明的有益成果，做到“以我为主，为我所用”。

（一）十一届三中全会后我国核心价值观教育方法的启示与借鉴

改革开放以来，我们党和国家领导人在坚持以经济建设为中心的同时，始终以马克思主义为指导，高度重视学校教育工作的开展。1982年，邓小平提出：“搞社会主义精神文明，主要是使我们的各族人民都成为有理想、讲道德、有文化、守纪律的人民。”[①]“四有”新人的理论以全体人民为对象，精辟概括了社会主义精神文明建设的目标，是邓小平对中国社会主义建设经验教训的深刻总结和对中国社会主义现代化建设的战略思考。早在1983年10月，邓小平就为北京景山中学题词：“教育要面向现代化、面向世界、面向未来。”现在“三个面向”教育思想已成为我国实现教育现代化长期发展战略的指导方针，也是我国推进教育现代化建设需要遵循的教育规律和指导思想。1994年1月24日，为了更好地适应新时期社会主义现代化建设的需要，江泽民在全国宣传思想工作会议上指出：“我们的宣传思想工作，必须要用科学的理论武装人，要以正确的舆论引导人，凭借高尚的精神塑造人，依靠优秀的作品鼓舞人。”[②]这就是新时期党的宣传思想工作的指导方针，为我国道德教育方法的探索积累了丰富的经验。

随着改革开发的深化和社会经济条件的改善，核心价值观教育方法和手段呈现多

① 《邓小平文选》第2卷，人民出版社1994年版，第408页。

② 江泽民：《在全国宣传思想工作会议上的总结讲话》，载《人民日报》2014年8月30日。

样化、现代化的发展态势。培育典型示范人物,弘扬先进事迹,树立模范标杆,在社会范围内发起学习热潮;紧跟时代潮流,探索新兴载体,利用大众传媒、自媒体等传播途径,使核心价值观教育逐渐渗透到群众的日常生活中;发挥隐性课程的德育作用,将核心价值观教育与学校日常的教学工作和管理工作紧密联系起来,潜移默化地对学生的思想和行为产生影响;创建文明家庭、文明单位、文明社区,培育积极向上的家庭文化、企业文化和社区文化,在全社会营造出良好的核心价值观文化氛围。总之,十一届三中全会后,我国社会主义教育改革不断深化,学校德育工作地位得到提升,德育内容也进一步得到充实。

(二)当代西方发达国家核心价值观教育方法的启示与借鉴

纵览当今世界,各个西方发达国家都拥有一套自成体系的价值观教育模式。在西方,通常没有"德育"的概念,而是代之以"公民教育"。尽管二者在名称上有所区别,但它们都属于价值观教育的范畴,在实际执行中有着基本相同的目的和要求,即帮助受教育者树立正确的人生价值观念,以适应社会发展的需要。因此,在核心价值观的教育形式上,我们可以在坚持社会主义核心价值观定向性的前提和基础的同时,借鉴西方发达国家新颖有效的价值观教育形式来改进我国核心价值观教育的基本方法。

第一,西方发达国家注重将价值观教育的内容与现实生活相联系,力求用价值观教育成果指导生活实践,实现从课堂教育到现实世界的回归。我国思想道德教育工作之所以被少部分人扣上"高大上""假大空"的帽子,重要原因在于德育工作的内容脱离现实,没有与受教育者的生活实际进行有效对接。因此,只有在内容上做到"接地气",德育工作的开展才能"有人气"。第二,西方发达国家将隐性课程放在教育工作的重要位置,利用其弥散性、普遍性和持久性的特点,在潜移默化中塑造与完善学生的人格结构。我国思想德育工作应改变传统"填鸭式"的灌输教育法,重视隐形课程对学生价值观教育的影响,通过构建良好的校风、学风,优美的校园环境,融洽的师生关系等方法感化学生,使学生在优良的教育环境和氛围中得到熏陶与升华。第三,西方发达国家在价值观教育的过程中尊重多元文化相互交织、相互碰撞,尊重学生的个体化差异和个性化发展,注重学生兴趣和能力的培养。我国思想德育工作应当充分尊重学生在教育过程的主体地位,针对学生的个体差异要因材施教、适时引导,在坚守社会主义核心价值观的大前提下,为学生的自由发展留有适度空间。

西方发达国家的核心价值观教育利弊兼存,我们在学习和借鉴的过程中要坚持"取其精华,去其糟粕"的原则,将西方国家优秀的教育方式与我国核心价值观教育工作多年的经验积累相结合,实现其在神州大地上的本土化,做到为我所用。

四、加强社会主义核心价值观教育的实践要求

社会主义核心价值观教育是党和国家思想政治教育工作的重点,关乎学生个人的发展和社会的进步。社会主义核心价值观教育应该结合青少年身心发展规律和价值观教育的特点,将价值观教育融入日常生活,使之日常化、具体化、形象化和生活化,引导青少年更好地认同并践行社会主义核心价值观,做到勤学、修德、明辨、笃实。

(一)加强核心价值观教育重在将其日常化、具体化、形象化、生活化

党的十八大分别从国家、社会、个人三个层面出发,提纲挈领地归纳出24字社会主义核心价值观,即富强、民主、文明、和谐,自由、平等、公正、法治,爱岗、敬业、诚信、友善。社会主义核心价值观体现的是社会主义意识形态的本质要求,是中国特色社会主义道路和理论体系的价值表达,具有一定的抽象性和概括性。因此,在人们去认识、理解并践行社会主义核心价值观的过程中,难免会将其视为空中楼和水中月,从而放松对自己的要求,使价值观教育效果大打折扣。这就要求我们党和国家在加强核心价值观教育时要着眼于现实的实际情况,深入研究我国目前的教育现状,探索出一条符合我国教育特点的道路。习近平总书记在上海考察时曾明确地指出:"要注意把社会主义核心价值观日常化、具体化、形象化、生活化,使每个人都能感知它、领悟它,内化为精神追求,外化为实际行动,做到明大德、守公德、严私德。"①的确,一种价值观要真正发挥它的作用,必须融入社会生活,渗透到日常生活的各个方面,让人们在实践中感知它、理解它、接受它,从而达到潜移默化、润物无声的效果。

日常化教育意味着核心价值观教育不再拘泥于课堂,而是从有限的课堂延伸到广阔的现实生活中去,使学生在课堂内外都能受到社会主义核心价值观的洗礼和熏陶,使接受价值观教育成为生活中的常态化。具体化教育与往常一贯的抽象化教育相区别,是指把抽象的理论知识转化为生动具体的、能够引发学生情感共鸣的常识的过程。在这一过程中将社会主义核心价值观的要求进一步具体化,努力做到理论和实际相统一,使学生自觉将其内化为日常的行为准则和生活方式,增强其对学生日常行为的指导意义。形象化教育是指运用各种文化形式,生动形象地引导学生辨别生活中的真善美和假恶丑,告诉学生什么行为是值得赞扬的,什么行为是必须反对的,以此来展现社会主义核心价值观,达到社会主义核心价值观教育的目的。生活化教育体现了"教育即生活""生活即教育"的教育理念,把教育和生活糅为一体,使社会主义核心价值观的理论知识真正融入学生的日常生活之中,只有这样,才能让学生在实践中更好地理解并掌握社会主义核心价值观的精神实质。

"核心价值观的养成绝非一日之功,要坚持由易到难、由近及远,努力把核心价值观的要求变成日常的行为准则,进而形成自觉奉行的信念理念。"②各级各类学校要注意将社会主义核心价值观日常化、具体化、形象化和生活化,用身边事教育身边人,用小故事阐发大道理,宣传最美人物,弘扬最美精神,使社会主义核心价值观的影响像空气一样无所不在、无时不有,在潜移默化中内化为青少年学生的精神追求,外化为他们自觉的思想道德行动。

(二)不断推进社会主义核心价值观教育途径的创新

青少年具有多重身份,不仅是一个家庭的成员,还是一个学校的学生,更是一个社

---

① 习近平:《当好全国改革开放排头兵 不断提高城市核心竞争力》,载《人民日报》2014年5月25日。

② 习近平:《青少年要自觉践行社会主义核心价值观——在北京大学师生座谈会上的讲话》,载《人民日报》2014年5月7日。

会的组成部分。因此，针对青少年进行的社会主义核心价值观教育，必须把家庭教育、学校教育、社会教育有机地紧密联系起来，不仅要充分利用这三种教育途径，充分发挥其独立作用，而且要协调好三方关系，为青少年的核心价值观教育通力合作，贡献力量。

“父母是孩子的第一任老师，家庭是孩子的第一所学校”，意在强调家庭教育在子女成长的过程中扮演的重要角色。家长应当正确认识“教育不仅仅是学校的责任”，主动承担起教育子女的义务和职责，为他们的成长营造良好的家庭氛围，使他们在民主、和谐、融洽的家庭环境中长大。同时，家长应当全面提高教育素质和教育水平，注重良好道德品质的养成，为子女树立遵纪守法、助人为乐、勤劳勇敢、诚实守信等道德典范，帮助子女养成完整的人格。学校教育对核心价值观教育的影响主要从校园环境、学校教育理念和教育模式、校园活动等方面入手，以发挥学校独特的育人职能，培养青少年形成正确的价值观。学校教育不仅要向学生讲授书本上的理论知识，还应注重向学生传授日常生活中的为人处世之道，挖掘学生特长，培养学生兴趣，尊重学生的个性化发展。与此同时，不能忽略教师在教育过程中的主导地位，要随时掌握学生价值观的发展动向，并适时给予引导。社会环境是青少年生活的最大文化环境，对青少年核心价值观教育的影响最为多样和复杂。社会教育紧跟时代潮流，充分利用多种现代教育手段，通过开展多种形式的社会教育活动对青少年进行价值观教育。

核心价值观教育使国家立于民族自强之林，为青少年健康成长指引方向、保驾护航，加强社会主义核心价值观教育不仅事关国家战略目标的实现，更需要每位青少年将其认真落实到现实生活的点滴之中。因此，我国教育工作应将其纳入日常教学体系中，吸收、借鉴西方先进的教育方式，不断对核心价值观教育的方式方法进行完善和创新，培育出一代有家国情怀的有为青少年。

（指导教师：卢少军）

在大学生思想政治教育中强化中国梦教育初探

羊丽雅

摘要：中国梦是以一系列科学和符合中国国情的理论为基础，将无数中国人的梦想凝聚和升华而成的美好愿望。梁启超曾说“少年强则国强”，故而实现中国梦，需要一代代人的持续奋斗，青年大学生更是实现中国梦的重要生力军。因此于新时代背景下在大学生的思想政治教育中加强和贯彻中国梦教育是一个重要的课题，这不仅要遵循科学的原则，更要有可行性途径。

关键词：大学生；思想政治教育；中国梦；强化

每一个民族都有自己的梦想。实现中华民族伟大复兴，就是中华民族近代以来最伟大的梦想，这是我们的中国梦。“中国梦”是习近平总书记2012年11月29日在国家博物馆参观《复兴之路》展览时首先提出，分别从国家、民族和个人三个角度对未来进行分析与规划，体现出中国共产党领导全体人民对美好未来的正确引导，也体现出人民群众对未来的美好期许。

一、在大学生思想政治教育中加强中国梦教育是时代发展的必然要求

中国梦的实现需要一代代青年人的接力，他们是国家希望的和民族的未来。新时代背景下强化大学生思想政治教育的中国梦更能凝聚大学生力量并鼓励其持续奋斗砥砺前行，具有重要的时代意义。

（一）当代大学生思想政治教育与中国梦具有内在一致性

实现中国梦必须走中国道路、弘扬中国精神、凝聚中国力量[①]，而与此同时中国特色社会主义道路、以爱国主义为核心的民族精神和以改革开放为核心的时代精神以及各民族的大团结正是当代大学生思想政治教育的主要内容。这体现出“中国梦”和思想政治教育有着内在的契合点，中国梦为大学生思想政治教育提供了与时俱进的内容。

通过思想政治教育强化中国梦教育要注入教育观念的更新和教育视野的拓展两

① 参见《习近平在第十二届全国人大第一次会议上的讲话》，载《人民日报》2013年3月17日。

要素。大学生的思想政治教育者要进行观念更新,积极调整思路,针对中国梦的要求和当前大学生的思想状况,进行建设性的政策选择和方法制定。其次是拓宽视野,中国梦是对自我的认识和准确定位,更是在视野的开拓下对未来前瞻性的预见与规划,这极大地充实了思想政治教育的内容。

(二)中国梦指引当代大学生思想政治教育的前进发展

古今中外,思想政治教育不论以何种形式存在,其功能都是在为统治阶级对人民进行管理而服务。其个体功能和社会功能都在于引领受教育者的世界观、人生观和价值观,引导人们对社会现实开展批判性反思,来促进其认知能力和认知水平的提高,促进身心的全面发展,推动受教育者自身价值全面发展与进步,约束和规范广大人民群众的实际行为,使人民群众对统治阶级意识形态认可和接受。

"中国梦"的提出是中国共产党政治思想的新发展与进步的体现。通过在大学生思想政治教育中强化"中国梦"这一理念,通过思想政治教育来宣传新时代背景之下统治阶级意识形态,在内容上保持与思想政治教育相承,有利于充分发挥其作为上层建筑和意识形态的引领作用,激发大学生为推动我国社会发展与进步而不懈奋斗,积极献身于中国社会主义现代化事业之中,为我国的社会事业发展贡献力量。

(三)强化中国梦教育是构建和谐校园的需要

首先,中国梦为构建社会主义和谐校园提供了指导思想。当下社会多元价值观的出现及其碰撞,使许多大学生在选择主导价值观时迷茫与困惑,这也就更加凸显了指导思想的重要作用。因此强化中国梦教育,坚持其所倡导的指导思想,坚持马克思主义的指导,坚持中国化的马克思主义理论特别是中国特色社会主义理论体系的指导,才能促使广大学生在身处多元价值观的环境下作出价值正确选择。[①]

其次,中国梦是凝聚当代大学生力量的纽带。习近平强调,实现中国梦必须凝聚中国力量,即中国各个地区各族人民大团结的力量。在高校强化中国梦教育,有助于来自不同地域的在校大学生宽容谅解,互帮互助,团结一致,砥砺前行,为构建社会主义和谐大学共同努力。

再次,中国梦为建构社会主义和谐校园指明了方向。高等教育背负着培养先进人才、传承科学文化和服务社会大众的重任。"中国梦"的提出,对高校培养实现社会主义现代化建设所需的人才的要求更加迫切,造就高水平高素质高觉悟的社会主义合格建设者和可靠接班人,传承中华民族优秀传统文化,弘扬社会主义先进文化,为"中国梦"的实现添砖加瓦。

二、在大学生思想政治教育中强化中国梦教育的原则

高校思想政治教育在强化中国梦教育过程中必须坚持理论与实践相结合、认知和情感相统一、一切从实际出发的原则,这为深入贯彻中国梦教育,进一步提高大学生的

① 参见中共中央文献研究室编:《关于实现中华民族伟大复兴的中国梦论述摘编》,中央文献出版社 2013 年版,第 48 页。

思想政治素质,促进大学生的全面发展,提供了坚定的教育准则。

(一)理论和实践相结合

理论与实践相结合是最应该遵循的原则。

在理论教育上发挥先进性:高校思想政治理论课作为思想政治教育的主要渠道,承担着对大学生进行马克思主义和中国特色社会主义理论教育的功能,在新时代背景下,在大学生思想政治教育中强化中国梦教育就是让大学生深刻理解中国梦的内涵,把握中国梦的精髓,坚定理想信念,树立崇高的价值追求,激励大学生积极投身到实现中国梦的伟大征程中。

在社会实践上做到贯彻践行:社会实践活动作为当代高等教育的一个重要构成部分,其功能举足轻重,新时代背景下大学生只有深入中国特色社会主义现代化建设的实践和全面建成小康社会的实践,才能深化对中国梦的理解,使其融入生活,走进学生头脑,促进个人"知情信意行"的相互转化。例如在实践活动中,组织大学生运用自己学到的知识和技能为社区群众尤其是为老、弱、病、残等尽能力做好事,不仅能获得幸福感与成就感,也能进一步强化自身为他人服务、为社会做贡献的意识。

(二)认知和情感相统一

思想政治教育课程的学习追求的不仅是理论知识的吸取,在理论转化为实际行动的过程中,情感起着至关重要的作用,是知识点内化于心和外化于行的桥梁。中国梦只有被大学生认知并内化于心,才能形成自觉行为外化于行。

在中国梦与思想政治教育融合的过程中,注重学生情感态度价值观的培养,注重学生内心的深切感受与情感的领悟,调动学生的积极性促进思想矛盾的转化,从而形成正确的立场、观点和道德品质,做到思想政治教育的价值导向和人文关怀的统一。

(三)一切从实际出发

在思想政治教育中对学生进行中国梦教育,客观上必须从学生的实际出发,深入调查了解目前大学生的思想状况和存在的问题及其社会原因,根据学生的不同思想情况,按照学生学习能力、理论储备、情感态度和认知事物的规律等的客观存在,有针对性地进行教育;照顾多数,鼓励先进,将先进性要求与广泛性需求结合,统筹安排整体规划具体问题具体分析,做到因材施教,这也是克服教学上主观主义倾向的最好办法。

三、高校在思想政治教育中强化中国梦教育的路径

在思想政治教育中强化中国梦教育不仅要遵循科学的原则,更要有合理的路径,简单概括就是不断提高其先进性、针对性、科学性、渗透性和实践性。

(一)完善当代大学生思想政治教育的理念,注重先进性

1.坚持以人为本

以人为本的思想政治教育理念,就是把推动学生的全面发展与进步作为最基本的目的,解决"培养什么样的人"的问题。[①] 在强化中国梦教育过程中的高校思想政治教

① 参见《中共中央关于改进和加强高等学校思想政治工作的决定》,1987年5月29日。

育，更应强调以“人”为中心，把人的发展与进步作为教育的目标和基础点，重在突出个人的全面发展与进步，促进个人生活幸福。个人小我的实现更是国家民族大我的助推器，也体现出中国梦与个人层面即人民生活幸福的高度契合。

2. 坚持理论与实际相契合

提高思想政治教育的主要途径，其根本还是要从解决当代大学生的实际遇到的问题出发。在新的时代背景下，如果不从利益角度去关心和分析大学生的思想存在的问题和遇到的困难，只以片面的“正确对待”来敷衍说教，这样很难达到有效目的。所以，应该将这二者相互结合，这样既灌输了道理，又解决了困难，从而才能有效体会其中好处。

3. 坚持开放性教学与探究性学习相结合

开放性教学与探究性学习相结合即教师不把主要精力局限于所教的内容上，而更加注意学习者的心态与情感的变化，与学生共享学习历程。一是在教学中激发学习动力，激发学生探索与发现、想象和表现的愿望，让学生的思维活动在课堂教学上处于开放状态，突破思维定势，多视角思考问题。二是创设有利于学生发展的开放式教学情境，为师生营造开放的学习空间，使课堂成为“一潭活水”。三是不拘泥于教材教案，充分考虑学生学习活动过程的多变性和多样性，适当采用实践活动的学习形式来丰富学习生活，增进情感体验。在社会实践活动中要有效地引导学生与自己的专业学习课程相结合，不要把社会实践活动仅仅作为参观考察，学会结合自身所学专业知识来进行实际操作，这样才能确确实实增长才干。激发学生的主动性去深入了解中国社会的一些现实问题，促成自身体验与思考从而加强社会责任感。

（二）改善当代大学生思想政治教育的课堂内容，增强针对性

强化中国梦教育，就必须进一步加强和改进大学生思想政治教育内容，把中国梦教育贯穿于思想政治理论课的全过程，特别是在课堂教育这个主阵地主渠道，强化大学生对中国梦的理论认知，推动中国梦学习教育进教材、进学生头脑。

1. 设置中国梦教育的课程教材

大学生在学校期间学习马克思主义理论知识，学习中国特色社会主义理论体系，主要渠道就是高校开设的思想政治理论课程。要使中国梦走进大学生的头脑，首先要将中国梦进教材。目前，大学生现有的理论课程是“中国近现代史纲要”“马克思主义基本原理”“思想道德修养与法律基础”“毛泽东思想和中国特色社会主义理论体系概论”，使这几门课的内容编写与中国梦融会贯通，将中国梦的理论思想设置其中。

2. 提高中国梦教育的专业水平

学生的学习离不开教师的正确引导，邓小平也强调“教师在高校人才培养中起到关键性的作用”[①]，所以，需要打造一支具有高尚思想品德与坚定理想信念的思想政治教育工作者队伍。他们真正懂得中国梦的理论内容，坚定中国梦理想信念，使用中国梦理论成果，在教学过程中能及时给予有效释疑，捍卫中国梦这一真理。总之，思想政

① 《邓小平选集》第2卷，人民出版社1994年版，第136页。

治理论课教师的"真正懂得""真正相信""真正使用",是中国梦进课堂、进教材、进大学生的头脑的前提条件。

(三)更新当代大学生思想政治教育的方式,提高科学性

任何课程都有相应的教育方法,服务于本课程学习的目的。在新时代背景下更新大学生思想政治教育的方式,更能促进教育的与时俱进,最大限度地发挥教育效能。

1.在课堂上,加强中国梦教育的课堂互动

中国梦不仅仅是理论内容,而且是精神指导,不是让大学生简单地知道其内容,而是要理解其内涵,内化为自己的思想,引导自己的行为。这就要求采用新的教学模式。

运用现代教学手段:在传统的教学方式基础上,融入新媒体教学手段。例如:视频教育,播放历史题材的视频,让大学生正确认识中国历史;时政新闻教育,让大学生了解中国时事政治、国际形势等等,大大提高教学效率和时效性。

采用多元的教学方法:把课堂还给学生,让他们成为课堂的"讲师",引导其自觉地学习中国梦内容,探寻中国梦的精神实质,寻找践行中国梦的典型案例,有利于活跃课堂气氛,营造大学生学习探讨中国梦的环境氛围,培养大学生的社会责任感。

改革课堂教学评价体系:就中国梦教育而言,对于学生的评定,既要看最终的理论考试成绩,更要注重大学生的课堂互动和课下的实践活动的表现,国家需要的人才不仅要有扎实的专业理论知识,更要有过硬的专业技能。

2.在课堂下,中国梦教育必须充分利用网络信息平台

网络突破了地域和时间的限制,使人与人之间的沟通交流方便、快捷、顺畅,拓宽了人们的沟通渠道,增加了人们获取信息的途径,更是为中国梦的强化教育奠定了基础。发挥网络教育的正能量,是当前中国梦教育的重要方面。

构建以网络信息平台为依托的新型教育机制,首先,打造一支以思想政治教育工作者为核心的优秀网络管理队伍,拥有高尚的思想品德、过硬的专业技术,发挥网络的监督、管理和引导功能,贯彻思想政治教育的目的,将中国梦内容融入其中,传播正能量。

其次,思想政治教育工作者还需要积极主动地与大学生进行对话和沟通,及时了解当下大学生的心理特点和关于中国梦的学习情况以及态度,并有针对性地根据大学生的特点和存在的问题进行建设性引导。

最后,思想政治教育工作者在网络平台上发起或者引导大学生设计有关中国梦的话题,并鼓励同学们互动、交流和研讨,将中国梦理念深入人心。

(四)优化当代大学生思想政治教育的环境,强化渗透性

大学生的思想政治教育环境包括日常思想政治教育环境、校园物质文化和校园精神文化以及实践活动环境。对环境进行优化,有利于教育的潜移默化。

1.在日常思想政治教育环境中,注重渗透性

大学生的日常思想政治教育环境主要指课堂以外的思想政治教育,以党团组织、社团活动、班级工作为载体,对学生进行思想教育和日常管理。强化中国梦教育,关键在于渗透性。

首先，创新大学生党建工作，充分发挥大学生党员的先锋模范作用，树立典型，引导大学生党员率先垂范，从而影响周围大学生学习践行中国梦；同时还可以建立健全从普通大学生到入党积极分子再到预备党员的三层次模范生培养体系[①]，全面提高个人素质和道德修养，在深刻理解中国梦本质、内涵的基础上，内化为自觉的行为实践活动。

其次，全面提升学校社团文化的品位，寓中国梦教育于社团活动之中，以社团活动为载体开展中国梦教育可以达到事半功倍的效果，达到教育的潜移默化之效能。

2.加强中国梦教育的校园物质文化建设

校园文化设施先进齐全，景观内容丰富，为大学生创造了良好的文化氛围，也彰显着学校教学质量的发展水平。

首先，加强校园人文景观建设。校园人文景观是校园文化的外化，是营造学习环境和学习氛围的重要外部条件。将中华民族优秀的文化成果和中国梦理念融入到校园人文景观设计中，有利于让大学生感受中华民族的伟大成就和未来生活的美好愿景，提升大学生的民族自豪感与自信心。

其次，加强校园基础文化设施建设。每所高校都应该建自己的校史馆，是人文教育的重要场所，更是校园历史文化的集中表现。通过校史馆展示出学校育人目标与中国梦内涵的结合程度，使大学生深刻地感受“校园梦”和中国梦，在提升校园文化品位和办学特色的同时，让大学生产生归属感和认同感，激励大学生励志成才的决心。

3.加强中国梦教育的校园精神文化建设

在强调中国梦渗透性方式过程中还应当重视校园精神文化的建设。精神文化建设是一种感染力量，是一种行为约束力量，于无形中强化这一理想理念，

首先，发挥“名人效应”和模范人物的先锋带头作用。

其次，开展专题讲座。专题讲座是文化交流的重要手段，是思想政治教育的重要路径。将中国梦融入大学生思政教育，专题讲座是必不可少的手段。例如，开展中国道路发展史的专题讲座，促进大学生对中国道路的认同，为实现中国梦打下坚实的基础。

加强校园文化建设，归根到底就是要将校园文化活动打造成为除课堂外的第二大教育平台。这个平台以独特的视角、新颖的形式、创新的内容将中国梦覆盖整个校园，渗透到校园的各个角落，使大学生在参与过程中接受中国梦的教化和感染，从而起到“润物细无声”的洗礼作用。

（五）拓展当代大学生思想政治教育的活动，增强实践性

中国梦教育应重点突出实践性，提高实效性。社会实践作为我国高等教育的一个重要构成环节，其作用举足轻重。中国梦教育必须拓展和丰富社会实践，大学生也只有深入实践活动亲近社会，才能全面了解中国的国情，深化对中国梦的体会与认同，促进“知情信意行”的相互转化。

---

① 参见李书旺：《“中国梦”圆日，民族复兴时》，载《青岛日报》2013年3月23日。

首先，通过鼓励参加社会实践，来增强大学生实际生活的操作能力和社会责任感。通过开展调查活动，促进大学生践行中国梦，深入基层展开社会调查，了解中国现状，了解大众最质朴的梦想，了解中国梦的发展，探寻实现中国梦的有效途径，激发大学生的实干精神、献身精神和艰苦奋斗精神，树立实现中华民族的宏伟愿景的信念。

其次，鼓励参加社会公益活动，调动大学生践行中国梦的自主能动性。理想不是空洞的口号，美好愿景必须落实到实践行动中才有意义和价值。鼓励大学生践行公益实践，在与人民群众和社会实践的结合中，坚定他们与祖国共命运、与时代同步、与广大人民齐奋进的坚定信念。

再次，支持参与支教活动，激扬大学生践行中国梦的建设性功能。例如在支教活动中，大学生成为中国梦的传递者，将所学的中国梦内容传递到贫困山区的孩子们之中，真正将中国梦的光辉覆盖整个中华大地，使偏远山区的每个儿童都有接受教育的机会，都有学习知识、提升素质的机会，都能够成为践行中国梦的有用人才。

四、结语

在大学生的思想政治教育中强化中国梦教育，在理论上不仅更新了新时代背景下对思想政治教育内容的要求以及教育过程所需要的方式方法，在实践活动中更是以“梦”为切入点，在“中国梦”的体验与领悟下坚定社会主义的信念，在崇高美好的社会理想指引下筑梦未来，正视自身肩负的历史使命，培养实干精神、献身精神和艰苦奋斗精神，将社会发展同个人发展结合起来，在追逐中国梦的征程中实现自身价值，努力把自己造就成为中国特色社会主义事业合格的建设者和接班人。

（指导教师：卢少军）

关于提升高校思想政治教育亲和力的思考

孙　贺

摘要：思想政治教育亲和力是高校思想政治工作的重点内容，是增强思想政治教育实效性、科学性、人文性的关键。尽管思想政治教育近年来取得显著成绩，但在教学和管理中心仍然存在亲和力不足的问题。提升思想政治教育亲和力，需要坚持以人为本的教育理念，切实提升思想政治教育工作者自身素质，开展丰富多彩的校园活动，增强教育的针对性，使思想政治教育活起来。

关键词：高校；思想政治教育；亲和力

2016年12月，习近平总书记在全国高校思想政治工作会议上强调："做好高校思想政治工作，要因事而化、因时而进、因势而新。要遵循思想政治工作规律，遵循教书育人规律，遵循学生成长规律，不断提高工作能力和水平。要用好课堂教学这个主渠道，思想政治理论课要坚持在改进中提升，提升思想政治教育亲和力和针对性，满足学生成长发展需求和期待。"[①]习近平总书记的讲话将思想政治教育亲和力的问题提升到了一个新的历史高度，思想政治教育亲和力问题是高校必须重视的重要问题。

一、思想政治教育亲和力的内涵及提升思想政治教育亲和力的意义

（一）思想政治教育亲和力的内涵

"亲和力"一词，最初是源于生物学和化学，随着社会的发展，该词延伸到心理学领域。"思想政治教育亲和力"一词是2010年5月时任中共中央政治局常委李长春在全国加强和改进大学生思想政治教育工作座谈会中正式提出的，他强调："当前和今后一个时期，加强和改进大学生思想政治教育，要高举中国特色社会主义伟大旗帜……牢固树立育人为本、德育为先的理念，解放思想、实事求是、与时俱进，贴近实际、贴近生活、贴近大学生……进一步创新方式、方法和途径，不断增强大学生思想政治教育的针

① 《习近平在全国高校思想政治工作会议上强调：把思想政治工作贯穿教育教学全过程开创我国高等教育事业发展新局》，载《人民日报》2016年12月9日。

对性、时效性、亲和力、感染力。”[①]

思想政治教育亲和力，是指高校思想政治教育工作者以自身特有的素质，通过优化思想政治教育环境，改进思想政治教育方法和评价机制，创新思想政治教育内容和思想政治教育观念，在对学生进行思想政治教育的过程中所产生的吸引力、人文力、感染力的综合体现，是思想政治教育生命力之所在。[②]思想政治教育的亲和力首先体现的是教育者和教育对象的平等关系，教育者始终以平等、和谐的姿态向教育对象传授知识，尊重学生的人格，坚持尊重、关心、爱护教育对象，让学生感受到亲近、自如并主动地接受教育者所传授的知识，这是一种知识和人格力量的和谐统一。

（二）提升思想政治教育亲和力的意义

思想政治理论课作为一种教育实践活动，注重在教育者和受教育者互动过程中引导受教育者掌握马克思主义的立场、观点和方法，树立正确的世界观、人生观、价值观，充分发挥育人功能。思想政治教育亲和力在这个过程中发挥着不可忽视的重要作用。

1.提升思想政治教育亲和力是实现思想政治教育目标的有效途径

思想政治教育目标是一定社会对教育所要造就的社会个体在思想政治品德方面的质量和规格的总的设想。2016年12月，习近平总书记在全国高校思想政治工作会议上指出：“思想政治工作从根本上说是做人的工作，必须围绕学生、关注学生、服务学生，不断提高学生思想水平、政治觉悟、道德品质、文化素养，让学生成为德才兼备、全面发展的人才。”[③]这是习近平总书记对思想政治教育工作提出的明确要求。十九大报告指出：“青年兴则国家兴、青年强则国家强。青年一代有理想、有本领、有担当，国家就有前途，民族就有希望。”[④]这是习近平总书记在中国特色社会主义进入了新时代的背景下，从建设社会主义现代化强国的高度提出的育人目标。2018年9月，习近平总书记在全国教育大会上进一步提出教育工作的根本任务：“我国是中国共产党领导的社会主义国家，这就决定了我们的教育必须把培养社会主义建设者和接班人作为根本任务，培养一代又一代拥护中国共产党领导和我国社会主义制度、立志为中国特色社会主义奋斗终身的有用人才。”[⑤]要培养“德才兼备、全面发展”“有理想、有本领、有担当”“社会主义建设者和接班人”的“时代新人”，就必须要发挥思想政治教育亲和力，着力提升思想政治教育的育人功能，引导当代大学生树立高远志向，磨砺敢于担当、不懈奋斗、自强不息的精神。

2.提升思想政治教育亲和力是思想政治教育以人为本的必然要求

思想政治工作从根本上说是做人的工作，必须要坚持以人为本的理念。坚持以人为本，在思想政治教育中，就是要一切为了学生，只有提升思想政治教育亲和力，才能

① 李长春：《不断提高大学生思想政治教育工作水平》，载《人民日报》2010年5月30日。

② 参见李春：《新时期高校德育亲和力的研究》，西南师范大学硕士学位论文，2003年，第10页。

③ 《习近平在全国高校思想政治工作会议上强调：把思想政治工作贯穿教育教学全过程，开创我国高等教育事业新局面》，载《人民日报》2016年12月9日。

④ 习近平：《决胜全面建成小康社会　夺取新时代中国特色社会主义伟大胜利——在中国共产党第十九次全国代表大会上的报告》，载《人民日报》2017年10月28日。

⑤ 习近平：《坚持中国特色社会主义教育发展道路　培养德智体美劳全面发展的社会主义建设者和接班人》，载《人民日报》2018年9月11日。

做到以人为本，一切依靠学生，尊重学生、理解学生、关爱学生，把不断满足学生发展需要、促进学生的全面发展作为根本出发点，使思想政治教育真正成为人的教育。只有提升思想政治教育的亲和力，才能充分获得教育对象对思想政治教育活动的认同，提升思想政治教育效果。

3.提升思想政治教育亲和力是提高大学生对思想政治教育认同感、接受度、参与度的重要途径

在思想政治教育教学实践活动中，教育者只有紧紧围绕教育对象，时刻关注着教育对象的思想动态，针对受教育者的个体差异，有的放矢地进行思想政治教育，才能深入教育对象的心理世界，使教育者与受教育者之间产生强烈的心理认同和情感吸引。只有始终注重亲和力，才能使教育对象感到亲近，从心灵深处愿意接受并产生价值共识和价值认同，让教育对象在平等交流的过程中大胆地将自己的疑问和观点与教育者进行沟通和交流，转变其被动的受众地位，切实增强思想政治教育的针对性和实效性，提高教育对象对思想政治教育的认同感、接受度和参与度。

二、当前高校思想政治教育亲和力不够的表现

当前，我国思想政治教育工作队伍的主体是学校党政干部和共青团干部、思想政治理论课教师以及辅导员。近年来，我国高校思想政治教育工作对亲和力的认识有所提高，也在不断探索提升思想政治教育亲和力的方法和途径。但是，由于多种因素的影响，对高校思想政治教育亲和力的重视还是不够。

（一）高校思想政治理论课中亲和力不够的表现

目前，我国高校的思想政治教育主要是通过“两课”进行，“两课”对于大学生的道德素质的培养有着十分重要的作用，思想政治理论课教师的亲和力在很大程度上影响大学生的接受程度，影响大学生思想品德的形成。

1.部分高校思想政治教育课教师观念落后，缺乏对情感交流和互动教学重要性的认识

部分高校思想政治教育课教师固守传统的和单向说教式的教学方法，刻板地进行单纯的理论说教，将上课简单看成“工作任务”，始终以高高在上的姿态，师生之间没有双向互动，在课程结束之后除了课堂上几个比较活跃的学生外叫不出其他学生的姓名，其结果必然严重地阻碍亲和力发挥。这种单向灌输式的教育方法，注重形式主义，忽视实效性，重主观生硬说教，轻双向情感沟通和爱心引导，对学生个体的关注程度不够，受教育者始终处于被动地位，十分容易产生抵触情绪和逆反心理，从而不能达到良好的教育效果。

2.思想政治教育理论课内容缺乏针对性与实效性

首先，高校的思想政治教育理论课的课堂教育缺少与学生生活实际的联系，都是偏于理论性的知识教育，不能真正满足学生们的现实需要，学生缺乏学习的积极性，导致课堂上出现大片“低头族”。除此以外，教学内容过于空洞、单调，让学生感觉这些知识对自己的未来发展没有多大帮助，只是单纯地为了拿学分才来学习这门课程。正因如此，这项教育工作没有发挥出其应有的作用。其次，在我国的大多数高校都是采用

大课堂教学模式，老师很难了解到每个学生的实际情况，上课过程中老师缺乏与学生的互动。在课堂上不能够做到结合学生的实际情况来进行教学，无法帮助学生处理生活中的难题，更不能做到帮学生树立正确的价值观念。教育者没有联系与学生自身紧密相关的一些问题，从始至终进行千篇一律的泛泛而谈的教育，导致思想政治教育应有的价值功能无法充分地体现出来。

3. 忽视教学模式的创新

开展思想政治教育，"要注意因地制宜，因人制宜，因事制宜，因时制宜"[①]，不能一概而论，要具体问题具体分析，要从实际出发选择适宜的载体和途径。网络信息技术的迅猛发展，使当代大学生的思想行为方式和社会交往模式发生了深刻变化。过去的思想政治教育活动局限于时间和空间，教师在台上讲授理论，学生在台下被动接受知识。如今，传统的教学方式已逐渐落伍，思想政治教育应该坚持"与时俱进"的原则，顺应互联网发展潮流，通过新媒体等多种多样的方式使思想政治教育活起来。只有充分运用新技术、新模式，才能做到贴近时代、贴近生活、贴近对象，为广大大学生所喜闻乐见。

（二）高校思想政治教育日常工作亲和力不够的表现

1. 部分思想政治教育者亲和力较差，对亲和力不够重视

部分思想政治教育工作者在从事思想政治教育工作时，缺乏人格亲和力。辅导员是大学生日常思想政治教育工作最重要的主体，但是部分辅导员由于工作忙碌，与学生交流过少，在处理学生问题时，经常加入主观因素，以权压人，处理不够公正，导致学生不信任辅导员老师。部分辅导员与学生交流时缺乏耐心，工作方法简单生硬，不注意尊重学生人格，经常挖苦、讽刺、训斥大学生，将自己置于权威的位置，以自我为中心，对学生理解不够。

2. 高校思想政治教育工作形式化严重

部分管理者在从事思想政治教育工作时，常常是不切实际，喜欢做表面文章，形式主义泛滥，注重对结果的考查，完全不考虑大学生成长成才的需要，生硬地树立和维护组织权威，灌输理论知识，严重脱离受教育者的实际，进行空对空的说服教育，造成理论和实际相脱节，大搞"假大空"、华而不实的思想政治教育活动，不具备亲和力的教育特点。

三、提升思想政治教育亲和力的对策

提升思想政治教育的亲和力是一个长久的系统工程，需要思想政治教育工作者自身素质、工作方法、教学内容等一系列的转变。

（一）坚持树立以人为本的理念，提高思想政治教育工作者自身素质

习近平总书记在全国教育大会上指出："人民教师无上光荣，每个教师都要珍惜这份光荣，爱惜这份职业严格要求自己，不断完善自己。做老师就要执着于教书育人，有热爱教育的定力、淡泊名利的坚守。"[②]思想政治教育的亲和力，很大程度上是思想政治教育者的亲和力。只有提升思想政治教育者自身素质，将人格魅力与知识的力量相

① 《江泽民文选》第3卷，人民出版社2006年版，第90页。

② 习近平：《坚持中国特色社会主义教育发展道路培养德智体美劳全面发展的社会主义建设者和接班人》，载《人民日报》2018年9月11日。

结合，才能让学生“亲其师，信其道”。首先，思想政治教育者工作者要增强自身的责任意识，清楚自己的育人责任，树立工作的自信心，不断改进育人方式，克服教育过程中的种种困难。其次，要始终围绕学生这个出发点。既要尊重、理解、接纳学生，又要围绕、服务和关照学生，要努力深入到学生的内心世界，尊重学生的合理需求。最后，“其身正，不令而行，其身不正，虽令不行”，教师只有现在自身的品德、修养、谈吐等方面成为学生的楷模，以身作则，为人师表，学生才能产生认同感。因此，教育者必须具有崇高的道德品质，更新教育观念，改进教育方法，使学生感受到其人格魅力，从而使传授的理论能够自然而然地深入受教育者内心。

(二)增强思想政治教育针对性，使思想政治教育活起来

习近平总书记讲：“世界上没有两片完全相同的树叶，教师面对的是一个个性格爱好、脾气秉性、兴趣特长、家庭情况、学习状况不一的学生，必须精心加以引导和培育。”[①]当代大学生个体差异性较为显著，呈现出多样化的需求，因此教育者在育人时既要关注群体，又要关注个体需要，增强针对性，做到因材施教，有的放矢。首先，教育者要弄清楚学生的需要和期待，当代大学生多为“95后”群体，他们生活多样，个性鲜明，因此教育者必须要融入学生的日常学习生活，融入到各种具体活动，根据教育对象“所感、所惑、所喜”有针对性地进行育人，而不是单纯灌输一些理论知识。同时，教育者应注意教育的“艺术性”，针对学生的不同特点，采取合适的教育方法，尊重学生的个体需求，日常的思想政治教育中要注重以情感人、以理服人，通过身边的小事来阐述大道理，使学生乐于接受、易于接受。

(三)注重校园环境的和谐性建设，提升校园环境亲和力

校园教育环境是校园文化的重要载体，提升思想政治教育亲和力必须要提升校园教育环境亲和力，通过不断优化校园教育环境促使受教育者产生亲切感，从而提升思想政治教育效果。积极健康的教育环境可以给人启迪，能够引导人、完善人、激励人；消极腐朽的教育环境不利于人的发展。校园教育环境首先要注重人文关系的和谐，这体现在教育者和教育对象的和谐，教育者和教育对象要相互尊重、理解、信任，在双向互动中促进各自的发展。其次体现在物质条件的和谐，校园物质环境应提供完备的教育教学设备、生活保障设备，满足学生的学习生活需要。最后体现在精神文化的和谐，校园环境不仅注重外在，更需要积极向上的校风、班风，为学生提供一个良好的精神氛围，使学生潜移默化地受到感染。

高校思想政治教育是高校各项工作的重中之重，提升高校思想政治教育亲和力是一项长期而又艰巨的任务，高校思想政治教育应坚持以师生为本，充分发挥教育者与教育对象的双主体作用，促使双方思想共鸣、情感亲近，促进受教育者健康向上、人格完善、价值观端正、道德高尚，成为合格的社会主义建设者和接班人。

(指导教师：王兰芳)

---

① 习近平：《做党和人民满意的好教师——同北京师范大学师生代表座谈时的讲话》，载《人民日报》2014年9月10日。

红色文化融入高校思想政治教育的价值及路径分析

魏倩倩

摘要:红色文化是中国共产党和全国各族人民在长期的革命斗中形成的历史遗存,体现了党的革命精神和优良传统,是中国特色社会主义先进文化的重要组成部分,同时也是高校对大学生进行思想政治教育的生动教材,是优质的思想政治教育资源。近年来,红色文化被高校高度认可、不断开发利用,并融入到思想政治教育中去。但目前,各大高校在应用落实方面存在着程度不够、形式单一、缺乏评价标准等问题,使得学生满意度不高,缺乏参与热情。因此,要将红色文化融入高校当前思想政治教育课堂和教材中去,融入大学生的日常生活中去,充分利用网络平台,加强对红色文化的网络教育,进而有效实现红色文化的思想政治教育价值。

关键词:红色文化;思想政治教育;价值;有效路径

一、红色文化的内涵

本文主要从红色文化的来源及表现对“红色文化”进行概念的界定。

(一)红色文化的来源

红色文化的产生来源可以从创造主体和时间跨度两个方面来看。自古以来,红色代表喜庆、吉祥、勇气、革命……“红色文化”不是其他颜色的文化,原因在于它是中国共产党领导广大人民群众创造的。回顾中国共产党领导人民进行革命、建立新中国的辉煌历程,与“红”息息相关,时刻未分离过。如:共产党组建的第一支军队“红军”,革命根据地瑞金成为“红都”,革命胜利后又涌现了各种“红歌”等。有了这一创造主体就可以很清楚地划分它的时间跨度,红色文化既不是古代封建王朝时期的事物,也不是辛亥革命期间的事物,而是从中国共产党诞生之日开始形成的。既然始于共产党诞生,那么,限于什么时期?学术界对此众说纷纭,有“突出革命说”,有“兼顾革命和建设说”。我认为,红色文化的形成和发展涵盖了革命时期、建设时期以及改革开放的各阶段。

由上述分析可知，红色文化是中国共产党领导人民在革命、建设和改革开放过程中创造的包括物质形态和精神形态两方面的文化。

（二）红色文化的表现

有学者将“红色文化”概括为革命年代的“人、物、事、魂”。其中，“人”是在革命时期有一定影响的革命战士和为革命事业牺牲的战士；“事”是有着重大影响的革命活动或历史事件；“物”则是革命烈士所用之物，包括生活过或战斗过的革命旧址和遗址；“魂”则体现为革命精神。红色文化主要表现为两个层面：

第一，红色文化的物质形态及表现。红色文化的物质形态即它的外在表现形式，也就是有一定的物质载体，表现为革命遗址、历史遗存与纪念场所；或者革命文学作品，如小说、戏剧、歌曲、标语等。

第二，红色文化的精神形态及表现。红色文化的精神形态即红色文化的内容，主要由制度文化和精神文化构成。制度文化指在革命、建设以及改革时期形成的制度、理论、纲领、路线、方针、政策等。精神文化主要指红色精神，是红色文化的核心和精髓。红色精神在不同的时期表现出不同的内涵，并且不断丰富拓展。如在革命期间有井冈山精神、长征精神、延安精神、抗日精神；在社会主义建设期间，其内涵也超越了革命主题，出现了“建设精神”，如“两弹一星”精神、铁人精神、北大荒精神、雷锋精神；到改革开放时期，又涌现了改革创新精神、抗洪精神、抗震救灾精神等。由此可见，红色精神是随社会进步而不断丰富的，是时代精神的折射。

二、红色文化对高校思想政治教育的价值

红色文化中的革命精神和优良传统能够引导、激励着人们去提高自身的道德修养、精神品质和理论素养，蕴含着丰富的思想政治教育价值。熊来平认为：“红色文化蕴含的理想信念价值有助于大学生坚定理想信念，蕴含的爱国主义价值有助于大学生培育民族精神和爱国情感，蕴含的道德情操价值有助于大学生树立社会主义荣辱观，红色文化的特质有助于提高大学生社会主义核心价值体系的教育效果。”[①]将红色文化融入大学生思想政治教育中，能充分、有效地发挥其应有的思想政治教育价值，使高校思想政治教育更加生动化、形象化，增强高校思想政治教育的时代感、感染力和说服力。

（一）红色文化构成了高校思想政治教育的重要内容

高校思想政治教育理论教学内容主要包括爱国主义教育、理想信念教育、道德修养教育、集体主义教育、全面发展的素质教育等，而红色文化中所倡导的爱国主义思想有利于大学生增强民族自尊心、自信心、自豪感，树立正确科学的价值观；集体主义思想能够指导学生通过规范人们的行为，正确处理好个人与集体之间的关系，不做有损集体利益的事，从而有利于建立良好的社会秩序，维护社会稳定；艰苦奋斗精神可以激励大学生独立自主、自力更生，无论是在生活上还是工作上都能够做到勤俭节约、吃苦

---

① 熊来平：《红色资源在大学生社会主义核心价值体系教育中的价值及实现》，载《井冈山大学学报（社会科学版）》2010 年第 5 期。

耐劳、勤恳踏实；为人民群众服务的精神有利于培养大学生的奉献精神，引领大学生满怀着青春和热血投入到社会主义现代化建设中来。这些都与思想政治教育的目标高度契合，因此，我们说红色文化构成了思想政治教育的重要内容。

（二）红色文化创新了高校思想政治教育的途径和方法

红色文化是新时期进行思想政治教育的重要载体，为其思想政治教育功能的发挥提供了更多的途径和方法，使思想政治教育从理论学习走到实践体验中去，从重视理论讲授到重视情感教育。从红色文化的物质形态来看，每一处革命遗址、每一件珍贵文物、每一位革命战士都是思想政治教育课上鲜活的教材。高校通过组织参观历史博物馆、革命文化遗址活动，邀请老一辈的革命家召开小讲座，观看或编排红色影视剧，唱响红色歌曲等多种形式带领大学生重温那段革命岁月，深刻感悟那段烽火连天、革命斗争岁月的艰辛，从而能够主动地、真诚地接受红色文化的洗礼和教育。从精神形态来看，高校通过不断融合、宣传红色资源来进行校园文化建设，潜移默化地使得大学生能够自觉接受红色文化的熏陶，提高自我教育意识和能力，进而不断增强思想政治教育的实效性和亲和力。

（三）红色文化为高校思想政治理论课教学提供了正确的价值导向

经济全球化、文化多元化、信息多样化的发展趋势，给高校思想政治教育带来了严峻的考验。大学生正处在一个思想变动不居的人生发展阶段，特别是在价值观念上，这种多变性、易变性尤其明显，多元的文化使他们眼花缭乱，同时他们还面临着西方利己主义、金钱至上等价值观念的侵蚀，其价值观难免会偏离正确的轨道。这时，就需要我们进行相应的引导，使其形成正确的价值取向。而红色文化中的集体主义精神，爱国主义情怀，艰苦奋斗精神，坚持不懈、百折不挠精神以及把人民利益摆在第一位的精神，都体现了优良的革命内涵和崇高的建设精神，能够引导大学生热爱祖国，忠于中国共产党，坚持服务奉献精神，全身心地投入到中国特色社会主义的建设事业当中去。把红色文化融入大学思想政治理论课教学，有利于对其提供正确的价值导向。

（四）红色文化能够提高高校思想政治教有效性、说服力和感染力

红色文化使得高校思想政治教育更加重视情感教育，而不仅仅是理论传授。在高校思想政治理论课教学中，通过对革命历史人物的缅怀，对革命历史事迹和先进人物事迹的学习，对历史遗存、纪念场所的参观，可以让大学生如同身临其境、感同身受，去更深刻地体会中国共产党领导中国人民为争取解放、获得幸福而浴血奋战、艰苦奋斗的艰辛与不易，去更深刻地感悟中国共产党领导中国人民在血与火的考验中凝聚成的红色精神，这比空洞的说教、“填鸭式”的灌输更具感染性和说服力。

三、当前红色文化融入高校思想政治教育存在的问题

笔者通过大量的文献搜集与分析，认为当前红色文化融入高校思想政治教育目前存在以下几个问题：

（一）高校对于红色文化融入高校思想政治教育的程度不高，力度不强

各大高校在不同程度上采取不同形式、组织各种活动对大学生进行红色文化宣传

这一点无可厚非。但这些活动的参与者往往局限于部分学生,并没有普及到全体师生,将红色文化融入思想政治教育的程度上和力度上亟待加强。同时,高校开展的红色教育的活动存在质量不高、内容相似、形式单一、革命事迹或精神上的讲解不够生动等问题。传统教育者的“我讲你听”的灌输模式,不从学生的实际需求出发,没有处理好主动接受与被动接受的关系,很多时候学生都是被动接受,没有亲身体验的他们对学习这些知识很反感和排斥。另外,教育者对红色文化的精神或事迹等优质思想政治教育资源的挖掘、解释不够,致使大学生对红色文化的教育内容一知半解,从而达不到理想的教育效果。

(二)高校的红色文化教育缺乏统一的衡量标准和评价标准,流于形式

高校“往往局限于成群结队到革命旧址、博物馆、纪念地参观游览……缺乏相应的明确的指导思想、目标原则、计划方案、实施细则、效果评价等内容……难以形成良好的效果”[①]。建军节和国庆节等重大节日时,高校也会组织学生在革命旧址、博物馆等地参观,扫墓时在烈士陵墓前举行宣誓仪式,利用寒暑假时间组织实践队赴红色旅游地区进行学习等不同形式的红色文化教育活动。在这些活动结束后,学校也会要求学生写观后感或心得体会,然而没有一个统一的衡量体系和评价标准,使得教育效果很难把握,容易导致红色文化在大学生思想政治教育运用中形式化。

(三)高校开展的红色文化教育亲和力不够,学生情感上、心理上疏离

相当一部分大学生对高校开展的红色资源思想政治教育活动满意度、参与热情不高。高校在进行红色资源教育时,往往由于红色资源历史久远,价值潜隐,带有强烈的政治色彩,以及人、事、物、魂等所具有的崇高色彩,而产生一定的心理距离。同时,高校进行红色文化教育时,没有很好地将时代精神融入到革命精神中去。让学生觉得红色精神只是革命时期的,与当前生活、社会很遥远。他们认为这些红色文化相关理论都是些空洞的说教,对他们自己的成人、成才没有任何实际意义。这种情感与心理上的疏离使大学生接受起红色文化来难免有些被动。外在的思想政治教育与学生内在的接受程度、接受心理没有很好地融合。如何将共性化的教育与学生个性化的接受能力有效融合是亟待解决的重要问题。

四、红色文化融入高校思想政治教育的有效路径

结合目前红色文化融入高校思想政治教育上存在的问题,笔者对红色文化融入高校思想政治教育的有效途径进行了深入的思考,在此给予有限的建议。

(一)红色文化融入高校思想政治教育应坚持的原则

1.坚持以学生为主体的原则

遵循大学接受心理规律,适应大学生全面发展需求。“思想政治教育过程是教育者和受教育者在一定的目的的指导下,借助于一定的方式和手段互动的过程。”[②]因

---

① 徐汉晖:《论红色文化在校园中的德育功能》,载《学校党建与思想教育》2012年第10期。

② 张耀灿、陈万柏:《思想政治教育学原理》,高等教育出版社2015年版,第132页。

此,融入红色文化的思想政治教育也应是一种双向互动、相互影响的过程。

首先,要求教育者"在其接受心理方面下功夫,结合他们的心理特点、思维方式、情趣爱好等,因势利导"①。在应用红色文化进行思想政治教育时,应不断调节大学生的接受心理,使其从消极走向积极、从被动走向主动、从接受走向创发。

其次,教育者要培养大学生的主动创造性,使其发挥主体功能,培养学生的自教自律精神,使其主动学习和获取教育价值。

再者,教育者在教育内容的选择上应突显时代感,要结合大学生成长成才实际需求,来提高大学生参与红色文化教育的积极性和主动性,增强红色文化的吸引力,进一步提高思想政治教育的有效性和亲和力。

2.继承优良传统与改进创新想结合的原则

高校在进行红色文化教育时要充分深入地挖掘红色文化的优良教育资源,在进行合理地甄别与筛选的基础上,继承和弘扬红色文化的革命传统和精神内涵。同时还应注意到,红色文化的精神内涵是随着时代发展而不断丰富的,在不同的时期具有不同的内涵,是时代的折射。因此,这要求高校在进行红色文化教育时,要结合时代对其精神内涵进行解读,不断丰富和创新红色文化的精神内涵,坚持与时俱进,为红色文化的优良传统和精神内涵赋予时代精神。

(二)红色文化融入高校思想政治教育的实现路径

1.融入大学教学过程,发挥教学主导作用

(1)红色文化教育与当前的思想政治教育教材和课程有效融合。将红色文化教育纳入思想政治教育主渠道,是提高思想政治教育实效性的重要途径。高校通过将红色文化教育作为专题课程融入到当前的思想政治教育课当中,使红色文化与课程教育教学有机融合,充分发挥其教育资源的优质特色,提高思想政治教育的生动性、真实性。将红色文化教育作为一门课程,就会有相应的评价体系和统一的评价标准,这样一来能够解决当前各大高校红色文化融入思想政治教育存在的缺乏统一标准和评价标准问题,避免红色教育流于形式,引起学生高度重视。

(2)创新红色文化教育手段,理论与实践相结合。高校红色文化思想政治教育应重视实践性课程安排。变"灌输—接受"式的传统德育手段为"活动—体验"。通过各种实践活动,如定期组织红色文化宣讲课,邀请资深学者教授或者老革命家来讲授红色文化,使学生了解和学习相关的理论知识;利用节假日组织学生赴红色旅游区游览,让大学生亲身体验,通过情境教育法进行情感教育,没有情感道德内化就难以达到思想政治教育的目的。人的思想品德是主体内在思想矛盾运动转化的结果。大学生通过个体内化把抽象的理论转化为内心自觉的行为。高校要注重从"知"方面教育学生,从"情"方面打动学生,从"意"方面锻炼学生。将理论与实践相结合,在充分掌握理论的基础上通过实践加以巩固和强化,使大学生真正地将红色文化融入到自己的情感态度中来。

---

① 胡凯:《现代思想政治教育心理研究》,湖南人民出版社2009年版,第69页。

(3)建设一支高素质的思想政治教师队伍。教师在课堂教学中起到主导作用,是红色文化的教育者、传播者。因此,首先,教师自身应不断提高思想道德和科学文化素质,树立坚定的社会主义理想信念,树立正确的荣辱观、人生价值观,具备高度的爱国主义情怀、集体主义精神。“打铁还需自身硬”,只有这样才能忠实正确地传播、教育红色文化的精神实质。只有教师“真信”,才能引导学生“真学”,才能指导他们“真用”。以身作则,以行动践行红色精神;言传身教,生动讲述光辉事迹。其次,教师应该具备有关红色文化理论知识的专业素养,能够充分地挖掘红色文化中的教育资源,合理地甄别与筛选,有层次、有目的、有计划、生动形象地进行红色文化教育。再者,高校应该“强化思想政治理论课教师对红色文化教育进课堂认识,提高教师运用红色文化资源授课主动性,并建立相应的制度对教师的实施运用情况进行监督、检查和考核”①。

2.融入学生实际生活,发挥实践育人功能

(1)创设良好的校园文化环境,使红色文化潜移默化地发挥教育作用。比如,组织各种党团知识竞赛,组织社团开展红色文化宣讲活动等,使大学生能够了解红色文化理论知识。同时,要不断丰富、创新竞赛、宣讲形式,增强红色文化知识对于大学生的吸引力。

(2)创设良好的生活环境,从生活细节上进行红色文化熏陶。从大学生的日常生活环境来宣传红色文化,为红色文化教育创设良好的生活环境。如学生食堂、学生公寓、图书馆等,这些是学校中充满生活气息的地方,因此,它是红色文化融入实际生活的一个重要突破点。可以在这些场所设置宣传栏、公布一些先进人物和先进事迹,创设一个积极向上的良好氛围。就创设良好的公寓环境来说,可以开展一些文明宿舍的评比活动,使得大学生在这些活动中形成“劳动光荣”的观念,并增强责任意识和合作精神,进而在日常生活中运用红色文化的内涵来引导大学生良好的行为习惯。

(3)积极组织各种课外实践活动,作为课堂教学的有益补充。大学生可以在各种实践活动中身临其境、现场感受、亲身体验,通过对革命先烈的缅怀来感悟红色精神的实质,使大学生开阔眼界、增长见识,加深对事物的认识;可以帮助大学生发现自身的缺点,认识自身的不足,并且将自身利益与集体利益、国家利益很好地结合起来,有助于加强学校与社会之间的各种联系,培养大学生的综合能力,全面提高他们的综合素质。

3.建设红色网络平台,发挥网络教育功能

(1)认真搞好校园网站和红色文化专题网站的建设。校园网站是大学生在日常的学习和生活中浏览并且访问较多的网站,可以在校园网站中开辟出一个红色文化的专栏,让大学生在登录校园网站的同时感受红色文化的熏陶。

(2)呼吁社会上的知名网站对红色文化教育给予高度关注。通过社会性网站进行红色文化教育能够扩大教育受众面,提高群众参与度,使社会上更多的人、更多的力量参与到红色文化的弘扬中来,营造一种良好的有利于红色文化教育的社会氛围。

---

① 陈海燕:《高校红色教育的机理分析与对策研究》,载《思想政治教育研究》2011年第2期。

(3)加强网络监管和网络立法工作。通过严密的网络监管对于恶意诋毁红色精神、损害集体利益的言论给予严厉打击,使红色文化教育在健康、绿色的网络环境下进行,同时督促大学生合理合法地运用互联网发表言论,提高大学生的网络法制意识。提高大学生善于利用互联网获取知识的能力,了解红色文化相关知识,自觉进行红色文化熏陶。

五、结语

红色文化作为党的革命精神和优良传统,作为中国特色社会主义先进文化的重要组成部分,作为思想政治教育的生动教材,是优质的思想政治教育资源,必须给予充分重视和挖掘。习近平总书记在十九大报告中提出,中国特色社会主义文化源自于中华民族五千多年文明历史所孕育的中华优秀传统文化,熔铸于党领导人民在革命、建设、改革中创造的革命文化和社会主义先进文化,植根于中国特色社会主义伟大实践。这也是对红色文化的一个高度重视的表现。近年来,红色文化被高校高度认可、不断开发利用,并融入到思想政治教育中去。如何更有效地融入,如何利用红色文化来丰富思想政治教育的内容,提升思想政治教育的实效性是值得深入研究的一个课题。而本人知识浅薄,水平确实有限,并不能给出具有理论高度的论述,但是希望能够“抛砖引玉”,引起更多学者对这方面研究的重视,真正为红色文化融入思想政治教育作出有理论厚度的见解。

(指导教师:王兰芳)

论自媒体时代高校思想政治教育人文精神的融入

李美颖

摘要:随着自媒体时代的到来,互联网作为科学技术发展的主力军,一方面促进了现代化的进程,而另一方面却弱化了人文社会学科的重要性,人文精神的弱化已经成为整个高校校园面临的重大问题。而且自媒体时代本身就是利弊兼具的时代,高校思想政治教育本身也是不断发展的。在此背景下,要明确自媒体时代和人文精神的基本认知,进一步分析在自媒体时代下将人文精神融入高校思想政治教育的重要性,针对人文精神融入高校思想政治教育的过程中出现的问题进行分析,找出问题存在的理论性和实际性的原因,从中明确解决问题的策略,以便更好地将人文精神融入思想政治教育。这既是对自媒体时代重科技轻人文现象的修正,也是高等学校践行十九大精神的必然结果。

关键词:自媒体时代;高校思想政治教育;人文精神

随着自媒体时代的发展,高校出现了重科技而轻人文的现象。在十九大报告中,习近平总书记提出"挖掘中国优秀传统文化蕴含的思想观念、人文精神、道德规范,结合时代要求集成创新"[①],而思想政治教育作为培养人的一种活动,蕴含着深刻的人本思想。要响应十九大的号召,将人文精神更好地融入到整个社会乃至高校中,就要充分发挥思想政治教育的优势,将思想政治教育和人文精神实现完美融合。自媒体时代下将人文精神融入高校思想政治教育,既有利于充实思想政治教育学科的学科底蕴,又有利于彰显高校思想政治教育的人文理念和人文关怀。

一、自媒体时代将人文精神融入高校思想政治教育的重要性

伴随着自媒体时代的到来,高校教育出现了重科技轻人文的现象,思想政治教育作为高校教育的重要部分,也随之开始重视人文精神弱化的现象。自媒体时代带来的

---

① 习近平:《决胜全面建成小康社会　夺取新时代中国特色社会主义伟大胜利——共产党第十九次全国代表大会上的报告》,载《人民日报》2017年10月28日。

一系列现象显示出将人文精神融入思想政治教育的重要性。只有认识到将人文精神融入高校思想政治教育的重要性,才能够采取措施将思想政治教育和人文精神更好地融合起来,充分体现高校思想政治教育和人文精神的"以人为本"的内在要求。这既修正了高校如今普遍存在的重科技轻人文的现象,也彰显了高校校园对十九大号召的响应。显然,关注人文精神融入高校思想政治教育的重要性有助于改善高校思想政治教育人文精神弱化的状况。

(一)对自媒体时代和人文精神的概念认知

要想阐述当前时代下将人文精神融入高校思想政治教育的重要性,首先要明确基本的概念释义。首先,自媒体(又称"公民媒体"或"个人媒体")是为个体提供信息生产、积累、共享、传播内容兼具私密性和公开性的信息传播方式,是指私人化、平民化、普泛化、自主化的传播者,以现代化、电子化的手段,向不特定的大多数或者特定的单个人传递规范性及非规范性信息的自媒体的总称。[①] 相对于之前的纸媒等传统媒体而言,可以说我们早已进入新媒体时代乃至现在的自媒体时代。从基本释义我们可以得出自媒体时代最基本的三个特点:第一,自媒体时代具有强烈自主性。自媒体作为个人媒体,其自主性表现在传播内容上的私人化、平民化。第二,自媒体时代具有便利性和及时性。高校思想政治教育可利用此特点将人文精神融入并一以贯之。第三,自媒体时代具有不可控性。在此意义上可认为是自主性的对立面。由此可见,可以把自媒体时代看作是一个利弊兼具的时代。

而人文精神的含义可从以下方面进行阐述。伴随着世界进程的飞速发展,文化愈来愈成为综合国力竞争的主要手段,在世界范围内的文化交融和冲击已成为不可避免的事实。中国在世界潮流中不断发展与变革,对于文化的发展便要求吸取中西方文化的精髓及顾及中国社会不断发展进步的需要。基于上述认识,当代人文精神可以从中国优秀传统文化和西方人文精神的精华方面入手,吸取百家之长,融合到现代发展中去。中国传统人文精神与现代的"人本主义"有所不同,可以说中国传统文化的核心是人文精神。基于此,中国传统文化意义上的人文精神更加重视人格的塑造,重视德育,重视人与人的和谐相处,重视万物合一,所有的这些都是人文精神融入现代所需要的重要部分。如今所倡导的"以人为本"与传统文化中人文精神有所不同,虽然传统文化也提倡人本思想,但是不得不注意的一点是,传统社会的人文精神关注人却忽视"个体的人"。也就是说,传统社会的人文精神只强调集体的利益,强调个人对集体的贡献,强调个人融入社会的必要性,而对个人的个性化发展有所忽视。显然,个体的个性化研究是中国传统文化的盲点,是需要我们去改正的部分。"人文精神是人对自身命运、价值、尊严、理想、需求、权益等的关注,思考和追求,是人的自觉能动性的集中体现。"[②]西方文化一直以来都注重个体的个性化发展,并且对于人的个体性的研究颇丰。对于西方人文精神中所涵盖的对个体的发展以及个体的个性及权益等方面的内

---

① 参见申金霞:《自媒体时代的公民新闻》,中国广播电视出版社2013年版,第13页。

② 杨岚、张维真:《中国当代人文精神的构建》,人民出版社2002年版,第52页。

容多加关注，这些思想无疑对于当代社会发展人的主体意识提供了参考的范本。综上所述，当代人文精神是涵盖了社会主义核心价值理念、以现实的个人为出发点，并有助于实现人的自身完善且以人的全面发展为核心的整体性价值取向。

对于自媒体时代和人文精神有了基本认知以后，可以得出以下内容：自媒体时代本身具有的优势对思想政治教育的发展大有裨益，发挥自媒体时代的优点，摒弃缺点，因势利导，探究自媒体时代在人文精神融入高校思想政治教育中的重要性。

（二）激发主客体之间情感共鸣，拓宽了主客体交流的途径

1. 自媒体时代为思想政治教育提供了多种途径，拓宽了人与人之间的交往

教育者只有舍弃传统观念下教师为主体的思想，才能真正诠释“学高为师，身正为范”的教育理念。教育者要紧跟时代发展，搁置教育主体的角色，真正从“学生本位”出发，去理解学生的真实需求。那么，人文精神的融入也可以通过自媒体平台，使教师能够更好地了解每一位学生的个性化需求，从而更好地将人文精神融入思想政治教育当中。人文精神在融入高校思想政治教育时，借助自媒体时代的优势打破了以往长期的限制，渗透到学生学习、生活、娱乐的各个领域。教师和学生的交流不仅仅局限于课堂，它可以扩展到学校的各个角落以便实时进行互动；教师和学生的沟通模式是不仅仅局限于口口相传，而是利用自媒体设备的优点，借助于自媒体设备来进行更好的交流；教师和学生之间的交流内容不仅是传统意义上课堂知识输出，也可以是国际热点新闻和网络争议的话题。

2. 自媒体时代下人人都是信息的“主人”，信息的交互拉近了主客体之间的距离

自媒体时代下，每个人都可以自由地接收和传递信息，可见每个人都是信息的“主人”，这种信息交互的迅速和方便的特质不仅使人与人之间的交流更加便利，更重要的是教师可利用自媒体平台实时关注高校学生的动态并进行实时互动，自媒体时代的巨大优点不仅有利于提高教学质量，更有利于使高校思想政治教育更具有人文关怀的特性。

（三）有利于增强人文精神融入思想政治教育的效果，把握信息的方向性

1. 有利于增强人文精神融入思想政治教育的效果

相对于传统纸媒的传播力度，自媒体作为一种新型媒体平台，具有较强的自主性。高校人群可根据自身的需要来进行信息的筛选。要想更好地将人文精神融入高校思想政治教育中，就要发挥自媒体时代的优点和特色，增强人文精神和思想政治教育的融合效果，可以说自媒体时代的到来不仅有利于人文精神自身的发展，也有利于高校思想政治教育的发展，为高校思想政治教育的发展提供了新的力量。

2. 把握网络信息的方向性

自媒体网络下所展现的是一个资源共享和平等交流的世界，这个世界正体现了人文精神的真谛，体现了“人的全面发展”要求，并且随着时代的发展，网络教育也愈发体现出它自身的优势和特色，例如网络中教师可观察学生的动态从而发现学生存在的问题，这是在课堂上无法实现的。课堂上教师只能针对学生整体的状态进行教育，无法真正做到对每个人的关注。在网络中，教师可以针对学生在自媒体平台的状态，把握

学生的心理活动，关注学生的心理走向，以便及时纠正学生，引导其回到正确的轨道。这也真正体现了人文精神中所注重的“个人”发展的真谛。

然而凡事都具有两面性，自媒体时代的优点背后也隐藏着缺点，自媒体时代的大学生思想政治教育人文精神的缺失日益显现，抓住机遇，迎接挑战，找出问题并分析原因所在，是有效推进自媒体时代人文精神融入高校思想政治教育的关键所在。

二、自媒体时代下高校思想政治教育中人文精神融入现状的问题及原因剖析

网络技术对中国社会发展的影响不仅反映在人们的经济生活中，更反映在人民的思想文化观念中。尤其是近些年来，自媒体作为新晋的网络平台，对人们特别是高校知识分子影响极大。高校作为人才培养和知识更新的主要场所，在人文精神培育和人才培养中占据了主要地位。教育中失去科技便只是灌输信仰，教育中失去人文便只是机械输出。科技与人文这两者在高校教育中是不可分割的。针对自媒体时代这个大背景，分析当前高校思想政治教育中人文精神教育的不足，有助于促进高校思想政治教育工作更加有针对性地进行。

（一）自媒体时代下人文精神融入高校思想政治教育中存在的问题

1. 高校思想政治教育自身在目的观、教育内容、方法上存在的问题

首先，高校思想政治教育目的观中空谈“个人”。高校思想政治教育中对“个人”的空谈可以说与中国传统文化中的“人文”有所联系，二者都是只注重整体中的人的特性，忽视个体的人的特点、心理状态、认识水平，想达到促进人的全面发展的目的却忽视人的真正需要。由于高校思想政治教育对“人”研究的忽视和错误理解，导致高校思想政治教育者对于受教育者个人的基本情况不了解或错误理解，教育的反馈自然处于期待值以下。高校思想政治的目标是提高人的素质，促进人的全面发展。将人文精神融入高校思想政治教育就要做到给予人的本性、价值观念及精神性需求极大的关注，培养出德才兼备的人才。然而，长期以来高校思想政治教育一直都存在着这个问题没有解决。

其次，高校思想政治教育内容中人文素质理念弱化。一直以来，中国传统文化重视人文素质，提倡重视德育和素质的发展。伴随着市场经济和改革开放，整个社会俨然已经把经济发展放在第一位，那么必然会出现人文素质教育被忽视的现象。虽然高校也注重受教育者的人文素质，并将其作为思想政治教育的一部分进行培育，但素质教育推进依旧缓慢。小学及初高中的素质教育理念在高考的重压下仍然没有取得实效性的进展，高校思想政治教育中的人文精神教育弱化也就在所难免。

最后，高校思想政治教育方法中缺少人文关怀。高校思想政治教育方法具有单一化和片面化的缺点，方法也只限于理论性的意味，毫无感情色彩，而且当代大学生面临较大的压力，因此需要人文关怀。人文关怀作为人文精神的一种价值取向，是高校思想政治教育“以人为本”的体现。

2. 自媒体时代这把“双刃剑”所带来的问题

自媒体时代下人人都是这个时代的“主人”，自媒体时代的快速发展可以说让每个

人都成了信息的传递者，每个人都在按照自己的喜好进行信息的传播。自媒体平台的迅速发展已经让这个时代无所适从：不言而喻，大学生作为这个时代下最热衷于关注热点、追求新知的主体，正在逐步成为这个时代的主人翁。伴随着时代而改变的不只有学生，也包括教师。教师和学生也不再严格遵从以前的主、客体身份，也开始发生了改变。

首先，网络下的信息交互导致一定程度上的交流隔阂。人们在自媒体时代的交流越来越多地依靠网络，它虽然具有方便和快速的优点，但它的缺点也是很明显的：教师和学生缺乏情感上的沟通。其次，网络信息真假参半导致师生之间出现信任危机。自媒体时代由于信息传送量大且速度快的特点，不同种类的信息充斥着人们的生活，大量信息的真伪一时无法正确地辨别，也给人文精神融入高校思想政治教育增加了难度。最后，自媒体向缺乏理性、漠视个体生命的方向发展。各种舆论暴力、以讹传讹的风气迅速蔓延，这也是自媒体自身的缺陷之一。这种情况使得人文精神、“以人为本”变得遥不可及。

（二）自媒体时代人文精神在融入高校思想政治教育中出现问题的原因

1.多元价值观使高校思想政治教育目的观受到冲击

改革开放以来，受西方文化的影响，我国价值观逐步受到冲击，由单一变为多元，随之改变的还有人们的思想，人们越来越渴望自身的能力得到认可，希望自身的个体价值能够在整体中得到认可。其中，高校学生表现尤为突出。正是由于高校学生是一个善于对自身价值和能力进行评估的群体，是一个追求精神价值的群体，因此，在多元价值观的影响下，高校不可避免地会对思想政治教育的目的产生较多的思考和困惑，这些变化对高校思想政治教育目的观是一种巨大的挑战。

2.“拜金主义”使高校思想政治教育内容实用化

高校在近几年的发展明显趋向于向社会输送更多的“技术型”人才而不是培养更多的“学术型”学者，高校特别是理工院校的教育内容的人文部分逐渐弱化。尤其是改革开放以来，市场经济条件下的注重金钱利益的观念越来越根深蒂固，并且大学生的“就业难”也变成一个难以解决的社会问题。就业等更实际的目标使教育内容越来越技术化，而不能带来直接经济和社会效益的人文素质教育随之被边缘化。人文素质的培育不像学习一门技术那样速成，人文素质的培育需要长时间的内在的融合，是一个潜移默化的过程。

3.高校思想政治教育方法缺失人文关怀，过于工具化

“高校校园文化是社会亚文化的高层次形态。”①高校学生群体相对于社会中其他群体来说具有较高的智商和较强的自尊心，他们对于社会上现存的压力比较敏感，尤其是大学生面临的就业难问题，一直是高校难以解决的难题。高校思想政治教育针对这种情况，应该采取相应的措施。例如，不能再采取以前的教育方式，仅仅把思想政治教育作为一种意识形态宣传工具，没有真正换位思考，而必须从受教育者的立场出发，

---

① 杨义芹：《高校校园文化建设与大学生思想政治教育探析》，载《学校党建与思想教育》2009年第4期。

关心受教育者的内心想法，才能改善高校思想政治教育方法存在的不足，实现人文关怀。

4. 自媒体时代网络环境的复杂化淡化了人文精神的融入效果

自媒体时代较之以前的传统媒体时代，具有相当复杂的网络环境。在自媒体的网络环境下，每个人都是信息的主宰，每个人都可以把经手的信息进行再加工，所以信息的质量也就良莠不齐，而且自媒体时代下的信息传播便利，“西方敌对势力正是看到了‘自媒体’这一特征，利用‘自媒体’这一渠道，加紧对中国青少年输出资本主义的各种价值观”①。因此西方的享乐主义以及各种不良思想被大学生所接受，在一定程度上使大学生的思想受到西方不良信息的荼毒，给人文精神融入高校思想政治教育带来一定的困难。

三、自媒体时代高校思想政治教育人文精神的融入途径

自媒体时代本身所具有的特点，使人文精神融入高校思想政治教育的过程中充满了未知，面对好的我们要善于把握，发挥到最大限度；应对挑战我们也应竭尽全力，变坏为好。不仅仅是自媒体的问题，高校思想政治教育自身存在的问题也阻碍了人文精神的融入。从上述问题出发来探寻问题的解决途径，从而让人文精神融入高校思想政治教育，充实高校思想政治教育学科的内容，实现自身更好的发展。

（一）着重培养高校思想政治教育中的人文理念教育

“理念”是在近些年被频繁使用的一个词语，从一般意义上来说，“理念”是一个精神、意识层面上的综合性的概念。“人文理念”可以理解为有关人性的概念，是某一时期内人们所表现出来的信念和价值观。

1. 多方面、全方位进行人文理念的渗透

人文理念已经是高校思想政治教育中一个必修的版块，但是人文理念的渗透途径却只局限于高校课堂中，高校思政课越来越乏味的原因不仅仅是知识的理论性和学术性，更是由于传授知识的途径的缺乏。高校思想政治教育中人文精神培育中包含着人文理念教育，那么人文理念的渗透过程中同样也存在着类似的问题。所以，在我国高校思想政治教育过程中融入高校人文精神也需采取多种形式，可以借鉴其他国家关于思想政治教育过程中使用的方法，可以不单单从学校一个角度，还可以从家庭、社会、社区的角度去考虑，从广泛的途径实现人文精神的学习，这样才是落实人文理念渗透的具体体现，最后实现高校思想政治教育中的人文精神融入问题。

2. 注重光大中国优秀传统文化中的人文内蕴

在近代历史上，中国传统文化一直处于被批判的地位上，其中中国传统文化中体现的人文精神也具有不妥之处，而且并不具有现代意义。所以，新中国成立后的很长一段时间里，无论是传统文化的糟粕还是精髓都一并被人们唾弃。固然，中国传统文

---

① 薛红艳、朱文武、费文晓：《“自媒体”时代下大学生思想政治教育工作刍议》，载《内江师范学院学报》2014年第3期。

化中的“三纲五常”“忠君思想”是应被抛弃，但是这种历史虚无主义的做法是错误的。因此，在高校思想政治教育中进行人文精神的融入，也不能割裂了与优秀传统文化的联系。十九大报告中也明确提出了要学习传统文化的精华，高校作为培养人才的主要阵地，必须响应党的号召，而且弘扬传统文化有助于高校学生知史明鉴，不忘过往。优秀的传统文化要想更好地在当代社会进行继承和弘扬，就需要与现代社会进行融合。这样才是一举两得，既能够继承和弘扬优秀传统文化的精神内核，也能够使人文精神更好地融入思想政治教育。

（二）加强高校思想政治教育中人文素质的培育

人文素质培育作为人文精神培育的一个重要组成部分，是人文精神培育的主要目的和任务。人文素质主要包含以下四个方面：个人的生存实践素质、思想理论素质、文化知识素质和情感信念素质。这些内容不仅仅是高校思想政治教育实践需要落实，也是高校学生真正欠缺的，所以要有针对性地进行改善。“从教育学角度讲，教育的根本任务是永恒地传承和更新人类文化，而大学在完成这一使命中处于核心地位。要履行这一神圣使命，既需要相应的制度、物质、精神传统等多种条件的配合和保证，更需要人文精神的塑造与传承。当代大学生中出现的诸多不良现象，使我们必须认真思考大学教育应该培养哪些基本精神，大学生更需要充实哪些观念和思想。”[①]高校思政课的教师和辅导员作为高校思想政治教育的关键人物，必须对高校学生的生活、学习和思想进行指导并负责。因此，加强人文精神的融入及其素质培育的主体不仅仅是受教育者，更包括教育者。

1. 提高教育者的人文素养

教育者本身的人文素养在一定程度上决定了受教育者所学到知识的多少和优劣。所以，高校思想政治教育者的人文素养至关重要。要想提高高校思想政治教育者的人文素质，可参考以下几点：首先，我们应该开展相关的宣传活动，制定计划，以适应高校和社会的发展。其次，加强人文学科背景建设，从多学科论证、思想政治教育工作者的角度，调动领域内相关专家学者，加强人文精神理念的改进，实现科学和人文的完美融合。最后，关注高校思想政治教育者个体价值与社会价值的和谐。高校思想政治教育工作者应该如何协调遵循客观规律，尊重个人得失和社会得失，个人私欲和社会大局之间的关系。这些都应当成为高校思想政治教育者进行自身完善的重要内容。

2. 提高受教育者的人文素养

对大学生进行人文精神的培育，必须先确立教育目标，通过各种教育活动及学生的亲身感受，使学生们在实践中进行感知，使其更具有社会性，从而使受教育者具备良好的人文素养。首先，要加强对中华优秀传统文化的认同感，重视历史对于当代发展的意义，通过对历史的学习和感悟，增强受教育者的认同感和使命感。其次，规范高校的人文素质教育，运用良好的人文素质教育去培养受教育者的理想信念。再次，提高受教育者自身对于文化素养的敏感度，积淀受教育者良好的文化底蕴。

---

① 何光沪、任不寐等：《大学精神档案（当代卷）》，广西师范大学出版社 2004 年版，第 1 页。

（三）营造高校思想政治教育的人文关怀

高校思想政治教育中的人文关怀是以学生的发展为中心，一切以学生为主，关心学生的内心以及站在学生的角度去考虑，总而言之，体现的是“以人为本”，并从生活和学习上给予教育对象关心和尊重。要长久地关注教育对象的人生理想，并对教育对象的人生理想提供相应的帮助，以达到营造良好的人文氛围来促进受教育者不断进步的目的。在高校思想政治教育中更好地体现人文关怀，并不仅仅是对受教育者身心发展的关注，并满足受教育者需要的过程，更需要以一种以人为本的理念，要求教育者实现思维方式的转变和方法的创新，体现高校思想政治教育的人文关怀的价值。

1.重视宣传人文关怀理念

在自媒体时代下拥有健全的人格和健康的心理状态显得尤为重要，正是由于时代的发展和激烈的竞争给予人们的压力已经超过了所承担的限度，所以高校应该竭尽全力恢复学生受到的人格和心理创伤，承担起这个责任。在人文精神的宣传中，除了运用传统的方式之外，还可以通过理论性的讲座、座谈会等进行人文理念的宣传，还可以通过开展辩论会让学生亲身实践，从而达到人文理念的宣传，使人文理念更好地融入学生内心。因为人文理念的真正融入需要各个环节的配合和维系，并且需要长时间才能取得效果，所以此问题需要高校多加重视。

2.关注大学生的心理问题

高校学生的心理问题近年来也成为热点话题，越来越多的心理疾病吞噬着大学生正常生活。近年来，越来越多的心理健康宣传栏和心理咨询室出现在高校学生的视野中，心理健康的重视程度也逐渐提高，这一切设施和活动的展开都是为了防止大学生出现心理疾病。当然，仅靠外界因素的扶持是远远不够的，还要从大学生的自身出发，帮助受教育者学会自我调节的方法，做到防患于未然。

3.积极举办相关的人文讲座

高校受教育者经过幼年和少年的长时期的学习，对人文知识有了初步的了解，但是经过高中的文理分科之后，学校教育越来越多地倾向于应试教育，不再关注人文知识的积累，这种情况还在一直持续，高校教育中这种趋势有增无减。尤其是大学生就业难的社会问题的出现，导致越来越多的大学生倾向于学“手艺”而不是积累知识，提升人文素养。

（四）以网络为载体形成社会、校园、家庭合力

以网络为载体就是通过自媒体平台向大学生传递人文精神的相关内容。“网络道德是时代的产物，是与信息网络相适应的、人类新的道德要求和选择的必然结果。”[①]通过网络，把社会、家庭和学校结合起来，各自发挥自身优势，以达到更好的教育效果。

1.利用自媒体等营造人文关怀的社会氛围

社会环境作为一个宏观的背景，对思想政治教育乃至人文精神的发展走向影响甚大，正是由于人文关怀的实现需要良好的社会环境，因此要营造一个良好的社会氛围，

① 迟浩：《新媒体时代公民网络道德的困境与出路探析》，沈阳师范大学硕士学位论文，2014年，第7页。

使人文关怀能够更好地实现。首先,利用自媒体平台做好相关人文关怀理念的宣传。处在自媒体时代,就要充分发挥自媒体平台的优点,积极做好人文精神融入思想政治教育的工作。其次,设置专门平台进行人文精神实践活动的管理。组织相关成员,专门负责组织人文精神的实践活动,并借助于网络平台进行宣传,以得到学生实际行动上的支持。最后,建立社会共享资金扶持特殊学生群体。特殊学生群体是社会上备受关注的群体,他们因为种种原因,丧失了接受良好教育的机会,知识是第一生产力,只要做好相关文化知识的铺垫,思想就会引领个体改变自己的现状,提升自己的层次。因此要借助自媒体向全社会发出求助,筹集资金帮助贫困学生,实现社会环境人文化。

2.构建和谐的校园网络环境

自媒体时代本身所具有的一些特点使大学生接收到的信息越来越多样化,这些多样化的信息质量良莠不齐,高校学生作为社会发展的希望,正处于非常时期,心智年龄不够成熟,极易受到网络负面信息的侵害。但是网络又是大学生无法规避的一个领域,因此,高校思想政治教育工作就需要协调各方力量来构建和谐的校园网络环境。可从以下几点入手:首先,要加强高校网络监管。教师要时刻关注学生网络动态,及时与学生沟通,帮助学生解决难题。其次,要强化校园网络建设的舆论导向。学校要引导学生正确对待网络的利弊,既要运用网络的优势,又要不沉溺于网络,增强自控能力。

3.重视家庭环境中的人文关怀

高校学生作为社会中的一支强有力的队伍,不仅是国家的栋梁,更是每个家庭的重点培养对象。良好的家庭教育对于大学生的成长发挥了至关重要的作用,在家庭中形成具有人文精神的教育理念对于孩子的成长也大有裨益。首先,寻找正确且合理的方式参与子女的日常活动。受网络的影响,家庭中面对面的心灵交流已经越来越少,尤其是针对大学生来说,离开家乡,出门求学,距离上的差距也导致缺少和父母面对面的交流。因此,自媒体时代下父母要借助网络充分利用自媒体平台多与子女进行沟通。其次,要正确地"爱"子女并培养其自主能力,形成社会、学校与家庭三方合力,在自媒体时代下更好地实现人文精神融入高校思想政治教育。

自媒体时代本身的优缺点影响了思想政治教育自身的发展,自媒体作为新生事物,在不同程度上对于社会及人的发展产生了极大的影响,如何去利用它成了人们需要思考的问题,所以说自媒体时代下人文精神融入高校思想政治教育是一个值得深入研究的课题。为此,本文从人文理念、人文素质、人文关怀以及人文环境等方面提出了高校思想政治教育中人文精神融入的策略,通过对本课题的研究,加深了对思想政治教育的人本理念的理解,也期待会有更多的研究成果丰富思想政治教育内涵,完善思想政治教育课程内容。

(指导教师:卢少军)

浅析新媒体对大学生思想政治教育的影响

余奥圣

摘要：当今社会是新媒体快速发展的时代。日益发展的新媒体因其便捷性、开放性、个性化等特点对当代大学生的思维方式、社交方式等等产生深远影响，这既给当代大学生的思想政治教育工作创造出新机遇，同时也带来了新挑战。全面客观地看待新媒体对大学生思想政治教育工作的影响是一个重要课题。

关键词：新媒体；思想政治教育；大学生

自20世纪90年代末以来，尤其在进入新世纪后，伴随我国互联网信息技术、移动通信技术、云数据技术等迅猛发展，数字电视、互联网、移动媒体等新媒体也得到迅速发展，并且越来越深地影响着我们的社会生活。

当代大学生大多属于“90后”，是在新媒体技术得到普及的环境中长大的。而新媒体以其多元丰富的信息资源和方便快捷的信息沟通，已然成为大学生生活学习里获取和交流信息的重要渠道。新媒体成为大学生生活学习的重要组成部分，这使他们成为接触和使用新媒体最多、最直接的群体之一。以其独特的传播方式和丰富的传播内容，新媒体对大学生思想政治教育产生了重要影响，成为新时期里开展大学生思想政治教育工作的重要载体。

一、新媒体的含义及其特点

“新媒体”一词最早是由美国哥伦比亚广播电视网(CBS)技术研究所所长戈尔德马克在一份商品计划书中提出的，他将电子录像称作“新媒体”。[①] 在这之后的数十年间，其愈加频繁地出现在人们的生活里。美国著名未来学家阿尔温·托夫勒(Alvin Toffler)曾说：“谁掌握了信息，并控制了网络，谁就拥有了整个世界。”[②]以新技术的应用、海量信息处理及充分互动为特征的网络媒体、手机媒体等新媒体的发展，及其对人

---

① 参见齐强：《浅论我国新媒体的发展现状》，载《西部广播电视》2013年第11期。

② [美]阿尔文·托夫勒：《第三次浪潮》，黄明坚译，中信出版社2006年版，第92页。

类生活方式、思想观念的深刻影响，早已受到了人类的广泛关注。

所谓的新媒体，是指在新的技术支撑体系下出现的媒体形态，且是有别于传统传媒形式的新媒体形式。相对于报刊、户外、广播、电视四大传统意义上的媒体，新媒体被亲切地称为“第五媒体”。在技术界定上，新媒体是指依托数字技术、互联网络技术、移动通信技术等新技术向受众提供信息服务的新兴媒体，目前受到广泛关注的新媒体多达几十种，如数字杂志、数字电影、数字报纸、移动电视、桌面视窗、数字电视、触摸媒体等。

关于新媒体的基本特点，美国俄裔新媒体艺术家列维·曼诺维奇认为：“新媒体将不再是任何一种特殊意义的媒体，而不过是一种与传统媒体形式没有关联的一组数字信息，但这些信息可以根据需要以相应的媒体形式展示出来。”[①]同时其提出了新媒体五项基本内容，即：(1)以数字的方式展示；(2)自动化；(3)模块化；(4)可变性；(5)转编码性。这些基本特点揭示出的是新媒体所具有的数字技术特征，这也是新媒体所具有的最基本特征的体现。

除此之外，新媒体还具有诸多其他特点。

1.信息开放性。无论是即时通讯、手机报刊、移动电视，还是搜索引擎、网络视频，都具有开放性特点。新媒体信息的传播可以突破时空界限，跨越距离，在任一时间抵达世界的任一角落，成为真正意义上的“全天候媒体”。新媒体带来了海量信息，尤其是网络新媒体的广泛传播实现了真正的资讯无屏障传播，使用户可以获取的信息资源永不枯竭。

2.传播交互性。在通过新媒体进行的信息交流活动中，难以明确区别传播者和接受者的身份，几乎可以同时完成传播信息和接受信息，信息交流者作为信息传播者的同时也是信息接受者。在新媒体环境中，信息传播者和接收者之间进行双向的信息交流，这一过程中的参与个体在信息交流中都有控制权。传播交互性是新媒体最突出的优势之一。

3.交流个性化。新媒体提供点对点的信息传播服务，信息传播者可以针对不同的受众提供个性化的服务。在新媒体中，用户就是信息源，每个人都可以拥有私有的可信赖的传播载体。

4.沟通虚拟性。由于人人都可能成为新媒体的信息源，就使得新媒体信息变得复杂多变，极具虚拟性，利用各种软件，人们可以方便地毫无痕迹地修改文本、图片、声音、影像，可以制作出逼真的虚拟信息。除内容的虚拟性之外，新媒体在传播关系上改变了传统媒体特定的传播关系，新媒体的传播环境中，传者和受众的角色大多是虚拟的，信息交流的对方均是未知的符号代替。这种虚拟角色带来的是现实生活中的人际关系虚拟化，对传统的人际交往关系产生了一定的冲击。

5.传播受众广。新媒体信息传播状态由传统媒体的一点对多点变成多点对多点。每个人都可以进行大众传播，“信息”与“意义”无关，受众的主动性大大增强。故将新

---

① 陈锦宣：《“新媒体”的定义及其内涵探析》，载《产业与科技论坛》2011年第7期。

媒体定义为“所有人对所有人的传播”也是不无道理的，凡人之所及之处，便是新媒体的信息所到之处。

新媒体以其独特的传播方式的丰富的传播内容，对人们的思想、学习和生活方式产生着深远影响。大学生普遍思想活跃，思维敏捷，易于接受新生事物。故而，在大学生思想政治教育工作中，新媒体的影响应得到充分关注。主动积极地利用新媒体为大学生思想政治教育服务，可以丰富大学思政教育的手段，开拓大学思政教育新思路。

二、新媒体对大学生影响力

凭借开放性、交互性、个性化、虚拟性等显著特点，各式新媒体所营造的媒体环境自然对在这般环境中生活的大学生产生了潜移默化的影响。这样的影响带有新媒体所代表的信息时代特有的痕迹，并在不少方面呈现出来。

1.新媒体影响大学生的思维方式。在新媒体背景下，大学生往往习惯于通过搜索、浏览相关的信息而获取自己所需的知识。这种跳跃式“超文本”的阅读方式，将驻足停顿的思考让位于频繁的接触，往往排斥理性的、线性的、逻辑的思考；这种“超文本”的信息组织起来，形成一种非线性的网状结构，带有多种阅读和理解的路径，影响了使用者阅读与思考信息的方式，培养了一种由直觉和联想的跳跃所激励的学问。“超文本”的非线性的思考削弱了阅读的深度，传统文本的丰富性、深刻性、条理性也大大削弱。

2.新媒体影响大学生的交往方式。新媒体构筑的平台是一个去中心化的、开放的虚拟空间，在这个虚拟空间里，日常现实生活的身份差异失去了它以往的作用，人的自由、自强、开放的心理大大增强。同时，虚拟化的环境也提高人们交往的兴趣和能力，交往心理进一步强化。在传统媒体环境下，青年大学生沟通交流的方式通常以书信、电话为主。借助新媒体技术，大学生更愿意选择网络电话、微信等即时通讯方式进行人际间的沟通。新媒体充分满足了大学生追求个性化的心理表达方式的需求，大学生可以真实地表达情感，甚至自我宣泄。但与此同时，这也造成了大学生在新媒体环境里表达观点的随意与偏激。

3.新媒体影响大学生的价值判断。长期以来，开展社会主义核心价值观教育是高校思想政治教育的中心任务，学校通过科学的、积极的、进步的正面宣传和教育，引导大学生树立社会主义核心价值观。但是，新媒体传递的信息中存在大量“黄色”“灰色”“黑色”信息，有宣扬享乐主义、拜金主义，有推崇暴力、反社会主义的煽动，在这些多元杂陈的思潮冲击下，大学生容易在理想信念问题上产生困惑，在价值判断上出现偏差。

三、利用新媒体对大学生进行思想政治教育的必要性

面对时代的发展、技术的日新月异以及社会环境的大幅改变，传统思想政治教育逐渐显现出诸多无力之处，如理论涵容量的不足、传统宣传灌输手段面临挑战等。在这样的背景下，作为新技术的产物，新媒体在众多方面能给予传统思想政治教育以影响，甚至是弥补。

(一)大学生新媒体素养的不断提高要求大学思想政治教育必须占据新媒体阵地

“媒介素养”作为学术研究领域和大众传播实践领域的一个重要概念,最早由欧洲学者提出。目前学术界对于“媒介素养”的认识不尽相同。1992 年,美国媒体素养研究中心对媒介素养作出如下定义:“媒介素养是指在人们面对不同媒体中各种信息时所表现出来的信息的质疑能力、评估能力、理解能力、选择能力、创造和生产能力以及思辨的反应能力。”[①]这一定义道出了“媒介素养”概念中的一些基本要素,即:媒介是一种方法、一种手段、一种技巧、一种能力、一种观念。媒体素养应当包含两个方面的内容:一方面指熟练应用各种新旧媒体的能力,另一方面还指媒体受众对各种媒介信息的解读、批判以及应用的能力,其核心是媒体批判能力。熟练地操作使用各种新型媒体的能力是媒体素养的基本组成部分,没有这个能力就谈不上具有现代化的媒体素养。

大学生是青少年网民中的重要组成部分,他们对周围的新生事物极度敏感,能很快地接受、适应并融入新媒体环境,能够熟练地使用、操作各种新媒体,并在此基础上对媒体内容进行技术处理或者内容增改。中国互联网络信息中心(CNNIC)发布的《2014 年中国青少年上网行为调查报告》显示,截至 2014 年 12 月底,中国青少年网民规模达 2.77 亿,占整体网民的 42.7%,占青少年总体的 79.6%。[②] 由此可见,大学生群体是应用新媒体的主力军,其新媒体素养普遍高于其他社会群体。

此外,重庆邮电大学进行的《网络对学生的影响》相关调研报告显示,在第一信息来源的倾向性选择上,63%的大学生选择了互联网新媒体,37%的大学生选择了传统媒体(广播、电视、报纸);大学生中拥有 QQ 或微信等聊天工具的为 93%,拥有博客(含个人网页)的为 39%;其中只使用电脑上网的比例为 25.2%,同时使用电脑和手机上网的比例为 74.80%。[③] 由于一个人的某种媒体素养与对该媒体使用时间长短呈正相关关系,即一个人对某个媒体使用时间较长,那么他的媒体素养就会较高,反之则较低。因而,大学生的新媒体素养高于他们的传统媒体素养。

由此可见,大学生的新媒体素养不仅高于其他社会群体,更高于自身的传统媒体素养。这对大学生思想政治教育提出了新要求,要求大学思想政治教育必须占领新媒体阵地。

(二)新媒体作为大学生思想政治教育载体的优势及其所带来的机遇

大学生思想政治教育活动对载体的选择和使用在很大程度上会对大学生思想政治教育的功效产生影响。新媒体的衍生使之成为当前大学生思想政治教育实现网络化、现代化的最新载体。新媒体作为大学生思想教育载体具有不少优势,其运用有助于提高大学生思想政治教育的实效性。

---

① 何芝莹:《浅谈新媒体时代媒介素养研究的转向》,载《现代交际》2012 年第 6 期。

② 《中国互联网络信息中心(CNNIC)发布〈2014 年中国青少年上网行为研究报告〉》,载《中国信息安全》2015 年第 6 期。

③ 游敏惠、钟平峰:《网络对高校学生影响的现状分析》,载《重庆邮电学院学报(社会科学版)》2004 年第 3 期。

1.新媒体的运用,有助于构筑大学生自助学习新平台。新媒体技术的出现,将课堂不再局限于教室,而是延伸到学生学习和生活的所有场所,如图书馆、寝室、餐厅等。学生可以根据自己的学习兴趣、学习风格、学习水平和学习进度自主选择学习时间、学习地点、学习内容和学习方式,这使得学习的自助性得以增强。在新媒体技术构建的学习环境下,传统的教育权威被消解,教师从以前的单一的知识传授者转变成了教学活动的策划者、引导者,学生由外界刺激的被动接收者转变成了知识意义的主动构建者,变被动学习为自主学习,新媒体成为学生主动学习、自主探索的重要工具。

2.新媒体技术的运用,有助于开辟师生交流新渠道。新媒体为师生构筑了一个虚拟世界。在这之中,交流者的性别、年龄、相貌、身份、学历、职业不再显现,只见文字不见人。这种虚拟环境和虚拟角色,大大缩短了人与人交往的心理距离,消除了人与人交往的心理障碍。思想政治教育工作者可借助新媒体以声音、文字、图像生动地表达思想政治教育内容,并在最短时间内将思想政治信息传达给受教育者,与大学生朋友交流思想,畅谈人生。通过网络论坛、QQ聊天、手机短信等,教育者与受教育者可以实现真实心态的交流,教育者可以深入大学生的精神世界,探寻大学生的心理需求,寻找共同语言,通过思想沟通、情感共鸣,达到疏通、引导、教育的目的。

3.新媒体技术的运用,有助于拓展思想政治教育新空间。在长期的传统思想政治教育中,学生要在教师指导下,在固定的时间和固定的场所进行面对面的课堂授课学习,对知识的获取主要依靠老师、书本、课堂等有限的途径。而新媒体时代的到来,使得信息的传播突破了时空界限,尤其是网络新媒体的广泛传播带来了海量信息,实现了"资讯无屏障"。网络论坛、即时通讯软件等以其灵活、快捷的特点,日益成为大学生学习和交流的新平台;同时,借助网络课程、精品课网站、数字化校园平台,学生学习资源的获取途径得到拓展,内容更丰富,共享性更高。而且,大学生可以通过网络在任何时间、任何地点获取其所需要的知识和信息,这极大地提高了思想政治教育信息的传播效率。新媒体丰富的共享信息资源和丰富多彩的信息表达形式,使思想政治教育形式更加多元化。新媒体使得思想政治教育改变传统的教授、教育模式,通过潜移默化,进一步增强了思想政治教育工作的辐射力、吸引力、亲和力和感染力。

四、新媒体环境下大学生思想政治教育所面临的挑战

新媒体技术开放而又隐蔽,这样的特点为大学生思想政治教育带来了难得的发展机遇,但也正是这种难于掌握和监控的方式,使得大学生思想政治教育面临新的挑战。在新媒体环境下,信息的自由传播、传播者的广泛化、信息的虚拟化、不良信息的泛滥等也会扰乱信息传播环境,造成新媒体的失范,给大学生思想政治教育带来困难与挑战。

1.新媒体信息传播的自由性给大学生思想政治教育增添了难度。当前,新媒体环境下的校园信息化在某种程度上可以说是一种信息在时间、空间以及资讯类别上均呈"无屏障式"传播的状态,信息的发布和使用空间变得更加自由。一些落后的、腐朽思想和文化甚至各种反社会主义、反马克思主义的论调以及泛滥的违反社会公德的信息

等借助新媒体的途径大肆传播。大学生从新媒体中获得的信息具有不确定性和难以控制性，很多信息能给大学生思想观念和道德认知上带来深刻影响，抵消了高校思想政治教育的部分效果。新媒体负面影响的存在，加大了大学生思想政治教育舆论导向的难度，给思想政治教育增添了难度。

2.新媒体的虚拟性和互动性容易引发大学生心理信任危机和人格障碍。新媒体如手机QQ、微信朋友圈、贴吧等都具有很明显的虚拟性和互动性，在新媒体空间，大学生多以化名或者匿名的方式进行交流，新媒体中的言行无法规范，真实性无法保证。新媒体的人际信任危机可能会影响到大学生的现实人际交往，导致现实交往中对他人真诚性的怀疑和自身真诚性的缺乏，进而影响自己与他人良好人际关系的建立与发展；同时交往角色的虚拟和心理交往的间接性也可能使大学生去除承担任何责任的心理负担，因而可能在新媒体交流表现得格外真诚坦率。而一旦在虚拟环境中经常性的表现逐渐固定下来，并与现实具有巨大差异时，就会出现个体的双重人格现象等，进而甚至出现心理危机。

3.新媒体技术快速发展使现有的大学生思想政治教育模式受到挑战。新媒体环境下大学生思想政治教育的背景是全新的。迅速发展的新媒体模糊了真实世界和虚拟世界的界限，这在根本上改变了人的认知思维方式。而这种直接的认知思维方式在不知不觉地剥夺大学生的独立性知觉，使青年学生不自觉地接受其强制性影响，失去理性。然而，面对新媒体的挑战，高校思想政治教育自身改革速度却与新媒体技术发展步伐无法保持同步，特别是在教育理念、教育政策、教育目的等方面缺乏前瞻性的理论和实践的研究。

4.马克思主义辩证法要求我们坚持用发展的观点观察和分析问题，要把事物看成变化发展的过程，要有创新精神，与时俱进，促进新事物的成长。随着新媒体技术的迅猛发展，新媒体环境已逐渐成为社会环境的重要组成部分。这自然使得其注定将在当代大学生思想政治教育中扮演令人无法忽视的角色。直面新媒体发展为当代大学生思想政治教育带来的机遇与挑战，是继续在大学生思想政治教育转型发展之路上前行的重要一步。研究如何发挥新媒体对大学生思想政治教育的推动作用，是大学生思想政治教育在新环境下发展的重要课题，显得任重而道远。

（指导教师：孙波）

论自媒体时代的大学生思想政治教育

王　迪

摘要：进入信息时代，在互联网技术的高速发展以及智能手机、平板电脑等移动终端普及的基础上，以手机QQ、微博、微信为代表的自媒体迅速崛起。自媒体打破了传统媒体的渠道霸权，在社会中迅速发展，对当代大学生的生活、学习以及思想产生巨大影响。同时自媒体自身的特点以及其应用于社会产生的双重影响也为高校大学生思想政治教育提供机遇和挑战。正确认识并合理利用自媒体对大学生的思想政治教育功能，使之更好地为高校大学生思想政治教育服务，意义重大。本文就自媒体的含义和特点进行简单介绍，详细论述自媒体对大学生的影响以及自媒体时代下大学生思想政治教育面临的挑战和解决措施。

关键词：自媒体；高校大学生；思想政治教育

一、自媒体的内涵及特点

自媒体作为信息共享的即时交互平台一出现便备受青睐并迅速普及，并能不断创新发展，影响力越来越大。究其原因便是自媒体自身的本质和特点使其在信息时代应运而生并符合了现代人对于信息交换和社交等的需求。

1. 自媒体的含义

自媒体的含义较早的出现是在美国新闻学会媒体中心于2003年7月发布的由谢因波曼与克里斯威理斯两位联合提出的“We Media”（自媒体）研究报告中。报告指出，“We Media”是普通大众经由数字科技渠道与全球知识体系建立联系以分享事实、新闻的途径。

对于自媒体我国学者也进行了研究，基本都对自媒体的含义进行了界定，可大致概括为：“所谓自媒体是指传播者通过互联网这一信息技术平台，以点对点或点对面的形式，将自主采集或把关过滤的内容传递给他人的个性化传播渠道，又称个人媒体或私媒体。”①

自媒体以互联网技术为核心和依托，当今主要的表现形式有手机 QQ、微博、微信、各类自媒体平台和软件客户端。这也是对当代大学生产生影响的主要自媒体形式。

2. 自媒体的特点

与传统传播媒体和传统社交方式相比，自媒体呈现出很多新的特征。在此列出对大学生群体影响显著的几个特征：

第一，大众化。自媒体环境下，每个人都可以成为信息分享传播的主体。与传统媒体相对单向的传播方式来说，自媒体的信息传播是双向的、点对点的。自媒体的进入门槛很低，面向的范围也非常广。不管你是什么人，只要在自媒体的平台里经过简单的程序进行注册，便可以成为一个传播和接受消息的重要节点。个人可以利用自媒体了解世界并自由地表达自己的观点，充分体现出其大众化的特点。这也是当下自媒体受到大学生喜爱的原因之一。

第二，即时交互性。首先，基于互联网技术的自媒体突破了时间和空间的限制，人们可以在任何时间、任何地点通过各种移动终端分享和浏览信息。其次，自媒体具有很强的交互性。信息的发送者与接受者不再是简单的单向接收的关系，而是可以借助自媒体平台进行双向交流。信息的接受者在接收信息时可以即时对信息发表评论，而此时信息的发送者便可以收到其他人的评论，进而可以进行回复。这样一来一回，双方进行双向的互动和信息传播。

第三，内容的多样性。传统媒体向大众传播的信息是有选择的、有限制的。普通民众在某种意义上只能被动地接受传统媒体传播的经过严格有目的性筛选的信息，大众所能获取到的信息的深度和广度并不总是能够达到需求。自媒体的出现让各种信息不受限制地进入大众的视野。社会体育娱乐新闻、个人内心表达以及人生体味等消息即时新鲜地以文字、图片和视频的形式呈现在大家面前，满足了人们对各种基本信息的需求，拓宽了视野。可以这么形容：足不出户动动手指便看遍大千世界，即时了解国内国外大事小情。自媒体的这个特点也正满足了大学生对于各类新鲜事物的求知欲。同时也要看到，自媒体纷繁多元的信息由于准入门槛低以及监管缺陷等问题，也呈现出良莠不齐的特点。

3. 当前我们已经进入自媒体时代

2017 年 1 月 22 日，中国互联网络信息中心（CNNIC）发布第 39 次《中国互联网络发展状况统计报告》。报告显示，截至 2016 年 12 月，我国网民规模达7.31亿，全年共计新增网民 4299 万人。互联网普及率为 53.2%，较 2015 年底提升 2.9 个百分点。手机网民规模在高基数基础上进一步攀升，我国手机网民规模已达 6.95 亿，较 2015 年底增加 7550 万人。大学本科及以上学历人群网民比例为 11.5%，较 2015 年

① 申金霞：《自媒体的信息传播特点探析》，载《今传媒》2012 年第 9 期。

底提升0.3%。①

互联网普及率和手机网民规模的大幅度提升使以之为载体的自媒体的普及率和影响力大大提升,现代社会各类人群对于自媒体的使用频率呈现出极大幅度增长。自媒体几乎占据人们社交、学习、休闲、娱乐甚至是工作等等各个方面,可以说自媒体已经融入现代人的生活中了。而这其中占很大比例的高校大学生则是自媒体的典型受众。高校的互联网等基础设施比较完善,并且手机在大学生中的普及率达到了100%。据上海交通大学人文艺术研究院副院长谢耘耕教授发布的《2015年中国大学生媒体使用习惯调查报告》显示:"大学生几乎每天都会接触互联网,超过90%的人使用时长超过两小时。在网络互动交流方面,大学生日常社交应用最多的媒介是QQ,所占比例高达88.3%;其次是微信,所占比例为84.9%;位居第三的是微博,占比为60.7%。"②总结起来,QQ、微信、微博等自媒体是大学生日常社交应用的三大媒介。他们利用这些自媒体进行社交,休闲娱乐,看新闻资讯,记录生活等等。可以说,自媒体对于大学生的影响已经无处不在,而自媒体自身的信息准入门槛低等特点和大学生的识别能力和自制力不强等原因同时也对大学生思想政治教育造成严峻挑战。

二、自媒体对大学生思想政治教育的双重影响

自媒体融入到大学生生活中影响其行为和思想,对于以大学生为对象的高校思想政治教育是一把"双刃剑",既有积极影响又有消极影响。

(一)自媒体对大学生思想政治教育的积极影响

当代大学生生活在经济、科技、文化等高速发展的时期,他们每天都在面对新鲜的事物,同时,他们对新鲜事物的接触欲望和接受能力也很强。自媒体以其独有的特点满足了大学生对于了解大千世界、接触新鲜事物、抒发个人情感以及社交等各种需要。可以说,在高校大学生信息传播的各种渠道中,自媒体占据不可忽视的地位。

1.自媒体促进教育资源的共享和流动

自媒体承载巨大信息量以及信息的自由流动,如今层出不穷的各类自媒体平台为大学生提供丰富的学习资源等信息。这就为充实思想政治教育的内容,也为思想政治教育工作者利用自媒体提供了更多选择。同时,自媒体突破传统媒体和信息传播方式信息传递时效性低以及信息量有限的缺点,使学生可以轻易地收到教育工作者通过自媒体传递的教育信息。

2.自媒体改进大学生思想政治教育的工作手段和方式

传统的思想政治教育以课本为依托,多采用填鸭式的灌输教育。老师讲,学生听,借助课本和老师的讲解将知识和社会所要求的或期待的价值观念、道德要求强加给受教育者。受教育者主要就是在课堂上机械被动地接受老师的知识灌输,然后不加理解

① 参见中国互联网络信息中心(CNNIC):《第39次中国互联网络发展状况统计报告》,2017年1月22日,http://www.cac.gov.cn/cnnic39/。

② 《2015年中国大学生媒体使用习惯调查报告发布》,人民网,2015年7月20日,media.people.com.cn/n/2015/0720/C397572-27329888.html。

地进行死记硬背来应付考试。在这种情况下,学生几乎不会主动思考并体会知识,也没有机会来养成并加强自主性和学习领悟积极性。自媒体则给大学生提供了一个较为自由的空间,把教育内容以文字、图片视频等有趣丰富的形式呈现在学生面前,学生可以自主接收教育信息。大学生可以主动地去吸取知识,并且对于教育工作者利用自媒体平台发布的知识、行为规范等的接受质量会提高,从而增强思想政治教育成果。

3. 自媒体增强思想政治教育者与受教育者的交流

自媒体一个非常显著的功能特点是即时交互性。以自媒体为媒介,人们突破了时间和空间的限制,并且在一定程度上实现了平等的对话机制,使得教育者和教育对象的交流可以不再仅限于课堂,而是可以延伸至日常生活的时时刻刻。而伴随着两者交流的广度和深度不断提高,思想政治教育的实际效果也随之提高。因为以往教育者与教育对象的交流大多局限于课堂,在课下基本上没有任何交流。教育工作者也不知道学生在日常生活中会遇到什么事,个人思想会发生什么变化。这样在进行思想政治教育时针对性就不强,效果会大打折扣,自媒体的出现有效地弥补了这个缺陷。

(二)自媒体对大学生思想政治教育造成的挑战

理智地分析,自媒体是一把“双刃剑”。从中呈现出的信息纷繁复杂、良莠不齐,而处于“三观”成熟阶段的大学生对于信息的辨别和过滤能力不强,很容易受到潜藏在自媒体中的不良信息的影响,对其身心的健康成长造成危害。这就对以大学生为主要对象的高校大学生思想政治教育产生巨大挑战。

1. 自媒体在大学生中的广泛普及使教育者与受教育者出现占有信息逆转的现象

自媒体背景下,大学生获取信息的途径扩大。以前大多数通过书本和教师教授,现在则可以通过各种自媒体平台获取任何想要的信息。这样就会出现在教育过程中,“教育者并不一定先占有信息,教育者可能先拥有更加准确、充分的信息;教育者不再是教育对象获得信息的唯一途径,教育对象可以选择多种信息获取方式,它打破了教育过程中由于信息不平衡造成的教育对象对教育者的依赖”①,这样思想政治教育实施者和接受者双方信息的逆转对教育者工作的实施造成很大挑战。

2. 自媒体自身特点使大学生接受到质量参差的信息

在思想政治教育中,学生得以获取信息的信息源对于思想政治教育的效果和学生“三观”的形成都至关重要。可以说,信息来源是进行思想政治教育的前提。但是在自媒体环境下,各种信息满天飞,信息源质量越来越参差不齐。现在一些媒体为了追求点击量,迎合市场需求使利益最大化,不顾道德准则在自己经营的自媒体或者其他自媒体平台发布散播不良不实信息。这些信息有的根本就是在歪曲事实,扰乱视听,会给缺乏成熟信息判断能力的学生造成非常消极的影响。这些会对社会大众造成不良影响的信息因为自媒体信息监管和准入机制的缺陷非但没有得到有效的制止,反而一经发布便迅速扩散,扰乱舆论秩序。

---

① 赵宏:《自媒体时代大学生思想政治教育面临的挑战与对策》,载《学术论坛》2013 年第 5 期。

3. 自媒体会影响大学生的社会价值观和责任意识

首先，自媒体信息主体多元，信息来源复杂。大学生在自媒体平台中直接接触多样化的价值观和理念，而这其中就难免会有关于党和政府的不良政治观念出现并传播。中国的民主程度不断加深，政务公开、公民言论自由等也越来越深入，在这种情况下就会有一些人利用自媒体散布对党和政府不利的舆论。“大学生尤其是大学新生，思想较为单纯，对社会充满理想化，如果长期接触这些负面信息，正处于思维快速发展时期的他们，会受到多元思想、多种声音的冲击，使得大学生在政治信念、爱国情感、社会主义核心价值观方面产生动摇。”①

其次，在自媒体这个平台获取信息和传播信息几乎是没有人监管的。那么在这种情况下，网络道德问题一步步浮出水面。正如网上所言，“当真相还在穿鞋，谣言已经跑遍半个世界”。原本是小事的事件在自媒体平台被无限放大，在放大的过程中谣言四起。更有甚者，网络骂战层出不穷。这些情况发生得越多，就会对持观望态度的学生耳濡目染产生坏的影响，使他们对于在使用网络过程中的道德认识和规范责任意识淡薄，还会影响到学生实际生活中的道德行为失范。

三、自媒体时代大学生思想政治教育的措施

自媒体对于大学生思想政治教育的影响越来越不可忽视，高校思想政治教育工作者必须依据自媒体的特点和当代大学生的思想特点以及自媒体对高校大学生思想政治教育产生的双重影响，顺应时代发展潮流，转变观念，适应并提高运用自媒体来进行思想政治教育的能力，充分发挥自媒体优势并创新思想政治教育方式方法，以求在新形势下达到更好的思想政治教育效果，提高大学生的思想层次。同时，作为高校思想政治教育客体的大学生，也应该充分发挥自身主观能动性，主动积极地接受正确的引导，为提高高校思想政治教育成果贡献自己的力量。

1. 转变教育理念，主动认识自媒体，重视对自媒体的研究和利用

自媒体作为重要的信息传播载体在高校大学生思想政治教育中发挥的作用越来越重要，在这种情况下，高校思想政治教育工作者必须认识到自媒体作为教育和传播载体的重要性。不能再只是把思想政治教育束缚在课堂和书本里，要在提高自身知识素养的前提下主动使用自媒体，积极地思考如何发挥自媒体的作用来更好地进行思想政治教育。教师可以放下身段来主动融入自媒体环境，与学生进行平等的交流，在这个过程中了解学生学习和思想状况，提高学生的参与性、自主性和创造性。在教师利用自媒体来进行思想政治教育同时，自身也会获得很多发展。总之，要想行动取得成效，必须先转变观念，教育工作者应该提高对自媒体的认同感，克服对自媒体的不适应感甚至是偏见。

2. 提高高校教师尤其是一线思政教育教师的素质

高校中主要的思想政治教育工作者就是思想政治教育课教师。首先，高校思政课

① 陈传枝：《自媒体背景下大学生思想政治教育》，载《长江大学学报（社会科学版）》2012年第10期。

老师要具有深厚的相关理论基础、坚定的理想信念以及政治立场，面对问题要有较好的心理素质临危不乱，能够正确地分析处理一些负面的评价和舆论，引导学生正确地思考。教师是传道授业解惑者，面对网络上层出不穷的问题，教师不能像普通网友一样没有立场随波逐流，回避矛盾和问题。如果有学生就某件事问教师，教师需要理性地为学生分析事件，引导学生向符合社会要求的方向去思考问题。

其次，教师既要把学生当成平等的主体进行交流，又要有掌控课堂和掌握学生的能力。自媒体环境下，每个人都作为平等的主体进行交流，教师亦然。教师不应过度沉浸在教师主导的模式中而把学生都看作机械接受知识的工具，而应以一种积极的态度在自己能力范围内增加与学生的互动和学生在课堂上的自主性。例如，进行教学设计时花心思设计一些学生互动环节，引领学生在课堂上积极思考；指引学生就某一问题进行讨论辩论等，让学生可以表达自己的观点。但是，又不能使课堂和教学过程失控而过度影响教学进度，这就需要教师良好的教学设计和课堂掌控能力。

3.提高大学生的媒介素质

大学生作为思想政治教育的极为重要的一链，高校教育工作者也应提高大学生对于自媒体的使用和了解程度。高校应对大学生的信息筛选和判断能力以及在网络自媒体平台如何正确地表达自己和发表言论进行适时正确的引导和教育。

4.积极合理构建高校思想教育自媒体平台，创新思想政治教育方式

大学生在各种各样的自媒体平台中获取信息，那么高校构建属于自己的自媒体平台来与学生进行交流互动和信息传播教育就很有必要。尤其是现在自媒体的影响力越来越大，很多传统媒体、社会组织、政府机构纷纷开设微博和微信平台。《人民日报》官方微博已经有 5133 万粉丝关注。其发布的热门事件经常会引发网友广泛关注，其于 2017 年 4 月 6 日发布的关于“关注叙利亚，愿世界和平”的博文转发逾 10 万次，评论 4 万多条，影响力非常大。这就提示高校，构建自己的自媒体平台是非常有必要的。

据统计，当代大学生最常使用的自媒体平台是手机 QQ、微信和微博。高校便可以从这几方面入手积极整合资源，构建育人面广泛的高校自媒体平台网。

要保证并提高运营自媒体平台人员的素质，要对参与运营的教师和学生进行培训并制定恰当严格的监管规范机制。不可以利用学校或学院官方微博或者官方微信公众平台随意发布信息。因为一旦平台运营起来有了粉丝便有了影响力，这时候如果发布不合适的甚至不良的信息会对学校和学生造成严重影响。运营的过程需要教师和学生共同努力，不仅需要紧跟时代趋势和社会热点，也需要通过拥有大多数学生粉丝关注的自媒体平台传播书本里的和书本里没有的知识，增加平台内容的内涵。如果一个高校自媒体平台每天只是发布“早安、午安、晚安”、鸡汤文和学校新闻，博文完全没有内涵，这样根本起不到自媒体作为思想政治教育载体的作用。应该结合社会热点和工作实际，坚持原创与转载相结合。原创方面应该结合教师在思政课教学中总结的经验，利用平台进行加深巩固知识等。转载方面应首先对信息进行筛选，转载一些生活化和学生化的接近学生认知水平并且学生易于接受的信息。如“重庆大学利用网络热点话题推出重庆大学版开学三件套——‘独立、担当、锤炼’，利用官方微博组织拍摄了

重大'航母 style',赢得了社会广泛赞誉"①。

现在的大学生的主要社交媒介还是QQ,日常生活中运用频率最多的也是手机QQ。高校思想政治教育者可以充分利用类似班级、学院、学校QQ群,教师也可以适当地加入到里面,以平等的姿态而不是以教育者的姿态来与学生进行交流,使QQ不仅传播各种班级校园信息,也可以成为教师和学生实现良好交流的地方。

现在大多数高校都已成立各自的官方微信微博平台,且影响力日益增长。以微博为例,在微博搜索框搜索"大学"关键词,并加以认证官微限制,可搜索到70多所大学官微。那么实际情况肯定大于这个数量。这也说明自媒体形势下各高校都有意识地在紧跟形势,主动开辟自媒体思想政治教育新阵地。粉丝数在19万以上的大学官微达到10所,其中哈尔滨工程大学官方微博粉丝已达82万。这些做得好的大学官微都有共同之处:首先,内容精辟简练,富有内涵,不仅限于发布校园信息和"早安、午安、晚安",而是积极依据时事热点选择能够对学生有教育意义的内容进行原创或转载,并且积极开展各种活动引导学生参与,例如就某一主题向学生征稿等。其次,微信微博平台内部运营井然有序,监管得力。对于发布和转载内容的选择、活动的策划实施等很成熟。以上特点都是当今高校在构建自媒体平台过程中需要学习和借鉴的。

5.大学生自身在自媒体环境下思想政治教育的措施

大学生是高校思想政治教育的对象和自媒体平台的主要信息传播者和接收者。要想在自媒体背景下利用自媒体优势巩固增强思想政治教育效果,不仅需要高校思想政治教育工作者的多方面努力,大学生自身的主观能动性和各种努力也是必不可少。首先,大学生作为传播主体上网使用自媒体平台时应该提高对于正面信息和负面信息的辨别和选择。俗话说,"师父领进门,修行在个人",在接受教育工作者积极的教育的同时,学生也要提高对教师所传授知识和价值观念的认识。毕竟学生的天职是学习,自媒体只是一种工具,万不可顾此失彼。其次,对于学校和教师安排的各种适应自媒体特点或者介绍自媒体的活动,学生也应以积极态度参与并用心学习。教师和学生之间是双向互动的关系,在教师用心去适应研究自媒体以更好地进行思想政治教育时,学生也应积极回应。总之,学生方面需要发挥自身能动性提高自身素养,更要积极配合教师利用自媒体采取的教育活动。双方互动互补,提高思想政治教育效果。

以微博、微信等为主要代表的自媒体时代已然到来,对于自媒体为高校大学生思想政治教育带来的机遇和挑战,不管是教育者还是大学生都应正确看待,积极应对。新的时代,紧抓时代脉搏,学校及师生的共同努力一定会使高校大学生思想政治教育更上一层楼。

(指导教师:王盛辉)

① 任小龙、沈强:《自媒体与大学生思想政治教育路径创新研究》,载《青年教育》2014年第7期。

自媒体时代新闻舆论对中学生思想政治教育的影响

董小青

摘要：自媒体时代，新闻舆论的传播方式随着通信技术的迅猛发展不断革新，舆论传播范围广、速度快，影响力大。新闻舆论潜移默化地影响着受众的思想意识和行为方式，尤其对心理发展还不成熟、判断能力还不强的中学生具有较大的影响，给中学生思想政治教育工作带来或正面或负面的影响。如何营造健康的舆论环境，促使新闻舆论对中学生思想政治教育产生积极影响，这给政府、学校、新闻传播媒介以及网络监管机构的工作提出了新的挑战。

关键词：自媒体时代；新闻舆论；中学生；思想政治教育

随着智能科技的发展尤其是智能设备操作的简单化，以及各大社交媒体在网民中的普及，自媒体平台成为新闻媒体不可或缺的表达途径，也成为我们获取信息的重要渠道。新闻在拇指的一点一划中唾手可得，新闻舆论一经产生便以前所未有的速度在网络范围内获得广泛传播。对于思维方式、价值观念以及行为习惯尚处于形成过程中又具有强烈求知欲的青少年一代，新闻舆论的影响力更为明显和深远。

一、自媒体时代我国新闻舆论传播特点

新闻舆论"是通过新闻传播活动而表现出来的舆论"[①]，即新闻舆论是以新闻报道为载体来反映和引导舆论的行为方式。新闻舆论的传播往往与每个时期的信息技术水平和网络文化息息相关。自媒体时代，新闻舆论传播展现出新的特点。

（一）新闻舆论传播个体化、多元化

随着通信技术的不断发展，我国的新闻传播媒介正经历着翻天覆地的变化。从四大传统意义上的媒体——报纸、杂志、广播、电视，到新媒体支撑下的数字杂志、数字报纸、数字广播、手机短信、移动电视、网络、桌面视窗、数字电视、数字电影以及触摸媒体等新的传播媒介，新闻舆论的传播形式发生了前所未有的改变。智能电子设备尤其是

① 程世寿、刘洁：《现代新闻传播学》，华中理工大学出版社2000年版，第208页。

智能手机的不断更新，更是推动了自媒体时代的到来。

Web 2.0时代的微博、微信、Qzone等意见表达形式的出现，突破了传统媒体表达必须经过多方编辑、重重审核的局限性。只要是拥有一台智能终端的个体，通过这些平台就可以在虚拟世界里自由地发表自己的意见。这推动了舆论传播媒介的个体化、多元化。这些个体可以是明星、文学家、艺术家，也可以是政治家、活动家，但更普遍的是，虚拟世界给最庞大的社会群体——草根平民一个发声的公共领域。他们不再受文化水平、性格特征、语言文字、身份地位等外在因素的影响而自由地展示自己意见、思想、言论，甚至是隐含的一面。同样的，他们也持续关注着通过虚拟的网络世界投射的所谓"真相"，这在一定程度上进一步地推动了舆论的蔓延和发酵。

不容忽视的是，智能终端以及各大社交媒体的迅速普及，使个体在舆论传播的过程中掌握了更多的主动权。尤其是在热点事件上，公众作为舆论传播的主力军，推动着事件的发展。与此同时，连接传播媒介的桥梁——互联网去中心化的特点，使主流媒体难以掌握舆论，这在很大程度上对政府权力的组织提出了新的挑战。

（二）新闻舆论传播广泛化、快捷化

自媒体时代传播媒介的多元化直接导致新闻舆论传播的广泛化、快捷化。由网络通信技术支持的网络公共空间，连接着不计其数的智能终端。通过这些智能终端，个体在任何时刻都可以获得最新的信息，同样也可以成为信息的发表者。2017年5月5日，我国自主研制的新一代喷气式大型客机C919完成首飞，新华社、《人民日报》《环球时报》等新闻媒体第一时间对这万众瞩目的事件进行了报道。同一时间，在微博、微信等自媒体平台上，广大网友的转发和评论迅速引起了越来越多人的关注。"几代航空人近半个世纪的接力，新一代大飞机人的近十年攻坚，终于将中国人自己的大客机高高托起。"①C919的腾飞，唤起了广大网民对中国梦一步步照进现实的信心。

在自媒体不断挤占市场的境况下，传统媒体已经到了革新图存的重要关口。过去的20年，互联网把所有的传统媒体变成了数字媒体，但这并不意味着传统媒体被取代，而是传统媒体与自媒体相互融合、相互渗透的表现。如今，传统媒体也在不断变革着新闻舆论传播形式，以适应读者的阅读需求，比如，开设微博账号、微信公众号，开发APP等。当然除了改弦更张的媒体，也有偏安一隅的传统媒体湮没在自媒体时代的信息浪潮中。从实践看来，传统媒体和新兴媒体的融合发展，使媒体的舆论传播力及影响力迈入一个新的时代。

（三）新闻舆论传播双向化、持续化

日新月异的自媒体表达形式，为公众反馈信息、表达意见、行使公众舆论监督的权利和承担社会责任开创了新的实践形式，使公众不仅作为新闻舆论的传递者，更成为新闻舆论的推动者和再生产者。这在舆论对权力的监督中的体现尤为明显，交互性强并且持续发酵的舆论推动了公权力在阳光下运行。如山东聊城于欢刺死辱母者案经《南方周末》报道后，引发社会的极大关注，各方反响强烈。于欢的行为是否属于正当

① 余建斌：《带着中国信心飞》，载《人民日报》2017年5月6日。

防卫？一审量刑是否失当？舆论和司法在博弈中如何形成良性互动？法理、情理和伦理的对冲刺激了公众敏感的神经，引发广泛持续的讨论，使事件持续发酵。在滔滔民意面前，司法机关对法律的阐释和公权力的行使应当慎之又慎。

随着公众公民意识的不断提升，他们参与民主政治的自觉性越来越强，新闻舆论成为公众喉舌。一方面，这加强了对公权力的监督，提高了权力运行的民主性、科学性和公正性，推动了中国民主政治的发展。但另一方面，由于舆论传播的主力军——网民文化水平参差不齐，受他人观点影响大，人云亦云，导致舆论往往被别有用心之人利用，网络谣言大行其道，真假莫辨。加之舆论传播的互动性和持续性，长此以往，引发网络信任危机，产生不正确的价值观导向。

(四)新闻舆论导向娱乐化、不可控化

在新媒体主导舆论的今天，自媒体每天生产的内容不计其数。海量的信息如海水倒灌般涌入读者视野，导致读者一时无所适从，逐渐形成碎片化的阅读习惯。快速生产的内容，也会使读者的阅读越来越浮躁，而读者的浮躁也必然传染新闻的制造者，形成了碎片化新闻生产的循环。碎片化阅读，造成公众对事实一知半解。自由而多样的意见表达形式，你方唱罢我登场，更使舆论瞬息万变。

为赚人眼球，新闻舆论导向更加娱乐化、低俗化。在市场化进程下，新闻的点击率与收入直接挂钩。为了获取更多的点击率，新闻工作者更多地选择话题性更强、低成本高效益的新闻，而很少认真地去做深度的新闻，更没有人愿意深入地进行事实采访。在社交媒体领域，智能终端的不断普及，不仅极大地拓展了舆论传播的速度、范围和影响力，更使虚假新闻、网络传谣、语言暴力等现象获得了前所未有的生命力，在网络公共空间里如燎原的野火般蔓延，增大了新闻舆论的不可控性。

值得一提的是，仍有很大部分撰稿人坚持针对小众的阅读群体，做有深度的报道。自媒体平台，如微信、头条也对内容生产者提供资金上的奖励和资源上的支持，来鼓励运营者进行内容生产。在数字化信息膨胀的今天，内容生产开始越来越受重视。不久的将来，读者受够了碎片化信息的狂轰滥炸后，也许会更倾向于深度的阅读和信息获取。

二、新闻舆论在中学生思想政治教育中的影响分析

新闻舆论是社会生活的直接反映，与社会生活息息相关，无处不在。自媒体时代，新闻舆论已经成为中学生获取信息的重要渠道，往往能使中学生在耳濡目染中受到价值引导，对中学生思想政治教育产生深刻的影响。

(一)新闻舆论影响中学生思想政治教育的原因

从中学生心理发展特点、新闻舆论作用特点、中学生受新闻舆论影响的途径来看，新闻舆论影响中学生思想政治教育的原因有以下几点：

1. 中学时期是中学生心理发展的关键时期

中学时期，尤其是高中时期的学生，思想从依赖性转向独立性。这是由他们行为的独立所决定的。这个时期的学生，不再依靠大人，在行为上达到在一定程度的独立，同时在思想上希望能够成为一个独立的人。并且他们的这种行为和思想迫切地希望

得到群体的认同。伴随着这种思想独立性，中学生从懵懂混沌地看世界到形成对世界基本的看法，再到逐渐形成自我意识，世界观、人生观、价值观初步形成。

为了能够获得自我认同感和归属感，中学生往往希望加入群体，获得信任和陪伴，于是很容易地跟从群体意见。虽然这个时期中学生的自我意识逐渐形成，对世界产生自己独特的看法，但诚然，他们还没有形成准确的判断能力和分析能力。众口铄金，积毁销骨，面对真真假假、虚虚实实的舆论，中学生很容易迷失自我，甚至影响到世界观、人生观、价值观的形成。因此，中学时期也是对学生进行思想政治教育的关键时期。

2.自媒体时代下的舆论特点

(1)对公共领域一般看法的一致性。舆论作为一种“群体言说”，是社会上最广泛的群体——公众的思想意识的直接表现，具有最广泛的普遍性。这种普遍性源于大众在整个社会环境中所受的文化传统、教育、价值观导向等因素的影响，而这些外力作用已经在中学生的成长过程中对他们产生了潜移默化的影响。因而中学生的观点很容易与这些最一般的观点达成一致，从而获得融入社会的自我满足感。这也常常是群体极化现象①在社会尤其互联网环境中普遍存在的原因。

(2)对社会事件意见表达的互动性。在网络公共空间内，中学生的意见表达不再受年龄、身份、阅历、文化的限制。他们可以对社会事件和公共事务形成广泛的讨论和意见表达，每个个体的言论都可能影响到舆论的走向，在尝试说服他人的时候，往往又被他人说服而形成共识。在这个意见表达的过程中，中学生可以与由网络连接的成千上万的人形成意见的交换，从而获得他人和自我的认同。

(3)舆论监督的实践性。舆论传播的快捷性、广泛性、持续性，以及公众对公共事务和社会事件的讨论和关注，推动了对公权力进行监督的实践。随着学校教育的深入，中学生的科学文化素质和思想道德素质不断完善和发展，公民意识和社会责任感逐渐形成，政治参与和社会管理意识不断加强。而舆论监督就是中学生行使公民监督权利最广泛而有效的途径，中学生在行使民主权利的过程中获得自我实现感。

3.新闻舆论是中学生感知世界的重要渠道

随着经济水平和智能科技的发展，手机、电脑等电子设备在中学生群体中迅速普及，这为他们了解世界打开了一扇窗。至此，中学生的信息来源从家庭、学校扩大到社会。前面说到，新闻舆论已经成为公众的喉舌，同样地，它也是中学生关注、了解社会的眼睛和耳朵。作为年轻、开放的新一代，中学生的信息搜集能力大大提高，他们的视野不再囿于课本知识的被动接受，而转变为对社会热点的主动探索。

知识经济时代科技创新驱动力问题、反腐工作进入攻坚克难时期、高考改革中取消文理分科、传统文化遗迹与GDP孰轻孰重等社会热点，往往体现时代在改革前行过程中的成果或者隐痛。新闻舆论对社会热点的报道和评论给中学生提供了感知世界的视角，公众对这些热点事件的讨论和关注及其舆论走向则体现了大众最一般的价值

① 参见[美]凯斯·桑斯坦:《网络共和国:网络社会中的民主问题》，黄维明译，上海人民出版社2003年版，第89页。

取向。紧跟时代步伐，与时俱进的同时，中学生的思想意识和行为方式在潜移默化中发生改变。

(二)新闻舆论对中学生思想政治教育的影响

新闻舆论正广泛而深刻地影响着中学生的思想意识和行为方式，新闻舆论对中学生的思想政治教育作用发挥得好，就会对学生产生积极正面的影响；发挥得不好，就会产生消极负面的影响，价值扭曲，危害人生。

1.新闻舆论对中学生的正面引导影响

(1)正面的新闻舆论能够提高中学生的公民意识、责任意识和法制意识。新闻舆论给学生认识社会、了解社会提供了一扇窗户，满足学生对自己生活的世界的好奇心，激发学生积极主动地关注社会事件，关注时代的发展，与时俱进。新闻舆论立足于弘扬美德、承担责任、严惩罪恶、崇尚法治等价值观导向对新闻事件进行客观报道和理性评论，能够促使学生反思自我，认识到作为一名公民的权利与义务，努力承担社会责任。另外，随着对监督权的认识不断加深，越来越多的中学生参与到对公权力的监督中来，法制观念深入人心。在一个个活生生的案例中，中学生增强了法制意识，学法、懂法、守法、用法，依法规范自身行为，有序参与政治生活。

(2)正面的新闻舆论能够提高中学生的思想道德素质。在中学生的思想政治教育中，主要是通过“灌输”的方式进行的，而实践证明，课堂或者书本上所进行的价值观教育不一定完全有效。新闻舆论以其无孔不入的传播方式，为中学生提供了一个认知价值观和行为标准的舆论环境，去感染、激发、引导中学生，使其达到认知与情感上的统一，从而进一步规范自身的行为。新闻舆论中的价值观导向对中学生思想道德的引导作用，更多源于舆论本身的渗透性，这种渗透性很大程度上可以改变甚至扭转学生的认知。

2.新闻舆论对中学生的反面误导影响

(1)反面的新闻舆论导向简单粗暴的思维方式。新闻舆论的主流反映了公众对公共事务和社会事件的一般看法，体现了一定程度的理性，但是，非理性的舆论也充斥着整个新闻舆论生态。碎片化的阅读习惯和舆论导向的猛烈性，决定中学生往往在了解热点事件时接受了大量个体主观的看法，而来不及思考事件的真相及其社会影响，更遑论去辨别那些舆论制造者佐以力证的图片、视频资料。在这种阅读习惯下，中学生逐渐形成简单粗暴的思维方式，对于铺天盖地而来的信息照单全收，缺乏辨伪，不利于他们独立自主、理性客观的思维方式的养成。

(2)反面的新闻价值观导向功利化的价值取向。在全球化浪潮下，西方以个人为中心的道德观念逐渐影响着公众的思维方式。加之网络舆论的匿名性，人们比起实名更愿意也更容易表达出内心真正的想法，其中就包括一些具有极强个人中心主义的言论。另外，为博眼球，许多价值混乱的言行利用各种传播渠道乘虚而入。而价值观尚处于形成时期的中学生在这种环境中往往感到无所适从，功利化的价值取向使学生思想混乱、是非模糊，价值判断脱离了社会主流，给中学生的价值选择带来一定的混乱。

(3)反面的新闻舆论助长了网络暴力。公众对热点事件的共同关注，特别是多向的交流讨论，极易衍生出网络暴力，主要表现为语言暴力和人肉搜索。施暴者站在道德高地，对当事人进行口诛笔伐，更甚者通过人肉搜索，将当事人的真实信息曝光，给当事人造成现实中的极大的伤害。中学生心理尚未完善和成熟，很容易受舆论的影响发表不理智的言论，继而成为网络暴力的攻击者或者被攻击者，从而身心受到侵害。

三、促使新闻舆论对中学生思想政治教育产生积极影响的对策

新闻舆论越来越成为影响中学生思想政治教育的重要因素。社会、学校、家庭应形成合力，为中学生思想政治教育营造良好的舆论环境，使新闻舆论在中学生思想政治教育中发挥积极作用。

(一)弘扬社会主义核心价值观，传播正确的价值观导向

理论上，在对中学生进行思想政治教育过程中，要坚持马列主义、毛泽东思想和中国特色社会主义理论体系作为我们的指导思想不动摇，以此来引领多元化的价值取向。坚定地贯彻党的十八大提出的倡导富强、民主、文明、和谐、自由、平等、公正、法治、爱国、敬业、诚信、友善的社会主义核心价值观。确保以科学的理论武装人，以正确的舆论引导人，以高尚的精神塑造人，以优秀的作品鼓舞人。帮助中学生树立唯物主义的世界观和方法论，坚定马克思主义政治立场，形成为他人、为集体、为社会服务的价值观。

实践上，不仅要在学校对学生进行理论教育，更要在社会范围内、在实践生活中寻找践行社会主义核心价值观的典范，给学生树立榜样。实践是检验真理的唯一标准，从身边的人和事之中，学生获得情感共鸣，形成正确的世界观、人生观、价值观，从而加强自身的践行。比如中央电视台《感动中国》栏目，推出的每个人物身上都有令人心灵震撼的力量，激励着我们在建设中国特色社会主义道路上长风破浪、勇往直前。

(二)加强学校教育，提高学生分析问题、解决问题的能力

学校应加强对学生的科学文化教育和思想道德教育，使学生具备基本的科学文化知识和思想道德素质。科学文化教育是提高思想道德素质的基础和前提，只有具备一定的科学文化知识，学生才能对新闻舆论的真实性和准确性作出正确的判断；思想道德教育对学生的品行进行指导和规范，使学生具有健康向上的精神世界，对学生能否作出正确的价值选择具有决定性作用。学校的课程设置中，有完善的基础科学文化教育课程，而思想道德教育在思想政治课中体现。

在思想政治教育过程中，教师应摈弃观点灌输式教育，采用启发式教育，循循善诱，诲人不倦。对于社会热点，应引导学生用马克思主义基本观点来分析、解决问题，使学生在思考和情感体悟中接受正确的价值观引导，从而对社会事件形成正确的认识和体会，而不是人云亦云，拾人牙慧。分析和解决问题时，发挥新闻舆论的“说服性”，感染、激发、引导学生，使学生反省自身的思想和行为，提高学生的自我认知水平。在各种矛盾的碰撞和各种复杂问题的激烈交战中，逐渐走向独立自主，形成成熟稳健的思维方式。

(三)加强媒介自律，提高新闻工作者的职业道德素质

自媒体时代，由于多样化的传播方式，以及新闻舆论的快捷性、广泛性和互动性，

恶性的新闻舆论一经传播便脱离管控，对社会舆论造成极大的影响。在市场化进程中，部分新闻媒体为了在激烈的市场竞争中站稳脚跟，抛弃了应承担的社会责任，背离了职业道德和操守。他们追求报道的轰动性而罔顾事实真相以及对事件当事人的伤害，甚至是给社会带来的负面影响，为庸俗腐朽的价值观推波助澜，致使新闻舆论生态中出现功利化、低俗化、同质化的价值观导向。

新闻传播媒介应加强自律，承担社会责任，发挥新闻舆论的社会价值，对公众进行正确的价值引导。新闻工作者应以马克思主义新闻观[①]为指导，时刻牢记自己所肩负的社会责任，立足事实真相对社会事件进行报道和评论。对一些焦点、热点问题的报道要把握好分寸，主动挖掘事件背后积极、正确的因素，提高公众对党和政府、对社会主义事业的信心。正如马克思曾指出的："报刊最适当的使命就是向公众介绍当前形势，研究变革条件，讨论改良的方法，形成舆论，给共同意志指出一个正确的方向。"[②]

（四）建立网络信息防火墙，净化网络舆论空间

在"言论自由"外衣包裹下，虚假新闻、网络传谣、语言暴力等现象屡禁不绝，大多数网友在缺乏理性的分析、不了解事实真相的情况下进行传谣，这不仅对事件当事人造成伤害，更会在整个社会范围内形成信任危机。因此，对新闻舆论传播进行严格把关，坚决抵制低俗、淫秽、暴力的语言、图片、视频等内容，为中学生的健康成长筑起一道"防火墙"至关重要。

第一，加强网络监管技术和制度的创新，对网络信息内容进行筛选，净化网络舆论空间。第二，加强新闻传播的相关立法工作，严厉惩治恶意造谣、传谣者，维护公民合法权益。第三，提高公民的责任意识、法制意识，使他们不造谣、不信谣、不传谣，谨守法律的边界和道德的底线。总的来说，不论是舆论的发起者，还是网站的管理者，或是围观的网友们，都要树立责任意识，对自己的言论负责，健康的网络舆论空间，需要联合各方共同努力。

四、结语

习近平总书记在 2016 年全国高校思想政治工作会议上指出："思想政治工作从根本上说是做人的工作，必须围绕学生、关照学生、服务学生，不断提高学生思想水平、政治觉悟、道德品质、文化素养，让学生成为德才兼备、全面发展的人才。"[③]与时俱进，做好学生的思想政治教育工作，要求我们紧跟时代发展道路，适应中学生网上学习生活的新常态，抓住中学生思想活动的规律，重视新闻舆论对中学生思想政治教育的影响，对学生进行正确的舆论引导，在润物无声中使学生形成符合社会发展要求的思想政治品德。

（指导教师：孙余余）

---

① 参见高喜辉：《马克思主义新闻观的历史演进及其当代价值研究》，延边大学硕士学位论文，2012 年。

② 《马克思恩格斯全集》第 43 卷，人民出版社 1995 年版，第 488 页。

③ 《习近平在全国高校思想政治工作会议上强调：把思想政治工作贯穿教育教学全过程，开创我国高等教育事业发展新局面》，载《人民日报》2016 年 12 月 9 日。

关于提高党对大学生的思想引领力的思考

李莉莉

摘要：思想引领力是高校党委引导大学生掌握马克思主义基本原理和中国化马克思主义最新成果的能力，是使大学生在新的时代条件下，紧跟时代潮流，坚持正确政治方向，抵御西方意识形态渗透的能力。本文从思想政治教育、思想引领、思想引领力的概念入手，说明党对大学生的思想教育要坚持正确的方向，进而对十八大前后中国共产党对大学生思想引领力的重视程度以及目前党在思想引领力上存在的问题进行了系统阐述，来说明党必须提高对大学生的思想引领力，最后着重从坚持马克思主义的指导地位等几个角度提出解决措施。

关键词：中国共产党；思想引领力；大学生

一、中国共产党重视对大学生的思想引领力概述

（一）相关概念阐述

思想政治教育是社会或社会群体用一定的思想观念、政治观点、道德规范，对其成员施加有目的、有计划、有组织的影响，使他们形成符合一定社会所要求的思想品德的社会实践活动。思想政治教育的范围更加广泛，包括全部的思想、政治、道德等内容都属于思想政治教育的范围之内，同时，思想政治教育主要强调对其对象施加影响的社会实践活动，强调其实践性。对于当代大学生来说，不断进行思想政治教育，有助于其提高综合素质。

关于思想引领，学术界尚未对此概念进行科学定义。笔者认为，思想引领是指通过对其成员宣传正确的思想，引导其思想、道德、世界观、人生观、价值观更加符合社会要求的社会实践活动。通过思想引领可以增强当代大学生对社会、对国家的责任感。

党的思想引领力，就是指不断实现理论创新，用党的最新理论成果武装头脑、统一思想、指导实践、抵御一切错误思潮干扰的能力。概括地说，就是指党推进理论创新和理论武装的能力。而提高党对大学生的思想引领力，一方面是指思想引领力问题强调的是一种方向力、引导力，强调的是在对当代大学生进行思想引领的过程中，更加重视

坚持正确的方向,提高党引导思想方向的能力;另一方面也是在强调,当代大学生要自觉坚持正确的思想道路,提高自己的思想水平,用正确的理论武装自己。思想引领力与思想政治教育问题有重合点,都强调对大学生的思想、道德、观念等意识形态的内容施加一定的影响,从而使其符合社会要求。而思想引领力更强调一种方向力、引导力的坚定,强调一定要沿着马克思主义的正确道路,增强抵御错误思潮的能力。

(二)中国共产党历来重视提高对大学生的思想引领力

始终不渝地加强对大学生思想政治的领导,确保并指明其发展的政治方向,为提高大学生的思想道德水平、巩固共产党的执政地位提供了根本的政治保证。

党始终重视对大学生思想政治上的教育,这是党不断升华对大学生思想政治教育正确领导规律性认识的直接体现。1987 年 5 月《中共中央关于改进和加强高等学校思想政治工作的决定》指出:"各省、自治区、直辖市党委和中央、国务院有关部门应当切实加强对高等学校的领导……共同做好高等学校的思想政治工作。"①已经注重把加强党的领导与做好高校思政工作明确地直接联系起来,这说明党越来越重视对大学生的思想政治工作。党已经逐步认识到,加强党的领导,完善党的领导,发挥党组织的积极作用,是加强党对大学生思想政治教育正确领导的重要途径和必要因素。

(三)十八大后,以习近平同志为核心的党中央更加注重提高对大学生的思想引领力

随着十八大的召开,中国共产党更加注重对大学生的思想引领问题,尤其是习近平总书记多次在重要场合对当代大学生寄语,并且多次给志愿者服务队、大学生来信进行回信,不断鼓励大学生为"两个一百年"奋斗目标不懈努力,不断指明在新时代下开展思想引领工作的方向。在当今世界,国家的竞争就是人才的竞争,国家的发展就是人才的发展,而人才要想真正成为对国家有用之人,必须要保证思想上的正确方向。

2013 年 12 月 5 日,在给华中农业大学"本禹志愿服务队"回信中,习近平总书记提到:"希望同学们珍惜宝贵的青春年华,坚持理想,脚踏实地。"②这对大学生提高专业能力和综合素质提出新的要求,希望当代大学生能够真正成为走在时代前面的奋进者、开拓者、奉献者。这对大学生"三观"的形成提出要求,为党提高对大学生的思想引领力奠定了前提条件。21 世纪是学科爆炸而交融的世纪,这为青年学生实现全面发展和回馈社会提供了重大机遇。青年学生必须以社会主义思想和交叉学科知识武装自己的头脑,提高自己的科学文化素养和思想道德修养,做合格的社会主义建设者和接班人。

2014 年 9 月 9 日,习近平总书记考察北京师范大学时谈到价值观问题:"人生的扣子从一开始就要扣好。"③知行合一是习近平总书记对学生的期许,也是大学生应努力践行的,当代大学生一定要在价值观形成的时期,坚定好思想上的正确方向。而党

① 教育部思想政治工作司编:《加强和改进大学生思想政治教育重要文献选编(1978~2008)》,中国人民大学出版社 2007 年版,第 105 页。

② 《习近平给华中农业大学"本禹志愿服务队"回信》,新华社,2013 年 12 月 5 日。

③ 《习近平:做党和人民满意的好老师——同北京师范大学师生代表座谈时的讲话》,载《人民日报》2014 年 9 月 9 日。

要提高对大学生的思想引领力，很重要的方面就是引导大学生在一开始就形成正确的思想，要树立为人民服务的观念，在奉献自己中实现人生价值。青年大学生要做有理想、有担当的一代，我们的国家才会更加繁荣富强。当代大学生应有奉献意识和献身精神，为国家、民族和人民奉献自己的力量，不管何时何地，只要是国家和人民需要，就要站在最前方。

2014年5月4日，考察北京大学时，习近平总书记谈到："好儿女志在四方，有志者奋斗无悔。"并提出"勤学、修德、明辨、笃实"的"八字真经"，寄语当代青年大学生："要同人民一道拼搏、同祖国一道前进，服务人民、奉献祖国。"希望大学生们可以勇于扎根基层，扎根西部，扎根在祖国需要的地方，为国家的发展奉献自己的力量。尤其是用自己的学识、德行为需要的人带去帮助，与国家、人民一同努力。

2015年7月24日，习近平总书记向大学生提出"志存高远，德才并重，情理兼修，勇于开拓"的"十六字诀"[①]。这是党对大学生提出的更高层次、更加具体的要求，作为当代大学生，就应该提高自己多方面的素质，既要理论知识完备，又要提高思想水平，不断开拓进取，用自己的行动实现自己的梦想。

2016年12月7～8日，习近平总书记出席全国高校思想政治工作会议并发表重要讲话，提出："高校思想政治工作关系高校培养什么样的人、如何培养人以及为谁培养人这个根本问题。"[②]这是中国共产党再次对大学生的思想问题提出要求，促使各大高校把思想引领工作放在前所未有的高度。同时，党更加重视在对大学生的培养过程中对大学生思想道德素质的培养。

2018年5月4日，习近平总书记发表重要讲话指出，实现中华民族伟大复兴的中国梦，需要青年一代敢于担当的责任感、时不我待的紧迫感。广大思想政治教育工作者需要把习近平总书记对当代青年"立鸿鹄志，做奋斗者"的嘱托内化于心，更要结合当今时代特点，让青年大学生们不断努力。新时代、新征程，实现中华民族的伟大复兴不应当是口中的空话，应成为每一位大学生心中的追求与信仰，所有大学生都要立志忠于祖国、忠于人民，以社会主义建设者和接班人的使命担当，在新时代干出一番事业。

二、中国共产党重视提高对大学生思想引领力的原因

（一）提高中国共产党对大学生思想引领力的重要作用

1. 提高党对大学生的思想引领力有利于中国梦的实现

推进中国特色社会主义伟大事业，对于每一位中国人来说都是一项前无古人的繁重任务。从为新中国的建立而浴血奋斗到为社会主义现代化建设添砖加瓦，继而为社会主义改革开放不断奉献力量，历史已充分证明，大学生作为推动社会发展的中坚力

---

① 《习近平致全国青联十二届全委会和全国学联二十六大的贺信》，新华网，2015年7月24日。

② 《习近平在全国高校思想政治工作会议上强调：把思想政治工作贯穿教育教学全过程开创我国高等教育事业发展新局面》，载《人民日报》2016年12月9日。

量，无论所处哪个时代，都发挥着不可替代的作用。党要提高对大学生的思想引领力，是因为大学阶段的青年仍处于“三观”形成的重要时期，通过提高中国共产党对大学生的思想引领力，可以让大学生承担起实现中华民族伟大复兴中国梦的历史重担。

2.提高中国共产党对大学生的思想引领力可以有力保障我国意识形态领域安全

当今世界是一个紧密联系、相互影响的整体。世界范围内多种文化的交织必然导致不同价值观念的相互碰撞，而我国作为一个有着悠久历史的国度，文化底蕴深厚，长期面临西方国家在各方面的压力，意识形态受西方国家的冲击。通过提高中国共产党对大学生的思想引领力，可以使大学生保持清醒的思想认识，在面对历史虚无主义、“中国称霸论”等西方错误思潮时能够看清其思想本质并自觉加以抵制，保障我国在意识形态领域的安全和政治体系的稳固。

3.提高中国共产党对大学生的思想引领力可以有效促进大学生健康成长

理想信念是人精神上的“钙”，缺了钙，就会得“软骨症”，中国共产党之所以强调要提高对大学生的思想引领力，使大学生的思想沿着正确方向发展，是因为大学生的发展、大学生的成长成才在很大程度上取决于其思想水平，如果思想上坏了，知识再渊博也是零。这些非智力因素决定着大学生发展的方向、发展的潜力，通过提高中国共产党对大学生的思想引领力，可以帮助大学生打牢思想基础，理解党的方针政策，认识到党是我们的坚强支柱，使自己的身心得到健康发展，在面临困境时，可以以坚定的理想信念、百折不挠的勇气战胜一切艰难险阻。

（二）中国共产党对提高大学生的思想引领力存在的问题

中国共产党历来重视对大学生的思想引领工作，注重提高思想引领力问题，但新形势下，面临经济发展各项矛盾激化、西方意识形态不断冲击等诸多现实问题的挑战，使提高大学生思想引领力的环境日益严峻，与党的要求以及当代大学生活跃的思想实际相比，党的思想引领力工作还存在诸多问题。

首先，工作认识上还不够完善。很多高校党委尚未完全把对大学生的思想引领问题放在党和国家工作全局的高度来抓，对思想引领力问题在提高大学生素质、培养社会主义接班人的重要性认识上还存在一定问题，高校党委认识上的不够准确、思想上的不够重视，直接导致了高校对大学生的培养上忽视了思想素质、理想信念这一重要内容，使“走走过场、做做样子而不看实际效果的事情时有发生，形式主义问题严重”[①]。同时，很多高校老师也并未认识到这一工作的重要性，只是把提高学生的专业知识放在工作的第一位，并没有注重引导学生的思想沿着正确的方向发展。

其次，工作方法较为单一。在高校中，加强对大学生的思想引领力的主要工作方法就是课堂上通识课知识的讲授，方法太过单一。对大学生的思想引领应该是学校、家庭、社会各个方面共同合作的事业，而很多高校在对大学生进行思想引领时，不注重问题的特殊性，不注重每个人的不同特点，一味地运用灌输的工作方法强行对大学生

---

① 张晗:《新形势下高校共青团加强青年学生思想引领工作研究》，山东农业大学硕士学位论文，2016年，第16页。

的思想产生影响，并且只是一味地强调正面引导，并没有考虑学生的接受程度，使大学生的思想引领工作没有由低到高、由浅到深地逐步开展，思想引领方法过于理论化、政治化，工作粗糙，不注重工作方法的层次性和渐进性。

最后，工作效果还未达到理想状态。由于具体工作方式上有所欠缺，导致诸多思想引领力上的问题达不到阈值，没有真正影响大学生的思想，部分大学生对思想引领力问题的认知处于一种"接而不受""听而不信"的状态，不少大学生并没有将个人利益与国家整体利益紧密结合起来，对很多思想引领、理想信念的问题处于一种表面认同的假象。此外，党不断对大学生加强思想引领，提高思想引领力的目的是让大学生能自觉抵御各种错误思潮，在国家的发展中坚定理想信念，为国家、为人民奉献自己的力量。而目前的现实状况是，这些马克思主义理想信念在提高大学生综合能力上并未发挥完全的作用；与大学生真正的学习生活相差较远，不能有效地帮助大学生解决实际问题，对其成长成才帮助较小。

三、提高中国共产党对大学生思想引领力的措施

为了使党加强对大学生的思想引领力，在当今时代，最重要的就是按照党的十九大的部署，用习近平新时代中国特色社会主义思想武装大学生的头脑，坚持正确的政治方向。习近平新时代中国特色社会主义思想是马克思主义中国化最新成果，是全党全体人民为实现中华民族伟大复兴而奋斗的行动指南。中国共产党要自觉用党的最新理论引领大学生的思想，武装头脑，坚决破除大学生一切不合时宜的思想观念，增强思想引领力，积极拓展思想建设阵地，体现"全方位育人"的要求。

（一）坚定马克思主义的立场观点，确保正确的政治方向

中国共产党要不断提高对大学生的思想引领力，一定要坚持用马克思主义的立场观点方法解决问题，坚持正确的政治方向，用马克思主义的最新理论成果武装大学生的头脑。要想发挥思想引领力的作用，用正确的思想引导大学生凝聚思想，就一定要坚持马克思主义的立场观点。历史上，中国共产党能够领导中国人民取得一个又一个举世瞩目的成就，就是源于它善于运用马克思主义中国化的理论成果把人民群众团结在党的周围，这是我们党强大的传统优势，也是党在不断探索中得到的经验。在新形势下，仍然存在着"马克思主义无用论""马克思主义过时论"等错误观点，体现出对马克思主义理论的无知和偏见。尽管随着时代的发展，社会风云变迁，出现很多马克思当年无法预见的新情况，但是马克思主义的理论观点为人们提供的是一种科学、系统的思维方式、思想观念。因此我们要真正地以马克思主义的基本观点，用马克思主义中国化的最新理论成果习近平新时代中国特色社会主义思想来凝聚力量，教育当代大学生。

（二）创新体制机制，发挥学生榜样先锋作用

要充分发挥高校共青团的作用，使工作方法更多样，应通过团组织更好地使思想引领工作顺利进行。应坚持把学生放在思想引领工作的龙头地位，逐步构建起更具有层次

化、更具有针对性的大学生教育培养机制，有效提高对学生榜样先锋的教育培养效果。[①]

1. 高校要不断完善对学生的培育机制

在学校党委的领导下，团委应注重建立完善系统的大学生骨干培养计划，从基层班团组织中精心选拔政治修养较高的大学生骨干，在其整个大学生涯规划中强化政治思想引领，与其专业学习、社会实践、志愿服务、职业发展紧密结合，形成科学的激励评价机制。同时，在具体落实培养普通青年和青年马克思主义者的过程中，要注重从实际出发。比如，可以通过“青年先锋锻造计划”“卓越人才成长营”等不同的方式使党对一部分优秀青年的思想引领力不断增强。

在目前的高校中，应该更加注重完善对学生的培育机制，通过多种类型的培养方案和培养活动，使大学生的思想沿着正确的方向发展，增强对党的拥护，用正确的理论武装自己。

2. 发挥学生榜样的先锋引领作用

首先，要注重寻找身边的榜样。学生榜样一定要在身边选取，能够让当代大学生感到亲切，又有鲜明的时代特色，并且真正的榜样应该是在平凡中见伟大，能够让大学生愿意追寻着他的脚步不断努力。一方面，学校党委要注重从学校内部选树榜样，通过优秀团员、优秀团干部等的推选，让学生们发现身边的优秀学生，让他们的行动影响广大学生的思想。另一方面，要注重寻找学校以外的榜样，不断挖掘各领域的先进代表，理想信念坚定、有奉献精神的人。在寻找榜样的过程中，要注重典型性，注重平凡生活中的不平凡实例和人物，这样才能引起大家的共鸣。

其次，要注重宣传推广榜样。对榜样的宣传一定要坚持事实就是的原则，不能夸大宣传，任意拔高，让学生们觉得太高、太远，难以接受。在宣传的过程中，一定要用学生们喜闻乐见的方式。一方面，可以选择微博、微信等线上方式，让学生们时时方便学习；另一方面，还要开展各类见面会、报告会、故事汇等，让同学们亲身接触和感受榜样的魅力，这种近距离的接触更可以使大家感受到榜样就在身边，可以增强感染力和说服力。特别是在这个网络媒体快速发展的时代，一定要充分利用新途径加强对榜样的宣传，让同学们感觉到榜样的人格魅力。

同时，还要注重不断增强学生党员的榜样意识、带动意识，使其时刻严格要求自己，走在前列，更好地发挥模范带头作用。当代大学生处于成长阶段，模仿性极强，因此榜样示范带动是一种非常有效的思想引领方式。还可以大力宣传杰出校友的精神与事迹，发挥其榜样示范作用，引导大学生树立正确的思想观念，选择合理的行为方式，形成符合时代精神要求的品质。

(三)从一、二课堂入手，强化思想引领，实现教育对象全员覆盖

当今的大学教育应该更加重视第一课堂和第二课堂相结合，既在第一课堂上加强知识性、理论性教育，又要在第二课堂上不断加强思想引领。

---

① 参见唐海君：《把握大学生思想政治教育创新的立足点和着力点》，载《当代教育论坛》2005年第11期。

1. 强化课堂教育，加强第一课堂的积极引导作用

第一，各级党的领导干部要经常与学生联系。各级领导干部要经常到学生们中去，同他们交朋友，听取他们的意见和建议，关注大学生的思想状况以更好地将学生的思想向正确、积极的方向引导。第二，要注重强化思政课在增强自身对大学生思想引领力的主渠道地位。教师要注重科学设计课堂教学内容，加强以社会主义核心价值观为核心的大学课程建设研究，形成完善的思政课教学体系。尤其是在中国梦的指引下，应更加注重引导学生树立正确观念，为实现中国梦奉献自己的力量。第三，必修课程要切实纳入形势与政策教育。大学课程中要更加注重以马克思主义理论学科专任教师主讲、理论与实践相结合的线上教学与线下教育立体化教学模式；举办“与信仰对话”等报告会等，实现大学生全覆盖、不断线，让同学们参与到思想引领、思想建设的过程中来。

2. 更新教育模式，切实提高第二课堂育人效果

首先，在第二课堂构建主题思想教育活动有着十分重要的意义。一方面，应在第一课堂的理论教育、知识讲授的同时，不断灌输思想政治教育，增强大学生对思想问题的敏感度；另一方面，应注重利用其能够引起同学们共鸣的时间节点，如教师节、“五四”青年节等，开展不同的活动，增强学生们的认同感。

其次，要注重实践育人。学校应充分利用寒假、暑假的时间，组织同学们积极开展社会实践活动，让同学们走进山区、走进农村，以增强同学们的社会责任感。如开展“暑期社会实践三下乡”“选拔优秀毕业生支援西部”等活动，学生们利用假期时间为需要帮助的人多做些力所能及的事。①

最后，要不断开展丰富多样的社团活动。学校通过组织开展不同的社团活动，一方面丰富学生的生活，另一方面通过这些组织增强学生对大政方针的敏感度。比如十九大召开后，学校可以帮助学生成立习近平新时代中国特色社会主义思想研究会，不断增强学生对于新时代、新思想的认识。高校通过举办形式多样、格调高雅的活动来诠释校风的精神内涵，在潜移默化中感染学生，不断提高校园文化对大学生的积极引领作用。

(四)运用大学生喜闻乐见的网络媒体

在这个信息快速发展的时代，大学生的思想深受网络世界的影响。在人人都是自媒体的时代，大学生思想活动的选择性、多样性和自主性日益增强，人际交往和社会活动的模式日趋多样，高校必须认识到这一现实情况，充分利用这一现代化手段，增强对大学生的思想引领力。

针对前文提到的工作方法太过单一的问题，一方面要把第一课堂、第二课堂相结合，另一方面就是要充分发挥网络舆论的积极作用。要充分利用高校的共青团组织，在网络上建立自己的舆论阵地。全力打造共青团及学校党委的工作网站、微信等平台，并且将这些平台充分利用起来，在网络上建立自己的舆论阵地，用正确的方式和具

① 参见张耀灿：《中国共产党思想政治教育史论》，高等教育出版社2006年版。

有引导力的词语和思想宣传中华民族优秀传统文化,用当代大学生喜闻乐见的现代化网络方式,对当今社会的热点问题进行恰当的评析。

(五)发挥高校党委和教师的积极作用

高校党委要提高对思想引领力的认识程度,强化其重要性。要想培养具有高素质、全方位发展的现代化人才,必须使学校党委和教师发挥其对学生的积极教育作用。

高校党委要对大学生的思想问题进行全面管理。一方面,要不断加强高校的基层党组织建设,不断创新自己的工作方式,使党组织更具活力,工作方法更适宜大学生的需要,走进大学生的心中。要想完善基层党组织的工作,就一定要不断完善党员发展工作,使发展方法更加民主,发展的新党员能被同学们信服,这样也有利于新党员开展工作。还要加强对学生党员的管理,他们是大学生,同时还是一名大学生党员,一定要让旗帜亮起来。另一方面,高校党委要把握好学校的办学方向,要让高校真正成为提高大学生素质的坚强阵地,真正为党、为国家培养合格的接班人。同时,为了使高校党委的工作更能走进同学们心中,党委领导人员一定要注意和其他高校的联系和沟通,多吸取别人的长处,在加强对大学生的思想引领力的问题上不断创新思路、转变方法。

教师素质的高低对学生素质的高低会产生最直接的影响,思想引领力问题具有一定的特殊性,不仅需要教材、多媒体等"有形教具",更重要的是利用教育者的思想观念、行为方式等"无形教具"进行培育,教育者必须以身作则,发挥好示范带头作用,自觉认同并践行马克思主义,坚持正确道路,提高综合素质。因此,党要注重创建一支高素质的师资队伍,这是提高党对大学生思想引领力过程中的一项重大任务。

首先,要为教师教学能力与教学水平的发展提供多种渠道。如提供科研经费保障鼓励教师进行科学研究,提倡教师借鉴交流先进教学经验,进行合作探究,从而提高教师的创新能力,使教师在对大学生进行思想教育时有更多的素材、更优的方法。

其次,建立激励机制。运用多种激励手段为教师提高自身素质提供源源不断的动力支持。激励包括物质激励和精神激励,要将两者有机结合。一方面,要适当运用物质激励,因为在市场经济条件下,对物质利益的追求是不可避免的,单方面的精神激励往往难以奏效。党委要为教师解决实际问题,满足教师合理的物质需要。另一方面,高校更要注重精神激励,这种激励形式更为持久。通过颁发荣誉证书、授予荣誉称号使教师获得精神慰藉,获得贡献社会的成就感,这样在教师对学生进行思想教育时就会付出更多的精力。

最后,营造全面思想引领培育氛围,实现全员育人。高校教师应该自觉树立服务育人的意识,引导他们自觉将做好本职工作与提高思想引领力紧密联系,以形成全方位育人氛围。除了教师队伍素质外,全面提高团委、学生处等学生工作人员的素质。

当代大学生作为"两个一百年"历史交汇期的中坚力量,面对其复杂多变的思想政治状况,应当更加注重加强对大学生思想上引领的方向性,使其坚定政治方向,沿着正确的方向发展。

(指导教师:张福记)

浅析自媒体时代政府公信力建设

——基于大学生应对公共事件网络舆情的态度现状

康　惠

摘要：近年来，随着互联网技术日新月异的发展，以信息资源和草根主体为主要特征的自媒体逐渐成为时代潮流。而大学生在面对网络信息爆炸和媒体良莠不齐的情况时，对社会突发公共事件的认知态度呈现出阶段性、主观性的特点，这种认识的出现和发展，既是由于网络技术的不断更新，更是受社会因素所影响。政府作为国家公共行政权力的实际行为主体，加强政府公信力建设成为自媒体时代的新要求。而目前政府公信力面临诸多挑战和困境，如媒体和公众参与政治生活表现出愈加明显的自发性和盲目性，以及大学生群体政治信任程度低等。因此，要从提高以大学生群体为首的政治信任、建立健康有序网络平台、加强制度监督机制以及提高官媒影响力等方面入手，切实加强政府公信力建设。

关键词：自媒体时代；网络舆论；政府公信力；大学生

自媒体以其自身平民化、普泛化、自主化的特点，向用户提供多种分享自己亲眼所见、亲耳所闻事件的网络平台如博客、微博、微信、贴吧等等，成为当今时代最具潜力、发展最迅速的信息传播媒介。《2016 微博用户发展报告》显示：拥有大学以上学历的用户始终是微博的主力用户，占比高达 77.8%。① 这说明，目前大学生作为自媒体时代的主体之一，参与、讨论、见证着信息时代的高速发展。而其中参与突发公共事件网络舆情讨论的大学生，作为高素质、高学历群体的代表，对网络舆情的发展具有一定程度上的导向作用，其对公共事件网络舆情的认知也不同于社会其他群体。

---

① 参见郜书锴、苏柳：《微博舆论场：现状分析与公共治理》，载《浙江传媒学院学报》2016 年第 6 期。

一、基本概念界定

随着互联网技术日新月异的发展和智能手机的普及，尤其是移动数据终端的发展，各种自媒体相继衍生。中国社会科学院 2016 年 6 月 21 日发布的《新媒体蓝皮书》中提到："国家战略持续助推新媒体发展，使其进一步深度嵌入我国社会经济和民生生活，成为影响中国未来发展的重要因素。"且就近些年反腐案件以及各种违规违纪事件的首次曝光平台来看，通过新媒体曝光的数量是传统媒体的 2 倍，说明我们正处于新兴的、发展势头迅猛的自媒体时代当中。

(一)自媒体及其特点

自媒体又称"公民媒体"或"个人媒体"，是指私人化、平民化、普泛化、自主化的传播者，以现代化、电子化的手段，向不特定的大多数或者特定的单个人传递规范性及非规范性信息的新媒体的总称。美国新闻学会媒体中心在"We Media"研究报告中对自媒体有明确严谨的定义："自媒体是普通大众经由数字科技强化，并与全球知识体系相连之后，一种开始理解普通大众如何提供与分享他们自身的事实、新闻的途径。"[①]自媒体平台主要包括：微博、微信、QQ、博客、百度官方贴吧、论坛等网络社区。

与传统媒体相比，自媒体具有以下特点：(1)平民化、普泛化。在自媒体时代，几乎我们每个人都会经历由信息传播的"旁观者"到信息分享的"当事人"这样一个身份的转变，我们可以自主地在媒体上表达自己的观点，分享自己的生活感受，传递自己的人生观、价值观，形成自己的社交网络。(2)简便易操作。互联网让一切皆有可能，我们每个人都可以通过简单地注册用户、设置主页、发布信息，创建属于自己的"媒体"，这一特点也是自媒体一经兴起就发展迅猛的主要原因之一。(3)传播速度快，范围广，影响大。自媒体突破了传统媒体时间和空间的限制，我们可以在任何时间、任何地点更新发展自己的"媒体"，且通过自媒体传播的信息，其发散速度之快、波及范围之广，是传统媒体所无法企及的。(4)成为突发公共事件的首次曝光源。自媒体网络平台上，各种社会公共事件的话题更新频率高、速度快，微博更是每 10 分钟更新一次热点事件，近 2/3 的突发公共事件是通过自媒体首次曝光。

(二)政府公信力

所谓公信力，是指在社会公共生活中，公共权力面对时间差序、公共交往以及利益交换所表现出的一种公平、正义、效率、人道、民主、责任的信任力。公信力既是一种社会系统信任，同时也是公共权威的真实表达，属于政治伦理范畴。

政府公信力是政府依赖于社会成员对普遍性的行为规范和网络的认可而赋予的信任，并由此形成的社会秩序。[②] 政府作为一个为社会成员提供普遍服务的组织，其公信力程度实际上是通过政府履行其职责的一切行为体现出来的。需要注意的是，政府公信力建设不仅仅是政府自己的事，我们每个公民以及各种社会机构组织作为公信

① 陈宪奎、刘玉书：《2013～2014 年中美自媒体研究和比较分析》，载《新闻与传播研究》2015 年第3 期。

② 参见温新荣：《提升地方政府应对网络舆情的能力》，载《新闻战线》2015 年第 7 期。

力建设的受益者，更应该在各自的领域，运用自己的力量，通过各种活动来促进政府公信力的提升。

二、大学生应对突发公共事件网络舆论的认知态度分析

目前在校大学生关注的社会热点话题主要有：时政新闻、政府机关和司法部门的渎职问题、食品安全、交通安全等。这些都是与大学生自身利益关联程度较高的话题，具有较为广泛的关注群体和受众群体。而突发事件具有的突发性、破坏性、刺激性等特点，容易使其成为社会尤其是以大学生为主体的关注焦点，相关新闻报道便成为各大媒体的主要信息来源。

以于欢事件为例：2016年4月14日，22岁的于欢在母亲和自己被催债人长达一小时的侮辱后，情急之下用水果刀致4人受伤。其中一人休克死亡。2017年2月17日，山东某市中院一审以故意伤害罪判处于欢无期徒刑。2017年3月，媒体报道引起社会广泛关注，"刺死辱母者"更成为全民话题，仅10小时参与话题量就达到81038553人，澎湃新闻、《新京报》、《北京青年报》、新华每日电讯等报刊社论也发表了侧重各有不同的观点评价。[①] 以大学生为主体的网民群体更是使话题量居高不下，各种关于此次事件的话题刷爆了朋友圈、博客、微博等大众媒体，转发、评论数量更是在短时间内就达到上亿条。

面对这种突发公共事件，高校大学生的态度立场主要表现为以下三种：(1)围观。在事件尚不明晰、细节还未曝光时，各种网络信息就已经爆炸式地进入人们视野，出于好奇和从众心理，大部分大学生开始关注微博大V，了解事件始末，追究事实真相，根据"大流"形成对事件的初步认识。(2)盲从。由于大学生群体政治信任程度低，对政府做出的行为和决策往往带有疑虑，当社会公共事件发生的时候，比起关注官方报道，更容易相信一些博主、大V们的转帖评论，进而盲目跟从，甚至存在故意带话题博眼球的现象。(3)反思。只有少数人能够根据事情发展的始末，了解政府及相关部门正在或已经采取的措施，关注官方媒体的报道，形成自己较为客观公正的看法，并尽力引导网上"一边倒"的舆论向正轨靠拢。

在这个"人人即媒体"的时代，民众话语权得到伸张，"有话要说"的人越来越多，在个体声音得到充分表达的同时，势必也会让一些与宪法、社会道德规范相悖的信息得以散播。规范自媒体运行机制，引导网络舆论健康发展，需要政府发挥关键作用，而其中一项重要的力量来源便是政府公信力。

正如任何事物的发展都是一个曲折前进的过程，自媒体时代建设政府公信力仍然面临诸多挑战。首先，网民规模不断扩大带来许多不确定因素。第39次《中国互联网络发展状况统计报告》显示，截至2016年12月，我国网民规模达7.31亿，互联网普及率为53.2%；手机网民规模达6.95亿，占比高达95.1%。[②] 各种"草根"用户在网络这

① 参见李晓鹏：《于欢案热议　法治共识不应羞辱》，载《新农村商报》2017年3月29日。

② 参见《第39次〈中国互联网发展状况统计报告〉发布》，载《新闻战线》2017年第2期。

个“随心所欲”的空间里表达自己的观点，不乏批判性、非理性的一些言论。且“人人即媒体”的时代使每个人都是新闻的传播者，大量的网民以及其中一些影响力较广的博主、大V的存在，使社会公共事件更容易在政府还未采取措施甚至“被通知”的情况下被曝光，从而引起波及范围较广的社会舆论。其次，民众政治信任程度较低，尤以大学生群体为突出。《2016年中国网民的政治信任度报告》显示：当大学生回答“遇到利益冲突时，你认为什么途径能够有效解决问题”时，选择媒体的比例达到37.9%；其次才是政府机关，占总数的23.7%。① 数据表明，当代大学生政治信任受复杂多变的媒体环境影响而程度较低，具体表现为政治认识模糊，政治情感淡漠，政治意识不足，政治行为不为，尤其表现在对高校思想政治课不感兴趣，甚至厌烦。大学生政治信任的流失，不利于教育和科技的发展，所以有必要建设和提升政府公信力，调动青年学生的自主性和积极性，支持和推动政府工作的进展。

三、自媒体时代下政府公信力建设现状分析

2005年国务院《政府工作报告》中首次明确提出政府公信力建设这一重要命题。自媒体时代，政府公信力建设在采取诸多措施的同时仍面临挑战。

（一）政府公信力建设举措

1. 四位一体，加快政府职能转变

新常态背景下，国务院总理李克强在2015年《政府工作报告》中提出，要加快建设法治政府、创新政府、廉洁政府和服务型政府。即以更加公开透明的政府面貌赢得公众更多的理解、支持，并运用主要新闻媒体及时发布信息、解读政策，引领社会舆论，发挥政府网站“第一平台”的作用，增强政府执行力和公信力，促进国家治理体系和治理能力的现代化。这四个方面同为一体，又各有侧重，共同致力于提高新时代要求下政府公信力水平。

2. 传承创新，调动一切可用资源

2016年《政府工作报告》在深入开展“三严三实”专题教育的基础上，进一步强调要加强政府自身建设，面对异常艰巨复杂的时代发展情况，更要坚持依法履职、廉洁履职、勤勉履职的服务型政府建设。既要充分发挥传统媒体的既有作用，更要重视新兴媒体的传播影响，指出：政府工作人员要恪尽职守、主动作为，利用好网络平台，及时回应社会关切。各部门主要负责人要主动及时接受媒体采访，表明官方立场态度，发表权威正能量声音，做好“第一新闻发言人”。

3. “四意”同心，加强公信力法制保障

2017年国务院提请全国人大常委会审议制定行政法规8件，旨在推进政府建设。面对改革进入攻坚期，影响社会稳定发展的因素增多的情况，《政府工作报告》提出，在坚持党的领导，牢固树立四个意识即政治意识、大局意识、核心意识、看齐意识的基础上，加快转变政府职能，提高行政效能。社会各个领域的高素质、高学历群体不仅要在

---

① 参见《〈中国网民的政治信任度报告〉：网民对地方政府的信任度最低》，载《新闻记者》2016年第10期。

行动上与党中央保持一致,更要在思想上成为促进服务型政府建设的领头人,中央、地方、民众共同致力于政府公信力建设。

(二)政府公信力建设仍然面临很多挑战

1.公共事件的突发性以及自媒体的独特新闻源使政府处于被动状态

信息共享作为自媒体时代最突出的特征之一,使一些公共事件在发生后的第一时间甚至是没有发生就被媒体曝光。从近些年影响较大的社会舆情事件的传播时效性来看:52.5%的舆情事件在发生后的1天内便被媒体曝光,13.1%的事件是发生后当即就被曝光,其中5%的事件是在尚未发生便被曝光。[①] 这在无形中将有关地方政府推向被动的局面。另外,自媒体的出现打破了以往传统媒体关于时间和空间的限制,用户既是新闻的采集者,也是新闻的传播者,在任何时间、任何地点发生的具有“爆点”的事件都有可能在网上引起讨论,进而形成网络舆情。而往往这种突发性事件的视频材料是主流媒体无法企及的,传统意义上的“受众”成了“新闻源”。在最近热播的电视剧《人民的名义》中,大风厂股权纠纷事件,在地方政府还没有察觉的时候工人反抗行为已经爆发,并且照片和视频迅速上传到网络,等相关部门赶赴现场了解情况之后,网络舆论往往已经将事件发酵到高潮阶段。再比如于欢事件,一审判决公布结果使当事人和知情人无法接受,事件始末被传到网上,网民从对讨债者的指责到追究警察的责任,波及范围之大、群体之广使网络舆情迅速形成,一夜之间将政府推向风口浪尖。

2.网络信息传播渠道扩大化、多样化对政府提出更高要求

《2016年中国社交应用用户行为研究报告》指出,了解新闻热点和关注感兴趣的内容成为应用社交软件的主要目的,分别占64.3%和59%;QQ、微信、微博、陌陌等即时通信工具的使用率高达90.7%,其中微博在“及时了解新闻热点”“发表对新闻热点事件的评论”“关注感兴趣的内容”等方面都是用户首选的平台。[②] 用户通过点赞、评论、转发提高阅读量和话题量,也可以自主成立“媒体”,当媒介的主人,发布的信息绝大多数也是按照自己的意愿随心所欲地编辑。不仅如此,贴吧、博客、论坛、社区都日渐成为自媒体时代人们交流信息、发表观点的渠道选择,而其中不乏网络舆情产生爆发的来源,政府往往对这些新兴平台的运行缺乏认知和管理能力。

3.有关部门缺乏处理网络舆情的相关机制

任何事件的产生发展都有自己的规律,只要采取相对应的机制措施,就可以有效控制突发公共事件的恶性发展。虽然中央机关制定了有关网络管理和信息安全等方面的办法或者规定,对公共事件的应对和处理提出了指导性意见,省政府根据具体情况也向地方政府要求制定针对网络舆情的应急预案,但往往是地方政府缺乏完整的应对机制和相关队伍。在公共事件处于萌芽阶段,地方政府没有准备应对措施,在事件爆发之后,通常采取删帖、删评论、控制有关媒体的措施来抑制事件的发酵,事实证明,这样做反而会适得其反。例如2016年常州外国语学校污染事件,在央视新闻报道之

---

① 参见谢耘耕:《中国社会舆情与危机管理报告(2016)》,社会科学文献出版社2016年版,第14页。

② 参见《〈2016年中国社交用户行为研究报告〉发布》,载《新闻战线》2017年1期。

后才真正成为舆论的焦点，在此之前，家长曾多次在贴吧、微博、微信公众号等平台曝光，但都被当地政府采取手段抵制，直至数百名学生被检查出身体异常，央视再一次曝光，事件才得到重视和处理。[①] 但是引起的网络舆情却大大损伤了政府的公众形象和政府公信力。同时，自媒体时代不仅对转变政府职能提出了要求，更需要政府站在风暴中心的时候能够从容应对。而在现实生活中，政府由于对现代媒体的传统看法的束缚，缺乏相应的处理经验和人才队伍，在面对网络舆情的时候，往往不知如何自处。

4. 官方媒体对受众的影响力下降

自媒体时代，各种不同的信息来自四面八方，“主流媒体”的声音逐渐变弱，人们不再接受被一个“统一的声音”告知对与错，而是从自己获得的信息中作出对事物的判断。但自媒体“良莠不齐”和“网络移植”的现象导致网络虚假信息滋生，为了博取受众眼球，一些媒体刻意传播没有经过调查核实的信息，一般民众很难区分真假。在公共事件发生时，民众往往被一些只追求发布速度和点击量而忽略新闻真实性的媒体占据了视听，而政府在应对突发公共事件时，往往会出现不及时或不迅速的现象，在很多情况下，政府还没来得及采取措施，各种负面新闻就已经充斥网络，这不仅仅影响政府处理事件的进程，更降低了政府在公众面前的影响力和公信力。

四、重塑政府公信力的对策建议

目前，我国正处于转型时期，各种利益矛盾凸显，以互联网为主要载体的网络舆情，使政府陷入公信力建设困境的同时，也给政府重塑公信力带来契机。

（一）提高大学生群体为主的政治信任程度

高校大学生自身高素质、高学历的特点使其政治信任仍处于较高水平，且其政治信任受媒体环境和教育因素的影响较大。目前网络信息海洋中不乏片面、虚假的信息，有些媒体为过分追求新闻发布速度和点击量，罔顾新闻事实，甚至失去自身的道德底线，蓄意造谣和诽谤。大学生作为社会建设的先锋部队，要使其在信息海洋中不迷航，必须进行规范引导。

首先，要加强网络信息资源管理，建设健康、有序的网络平台。自媒体的发展，使人们由信息传播的“旁观者”转变成为“当事人”，它能够将信息迅速地传达给受众，受众也能及时作出反馈，形成自媒体和受众之间零距离的交互效应。这就要求政府正视网络舆论的监督责任问题，关注社会热点话题，了解网民心态，准确把握舆情脉搏，改变以信息垄断的方式进行网络管理的习惯，而通过发挥信息资源优势，积极引导舆论走向。其次，要从高校思想政治教育课入手，改变传统思想政治教育的方式，注入时代创新元素，吸引学生的好奇心和注意力，并结合现代教育技术，帮助学生形成对待公共事件、参与政治生活的正确态度，学习在自媒体这个言论最大化自由的地方如何负责任地进行表述。思想政治教育在满足学生获取知识的需求的同时，强化对其进行社会责任感和集体主义思想教育，增强自身民族自信心和自豪感，重塑他们的政治信任。

① 参见侯春平：《学校公共设施及污染致学生损害的法律分析》，载《人民教育》2016 年第 9 期。

（二）建立完整配套的网络舆情处理机制

政府作为行政主体，必须坚持"有法可依，有法必依，执法必严，违法必究"的原则，做到依法行政是提高政府公信力的要求之一，这在侧面也反映出政府要建立处理社会公共事务的相关法律法规，推进网络舆论法制化建设。目前，我国针对网络谣言的法规很少，甚至被一些地方政府忽视，所以在制定相关法律法规的时候，多一些关于网络舆情事件的预防和处置的规定，各地方政府也可以根据当时当地舆情事件的具体情况制定相应细则。关于责任追究，一方面，要落实政府在处理社会舆情时的行为和责任，若有违反相关规定的现象，要及时依法处理；另一方面，要对目前处于初级发展阶段的自媒体进行规范引导，提供自媒体运行平台监管条例，坚决打击网络造谣诽谤行为。[①]作为大学生群体，针对发生在身边或网络上的社会公共事件，要做到不传谣、不信谣、不围观、不拍照、不在网上发布任何不负责任的信息言论等，并支持遵从政府制定的一些法制法规。

（三）建设应对网络舆情的人才队伍

在应对网络舆情方面，政府通常是在事件发生之后才在各个部门抽调相关人员成立应急事件小组，在事情解决之后小组随即解散。在目前这个网络舆情随时可能发生的时代，这样做无疑会给公众一种敷衍了事的感觉，对政府公信力也会产生极为恶劣的影响。因此，政府应该设立应对网络舆情的专门小组或部门，积极主动地面对网络舆情，专业人才队伍可以包括：信息收集汇总人员、信息处理分析人员、与媒体沟通联络人员、新闻发言人等。通过专业人员的解释和官方媒体渠道向群众答疑解惑，同时也要不断完善自身素养，时刻关注网络信息，明确应对网络舆情的正确态度和处理手段，积极引导舆论，掌握话语权，在应对重大突发事件时还可以由医生、学术专家直接参与公共事件的处理过程，这样才能提高公众对政府的信任度。

（四）强化官方媒体的政治影响力

虽然目前基本上所有政府部门都开设了官方微博、微信公众号，但却收效甚微。由于部分网站信息发布、更新较慢，或者更新的信息也只有寥寥几字，有些政府的网站甚至出现"休眠"现象，完全不能够满足自媒体时代人们日益增长的信息化需求，这使政府的公信力大打折扣。在应对公共事件的时候，一味规避话题，只会使一些媒体断章取义、歪曲事实，让造谣诽谤者有可乘之机，所以政府应保持积极主动的态度，发挥官方媒体的政治影响力，利用政府网站发布真实及时的信息，采取直观、感性、幽默的语言方式，加强与民众的交流互动，传播官方主流观点和看法，积极引导舆论走向，重新掌握舆论的主导权。必要时可以寻求与正规媒体的合作，借助其对信息反馈及时的优势，第一时间了解突发公共事件的信息并向社会公布，提高政府公信力和执行力。大学生更是可以利用自身接触了解新兴媒体程度深的特点，在看到网络负面信息时及时关注事件发生发展的过程，并且可以通过"@"官方媒体平台，发布有理有据的博文，或者向网络平台举报投诉一些发散不实信息的用户和媒体。

---

① 参见尚红利：《自媒体时代网络舆情政府治理的困境及其消解》，载《行政论坛》2016年第3期。

“使命重在担当,实干铸就辉煌。”随着民众政治参与意识的不断提高、互联网技术的飞速发展,网络舆情逐渐成为加强政务工作需要格外注意的方面。由于目前我国正处于转型时期,各种利益矛盾急待调整,民众对政府不信任以及政府自身不作为的情况使政府陷入公信力建设困境。为建设新常态背景下政府与民众公开对话的机制,本文在分析政府公信力建设面临诸多挑战的基础上,从提高政治信任、完善制度建设、提供专业人才、打造新型媒体等方面提出相应对策。本文也存在一定局限,只是列举了基层政府在面对网络舆情时应采取的一些措施,没有能够根据各地方政府公信力建设实际情况进行讨论。因此,还需进一步挖掘研究,切实从实际出发,重塑政府公信力建设。

（指导教师:孙余余）

湖湘文化对青年毛泽东伦理观之影响探析

翁欣瑜

摘要：湖湘文化具有丰富内涵，对青年毛泽东的伦理观影响颇深。湖湘文化之多元思想和湖湘人之身体力行激起了青年毛泽东的爱国主义情怀。湖湘文化中的“民本”思想和湖湘之现实因素推动了青年毛泽东群众观的形成。湖湘多元的思想文化和湖湘的社会状况促使了青年毛泽东道德观的构建。

关键词：湖湘文化；青年毛泽东；伦理观；影响

湖湘文化是一支在湖南范围内形成和发展起来的集中华文化与区域文化、东方文化与西方文化、湖湘实情与湖湘思想为一体的独具特色的多元区域文化。湖湘文化源远流长、博大精深，具有探本求源、爱民忧国、通经致用、兼容并蓄、勇敢尚武、敢于任事、开拓创新等丰富内涵。一个人伦理观的形成与自身经历和生活环境息息相关，青年正是塑造伦理观的关键时期。青年毛泽东从 1910 年前后离开韶山到 1920 年夏真正转变为一名马克思主义者，其伦理观的形成与发展也在有形无形之间受到具有丰厚底蕴的湖湘文化的影响。

一、湖湘文化对青年毛泽东爱国主义思想的影响

青年毛泽东具有集爱国、忧国与救国为一体的爱国主义思想，他既心系国家、立志报国，又在实践中积极努力地寻求着救国治国之路。毛泽东的这一爱国主义思想并非凭空产生，它既受到湖湘多元之思想精神的启发，又受到湖湘人之身体力行的触动。正是在湖湘精神的熏陶以及湖湘人的影响之下，他催生出了强烈的爱国主义情怀与信念，激发起了对救国救民的革命道路的思考与探索。

（一）湖湘文化之多元思想引发毛泽东对爱国救国之思考

湖湘文化具有丰富的精神内涵，其爱国主义精神使青年毛泽东具备了爱国救国之意识，而“探本求源”之精神更是为毛泽东找寻一条爱国救国的正确道路指明了方向。

湖湘学者之爱国思想激起了毛泽东爱国救国之意识。湖湘人多以天下为己任，有强烈的爱国主义思想、民族忧患意识与崇高的社会责任感。古有屈原一句“帝高阳之苗裔兮，朕皇考曰伯庸”道明自己忠君爱国之责任，一句“指九天以为正兮，夫唯灵修之故也”道尽自己对于国家兴旺之愿望，一句“举贤而授能兮，循绳墨而不颇”道出自己所得的爱国之方法；而近代亦有魏源一句“读史筹边二十年，撑胸影子是山川”以扬自己赤诚的爱国之心，一句“中国智慧，无所不有，历算则日月薄蚀，闰余消息，不爽秒毫”以示强国之信心，一句“以实事程实功，以实功程实事”以呈治国之方法。[①] 有其师杨昌济“吾人求学海外，欲归国而致之用，不可不就吾国之情形深加研究，何者当因，何者当革，何者宜取，何者宜舍，了然于心，却有把握，而后可以适合本国之国情，而善应宇宙之大势”[②]的何以救国的思想指导。毛泽东深受湖湘爱国志士之感染，他高度评价湖湘人民的爱国精神，曾以“不仅是古代的天才歌手，而且是一名伟大的爱国者，无私无畏，勇敢高尚，他的形象保留在我们每个人的脑海之中”[③]来赞扬屈原。而在湖湘文化氛围的浸染之下，在其师杨昌济的教导之下，青年毛泽东更是将这一思想内化到自己的思想与行为之中。他与他之前数不尽的湖湘志士一样，敢于在民族危亡之际在《湘江评论》上发出“天下者，我们的天下；国家者，我们的国家；社会者，我们的社会；我们不说，谁说？我们不干，谁干？”的大声疾呼，亦勇于在国家存亡之际，思考如何走出一条正确的救国之路。

湖湘“探本求源”之精神引发了毛泽东对救国道路之思考。湖湘知识分子多喜探求本源、把握规律，并以此来引领人生的发展方向。古有屈原对天、地、自然、社会、历史、人生之一百七十三问，开启了对本源的求索；有周敦颐“无极而太极。太极动而生阳，动极而静，静而生阴。静极复动。一动一静，互为其根；分阴分阳，两仪立焉。阳变阴合而生水火木金土，五气顺布，四时行焉。五行一阴阳也，阴阳一太极也，太极本无极也”[④]的对宇宙本源、世界本体之阐述；亦有曾国藩之“天地万物，皆物也。日用常行之事，皆物也。格者，即格物而穷其理也”[⑤]、谭嗣同之以“以太”为万物“原质之原”进而提出“以太为性”之观点、杨昌济之《达化斋日记》和其他哲学著作中对本源问题之探讨。而湖湘学者中大多具备的“探本求源”精神也被青年毛泽东继承，并进一步运用于救国之路的探索之中。毛泽东的青年时期多在湖南度过，深受学校风气、社会地域文化的感染。此外，在老师杨昌济的影响下，毛泽东对湖湘文化产生浓厚的兴趣。他在湖南一师求学期间曾多次到船山学社聆听湖湘人士关于王船山思想的演讲，并对相关书籍有着广泛的涉猎。他乐于探讨有关“本源”之问题。他曾在文稿中写道：“夫本源者，宇宙之真理。天下之生民，各为宇宙之一体，即宇宙之真理，各具于人人之心中。

---

① 参见唐凯麟：《湖湘学术开生面，睁眼世界第一人——试析魏源的爱国主义思想》，载《文史博览》2005年第6期。

② 王兴国：《杨昌济文集》，湖南教育出版社1983年版，第199页。

③ 参见郑久芳：《屈原的爱国精神与毛泽东的爱国主义》，载《湘潮》2016年第7期。

④ （宋）周敦颐：《太极图说》。

⑤ 《曾国藩家书》。

虽有偏全之不同，而天下之心皆动，天下之事有不能为者乎？天下之事可为，国家有不富强幸福者乎？"[①]并进一步思考，提出了"从哲学、伦理学下手，改造哲学，改造伦理学，从根本上变换全国之思想"[②]的主张。青年毛泽东在湖湘文化的影响下形成了"探本求源"之精神，并将其运用于国家与民族兴亡的问题之上。在这种精神的指导下，他学会从"本源"来思考现存之问题，探寻一条适合国情的爱国救国之路。

(二)一代代湖湘人之身体力行激起毛泽东之爱国情怀

湖湘人的爱国精神并非只是停留在思想情感的抒发之上，而更是用于实际行为的指导之中。由古至今，一代代湖湘儿女之所作所为对毛泽东爱国主义思想的树立影响颇深。

毛泽东受古代湖湘学者之触动。战国时期，有屈原被放逐却仍心系国家，一首《离骚》道尽忧国忧民之赤诚之心；汉初，有贾谊被贬长沙却真心不改，一篇《治安策》居安思危，切中时弊，心系国事；北宋，有胡安国筑碧泉书堂著书讲学，续撰《春秋传》，借《春秋》之意，不拘章句训诂；南宋，有胡宏身虽在野，却心系社稷，一封《上光尧皇帝书》陈王道之本，明仁义之方，满心国家；明末清初，有王船山抗满失败隐山著书，提"三义""三罪"，扬民族大义，显爱国之心。这些心忧天下之文人志士对自幼酷爱读书的毛泽东产生了深刻的影响。他17岁受屈原影响，一篇《言志》被湘乡东山学校录取。在湖南一师求学时他所做的《讲堂录》笔记中更是全文抄录了屈原的《离骚》与《九歌》。此外，他以独特的方式——诗词来悼念先人，以其为榜样，继承与宣扬他们的爱国主义思想。他在《七绝·咏贾谊》中用"少年倜搅廊庙才，壮志未酬事堪哀。胸罗文章兵百万，胆照华国树千台"来歌咏贾谊。他在《送纵宇一郎东行》中用"年少峥嵘屈贾才，山川奇气曾钟此。君行吾为发浩歌，鱼昆鹏击浪从兹始"为罗章龙送别。他亦在《七绝·贾谊》中用"贾生才调世无伦，哭泣情怀吊屈文。梁王坠马寻常事，何用哀伤付一生"点明自己乐观进取的人生态度。青年毛泽东在古代湖湘学者之思想熏陶下，在潜移默化中形成了自己的爱国思想，并在字里行间充分流露。

毛泽东受近代湖湘儿女之直接影响。杨昌济先生曾言："近岁革新运动，湘人靡役不从，舍身殉国，前仆后继，固由山国之人气质刚劲，实亦学风所播，志士朋兴。"[③]的确，自革新运动之始，湖湘儿女便前仆后继地为救国而做出一系列的抗争。有魏源愤于外敌欺凌、民族受辱之现实，撰《海国图志》以求"以夷制夷"之良方；左宗棠"身无半亩，心忧天下"，白首依然临边，收复大好河山；亦有谭嗣同牺牲自我以兴中国近代革新之事业；黄兴率领资产阶级革命派积极抗争，虽屡次战败，却毫不气馁，不懈奋斗；更有石润山愤于日本侵略之行径，作《救国刍言》以扬爱国之心，求治国之道；杨昌济变法失败出国留学，以赤诚之心感化青年，扬爱国精神与社会责任。而这些湖湘爱国之士，这些发生在毛泽东身边的爱国故事更是直接激发了其爱国救国之心。《西行漫记》中曾

① 中央文献研究室编：《毛泽东早期文稿》，湖南人民出版社2008年版，第73页。

② 中央文献研究室编：《毛泽东早期文稿》，湖南人民出版社2008年版，第73页。

③ 王兴国：《杨昌济文集》，湖南教育出版社1983年版，第351页。

记录了毛泽东在长沙的这样一段回忆："当我在长沙的中学读书时，我第一次读到报纸，报名《民力》，是民族主义派的革命的报纸，里面有反抗满清的广州起义及在湘人领导下七十二烈士就难的情形。我读了以后，极为感动。"[①]毛泽东亦深感于湖南一师教员石润山《感言》中对日本侵略之行径的痛慨，主动与同学们"爰集资刊印此篇"[②]以唤起人们的爱国之心，并作"五月七日，民国奇耻。何以报仇？在我学子"[③]于封面以述救国之己见。在近代湖湘革命者形式各异但精神不改的实际行动中，毛泽东在听闻与参与过程中，爱国主义思想被直接激发并不断深化。

二、湖湘文化对青年毛泽东群众观的影响

青年毛泽东具有集为民、利民与重民为一体的群众观，他既心怀人民、以人民利益为重，同时又看到了人民群众在革命中所具有的无可比拟的作用。此种群众观的形成与湖湘文化之重民利民的人本思想、湖湘学者的影响、湖湘地区民不聊生的惨淡现状以及毛泽东农民子弟的身份是分不开的。

(一)湖湘文化中的"民本"思想强化了毛泽东之重民思想

湖湘文化讲求重民，这一思想对青年毛泽东的群众观影响颇深，促使着青年毛泽东"重民""为民""利民"的群众观的形成与加强。

其一，湖湘文化中所继承的儒学思想促使着青年毛泽东群众观的形成。湖湘文化作为中华文化的一部分，深受中华文化中儒学思想的感染，强调重民。自孔子以来，"民本"思想就在被不断地强调。孔子强调"仁者爱人"，要求统治者对人要仁。他说："道千乘之国，敬事而信，节用而爱人，使民以时"[④]，主张把"爱民"作为治国的一项基本内容。而后，有孟子"民为贵，社稷次之，君为轻"之仁政思想，有荀子以君舟民水为喻强调"爱民""利民"，亦有贾谊"民无不为本"之民为万世之本的思想，等等。此种儒学价值观中的"民本""人本"思想，是中华文化的组成要素，同样也是湖湘文化的重要内容，青年毛泽东深受这种思想的影响。他 8 岁入私塾，每日早晚干活，白天读儒家著作，一直到 13 岁。他说："那时候很相信孔夫子，还写过文章。"[⑤]而后，杨昌济先生"在堂上讲课，在课外辅导，将儒家学说讲得很活，不厚古薄今，而是古为今用"[⑥]，更是直接影响了毛泽东，使其一生的治学行事都十分受益。而在影响毛泽东的儒学思想中，自然就有"重民""爱民"之思想。他在《讲堂录》中就曾根据《尚书》的"天视自我民视"之思想写道："人心即天命，故曰天视自我民视。天命何？理也。能顺乎理，即不违乎人；得其人，斯得天也。然而不成者，未之有也。"[⑦]足见儒家思想对其群众观之影响。

---

① 斯诺、萧三等：《早年毛泽东》，三联书店 2011 年版，第 11 页。

② 张仲举：《毛泽东诗词全集译注》，陕西人民出版社 1999 年版，第 320 页。

③ 张仲举：《毛泽东诗词全集译注》，陕西人民出版社 1999 年版，第 319 页。

④ 《论语·学而》。

⑤ 李锐：《毛泽东早年读书生活》，万卷出版公司 2015 年版，第 3 页。

⑥ 李锐：《毛泽东早年读书生活》，万卷出版公司 2015 年版，第 14 页。

⑦ 《毛泽东早期文稿》，湖南人民出版社 2008 年版，第 531 页。

其二,湖湘学者之重民思想促使着青年毛泽东群众观的形成。"民为邦本"是湖湘文化自身发展起来的重民思想的重要内容。自古以来,湖湘的文人学者多留心于经邦治国、济世安民之道。古代湖湘文人中就有屈原曾在《离骚》《九章》等作品中反复谈到"民":"瞻前而顾后兮,相观民之计极","愿摇起而横奔兮,览民尤以自镇",无不强调解决民生疾苦问题、致民于康乐之境的重要性。此外,胡宏亦有言称:"养民唯恐不足,此世之所以治安也,取民唯恐不足,此世之所以败亡也"①,强调治道当以恤民为本。近代以来,更是有部分湖湘学者讲求人民之重要性:有左宗棠"为政先求利民,民既利矣,国必与焉"②之利民思想;有谭嗣同"君末也,民本也。君也者,为民办事者也;臣也者,助民办事者也"③之民本思想;亦有黄兴"为大多数人谋幸福"④之重民思想。毛泽东深受湖湘学者思想的影响,在老师杨昌济的教导与自己的广泛阅读中,接触到了杨昌济的进步思想以及许多优秀的湖湘传统思想。杨昌济先生自幼受到中国传统文化的熏陶,有着深厚的传统文化造诣,他对谭嗣同、曾国藩等人十分推崇,曾接受了谭嗣同的维新主张和"以民为主"的民主思想。在杨昌济先生的影响之下,毛泽东对湖湘大家的思想有了较为浓厚的兴趣,继承了湖湘文化中所蕴含着的"为民""利民"之思想,学会了以"能顺乎理,即不违乎人"为标准来判断事物是否合理。同时,杨昌济先生对于"民"又有着自己独到的见解,他认识到,"重民"不仅包含着"以民为主",更是包含着"变之自下者,效迟而可久"⑤的下层小民在推进变革的过程中能够发挥重要作用的思想。这一思想亦影响着毛泽东,促使他在革命过程中较早地认识到人民群众的重大力量与重要作用。十月革命和五四运动的成功,促使他产生了《湘江评论》创刊宣言中阐明的"民众联合的力量最强"的思想。

(二)湖湘地区之现实因素塑造了毛泽东对人民群众的阶级认知与阶级情感

湖湘地区人民生活之困苦现状、人民之反抗、反抗事件的后续处理以及毛泽东自身的身份与经历,这种种现实因素共同塑造着青年毛泽东的阶级认知与阶级情感。

第一,湖湘地区条件落后,人民生活困苦且备受欺压,激起了毛泽东以"民"为出发点的对战争以及军阀的声讨。在毛泽东的青年时期,湖湘地区和中国大多数地区一样惨受封建主义、殖民主义、官僚资本主义这"三座大山"的压迫,地区发展落后,人民生活困苦。由于深处内陆这一不利的地理位置以及军阀的割据与压迫,人民的生活负担变得更加的沉重。毛泽东对此状况深有所感,在其早期的文稿《湘人控张敬尧十大罪》中,揭露批判了张敬尧的一系列罪行。无论是"凡此纵兵殃民之结果,以致农不得耕,商不得市"⑥、"张督到湘,废湖南银行,改设裕湘银行,吸收现金"⑦以至"金融枯塞,无

① 参见沈文玗:《毛泽东思想活的灵魂中的湖湘文化元素》,载《社会科学家》2014年第9期。
② 杨东梁:《"千秋独有左文襄":历史上的左宗棠及其功绩》,载《光明日报》2016年4月9日。
③ 参见周辉湘:《船山学复苏与戊戌思潮》,载《船山学刊》2004年第3期。
④ 李伟:《湖湘传统文化对青年毛泽东伦理观的影响》,华中师范大学硕士学位论文,2004年,第17页。
⑤ 李锐:《毛泽东早年读书生活》,万卷出版公司2015年版,第113页。
⑥ 中央文献研究室编:《毛泽东早期文稿》,湖南人民出版社2008年版,第591页。
⑦ 中央文献研究室编:《毛泽东早期文稿》,湖南人民出版社2008年版,第591页。

以为生”[①]，还是“伪造民意，破坏团体，供一己利用”[②]、“兵复生计萧条，民田所入，不给正供，而张督坐收厚赃不顾民瘼”[③]，皆是以人民为出发点对张敬尧进行的声讨。生活十分贫困，人民惨遭欺压……这种种现状加之其本身所具有的爱国主义情怀让青年毛泽东不自觉地站在穷苦人民一边，从人民群众的角度出发来看待问题、思考问题和解决问题。

第二，革命志士之实际行动、人民群众之反抗力量以及对人民群众反抗运动的残忍镇压亦是激起青年毛泽东“重民”之群众观的因素。首先，革命志士对毛泽东之群众观影响颇深。毛泽东曾说：“呜乎湖南！鬻熊开国，稍启其封。曾、左吾之先民，黄、蔡邦之模范”[④]，以表达对为国为民的革命志士之敬佩。他亦在《商鞅徙木立信论》中言：“法令者，代谋幸福之具也”[⑤]，以述法之重要性、扬为民谋福之心。其次，群众力量对毛泽东群众观有一定的影响。湖南人民为了打倒“三座大山”的压迫所进行的抗争运动不胜枚举，长沙饥民暴动、驱张运动、湖南保路运动等群众运动，无不显示着人民联合抗争之强大力量。其中，五四运动的胜利加之此前俄国十月革命之胜利更是让青年毛泽东看到了人民群众之伟大力量。这一现状、这一认知促使他产生了《〈湘江评论〉创刊宣言》与《民众大联合》中所阐明的民众联合才是最强力之思想。最后，抗争运动过程中遭到的血腥镇压同样对毛泽东之群众观有着巨大的影响。毛泽东曾回忆称，1910 年长沙饥民暴动遭反动政府血腥镇压一事带给他巨大震撼，称“这件事影响了我的一生”[⑥]。在这件事情后，毛泽东开始有了基于人民群众理解和同情上的政治觉悟。

第三，毛泽东自身的农民子弟身份，以及所得之经历间接促使毛泽东农民情结、人民情结的产生。首先，毛泽东出身于农民家庭，父母均为普通农民，自小从事农事劳动。其自身之经历以及父母身上所具有的勤俭节约、善良朴实、乐于助人的农民品质影响着青年毛泽东对于农民的认知，促使他能在思想的确定与行为的选择中始终不忘农民，关心、爱护着农民。其次，毛泽东在湖湘这片土地上读了六年的孔夫子，深受传统儒家思想的影响，这激起了青年毛泽东对最底层的广大人民的深刻同情。最后，毛泽东求学期间的经历也感染着他。毛泽东曾回忆称，在湖南徒步游历期间，“乡下人给我们吃饭和睡觉的地方；不论我们到达什么地方，总是受到欢迎和善遇”[⑦]。事实上，这一深入农村的经历让他更加了解农民的生活以及农民的品性。毛泽东农民之身世以及此后之经历无不激发着他农民情结、人民情结的产生与深入发展。

三、湖湘文化对青年毛泽东道德观的影响

青年毛泽东具有集自我实现、利他与利己为一体的道德观，他既将道德视为自我

---

① 中央文献研究室编：《毛泽东早期文稿》，湖南人民出版社 2008 年版，第 592 页。

② 中央文献研究室编：《毛泽东早期文稿》，湖南人民出版社 2008 年版，第 593 页。

③ 中央文献研究室编：《毛泽东早期文稿》，湖南人民出版社 2008 年版，第 593 页。

④ 中央文献研究室编：《毛泽东早期文稿》，湖南人民出版社 2008 年版，第 441 页。

⑤ 中央文献研究室编：《毛泽东早期文稿》，湖南人民出版社 2008 年版，第 1 页。

⑥ 高菊村、刘胜生等：《青年毛泽东》，中央文献出版社 2008 年版，第 38 页。

⑦ 斯诺、萧三等：《早年毛泽东》，三联书店 2011 年版，第 17 页。

作为的实现，主张“主观道德律”，又在否定“客观道德律”的基础上，将利他归结为利己，从而将利他与利己较好地结合起来。而这种道德观的形成与湖湘多元思想文化潜移默化的影响休戚相关，亦与湖湘之社会状况密不可分。

（一）湖湘多元的思想文化影响着青年毛泽东的道德观

湖湘文化源远流长、博大精深，它继承了湖湘学者们之优秀思想，扬弃了中华之传统思想，更是在近代东西方文化的交流碰撞中融入了西方之先进思想。这些思想影响着青年毛泽东的道德观的形成。

首先，湖湘文化中所继承的湖湘学者之思想对毛泽东的道德观影响颇深。毛泽东酷爱哲学，青年时期的他在哲学思想上杂学庞收，其中就不乏湖湘学者之思想。在学习《伦理学原理》一书时，他曾用蝇头小楷写了12100余字的批语，从这些批语中不难看到颜习斋、顾炎武、王船山、谭嗣同等人之思想。而在众多湖湘学者中，对毛泽东影响最为直接的则当属他的老师杨昌济先生。杨昌济曾言“贵我”，认为：“贵我者，乃谓各人宜自有主张之。吾以为是则力持之，举世非之不可顾也；吾以为非则力避之，举世是之不敢阿也。必有独立之思想，始能有独立之人格。”[①]老师关于“贵我”的论述毛泽东在《讲堂录》中多次提及。而后，毛泽东强调道德主体在道德行为中的价值的“主观道德律”思想的形成，与这一思想脱不开关系。此外，杨昌济“近闻人言，今日民国惟有一我，除我外别无他物，盖言今日惟有自私自利之可言，他可不必顾也。此诚代表社会心理之言，可哀可惧！人惟自乐自利而无爱社会爱国家之心，则率兽食人，人将相食，此种议论，生心害政，真有烈于洪水猛兽者也”[②]的感叹也促使着毛泽东在“主观道德律”的基础上进一步探索利己与利他之间的关系，为其最终得出“利他利己为一体，利他源于利己”之结论创造了条件。

其次，湖湘文化中蕴含的中华传统思想对毛泽东的道德观影响颇大。一方面，作为长期以来传统文化主流的儒家思想促使着毛泽东“唯我”思想的形成。儒家强调“内圣外王”，认为极高的道德修养是蓄于内为“圣功”，施于外为“王政”，并提出“克己复礼”的命题为内圣外王之实现提供了途径。在儒家文化的浸染下，毛泽东逐渐形成了道德是人本身对自己提出的完心尽性、实现自我的要求之思想，并进一步提出“宇宙可尊者惟我也，可畏者惟我也，可服从者惟我也。我以外无可尊，有之亦由我推之；我以外无可畏，有之亦由我推之，我以外无可服从，有之亦我由推之也”[③]之思想。而另一方面，中华兼收并蓄的多元文化也促使着毛泽东对利他利己关系之看法的形成。儒家“先修身而后平天下”“先亲亲而后仁民爱物”之由己开始的思想，墨家“天下兼相爱则治，交相恶则乱”“爱人若爱其身”之兼爱思想，佛家“为众和”“为人民解除痛苦”之爱人思想均或多或少地启发了毛泽东对利他利己关系的认识。这些思想促使着青年毛泽东形成了“道德必先由己开始，利他必以利己为出发点”之观点，并在此基础上对中华

① 李锐：《毛泽东早年读书生活》，万卷出版公司2015年版，第120页。

② 参见刘兴邦：《论青年毛泽东的主体性价值观》，载《江西社会科学》1996年第1期。

③ 中央文献研究室编：《毛泽东早期文稿》，湖南人民出版社2008年版，第204页。

传统思想作出了新的解读，认为“兼爱之说非利他主义也，言兼爱则有我在内，以爱我者而普爱天下之人云尔”[①]。

最后，湖湘文化中所吸收的西方先进思想对毛泽东的道德观影响颇重。随着戊戌变法、新文化运动等一系列运动的开展以及《新民说》《新民丛报》等读物对西方文化的传播，西方思想大量涌入中国并为人们所了解。湖南作为革命的先行地，较早、较快、较深地受到西方资产阶级思想的影响。而面对西方的先进思想，毛泽东并没有选择拘泥在中国传统文化之中，而是和其师杨昌济先生一样，将古今中西哲学思想融合起来，摒弃传统文化中不合理的成分，积极主动地加入西方先进文化的新鲜血液。在西方崇尚个人权利、个性自由、人格独立的资产阶级个人主义价值观以及《新青年》个性解放之主张的影响下，他逐渐形成了“道德非必待人而有”[②]的思想，并对中国传统文化中确定人身依附关系的道德规范采取“在所必去”[③]的态度。

(二)湖湘的现实状况影响着青年毛泽东的道德观

湖湘文化不仅以文化的形式熏陶着青年毛泽东，更以现实之状况直接冲击着青年毛泽东。其之现实状况以及湖湘传统思想之实际效用均对青年毛泽东道德观的形成与发展有着或多或少的影响。

一方面，积贫积弱之社会现实影响着毛泽东道德观的建构。青年毛泽东所生活的时代是中国国力弱小、社会落后、人民困苦的时代，是大多数中国人仍未觉醒而觉醒者又不知何去何从的迷茫时代。生活于这样一个时代、这样一个社会却拥有一颗爱国之心、一方强国之志的毛泽东深感社会与人民之弊病。为此他产生了“来日之中国，艰难百倍于昔，非有奇杰不足言救济”[④]之想法，并探究何为“豪杰”“圣杰”，进而对其提出既要有内省之明又要有外观之识的要求。在这实际的体验与理论的探索中，青年毛泽东在无形之中萌生了追求道德主体的完心尽性、自我完善的思想，为其道德观的形成作了准备。

另一方面，湖湘传统之“客观道德律”思想的实际效用促使毛泽东道德观的形成。湖湘乃至整个中国深受儒家文化的影响，视“君让臣死臣不得不死，父叫子亡子不得不亡”的“三纲五常”思想为为人处世的标准。这一否认主体在道德行为上的价值、强调人服从于时空内一切事物之“客观道德律”的思想容易使人形成盲目道德，使人们难以真正发挥主观能动性与主动创造性，无法在这一需要觉醒、需要变革的时代真正发挥出人的效用。因而，毛泽东否定了客观道德律，认为：“以道德律为出于神之命令，而后能实现而不唾弃，此奴隶之心理也。”[⑤]在此之上，相对应地提出了强调“道德并不是神对人的绝对命令，也不是强权对人的行为规定的外在准则，它是人本身对自己提出的

① 参见杨世义：《论青年毛泽东的道德观》，载《毛泽东思想研究》2008 年第 4 期。

② 中央文献研究室编：《毛泽东早期文稿》，湖南人民出版社 2008 年版，第 129 页。

③ 李锐：《毛泽东早年读书生活》，万卷出版公司 2015 年版，第 201 页。

④ 中央文献研究室编：《毛泽东早期文稿》，湖南人民出版社 2008 年版，第 6 页。

⑤ 参见杨世义：《论青年毛泽东的道德观》，载《毛泽东思想研究》2008 年第 4 期。

完心尽性、实现自我的要求”[①]的“主观道德律”的思想。

湖湘文化中所沉淀的湖湘学者之思想、所继承的中华传统之思想、所吸收的西方先进之思想、所留存的现实之因素，都或多或少地影响了青年毛泽东伦理观的形成。湖湘文化之多元内涵与历代湖湘子弟之身体力行激起了青年毛泽东集爱国、忧国和救国为一体的爱国主义情怀，湖湘文化中的民本思想与湖湘地区之现实因素推动了青年毛泽东集为民、利民与重民为一体的群众观的形成，湖湘丰富的思想文化与湖湘社会之实际状况促使了青年毛泽东集自我实现、利己与利他为一体的道德观的塑造。在湖湘文化或直接或间接的影响之下，青年毛泽东顺利地构建并发展出了兼具湖湘特色与个人特点的伦理观。

（指导教师：王兰芳）

① 参见杨世义：《论青年毛泽东的道德观》，载《毛泽东思想研究》2008年第4期。

当今社会道德问题的表现、原因及治理

陈玉佳

摘要：当前我国社会道德的总体状况是：随着社会主义市场经济的发展完善、全面依法治国的实施已取得巨大进步，但同时也存在一些失德败德行为所带来的社会问题。与道德相关的问题不是凭空出现的，而是与当前政治经济的发展具有不可分割的联系，而快速发展的科学技术也对此产生了深远影响。只有明确社会道德问题的产生原因，才能有针对性地对出现的一些道德问题进行治理。

关键词：道德问题；表现；根源；治理

一、当前社会道德问题的表现

当前中国正处于急速发展的时代，无论经济、政治还是科技、文化和教育都表现出前所未有的大好局面。但在这急速发展的背后，也存在一些社会道德问题，从有关食品安全事件频繁被媒体揭露，到老人倒了扶还是不扶，再到一个个群体道德冷漠事件的曝光，这些发生在我们周围的事例都说明当前我国社会道德存在一些问题。[①] 归纳起来，当前我国道德领域的问题主要集中在以下几个方面：

（一）失信现象

在市场经济大潮下，金钱成为某些人衡量价值的标准，利益成为推动某些人前进的动力。在他们身上，一切向钱看齐，一切向利益看齐，信用在一些人心中甚至是一文不值。我国自古以来就讲"仁义礼智信"，而这个"信"也就是我们所说的信用。在当下社会，失信现象还时有发生。社会诚信问题，已不单单是经济信用的严重缺失，也是冲击人类基本道德信念、瓦解社会信任心理、扰乱人的心灵和社会秩序的重要问题。

（二）道德意识淡薄

自从人类社会产生以后，道德作为人类追求美好生活的一种柔性制度安排，其功

① 参见龙静文、熊富标：《当前我国道德领域的突出问题及其深层原因探析》，载《伦理学研究》2013 年第 1 期。

能和作用是范物规世，扬善抑恶。它既是衡量社会文明程度的一把标尺，又是高悬于人们心中的利剑，警示着人们避恶从善，尤其是在传统社会，道德几乎是占主导性地位的社会规范和社会调控方式，即使是在新中国成立以后，道德的权威地位和调控功能也几乎没有动摇过。[①] 近些年，某些社会公众的个人道德意识和社会道德意识缺失，他们将道德抛在脑后，认为只要不违法即可。

（三）家庭美德及职业道德缺失

家庭美德对于整个社会的发展具有重要的作用：家庭美德有利于社会安定团结，弘扬家庭美德是加强社会主义道德建设的需要，家庭美德是美满幸福生活的力量源泉。当社会处于快速转型期时，某些人家庭成员之间的义务意识、责任意识逐渐淡化，功利意识的萌生使家庭美德方面出现了新问题。职业道德是道德体系的重要组成部分，各行各业的工作者，唯有具有较高的职业道德，方能使本行业朝着更高的方向走，从而促使整个社会的道德水平提高。而当下某些人将利益作为重点，将金钱利益作为最终目标，做出了一些有悖于道德的事情。

二、当今社会产生道德问题的深层次根源

道德问题的产生不是单方面影响的结果。我国传统文化极其注重“德”在国家和社会治理中的重要地位，从古代社会到现如今道德地位的变化，或多或少都会带有时代前进的烙印。道德领域作为上层建筑也势必会受到一定的社会政治经济影响，而与政治经济相关的科技和制度管理也对当今道德问题的出现具有不可忽略的影响。

（一）市场经济的影响

当我国从计划经济转为市场经济之后，许多人迅速发家致富，一些人认为金钱无所不能，有钱便拥有一切。部分人利用市场经济体制和行政管理体制不完善从事不法行为，从而出现了坑蒙拐骗、非法经营等行为，导致市场经济秩序混乱，市场诚信危机加重。特别是苏丹红、三聚氰胺、瘦肉精等问题的出现，暴露出一些社会公德问题。

1. 市场经济某些制度建立的时滞性为机会主义等不道德行为提供了空间

制度的变迁难以一蹴而就，存在着一定的时滞性。我们仅用了40年的时间走完了西方国家300年才建立起市场经济体制的全过程，因而市场经济所需要的新制度的建立还存在着一定的时滞性，如生态环境立法与执法制度的时滞等等。市场经济的急剧变迁使得既有的道德处于适应和调整的过程当中。市场经济要求市场起基础性作用，竞争性与功利性是它的基本特征，以价格为基础实行等价交换是它的基本原则，这种竞争性与功利性的市场制度以及等交换的原则难免会引发人们的贪欲膨胀。道德作为上层建筑，对于经济基础的发展具有滞后性。正像诺斯说的：“正式规则在一夜之间就能改变（例如通过革命的方式），而非正式约束的变化要缓慢得多。”[②]因而道德文化等上层建筑的建立是一个长期缓慢的过程，适应我国当下的道德体系的建立更是如此。

---

① 参见冯刚、沈壮海：《思想政治教育发展报告（2013）》，高等教育出版社2013年版，第145页。

② ［美］道格拉斯·诺斯：《经济史中的结构与变迁》，陈郁等译，上海人民出版社1994年版，第48页。

2.市场经济制度激励的不足加剧了道德问题的产生

改革开放以后,我国的社会主义市场经济由于受到古典政治经济学的影响,导致在此基础上建立的市场经济制度缺少激励制度的约束,以致于市场经济主体的一些不正当的利益追求没有受到相应的约束,同时一些高尚的行为也没有及时得到社会的激励,道德问题就在此过程中渐渐发生。以诚信为例,人们在对“失信”还是“守信”进行选择时,如果得出“守信”的成本远远大于“失信”,也就是“失信”并没有受到应有的约束和惩罚时,那么人们选择“守信”的几率就会大大减小。如果我们的市场诚信制度比较完善,人们在选择“守信”之后得到了一定的激励,在“失信”之后受到了相应的惩罚,那么人们选择“守信”的几率也一定会大大提高。

(二)科学技术发展对道德问题的影响

科学技术在我们的日常生活中扮演着极其重要的角色,科技水平也越来越成为一个国家国际社会地位的重要影响因素。“科学技术是第一生产力”已经深入人们的脑海,而在科学技术快速发展的今天,其快速发展所引发的一系列道德问题也渐渐显露。

1.基因等生命技术的突破了传统道德的领域

基因及生命技术的革新突破了以往的道德领域,新的技术的出现使得道德并没有时间及时进行“修整”,也就是我们前面谈到的道德等上层建筑具有一定的时滞性,克隆人等生命技术的产生导致了传统道德功能的“死角”,基因工程、生命技术的发展大大超乎了传统道德调节的领域。在传统道德中找不到调节克隆体与被克隆人关系的规范,同时传统的道德也难以对器官移植等技术进行制约和设定,因而道德在遭遇生命技术之后的一段时间里,必然会经历一次功能弱化的阶段。

2.信息技术的出现开辟了道德问题衍生的新阵地

互联网是一个新鲜事物,信息技术给人们生活的变革也是巨大的。一方面,它密切了人们的联系,打破了地域的局限,使世界性的即时联系成为可能。但另一方面,由于其虚拟的环境、快捷的方式以及匿名性的特征,再加上监管的相对缺失使得网络失德呈愈演愈烈的趋势。如色情、迷信、暴力网站的屡禁不止和内容的不断翻新,层出不穷的利用网络诈骗、隐私侵犯等行为,一些人利用网络传播散布谣言,干扰正常的社会秩序,甚至造成恶性事件等[①],这深刻说明了网络发展给社会生活带来的新的道德问题和道德冲突。

三、社会道德问题治理的基本思路

随着我国相关法律制度的逐渐健全,社会道德问题已经有了大幅度的改善,但仍存在一些亟待解决的突出问题,社会反映强烈,必须采取有力的措施及时解决。根据马克思主义的唯物史观,充分认识和化解当前的突出道德问题,绝不属于意识形态的道德本身所能完成的任务,需要政府与社会大众合作,运用不同的手段和方法,从较为根本的经济、政治、社会等多个领域来探讨和解决。

① 参见李雪萍:《思想政治教育案例选析》,中央编译出版社2014年版,第304页。

首先，我们要明确，道德治理主体具有一定的多元性。道德治理的参与主体不仅包括国家，还包括社会与公民；不仅包括政府机构，也包括相关的社会组织以及公民个体。各个治理主体在道德治理的过程中要发挥自己的长处，互相配合解决好社会道德问题。道德治理主体的多元化有助于道德问题解决的高效率、低成本。

其次，我们要明确道德治理的目的。社会道德问题对于国家的发展、社会的稳定、人民的幸福都产生一定的阻碍作用，所以我们要制定适应的、可操作性的相关法律与管理制度，使道德矛盾、道德冲突等各种道德问题得到有效化解，从而使整个社会的道德风貌积极向上，社会和谐有序，整体国家素质明显提高。

再次，道德治理的途径要多样化。不仅包括相关的正式制度、体制的实行，还包括各种社会大众潜意识的非正式的有关规范；不仅仅包括政府有关部门的强力推行的全国性、专项性、突击性的道德治理活动（如打黑除恶专项行动），也包括社会大众自行组织参与的道德建设活动；既要对有关败坏道德的行为进行严厉的打击与惩罚，又要对弘扬社会正能量、对道德治理做出突出贡献的有关部门与个人进行表彰；既要积极利用当下极其便利的信息网络以及媒体惩恶扬善的作用，又要对其进行监督管理，避免有关媒体以及网络不当言论。

道德问题的治理绝对不是有关部门去制定一部法律，出台一份文件，开展一项活动，而是伴随社会相应问题的动态的、持续的相关法律制度建设；治理社会道德问题也不能是强制性的管理与被管理的治理者与被治理者的关系，而应该是彼此间协调与合作的关系；道德问题的治理决不能“一成不变”，而要“随机应变”，跟随社会热点道德问题不断进行变化。总之，社会经济政治、科学技术等处于不断变化之中，随之出现的道德问题也无规律可循，道德问题的治理也就必须处于持续的、动态的过程之中。

（指导教师：孙波）

浅析中国梦视角下的公民道德教育

吕晓慧

摘要：中国梦作为中华民族伟大复兴的使命，涵盖社会主义核心价值观的丰富内涵，是国家价值与个人价值的有机统一，对当今公民道德教育提出了新的内容与要求。公民道德教育属于社会意识形态的范畴，加强公民道德教育可以为中国梦的实现提供强大的软实力支撑。但当下我国公民道德教育因精神文明建设薄弱、自身文化断层加之国外道德文化的冲击等问题，面临着道德实利化、道德庸俗化、道德虚无化等一系列道德失范问题，情况不容乐观。要解决以上问题，切实加大公民道德教育的力度，使其真正起到助力实现中国梦的作用，就要以社会主义核心价值观为指导，扩大公民道德覆盖面，同时，也要协调建设家庭、学校、单位、社会四位一体相结合的公民道德教育格局，实现教育层级有序衔接，从而形成全社会德育网。

关键词：中国梦；社会主义核心价值观；公民道德教育；四位一体

当前，我国处于改革开放关键时期，需要梦想激励、理想引领。中国梦就在这样一个时代下贯通历史、现实和未来应运而生，体现了中国人的理想。实现中华民族伟大复兴的中国梦，促进社会主义社会的和谐，既是当前我国社会的一项现实的和紧迫的时代任务，也是社会发展的政治理想和社会理想。

一、中国梦的内涵

中国梦将中国历史发展的过去、现在与未来联系起来，它有对过去历史的回顾，有对现在的开拓，有对未来发展的展望，承前启后，凝聚着中国人民的心愿。它有对国家富强的期待，也有对人民幸福、社会和谐的期许，有深厚丰富的内涵。

第一，中国梦涵盖社会主义核心价值观的内涵，包括国家、社会、个人三个层面。党的十八大报告提出的社会主义核心价值观的内容是“倡导富强、民主、文明、和谐，倡导自由、平等、公正、法治，倡导爱国、敬业、诚信、友善”。社会主义核心价值观从国家、社会、个人三个层面展开论述，丰富了中国梦的内涵。而中国梦的实现，需要国家、社会、个人共同努力，是国家富强、民主的梦，是社会自由、平等的梦，是人民幸福、友善的梦。中国梦与社会主义核心价值观有机结合起来，既为中国人民提供了奋斗目标，也提供了具体的行为指南，有着一体两面的丰富内涵。

第二，中国梦将国家与个人有机结合。中国数千年来有着大一统的发展历史，素来有“有国才有家”的思想。先国后家，中国梦是国家富强的梦，国家梦是中国梦的第一层内涵。然而，国家梦并非中国梦的唯一特征。习近平总书记说，中国梦归根到底是人民的梦，也就是说，中国梦的最终落脚点是人民。人民梦无非是“期待有更好的教育、更稳定的工作、更满意的收入、更可靠的社会保障、更高水平的医疗卫生服务、更舒适的居住条件、更优美的环境，期盼着孩子们能成长得更好、工作得更好、生活得更好”[①]。由此可见，“国梦”与“家梦”不可分割，中国梦完美地将“国梦”与“家梦”结合起来，将国家价值与个人价值有机结合。

二、中国梦视角下公民道德教育的内容

先秦辅佐齐桓公称霸的管仲说：“礼义廉耻，国之四维，四维不张，国乃灭亡。”[②]康德说：“世界上只有两样东西是值得我们深深景仰的，一个是我们头上的灿烂星空，另一个是我们内心的崇高道德法则。”[③]可见，无论是中国古代还是外国的思想家都很重视道德。公民道德教育属于国家意识形态范畴，指为培养和提高国家所有公民的思想政治品德素质，依据一定的伦理思想和道德规范而在做人的品德方面所进行的活动。有什么样的社会制度就有什么样的公民道德要求。中国梦是我党在新时期治国理政的指导理论。它内含着中国特色社会主义建设五大战略布局。公民道德建设作为社会和文化建设的重要内容，理所当然被纳入到中国梦之中，成为其内含的不可缺少的重要内容。

首先，坚持以社会主义核心价值观作为内容指导。社会主义核心价值观是共产党人总结历史经验、结合时代特点的基础上提出来的道德建设的精髓，是社会主义意识形态的体现。社会主义核心价值观涵盖社会公德、职业道德、家庭美德、个人品德层面，为公民道德提供了核心的标尺和准则。公民道德教育是个人道德先内化后外化的过程，这个过程必须用社会主义核心价值观作为主要内容和行为指南。

其次，个人是公民道德教育的对象与落脚点。中国梦不仅仅是国家梦，更是个人的梦，它依靠每个人的共同努力才能实现，公民道德教育亦是如此。个人是社会的最小组成单位，个人道德建设是公民道德教育的基础。“仓廪实而知礼节”[④]，每个个体在自身物质需要得到满足的同时，会追求精神上更高层次的需要，从而形成稳定的道德理念，指导个体行为的外化，进一步影响公民道德教育。由此可以看出，个人道德建设是公民道德教育的重要内容，而在当今，无论是爱国敬业，还是诚信友善，这些个人层面的内容都融入到公民道德教育中，也融入到中国梦的实现当中。

---

① 《习近平系列重要讲话读本：让老百姓过上好日子》，载《人民日报》2014年7月10日。

② 李山译注：《管子》，中华书局2016年版，第2页。

③ [德]康德：《实践理性批判》，李秋零译，中国人民大学出版社2007年版，第169页。

④ 李山译注：《管子》，中华书局2006年版，第4页。

三、中国梦与公民道德教育的关系

(一)公民道德教育为实现中国梦提供软实力

软实力是一国通过吸引和说服别国服从自身的目标从而使自己的利益得到满足的能力。国家软实力主要有三方面内容:政治价值观、文化及外交政策。[①] 当代世界竞争的一个重要方面是软实力的竞争。公民道德教育归根结底是为了提高公民道德素质和修养,使其在中国梦的实现过程中直接或间接影响国家的未来发展,为中国梦的实现提供精神动力和软实力,使国家形成强大的凝聚力和向心力。[②] 同时,公民道德教育做到位,公民道德素质提升了,社会秩序更加井然有序,我们国家在国际交往中会展现出更大的魅力,更具吸引力。这有利于提升中国在国际社会的影响力,增加中国的软实力。因此,在实现中国梦的过程中,一定要大力加强公民道德教育,提升公民的道德素质和修养。

(二)实现中国梦又进一步促进公民道德教育

中国梦涵盖了政治、经济、文化、道德等方方面面。中国梦中社会主义核心价值观的内容,作为最高精神纲领为公民道德教育提供了更为准确的价值选择,是当代公民道德教育的"主旋律"和"领航塔"。在加强公民道德教育的过程中,社会主义核心价值观可以引导公民在道德理论指导下实践道德行为,在道德实践中反哺道德理论,促进公民道德的内化与外化。同时,中国梦涵盖的其他领域也会为公民道德教育提供保障。良性的政治生态可以为公民道德教育提供良好的政治与社会环境,经济的发展也会为公民道德教育提供更好的硬件设施和物质基础。因此,实现中国梦会对公民道德教育起到促进作用。

四、现时代公民道德教育的现状及原因

道德不是永恒不变的,也不是绝对的,而是历史地变化发展的,其根本原因在于社会经济基础的变迁。当今时代是一个变革的时代,从新中国成立到改革开放,再到全面深化改革的今天,经济迅速发展,社会结构深刻转型,公民道德出现了一定的滑坡,主要表现为道德失范。

道德失范以人们心灵中的意义系统危机和道德价值观念危机为基本内容,主要表现为精神失落和行为失当,常常是社会急剧变革或转型时期的产物。我国当前公民道德生活领域的失范现象主要表现为以下几种情况。

(一)道德实利化

道德实利化是一种道德功利主义,这种思想指导下的人们不是出于纯粹利他主义或至善的考虑而尊重、实践道德,而只是出于个人功利的考虑,把遵循道德当作达到个人目的的途径和手段。这时的道德并不是出自内心的自发,而是沦为达到个人目的的一

---

① 参见[美]约瑟夫·奈:《软实力:世界政治中的成功之道》,马娟娟译,中信出版社2013年版,第15页。

② 参见侯熠徽:《"中国梦"视阈下的公民道德建设研究》,湖南工业大学硕士学位论文,2014年,第17页。

种工具。究其原因，经济成分多元化和利益主体多元化，导致了价值理念多元化和道德取向多元化，催生了人们对效益的追求和竞争的欲望，也调动了人们的实干意识和进取精神，但也强化了道德的利益取向，从而导致了道德实利化。

（二）道德庸俗化

道德庸俗化表现为道德的平庸化、粗俗化，人在不断地降低做人的标准，不断地推卸做人的责任。物欲的膨胀直接消解了生活世界的意义，物质成为压倒一切无坚不摧的力量，渗透到社会生活的各个领域。[①] 道德庸俗化导致人们沉溺于物欲中不能自拔，人的尊严和价值逐渐被物欲所剥落。

（三）道德虚无化

道德虚无化认为社会就是尔虞我诈、弱肉强食，人与人的关系是背信弃义、以强凌弱、相互敌视的冲突，而不可能建立人人平等的道德秩序，从而得出道德无用或取消道德的结论。从道德的主观性来看，道德虚无主义最大的谬误就在于混淆了事实与价值，混淆了“是什么”和“应该”，进而从现实的腐败中得出屈服于流俗甚至同流合污的顺世主义。[②] 道德虚无主义者主张将动物界中的“丛林法则”推行到人类社会中，主张弱肉强食，完全抛开社会道德。

造成以上道德失范现象的原因主要在以下几个方面。首先，根本原因是我国物质文明与精神文明发展不平衡。从改革开放到现在，我国一直坚持物质文明建设为中心，虽也提及精神文明建设，但力度并不大，二者并非同步进行。相比较经济发展的快速转型，精神文明明显滞后，而现在我们频频提出加强精神文明建设，体现了对精神需求的渴望，同时也从侧面反映出精神文明建设环节确实薄弱。其次，我国传统文化的自身断层与改革开放以来国外文化的冲击。从1840年到现在，我国政治生态经过了曲折的变化，伴随着的是传统文化遭遇前所未有的断层，尤其是战争因素，导致许多优秀传统文化没有得到好的传承，其中就包括道德的传承。与此同时，无论鸦片战争还是现如今的改革开放，国外文化都大量涌入，这其中有大工业背景下先进的技术和管理经验，开拓了国人的视野，当然，伴随而来的也有资本主义经济政治基础上的意识形态，传统文化的断层加之国外价值观的涌入，一时之间国人难以辨别，难免丢失了社会道德准则。

五、中国梦视角下公民道德教育的途径

正确处理人与人、人与社会的关系，为实现社会的和谐从而进一步实现中国梦奠定良好基础，公民道德教育是非常重要的一个因素。那么，怎样加强公民道德教育，促进社会和谐，实现中国梦呢？这就要求我们探索新途径和新方法。

（一）以社会主义核心价值观为指导，普及大众，抓好落实

第一，抓教育，在普及基本道德规范上下功夫。实现中华民族伟大复兴，教育是基

---

① 参见喻文德：《论大学生生态文明观念的培养》，载《太原师范学院学报（社会科学版）》2009年第1期。

② 参见杨深：《从道德虚无走向道德秩序重建》，载《哲学研究》1995年第5期。

础，科技是关键，人才是核心。因此，中国梦也是教育梦。可以通过纸媒、广播、大众媒体等传播途径，利用LED显示牌等宣传阵地，运用漫画、公益广告等多种艺术形式，生动形象地展示24字社会主义核心价值观的内涵，做到家喻户晓、人人皆知，让公民在无形中受到“润物无声”的熏陶，将道德内化于心，外化于行。可以通过各种重要节日、纪念日，特别是春节、中秋、清明、重阳等具有厚重道德内容的民族传统节日，加强家庭凝聚力、民族凝聚力，加强孝敬父母、尊敬长辈、关爱他人等内容的教育。同时，针对公民特别是青少年，可以充分利用纪念馆、博物馆等文化资源，积极组织开展内容丰富、形式多样的道德实践、道德宣讲活动，在暑期组织道德主题的夏令营，增强他们对祖国、对生活的热爱，使青少年在中国梦的土壤下，培育优良思想。同时，要大力倡导社会风尚，深入开展创建和评选文明城市、文明村镇、文明行业、文明个人等活动，总结表彰先进典型，通过电视、互联网等大力宣传先进典型的感人事迹，充分发挥先进典型的道德模范作用，用以激励其他社会成员，在全社会形成“你追我赶，争做典型”的良好风尚。

第二，抓基层，努力扩大道德建设的广度。加强和推进公民道德教育，要针对不同基层单位的特点，立足于基层的实际，具体问题具体分析，以社会主义核心价值观为指导，积极探索企业、农村、学校等基层单位开展公民道德教育的新途径、新办法。基层党员干部是实现中国梦的关键，要充分发挥基层党组织的战斗堡垒作用和共产党员的先锋模范作用，牢记“为人民服务”的宗旨，激励他们扎根基层，努力为基层办实事、办好事，提高公信力，并且在办实事中贯穿道德建设，以道理说服群众，以道德感化群众，通过解决实际问题引导群众提高道德境界。

第三，抓重点，既要在党员干部道德建设上下功夫。党员干部身上肩负领导和组织群众实现中国梦的伟大使命，在公民道德教育中也担负着领导和组织责任，起着表率和带头示范作用。这就要求我们要不断加强对党的各级领导干部，尤其是高级领导干部的道德建设。“其身正，不令而行；其身不正，虽令不从。”[①]对于党员干部的道德教育，主要有以下两点内容：其一，党组织可以定期组织党员学习党章和党规党纪，引导党员干部牢记党的根本宗旨，牢记自身使命；其二，在结合党员干部的实际工作的基础上，上级领导对下级干部进行不定时谈话，掌握他们的思想状况，并引导党员干部树立正确的政绩观和人生观、价值观，积极追求健康向上的生活情趣。

第四，抓未来，决不能忽视青少年的道德建设。青少年是中国梦的“筑梦人”，是祖国的未来、民族的希望。因此，我们就要在遵循青少年身心成长规律和思想品德形成规律的基础上，把思想道德教育的严肃性、知识性、科学性和娱乐性、趣味性统一起来，做到因势利导、循循善诱、生动形象、润物无声。例如，学校可以举办“万封家书寄亲情”等感恩活动，对学生进行家庭感恩教育；定期举办学生道德模范评选活动，对具有拾金不昧、勤劳勇敢的优秀品质的学生进行鼓励，发挥榜样作用。

---

① 陈晓芬、徐儒宗译注：《论语・大学・中庸》，中华书局2015年版，第153页。

(二)公民道德教育应体现"四位一体"协调发展,实现教育层级的有序衔接

公民道德教育的渠道包括家庭、学校、单位和社会四个方面。这四个渠道是一个相互衔接、有机统一的整体,在道德建设内容和方法上总体一致,但各有不同侧重点和自身特点。在中国梦的新形势下,公民道德教育能否取得最优化的结果,取决于这四个方面能否有序衔接、相互促进、凝成合力。

第一,注重家庭的影响。国家是大家,家庭是小家,中国梦离不开小家。家庭作为一种亲缘性的生活共同体,是公民道德教育的起点和摇篮。父母是孩子的第一任道德启蒙老师,要言传身教,率先垂范,循循善诱,以事明理,引导孩子在成长的过程中分清是非、辨别善恶。家庭道德建设的奠基性和生活化等特点和优势,决定了其在公民道德教育整个系统工程中的奠基地位。家庭是每个个体走向社会生活的起点,具有强大的渗透性和稳定性,可以对人的人格打上难以磨灭的烙印。可以通过公益广告、公益讲座等形式对家长如何做好父母、如何引导孩子进行道德教育等方面进行指导和讲解,促进家庭道德教育良好氛围的形成。

第二,关注学校德育培养。中国梦的实现需要人才作为核心内容,而学校作为教育的场所和人才的摇篮,自然对中国梦的实现起到重要作用。学校作为一种学缘性的生活共同体,是进行系统公民道德教育的重要阵地和主要渠道。学校道德教育的特点和优势在于其教育的系统性和规范性。《公民道德建设实施纲要》指出:"各级各类学校必须认真贯彻党的教育方针,全面推进素质教育,把教书与育人紧密结合起来。"从职能上来说,学校就是对学生进行"传道、授业、解惑",尤其是高校,更是要发挥好培养人才、助力中国梦的重要作用。从人的全面发展来说,"传道"是学校的首要职能,人文关怀应是学校道德教育的逻辑起点,如爱因斯坦在《论教育》中所说,学校应该永远以此为目标:学生离开学校时是一个和谐的人。例如,在高校中可以开展道德主题的报告会或者播放《感动中国》视频,使学生发生情感共鸣,从而增强学生的道德认同感。

第三,单位德育应是公民道德教育的重要部分。单位是实现人生价值的地方,是个人实现"个人梦"的场所。作为一种业缘性的生活共同体,单位不仅仅是工作劳动的地方,也是对公民进行道德教育的重要场所。以往我们总是把受教育者限定为在校学生和未成年人,但更重要和更迫切的受教育群体应是各行各业的工作者,他们的行为不仅影响到作为子女的未成年人,而且直接决定了社会道德风尚的好坏。单位道德建设必不可少,可以通过建设特色企业文化、表彰典型等方式增强单位成员的道德责任感和归属感,从而增加员工对工作岗位的热爱,进一步加强职业道德教育。

第四,强化社会德育基地的广泛性,充分调动社会资源进行公民道德教育。首先,要利用好优秀红色教育资源,如抗日战争纪念馆、遵义会议纪念馆等,因地制宜,利用各种形式的爱国主义教育基地,进行革命红色教育。其次,要积极开发优秀民族道德资源,在农村,可以充分利用农村资源,收集具有历史价值的农耕器具,建成乡村记忆馆,进行历史教育。另外,可以通过民主参与、社区教育和网络新媒体四个方面加强道德教育。其中,尤其要重视网络新媒体的作用。新媒体是时代的产物,具有个性化突出的特点,形式多样、传播速度快、信息量大,深受公民尤其是青年群体的喜爱。可以通过运用微信、微博等新兴媒体开展讲文明、树新风等公益性活动，如“寻找身边最美的人”等，扩大道德教育覆盖面，使受众在轻松的氛围中得到道德教育。公民道德教育应成为全社会齐抓共管的崇高事业，渗透到公民的社会生活的方方面面，使公民在这种大道德环境中遵循基本的道德规范，实现“个人梦”，从而进一步实现中国梦。

（指导教师：孙天蕾）

我国实施"全面二孩"政策面临的困难及策略

刘学敏

摘要:为了适应社会发展的需要,我国从20世纪70年代开始实行计划生育政策,经历了"独生子女"政策、"单独"和"双独"的独生子女二胎政策,直到今天的"全面二孩"政策几个阶段。计划生育政策使我国的人口数量得到有效控制。但随着政策的实施,我国出现了一些社会问题,如人口老龄化日趋严重,国家养老负担过重,经济增长放缓,男女比例失调等。面对这些问题,2016年1月1日起,我国正式实施"全面二孩"政策。但当下,"全面二孩"政策的实施面临着一些困难,比如生育观念变化、女性就业歧视、家庭和社会压力等,这些都使得"全面二孩"政策实施效果不明显。面对阻力,宣传、教育群众,完善配套政策,增加公共服务等成了当前的主要任务。

关键词:"全面二孩";原因;困难;策略

为了应对人口问题,我国进一步放开计划生育政策,实行"全面二孩"政策。但是当下,"全面二孩"政策的实施遇到了一些困难,国内一些学者、专家根据面临的困难提出了一些意见和建议,主要是进行某些体制上的改革,完善政策等,但大都是从宏观上讲,并非很具体。本文将措施具体细化,并作了一些补充,力图使"全面二孩"政策的实施取得良好的效果。

一、"全面二孩"政策的出台

我国从20世纪70年代开始实行计划生育政策,直到现在已经实行了将近50年。为了适应社会发展的需要,我国的计划生育政策一步一步放开,实现了从"一对夫妇只生一个孩子"到现在的"全面二孩"政策的转变。

(一)计划生育政策

新中国成立后,社会安定,经济发展,医疗卫生事业也得到很大的改善,婴儿由高出生高死亡率变为高出生低死亡率,人口迅速增长,曾出现两次人口增长的高峰期,到

1969 年我国人口已经突破 8 亿。这时人口与资源、环境之间的矛盾已经显露出来。我国政府逐渐认识到人口过快增长对社会发展不利，为了控制人口增长的速度，在 20 世纪 70 年代初开始推行计划生育政策。1978 年 3 月，计划生育第一次以法律形式载入我国宪法；1980 年，我国开始执行“一对夫妇只生一个孩子”的计划生育政策；1982 年 9 月，党的第十二次全国代表大会把计划生育政策确定为我国的一项基本国策。

(二)独生子女二胎政策

我国的独生子女二胎政策经历了两个阶段：双独子女二胎政策和单独子女二胎政策。2000 年 11 月底，我国进行第五次人口普查，我国生育率低至 1.22，不及世界生育率的一半，65 周岁以上的人口占总人口的 7%①，按照联合国的新标准，我国已经处于老龄化社会。面对降低的生育率和进入老龄化社会的情况，2002 年，我国开始实施《人口与计划生育法》，各地根据该法制定“双独二胎”政策，并陆续在全国推开。为了进一步缓解人口老龄化带来的问题，之后我国相继又推出“单独二胎”政策。2013 年 11 月 15 日，十八届三中全会通过的《中共中央关于全面深化改革若干重大问题的决定》中提到“坚持计划生育的基本国策，启动实施一方是独生子女的夫妇可生育两个孩子的政策”，我国开始实行“单独二孩”政策。

(三)“全面二胎”政策

“单独二孩”政策实施一年半，效果并不明显。到 2015 年 5 月底，全国仅有 145 万对单独夫妇提出再生育申请，而全国符合条件的单独夫妻总量约 1100 万对，申请再生育率仅 13%左右。我国依然面临着严峻的人口问题，生育意愿不高，老年人口所占比例持续上升。为了提高年轻人口的数量，减缓人口老龄化速度，2015 年 10 月，中共十八届五中全会决定：坚持计划生育的基本国策，完善人口发展战略，全面实施一对夫妇可生育两个孩子政策，积极开展应对人口老龄化行动。2016 年 1 月 1 日起，我国正式实施“全面二孩”政策。截止 2017 年，“全面二孩”政策实施满一年，成效初显。2016 年的总和生育率达到 1.7%，比之前有所增长。

二、“全面二孩”政策出台的主要原因

从 20 世纪 80 年代的“独生子女”政策到现在的“全面二孩”政策，生育政策的每一变化都是符合社会发展规律的。“全面二孩”政策是在作了深入细致的研究论证后作出的重大战略决策，是符合我国的国情、适应我国当前发展的政策。我国现在面临着人口老龄化、养老负担重、经济增长放缓、性别比例失调等问题，阻碍社会发展，实施“全面二孩”政策是必要的。

(一)人口老龄化日趋严重

我国的人口老龄化现象日益加重。一方面，老年人口相对增多，在总人口中所占比例不断上升。“从老龄人口的规模看，2000 年我国 65 岁以上的老龄人口为 8838 万，占世界老龄人口的 21.4%，是世界老龄人口最多的国家，这一数字相当于老龄人

① 参见谢安：《中国人口老龄化的现状、变化趋势及特点》，载《统计研究》2004 年第 8 期。

口位于世界第二的印度的1.8倍，第三的美国的2.5倍，比西欧各国老龄人口的总和还多。到2025年我国老龄人口预计可达到20725万，2050年为37422万，占世界老龄人口总数最多这一地位仍不会变。”①可见一直到21世纪中期，我国老年人口的绝对数量会一直增加，比重持续上升。之后老年人口的绝对数量虽然会减少，但由于基数大，我国依然会在相当长的时期内处于人口老龄化社会。另一方面，我国的社会人口结构呈现老年状态，已经进入老龄化社会。按照联合国的新标准，当一个地区65周岁及以上老人占总人口的7%时，该地区即被视为老龄化社会。1999年我国在该年龄段的人口占总人口的比例为6.9%，基本上已经进入老龄化社会，而且程度继续加剧。中国社会可以说是未富先老。面对日趋加重的人口老龄化，放开“全面二孩”政策，提高生育率，增加年轻人口所占比例，降低老年人口所占比例，势在必行。

（二）国家养老负担过重

目前我国老年人口占很大比例，而且一直增长，因此，无论是对于国家还是家庭来说，养老负担都日益加重。有关数据显示，1999年我国刚进入老龄化社会时，65周岁及以上人口为8679万人，占总人口的6.9%，而2015年，这两个数字分别增长到了14386万和10.5%。我国有庞大的老年群体，每位符合规定条件的老年人都可定期领取社会基本养老保险金。而社会基本养老保险金是由个人和国家共同承担，个人缴纳一部分，国家补贴一部分。我国的老年人口越多，国家在这一方面需要补贴的资金越多，国家的财政负担就会越重。随着人均寿命的延长，虽然我国延长了退休年龄，但是实施这个政策之后，我国仍然有大量老年人口符合养老金领取条件，国家的养老负担依然很重。对于每个家庭来说，养老压力也是巨大的。现在有很多“4—2—1”家庭，一对独生子女夫妇，赡养4位老人，生育1个子女。这种家庭最幸福，压力也最大。放开“全面二孩”政策，一对夫妇可生育两个孩子，婚后赡养的老人由4人变为2人，压力减少一半。实施“全面二孩”政策，虽然不会在短时间内减轻，但是从长远来看可以减轻养老负担。

（三）推动经济增长

近两年，我国GDP增长速率放缓。2015年，我国GDP增长率为6.9%，是近20多年来首次低于7%。2016年，该比率下降为6.7%，中国经济由高速增长转为中高速增长，经济发展已进入“新常态”。人类不仅是生产者还是消费者，就短时间内来说，“全面二孩”政策的实施对经济增长会有一定的推动作用。全面放开二孩后，新生婴儿的出生数量必然会增加，这会带动相关产业的发展。比如在婴儿食品、玩具、服饰生产以及母婴、医疗、教育等方面会掀起一番热潮。十几年之后，房地产行业也会有新的发展。以前只有一个孩子，只需要买一套房子；现在两个孩子，就需要买两套房子。从长期来看，“全面二孩”政策的实施将会增加我国的劳动力数量。虽然我国人口基数大，不存在劳动力短缺问题，但是相对来说，我国人口红利正在消失，劳动力费用不断增加。对于发展中国家来说，廉价的劳动力确实是推动经济增长的“武器”。“人口学家

---

① 谢安：《中国人口老龄化的现状、变化趋势及特点》，载《统计研究》2004年第8期。

认为全面二孩政策可能不会在短期内形成显著效应，但是到了2030年之后，我国的经济潜在增长率可以提升至11.7%左右，到2050年增至22.1%。这说明全面放开二孩在提升经济潜在增长率方面大有可为。”[①]新生婴儿将会在十几年后成为我国新一批有素质的年轻劳动力，为中国的经济发展注入新的活力。

（四）男女比例失调

虽然国家一直提倡“生男生女都一样”并且起到了一定的作用，但是受我国传统生育观念的影响，依然有很大一部分人保守着“重男轻女”的思想，这是造成我国男女比例失调的一个重要原因。有关数据显示，从1949年开始，一直到2015年，历年的男性所占比例都维持在51.5%左右，女性所占比例维持在48.5%左右。截至2015年，中国男性比女性多3366万。正常的出生人口男女性别比例为105:100，而在每年新出生的人口中，平均有100名女婴出生，就有115～120名男婴出生，有时甚至更多。虽然男女出生的比例近几年一直在下降，但是仍然高于正常的男女出生比例。“全面二孩”政策的实施，虽然不能使男女出生性别比例完全正常化，因为出生男女性别比例不仅受生育数量的限制，还受其他的因素比如人们的性别偏好、鉴定胎儿性别技术等的影响，但是“全面二孩”政策的确可以减轻男女比例失调的程度。只生一个孩子，很多人可能千方百计地要生一个男孩。实行二胎政策，人们生育的机会多了，女婴出生的比率提高了。

三、实施“全面二孩”政策面临的困难

“全面二孩”政策的实施在当今社会并不是一帆风顺，面临着许多的阻碍。随着几十年的计划生育政策的执行，人们的生育观念已经改变。经济迅速发展，无论是家庭还是社会都面临着巨大的压力。这些都使得“全面二孩”政策的实施效果不显著。

（一）生育观念亟待改变

到目前为止，计划生育政策已经实施30多年，在国家的大力宣传下，人们的生育观念有了明显的变化。“养儿防老”的时代已经过去，老了完全可以到养老院养老；“多子多福”的观念在人们的头脑中也消失，“多子也未必多福”。滑稽的是在当今社会，人们已经改变了的生育观念却成了实施“全面二孩”政策面临的一大难题。“80后”是第一代独生子女，他们也将要迈入不惑之年，但是还可以赶上生育“末班车”。但由于本来就是独生子女，所以有一部分“80后”觉得生一个孩子就很好，不求数量，只求质量。而且现在的人受教育程度普遍提高，对生活质量要求提高，于是中国出现越来越多的“丁克家庭”，尤其是在上海、广州、深圳等经济发达的地区，“丁克家庭”的比例要相对高一些。他们认为应该好好享受生活，抚养孩子的成本很大，会降低生活质量，因此选择不要孩子。生育观念的改变成为“全面二孩”政策落实的一个难题。

（二）女性就业遭受歧视

受传封建统观念的影响，我国一直存在着对女性就业的歧视，再加上女性特有的

① 姜丽琴：《论全面放开二孩政策对经济发展的影响》，载《学术论坛》2016年第3期。

生理特点，担负着生育子女的家庭重任，使女性在求职或职业发展过程中常常处于不利的地位。“全面二孩”政策放开后，女性生育的次数增加，女性就业歧视现象更加严重。女性生育需要长时间的产假，“全面二孩”政策实施后，产假时间增加一倍。在产假期间，企业不仅需要给这些员工继续发放工资，承担生育保险费用，更重要的是需要重新找人来暂时代替空位，承担由于员工变动不熟悉业务而给企业造成的损失，而这些都会损害公司的利益。因此，在求职时，生育意愿、近几年有无生育打算等问题成了企业必问问题。女性就业歧视不仅发生在求职过程中，在女性职业发展中也有显现，女性的职位晋升受到明显影响。企业中已婚已育并仍然处于育龄期的女性，在“全面二孩”政策放开后，就面临着是否生育二孩的选择。企业考虑到女性员工可能会有再生育二孩的意愿，在职位调动上，可能就会把机会给一些年轻的男性员工，而不是给面临这种选择的女性员工。有些用人单位直接要求女性职工在几年内不准生育，有的要求女职工排队生育，有的变相将女职工辞掉。考虑到工作因素，女性的生育意愿就降低了。

（三）家庭压力增大

在当今社会，抚养两个孩子不管是对家庭的经济方面还是精神方面都造成了很大的压力，使得许多家庭想生不敢生，想生生不起。社会经济的快速发展，物价水平的迅速提高，使得在我国抚养孩子的成本越来越高。婴儿一出生的奶粉钱，之后上幼儿园、小学、中学、大学的费用包括各种辅导班的费用，费用的总和占家庭支出的很大一部分。有关数据显示，城市家庭在子女教育方面的支出占子女总支出的76.1%，占家庭总支出的35.1%。而且在现在这个知识社会里，父母对子女的教育越来越重视，教育支出增速明显快于家庭收入的增长。抚养一个孩子家庭还能够负担得起，但是如果两个孩子，确实会给家庭带来很大的经济压力。

一个家庭抚养两个孩子不仅会使家庭产生巨大的经济压力，而且也会使父母产生巨大的精神压力。男方和女方一般都有自己的工作，而且双方都不想因为家庭而耽误工作。工作之余照顾一个孩子就需要很大的精力，如果再生育一个孩子，双方必定一方要辞职，就算如此，一个人的精力有限，照顾两个孩子也不会很轻松。而且第一个孩子害怕自己“老大”的身份地位不保，担心自己“失宠”，经常对父母再要一个孩子的想法持反对态度。如果真的生育二胎，一胎的情绪也会使父母有所顾虑，对双方造成一定的精神压力。

（四）社会压力增加

我国是一个人口大国，虽然一直实行计划生育政策，但是人口基数大，每年依然有很多新生人口，对我国的社会发展造成巨大压力。实施“全面二孩”政策之前，我国社会各方面的问题就已经非常突出。随着人口的不断增加，人均资源能源数量越来越少，环境污染严重，交通拥挤，住房紧张、就业难、就医难、上学难等问题摆在眼前，而且在短时间内不会妥善解决。“而且，‘全面二孩’的实施一定会使人口数量增加，人口基数就会变大，犯罪率就很有可能会增加，所以对社会的发展也造成一定的压力。"[①]现在的情况是，政策已经开始实行，而相关的配套工作还没有做好，这就会使原来的矛盾更加突出。全面放开二胎后，这些方面的问题有的会立刻显现。比如孕妇增多，一年之后新生婴儿增加，这都需要大量的医疗资源，两三年之后幼儿需要入园，幼儿园的数量也要在短时间内增加。有些问题比如就业难、住房难，虽然不会在短时间内凸显，但是在十几年二十几年这些二孩长大之后，到时就会显著增加。"全面二孩"政策的实施不管是对当前社会还是对未来社会，都造成了很大的压力。

四、推动"全面二孩"政策实施的策略

"全面二孩"政策的实施虽然面临着许多困难，但它是符合社会发展规律的，有利于解决我国面临的人口问题。面对困难，不能坐以待毙，必须针对问题，采取措施，使"全面二孩"政策取得显著成效，适应我国的社会发展需要。

（一）宣传、教育群众

"全面二孩"政策的落实需要靠政府部门的大力宣传。当今社会媒体众多，电视、广播、报纸、网络等都早已渗透进人们的日常生活。尤其是网络传播范围广，速度快，宣传部门可以利用网络的力量大力宣传政策，向人们解读这个政策，传递正确全面的信息，使群众更加了解"全面二孩"政策实施的相关内容，使人们正确认识"全面二孩"政策与我国依然坚持计划生育政策的关系。实施"全面二孩"政策不等于取消生育限制，更不等于放弃计划生育的基本国策。

政府的宣传有助于"全面二孩"政策的落实，但是"全面二孩"政策的真正落实更多的是要依靠群众，因为生与不生，生几个，最终取决于群众的生育意愿。因此有关部门针对育龄夫妇生育意愿低的情况，要做好思想教育工作，对群众进行适当的教育，激发群众的社会责任感。使群众明白，积极响应政策的号召，生育二孩，有利于解决我国现在面临的人口问题，这不仅是为国家做贡献，这也是作为公民应尽的义务。

（二）保障女性就业权益

我国社会在就业时本来就存在着对女性的歧视，"全面二孩"政策的实施使女性在就业时受到的歧视增加，处于更不利的地位。在我国虽然有《中华人民共和国劳动法》《妇女权益保障法》等法律法规保护女性的就业权益，但这些都是硬性规定，而就业歧视是用人单位主观性的东西，无法衡量，对反对女性就业歧视作用不明显。对此，政府有关部门需要及时制定相关的细化的就业政策，减轻就业中的性别歧视现象，保护女性就业权益。"如规定女职工比例，对招聘二孩母亲的企业给予一些优惠政策，比如税收减免等。必要时出台与现实情况相配套的地方法规，让女性能够在生育二孩和工作选择二者之间实现相对平衡。"[②]除了对企业进行政策上的优惠，更需要从道德上呼吁用人单位增强社会责任感。聘用女性职工，这是为社会减少负担、做贡献，同时这也是

① 王琳、刘俊玲：《"全面二孩"政策实施的现实阻碍及有效应对》，载《现代管理》2016年第9期。

② 王琳、刘俊玲：《"全面二孩"政策实施的现实阻碍及有效应对》，载《现代管理》2016年第9期。

作为企业应尽的义务。企业中的女性就业歧视很难避免，因此需要对企业加强监管，在法律和道德上对女性就业进行保护。

（三）出台补助、奖励政策

育龄夫妇生育意愿低，很大一部分原因是出于家庭方面的各种压力，因此政府在实施“全面二孩”政策后，有关部门需要出台相应的政策以保障二孩政策顺利实施，一方面要给予补助，另一方面要进行奖励，双管齐下。比如对于生育二胎的夫妻双方，可以降低他们工资的税率，提高他们的收入，减少经济压力。延长女方产假，同时使男方的陪产假也真正得到落实。除此之外，对生育二胎的家庭进行物质奖励，二胎出生后可以以月或以年为单位对这些家庭在一定期限内进行一定的补助，或者发放现金，或者定时领取奶粉等婴儿必需品。几年之后二胎也到了上学的年龄，制定好教育方面的优惠、补助政策。如二胎家庭的孩子可以享受学校的补贴或减免相关的费用等。在经济上给予二胎家庭支持，让许多有生育意愿的家庭想生也敢生，想生生得起，推动“全面二孩”政策的全面落实。

（四）增加公共服务设施

看病挂号排长队，幼儿无园可上，类似的问题在几年之前就已经出现。“全面二孩”政策的实施，让这些现象“雪上加霜”。目前主要的任务就是增加教育、医疗卫生等社会公共服务，抓紧补足这些空缺，才有助于使“全面二孩”政策尽快落实。产前，孕妇需要进行产检等一系列检查，就要相应的增加妇科方面的医护人员和医疗器械，增建新的妇产科医院。产后，又会增加新的需求。儿童生病需要住院，这就需要新建一批儿童医院，加强儿科医疗服务体系的建设，加强儿科人才的培养。几年之后，儿童上学需要幼儿园、学校，这就需要增建各级各类学校，满足儿童的入学需求。总的来说，在公共服务设施上，既要增加物质资源，还要培养更多的人力资源，以满足“全面二孩”政策实施后产生的新需求。

虽然“全面二孩”政策的实施面临着众多困难，但它是适合中国国情的正确决策这个事实是毋庸置疑的。所以，我们一定要克服困难，确保政策的有效实施。当今，对“全面二孩”政策如何真正落实已经提出了一些建议，但是，提出建议并不是最终目的，好的建议真正得到落实才是最终目的。因此，政府有关部门要结合其他方面的意见，制定切实可行的配套措施。而作为群众，要响应国家的号召，拥护政策，使“全面二孩”政策真正落实，促进社会的发展。

（指导教师：于光胜）

沂水县中共党组织的诞生研究

孙洪丽

摘要：中国共产党沂水县地方组织的创建活动开始于1926年秋，次年春建立了中共沂水支部。中共沂水党组织的建立历程艰难曲折，起先是由在外读书的沂水知识分子带来的马克思主义的星星之火，但经过他们不懈的坚持，终于形成了燎原之势，沂水各地相继建立党支部。在党支部建立初期，共产党员曾遭多次国民党反动派的逮捕迫害，党组织几经风霜。正是因为共产党员的坚贞不屈、和反动派的斗智斗勇，广泛发动群众，借助群众的拥护，才慢慢恢复和发展。本文将论述沂水县中共党组织产生的条件基础及初步创建的历程。

关键词：沂水县；中共地方党组织；诞生基础

"人人都说沂蒙山好，沂蒙山上好风光。"这首耳熟能详的《沂蒙山小调》，真实地展现了沂蒙山的秀美姿容。这块风景秀丽的土地上更是孕育了一代又一代勤劳勇敢的英雄儿女。而属于沂蒙山区的沂水县，必然具有了沂蒙山区的优秀特质。沂水县，隶属临沂市，"位于山东省临沂市地区的北部，沂河、沭河的上游。东临莒县、诸城县，西面与蒙阴县、沂源县交界，南部毗邻沂南县，北接临朐县、安丘县。县域东西长78公里，南北宽67.5公里，总面积2434.8平方公里。沂河自西北流入沂水境内蜿蜒向南，将沂水一分为二，河西层峦叠嶂，河东丘陵起伏，海拔最高的沂山山脉是北面的屏障。沂水城的交通地位相当重要，沂水城坐落在山区和丘陵的结合部，青州—沂水、泰安—石臼所、沂水—博山干线公路交汇于此，是进入山区的门户，同时也是通向丘陵的枢纽"①。沂水县被称为"千年古县"，其历史文化悠久，可追溯到秦朝时期，秦朝时期在这里设县制，自隋朝时期，沂水县的区域范围基本稳定，沂水县名自那时起沿用至今。20世纪初，这个历经千年沧桑的古县，在目睹历代王朝更替后，又处在了官僚地主与

① 中共临沂地委宣传部：《临沂大全》，山东人民出版社1990版，第10页。

帝国主义的压迫之下，不过她并没有屈服，她所孕育的英雄儿女毅然走上了救国图存的道路，解救她于水深火热。

一、沂水县中共党组织建立的条件基础

我们说，新事物的产生是符合历史发展必然趋势的，新事物是具有强大生命力和远大前途的事物，它是在旧事物的母体中产生，克服了旧事物中消极的、过时的和腐朽的东西，保留了其中积极合理的成分，并且增添了旧事物无法容纳的新内容。中国共产党作为旧时代中国的一股清流、一抹新生的力量，它的产生必然是符合中国社会发展客观规律与必然趋势的，新生的中国共产党必然会受到人们的欢迎。新事物发展的前途是光明的，不过道路是曲折的。新生的中国共产党尚处于幼年时期，思想上、组织上等各方面发展都是不成熟的，免不了会犯主观主义等各种错误。刚刚产生的中国共产党并不是立即就被人民群众接受的，需要经过自身的宣传和实践的检验才能逐渐被人民群众接受，而且在这个过程中，它还会受到各种反动势力的镇压扼杀，所以中国共产党的产生并不是一帆风顺的。同样，沂水县中共党组织的建立并不是一蹴而就的过程，也是经过多次的酝酿与各方面的社会条件基础成熟促成的结果。

（一）沂水中共党组织建立的历史条件

沂水县具有悠久的历史与丰厚的文化土壤，据考古资料记载，早在40万年前，我国的远古祖先就在这里生存了。在这块钟灵毓秀、人杰地灵的土地上，人才辈出，曾孕育出历代名臣与士子，如西汉的伏湛、东汉末年的徐奕以及诸葛亮等人都是博学多识、忠君爱民的贤臣。沂水人民素以吃苦耐劳、民风淳朴被人称赞。而且有着光荣的革命传统，历史上反抗封建统治的农民起义也在这里发生过，比如“赤眉军起义”“幅军起义”，辛亥革命时期更不缺乏仁人志士。例如刘光，1888年出生于沂水，他的父亲刘次哲以及三个哥哥都是同盟会的成员，他自幼读书，17岁考上秀才，后加入同盟会，到青岛学习，一边学习一边参加革命活动，后来转战各地参加反帝反封建运动。因此，这里的人们受到过反封建思想的洗礼，更易接受中国共产党推翻旧政权、建立新中国的主张。

（二）沂水县中共党组织建立的社会条件

沂水县地处鲁中山区，比较闭塞，交通不发达。而且当地的经济基础就是小农经济，农民就靠几分薄田养家糊口，人民生活水平极低，又因为土地大多掌握在地主手中，所以绝大部分人口都属于贫农，这些人都没有土地与住房，以给地主做工为生。农民普遍受到地主及官僚的剥削，生活困苦，有些人难以忍受生活的艰难选择上山当土匪，更多的人为了反抗地主的欺凌，号召成立“大刀会”，以团结其他被剥削的农民反抗地主的压迫，自然而然地，大刀会成为中共党员宣传党的思想的阵地，而且其中的一些进步人员加入了中国共产党，大刀会成了党领导的地方武装组织，更成为沂水县抗日武装力量的重要组成部分。可见，不甘于地主及官僚压迫的农民是沂水党组织的重要阶级基础。

沂水县的知识分子是宣传党的思想的先锋，也是酝酿建立党组织的主要力量。

1906年,沂水县留日学生周瑞麟接受孙中山的革命主张,加入同盟会组织。他回到沂水后,创办学校,宣传革命,培养优秀革命人才,后来形成了以他和郑瑞麟、杨宝林、高筱山等人为核心的革命力量。他们动员起一大批知识分子向腐败的清朝政府发起挑战,向着地方封建势力宣战。辛亥革命失败后,沂水县革命领袖遭到了残酷的迫害,人们对封建反动势力的憎恨又增多了几分,但是他们的大无畏革命精神激励着大批的知识分子,警醒着世人。辛亥革命虽然推翻了清政府的腐败统治和两千多年的封建帝制,但是北洋军阀的上台又使沂水人民处在了更加水深火热的境地,许多有识之士在苦苦思索一条救国救民的道路。1917年,俄国革命的一声炮响,给中国送来了马克思主义,沂水的进步分子看到了希望的曙光。1919年,五四运动爆发,一些知识分子受到了鼓舞,他们纷纷奔向外地求学、做工,并在我国一些早期共产主义者的引导下,走上了革命的道路,他们纷纷投身到各种工人运动和学生活动。

同时,中共济南小组的建立提供了经验。这一时期,有一个社会背景是,中共山东党组织的建立与发展。五四运动以后,王尽美等带领着一批先进的知识分子组织创办了励新学会,这是以青年学生为主体的进步学术团体,使其部分成员逐步接受了马克思主义,在1920年秋成立了马克思学说研究会。1921年初,王尽美为代表的青年学生又组织了"劳动周刊社",宣传"提高劳动者的地位","改善劳动者生活",并"在上海、北京党组织的影响和帮助下,于1921年春成立了济南的共产党早期组织"。[①] 这年7月,王尽美、邓恩铭作为济南地区的代表参加了党的一大。然后在第一次全国劳动大会后成立了中国劳动组合书记部山东支部,并创办《山东劳动周刊》。"一九二二年七月党的第二次代表大会后,中共济南支部成立,王尽美任书记。八月济南成立了社会主义青年团组织。"[②]

(三)沂水县中共党组织建立的思想条件

1923年,在青州省立第四师范读书的沂水下胡同峪人李清潍(松舟)参加了青州进步师生的读书会,选读《社会主义讨论集》等书刊,确信"社会主义是唯一无二的救国良策",同年又在青岛商科职业学校经党的一大代表邓恩铭、王尽美介绍入党,加入中国社会主义青年团。李清潍的哥哥李清漪(泮溪)1923年考入上海大学,在共产党人陈望道、瞿秋白、蔡和森等影响下,研读马克思主义著作,参加工人、学生运动,并于1924年加入中国共产党。沂水城人王敬斋,1921年到淄川炭矿当小职员,1924年在中共中央特派员的宣传、组织下投身工人运动,同年加入中国共产党。1924年至1926年上半年期间入党的沂水县知识分子还有刘鸣鸾、刘晓浦、刘一梦等。他们是中国共产党与沂水人民联系的桥梁,是在沂水县传播马克思主义、宣传共产主义原理的先行者。

二、沂水县中共党组织建立

马克思主义哲学认为,事物的发展总是从量变开始的,量变是质变的必要准备,质

① 中共党史研究室:《中国共产党历史》第1卷(1921~1949),中共党史出版社2011年版,第63页。

② 中共山东省委党史资料征集研究委员会:《中共山东党史大事记》,山东人民出版社1986年版,第1页。

变是量变的必要结果。沂水县中共党组织的建立是一个由量变到质变的过程,各种社会条件基础的逐渐出现与整合使得沂水党组织的建立成为一个必然的趋势。我认为沂水党组织的建立最得益于沂水在外求学的知识分子,他们把在外求学、做工时接受的马克思主义思想带回了封闭贫穷的沂水县,通过建立平民学校、创办报刊、建立各种群众组织来进行广泛的宣传,号召进步分子一起宣传马克思主义思想。经过这些知识分子的努力和中共山东省委的帮助,沂水县的党组织终于建立起来。质变又为新的量变提供了条件,并在此基础上,产生新的质变。沂水县的中共党组织刚刚建立起来,由于群众基础不够稳固和自身思想不够成熟,再加上封建官僚的顽固抵抗,必然会遭受各种挫折,但是由于中共党员的坚定信念、不屈不挠的斗争与积极争取群众的政策,最终战胜各方面的困难,领导着人民群众实现了沂水县的解放。

(一)建立沂水县中共党组织的酝酿

1923年底,李清潍中断在青岛商职的学业,回到乡下小学当了教员,同事中有邵德孚、孙固斋等进步青年。李清潍把自己和哥哥带回来的《向导》和《新青年》等党内报刊送给他们阅读,向他们介绍世界上第一个社会主义国家苏联的状况,使他们对共产主义和社会主义制度有了初步的了解。

1926年秋,李清漪在村内办起了平民学校,还与弟弟一起创办了《农民小报》。利用这些阵地,向农民普及科学知识,介绍南方革命形势,宣传共产主义基本原理。受到两兄弟的影响,别的邻村也创办了平民学校或者夜校,共产主义在沂水北部传播开来。

(二)中共沂水县党组织建立

同年秋,王敬斋在广州农民运动讲习所第六期结业后,返回山东,11月,被中共山东区执委派回沂水县从事建党和革命的工作。他通过熟人关系,联系了一批关心国家前途和命运的知识分子,向他们宣传南方革命形势、北洋军阀的罪恶以及国民党、共产党合作共同推动北伐并取得胜利等一系列的重大消息。在他的组织下,这些思想进步的人员又分别到学生、教员、农民中做宣传工作。在学生中建立了读书会,在教员中成立了小学教员联合会,对农民则是号召贫雇农、下中农组织义和会、互助会等农民协会,通过社会实践进行共产主义的启蒙教育,培养建党对象。条件成熟后,他先在沂水城内发展国民党分子,第一批有邵德孚、鞠百实、张希周、朱寿年等。1926年底到1927年春,又选择其中一些信仰共产主义的优秀分子给予个别教育与训练,然后介绍他们加入中国共产党。1926年底,介绍鞠百实、邵德孚加入中国共产党。1927年4月,中国共产党沂水支部成立,王敬斋任负责人,这是沂水县第一个党组织。

1927年4月12日,蒋介石在上海发动反革命政变,对中国共产党员和革命民众实施大屠杀,随后,身为国民党中央和国民政府主要领导人的汪精卫亦主张“分共”和“反共”,公然与蒋介石合流,革命形势急转直下。沂水县的共产党员由于前一段时间行动过于暴露,为了避免不必要的损失,不得不实行隐藏。随后,党支部的负责人王敬斋被调往外地工作,王敬斋介绍张希周与山东省委接上关系。1927年11月,张希周应约到济南会见中共山东省委书记邓恩铭,邓恩铭介绍张希周重新入党,并指定他为沂水县的负责人。

(三)抗战前沂水县的党组织活动

大致分为三个阶段。

第一阶段,张希周按照省委"宁缺毋滥"的原则审查原有党员,整顿党组织。1927年底,审查、整顿结束,开始发展新党员。

第二阶段自1928年6月省委派特派员孙兆彭到沂水巡视工作起,到1929年5月中共沂水县委遭到破坏止,党组织在建立健全的基础上,大力开展农民运动。孙兆彭来到沂水后,把沂水原有党员名单审查报告省委,同时成立了以他为书记的中共沂水特别支部。孙兆彭亲带杜昂远到南乡、西北乡一些重点地区和村庄发动农民,建立协会,进而组织贫民会和发展共产党员,其用意在于通过宣传农民、组织农民,积累力量,实行暴动。同年12月,孙兆彭主持召开党员代表大会,选举产生中共沂水县委,朱寿年任书记。孙兆彭离开沂水,县委继续执行特支的工作方针,工作重点仍是动员、组织农民。县委成员以县党部的名义推动农运,组织农会,发展党员工作又与农会结合进行。到1929年春末,全县农民协会成员达50000余人,贫民会会员达1000余人,党员达100余人,建立了南乡、城里、北乡3个中共区委。农民协会带动农民革除农村旧习,反对封建迷信,借粮度荒,抗捐抗税,受到农民的拥护,一时影响很大。1929年5月,县委书记朱寿年等7人被国民党沂水县政府逮捕,沂水县党员与上级党组织的关系中断。

第三阶段自1932年5月起,到1933年止。一年多的时间里,党组织有了迅速发展,并且领导了大规模的暴动,沂水党员与当地旗会组织和土匪相联系,争取其中的进步力量,作为暴动的基础。自1933年5月下旬至6月上旬,暴动队伍向地方反动势力和国民党驻沂水部队发动了3次进攻,与敌人激战于崖庄、盖家顶、高桥镇,取得了局部的胜利。1933年,中共山东临时省委组织部长宋鸣时叛变,中共沂水党委又遭到一次重大破坏,由此到全面抗战开始,沂水县党员没有恢复与上级党组织的联系。

1937年"七七事变"发生后,日本帝国主义大肆侵华,抗日战争全面爆发。这个时期沂水县的党组织迅速建立健全,党员队伍迅速扩大,党领导人民扩大根据地,广泛开展游击战争。沂水县党组织进行"反对日本帝国主义""不做亡国奴"的宣传,并且在沂水各地组织建立了"抗敌后援会""抗日救亡协会"等组织。1937年底,沂水党组织由邵德孚与中共山东省委接上关系,与各地党组织组织抗日救亡活动,建立抗日武装,沂水抗日救亡工作进入了新的阶段。之后沂水党组织带领人民坚持抗战,经历各种敌人的扫荡与围剿活动,终于迎来了抗战的胜利,党组织在领导人民进行艰苦奋斗过程中日渐成熟,积累了领导武装斗争、政权建设、群众工作和统一战线工作的经验。全国解放战争时期,县委和各级党组织结合开展支前、生产、土改等中心工作,大量发展党员,建立、健全、整顿各级党组织。

三、"沂蒙精神"是沂水人的精神风貌

"共产党人不是同其他工人政党相对立的特殊政党。他们没有同整个无产阶级的

利益不同的利益。”①自中国共产党诞生的那一天起，就注定了共产主义会以星星之火燎原之势燃烧在整片中华大地上，沂水县中共党组织的建立及发展不过是其一个缩影，不仅反映了中国共产党建立的艰难曲折，更反映了它是中国历史发展的必然结果与人民群众的必然选择。在中国共产党的领导下，沂蒙山区包括沂水县的人民更是实践出了可歌可泣的“沂蒙精神”。

沂蒙精神的基本内容就是“爱党爱军，开拓奋进，艰苦创业，无私奉献”，是沂蒙人民在中国共产党的领导下，在长期的革命实践和社会主义建设中形成的，以马克思主义理论为指导的，一种具有鲜明时代特色的优秀群体意识和可贵革命精神。它也是根植于中华民族文化的，以爱国主义为核心的团结统一、爱好和平、勤劳勇敢、自强不息的中华民族精神的一部分。它是以爱国主义为核心的民族精神与以改革创新为核心的时代精神相结合的一个典型代表。它秉承沂蒙优秀思想文化和优良革命传统，犹如一粒种子根植沂蒙革命和建设的实践沃土，在沂蒙山区这片英雄的土地上逐渐生根、发芽直至成长壮大，枝繁叶茂，并且它的种子撒遍中华大地的每一个角落上。

“‘爱党爱军’表达了沂蒙人民热爱党、热爱解放军、热爱祖国、热爱沂蒙的高尚情操；‘开拓奋进’概括了沂蒙人民追求进步、改革创新、敢为人先的先进思想意识；‘艰苦创业’概括了沂蒙人民不畏艰难、艰苦创业，建设美好沂蒙的英雄气概；‘无私奉献’展现了沂蒙人民为国分忧、舍生取义、只讲奉献、不讲索取的精神风貌。”②

沂蒙精神可以说是一种先进的群体意识。它秉承优秀的思想文化和优良的革命传统，根植于山东革命和实践的沃土，体现出鲜明的时代特色、强大的包容性以及实践功能，是对社会主义核心价值体系深刻内涵的生动诠释和具体体现。在社会飞速发展的今天，沂蒙精神更是需要加以发扬与传承的。几个世纪前，明朝大诗人王缙曾经在故乡沂水城西南五十里处的五坡山上吟下这样的诗句：“遥知六出呈祥瑞，且喜琅琊大有成”，表达了对故乡的眷恋与希冀之情。如今，他的心愿“大有成”已经实现，沂水人民在党的领导下开拓进取，赢得了一派繁荣的景象。

（指导教师：孙波）

① 《马克思恩格斯选集》第1卷，人民出版社2012年版，第413页。

② 徐东升、费聿辉：《沂蒙精神与中华民族精神》，载《临沂大学学报》2012年第5期。

中央苏区时期中国共产党对群众路线的探索及经验

马梅琳

摘要：以毛泽东为代表的中国共产党人在创建中央苏区、探索治国理政的实践中，积累了宝贵的执政经验，获得了人民群众的支持与拥护，促进了根据地建设，为党的群众路线的形成奠定了扎实的基础：一是关心群众疾苦，真心实意为群众谋利益；二是注意工作方法，反对官僚主义等"四风"；三是改善自身形象，加强党的自身建设。本文简要论述了中央苏区时期群众路线的形成过程，以及党在探索实践的过程中总结的经验。

关键词：中央苏区；群众路线；实践探索

党的十八大以后，围绕保持党的先进性和纯洁性，在全党深入开展了以为民务实清廉为主要内容的党的群众路线教育实践活动。习近平同志指出，开展党的群众路线教育实践活动，是我们党在新形势下坚持党要管党、从严治党的重大决策。

群众路线是我们党的生命线和根本工作路线。在中央苏区时期，以毛泽东为代表的中国共产党人坚定信仰马克思主义，把社会主义和共产主义的理想信念作为思想基础，创造性地将马克思主义关于人民群众是历史的创造者的原理运用在中央苏区党的活动中，形成并践行了群众路线。

一、中央苏区时期党的群众路线的基本形成

（一）党的群众路线理论的初步形成过程

中国共产党对群众路线理论的探索经历了一个较长的过程，它起源于井冈山革命根据地时期，发展于赣南闽西革命根据地时期，基本成熟于中央苏区时期。在革命根据地建设期间，毛泽东等中国共产党人在总结革命经验和执政规律的基础上，将马克思主义普遍真理与中国革命具体实际相结合，探索出了一大批先进理论。其中，群众路线理论就是代表作之一。毛泽东撰写的《井冈山斗争》、《中国共产党红军第四军第九次代表大会决议案》（即《古田会议决议》）、《关注群众生活，注意工作方法》、《长冈乡调查》、《才溪乡调查》等理论著作和调查报告深入阐述了群众路线的基本观点和思想精髓。

中央苏区，也称“中央革命根据地”，位于江西南部、福建西部，是土地革命战争时期中国共产党最大的革命根据地，是全国苏维埃运动的中心区域，中华苏维埃共和国的党、政、军首脑机关都在这里。中央苏区是在赣南、闽西革命根据地的基础上发展起来的。从1929年到1934年，中央苏区政府开展了轰轰烈烈的土地革命，进行了政权建设、经济建设和文化建设，对以后中国革命的发展产生了深远的影响。

1928年的中共六大把争取群众的路线视为总的政治路线，“党的总路线是争取群众，党要用一切力量去加紧团结收集统一无产阶级的群众”[①]。一年之后，周恩来在《中央给红军第四军前委的指示信》（即《九月来信》）中，强调要重视群众工作，筹款“亦要经过群众路线，不要由红军单独去干”，“没收地主豪绅财产是红军给养的主要来源，但一定要经过群众路线”。[②] 这是中共文献中第一次使用“群众路线”这一概念。毛泽东发展了群众路线理论，较周恩来、张闻天等人的群众观而言更为严密完整，是马克思主义中国化的一项重要成果。1933年11月，为总结中央苏区治国理政经验，毛泽东带领政府工作人员深入才溪乡进行调查，写下了《才溪乡调查》这篇光辉著作，并对群众路线进行了理论概括。1934年1月“二苏大”会上，毛泽东将《苏区工作的模范——才溪乡》印发给了大会代表。1月27日，毛泽东在“二苏大”会上作了《关心群众生活，注意工作方法》的总结报告，阐述了党的群众路线的基本理论。[③] 毛泽东通过调查写下的《才溪乡调查》《关心群众生活，注意工作方法》等著作，对中央苏区群众路线的实践进行了总结和理论阐述，标志着党的群众路线初步形成。

（二）党的群众路线理论的理论渊源和实践背景

历史和现实证明，中国共产党正是在同广大人民群众密切联系与共同奋斗中孕育和发展起来的，中国共产党90多年的历史其实就是一部坚持党的群众路线的历史。在中央革命根据地建设期间，中国共产党同样坚信群众路线这一始终保持着生机活力的重要法宝。党的群众路线理论不是无源之水、无本之木，它有着深厚的理论渊源和实践背景。

首先，历史唯物主义是中国共产党人坚持走群众路线的重要思想理论指南。马克思主义唯物史观认为，历史是人民群众创造的，承认历史的主体是人民群众，认为无产阶级政党必须相信群众、依靠群众，一切工作的最终目的必须为了群众。唯物史观的核心是群众史观，马克思主义群众观的核心是群众利益高于一切。中国共产党始终坚持马克思主义基本原理同中国实际相结合，始终坚持马克思主义唯物史观，因此中国共产党在中央苏区时期坚定不移地走群众路线，一切为群众着想，为人民服务。

其次，中共自身的历史经验促使中国共产党始终自觉坚持群众路线。中国共产党正是依靠自身独有的强烈的自我警醒意识，始终自觉反对一切违背群众路线的错误思想行动，使坚持党的群众路线的实践经历着一次次考验，依然能一以贯之。在土地革

① 中央档案馆编：《中共中央文件选集（一九二八）》，中共中央党校出版社1983年版，第180页。

② 《周恩来选集》上卷，人民出版社1981年版，第36页。

③ 参见宋一平：《中央苏区时期毛泽东的群众路线思想及现实意义》，载《探求》2013年第5期。

命和农村革命根据地不断巩固和扩大之时，共产党内“左”倾思想逐渐发展起来。1930年6月，以李立三为代表的“左”倾冒险主义在党中央占了统治地位，他们认为要发动全国性的武装暴动，进攻大城市；1931年1月，王明等“左”倾冒险主义者在共产国际的支持下，同样推行“城市中心论”，反对农村包围城市的正确道路……这些脱离实际和人民群众利益的错误思想和政策，给党带来了巨大的危害和损失，直接导致中央苏区第五次反“围剿”失败。中国是农业大国，工人阶级是革命的领导阶级，但农民始终是中国革命最可靠的同盟军。中国共产党依靠历史经验和智慧，紧紧依靠人民群众，保存了党的有生力量。

最后，新民主主义革命取得胜利的内在需要要求中国共产党坚持走群众路线。随着国民党反动统治的覆灭和中华人民共和国的成立，新民主主义革命取得了基本胜利。革命的胜利不是偶然的，它有雄厚的群众基础，如果没有广大人民群众的广泛参与和大力支持，中国革命不可能取得胜利。同最广大的人民群众保持最密切的联系，是中国共产党区别于其他任何一个政党的显著标志。由于坚持一切为人民服务的宗旨，坚持从群众中来、到群众中去的工作路线，使得中国共产党得到人民群众的拥护、支持，从而赢得胜利。

二、中央苏区群众路线的成功经验

以毛泽东为代表的中国共产党人在创建中央苏区的伟大实践中，积累了丰富的群众工作经验，为群众路线的形成奠定了基础。

(一)关心群众疾苦，真心实意为群众谋利益

在中央苏区，毛泽东等人始终关心群众生活，真心实意为人民谋利益，赢得了中央苏区人民的信任与拥护，保持了中央苏区内党群军民鱼水相依的关系。

1929年，毛泽东在传达中共六大精神会议上指出：“共产党员要像和尚念阿弥陀佛那样，时刻叨念争取群众，密切联系群众。”[①]在毛泽东看来，时刻挂念群众、工作生活一刻不离群众的党员才是一名合格的党员，正如毛泽东给杨海泉的题词中所写的：“与民众一道，一刻也不脱离群众，中国革命就一定能够胜利。”[②]在这之后，毛泽东更加注重走群众路线。1930年5月，毛泽东写了《反对本本主义》一书，提出了“没有调查，没有发言权”的著名论断，以此来反对当时存在的教条主义。在中央苏区期间，毛泽东身体力行，深入群众，开展调查研究，了解群众的疾苦，亲自过问群众的衣食住行、疾病卫生等问题。在江西瑞金沙洲坝，毛泽东带领军民挖井吃水，帮助群众解决饮水困难；他还带领红军与人民一起修“红军桥”，象征着联系群众的纽带。1934年1月，毛泽东在《关心群众生活，注意工作方法》中强调：“真正的铜墙铁壁是群众，革命战争是群众的战争，只有依靠群众才能进行战争。”[③]同时期，朱德等领导人也帮助农民下

---

① 《井冈山革命根据地的经济斗争》编写组：《井冈山革命根据地的经济斗争》，江西人民出版社1978年版，第99页。

② 中央档案馆：《毛泽东题词墨迹选》，人民美术出版社、档案出版社1993年版，第14页。

③ 《毛泽东选集》第1卷，人民出版社1991年版，第139页。

田插秧、抗旱;周恩来、张闻天等领导人带头参加星期六义务劳动,与群众一起在地里除草、种菜、挑水,并及时了解群众的实际困难,了解人民群众的真实想法。在毛泽东等人的影响下,密切联系群众,努力为群众谋利益成为当时中央苏区的主旋律。

中央苏区时期,党和苏维埃政府还制定了一系列经济文化政策,领导人民群众发展根据地经济建设,开展文化教育,提高了人民的生活水平。中国自古以来就是农业大国,农民是中国革命的主要力量,中国共产党在农村开展革命无疑离不开农业的生产和发展,离不开农民。1933 年 8 月,为了让干部和群众了解经济建设的重要性,毛泽东作了《必须注意经济工作》的报告。他指出:“只有开展经济战线方面的工作,发展红色区域的经济,才能使革命战争得到相当的物质基础,才能顺利地开展我们军事上的进攻,也才能使我们的广大群众都得到生活上的相当满足,而更加高兴地去当红军,去做各项革命工作。”①毛泽东认为苏区经济建设的中心是发展农业、工业生产,发展合作社。② 由于土地革命的深入开展,农民生产积极性空前高涨,加上苏维埃政府高度重视和支持,苏区的农业获得连年丰收。党和苏维埃政府对农业生产采取的一系列正确的方针政策主要有:组织耕田队和劳动互助社,发动和组织妇女参加农业生产;组织犁牛合作社,解决耕牛不足困难;进行兴修水利、开垦荒地、改良土壤、植树造林等农田水利基本建设等。发展农业生产,推动经济建设,为苏区人民的生活提供了有力保障,红色政权得以巩固。

在党和苏维埃政府的领导下,中央苏区的文化建设也得到了蓬勃发展。“一苏大”会上通过的《中华苏维埃共和国宪法大纲》中明确规定:“中国苏维埃政权以保证工农劳苦民众有受教育的权利为目的。”③因此,苏维埃的文化教育方针即“以共产主义的精神来教育广大的劳苦民众,使文化教育为革命战争与阶级斗争服务,使教育与劳动联系起来。”④在此方针的指引下,经过苏区教育工作者的努力,到 1934 年 1 月,苏区共有列宁小学 3052 所,学生 89710 人。苏维埃政府在发展义务教育的同时,还大力发展以扫除文盲为中心任务的社会教育,通过办夜校、半日学校、业余补习班和识字班、俱乐部等方法,努力扫除文盲,提高人民群众思想水平和文化程度。此外,中央苏区的文艺事业和新闻报刊等也取得了较大成就,产生了很多受喜爱的文学创作、歌曲和戏剧,传唱革命歌曲,如《国际歌》《工农兵联合起来》等,成立了两大剧团——八一剧团和蓝衫剧团,演出了许多优秀作品。为宣传党和政府的各项方针政策,其先后创办了《红色中华》《红星报》等多个报刊。中央苏区的文化建设为支援中国革命和巩固红色政权发挥了重要的作用。

(二)注意工作方法,反对官僚主义

官僚主义是中国封建政治统治的产物。由于苏区经济落后,各种非无产阶级思想所带来的无组织性与散漫性,加上民众文化程度低,官僚主义的工作方式不可避免地

---

① 《毛泽东选集》第 1 卷,人民出版社 1991 年版,第 120 页。

② 《毛泽东选集》第 1 卷,人民出版社 1991 年版,第 130 页。

③ 福建省档案馆选编:《中华苏维埃共和国法律文件选编》,江西人民出版社 1982 年版,第 8 页。

④ 江西省委党校党史教研室编:《中央革命根据地史料选编》(下),江西人民出版社 1982 年版,第 331 页。

出现在苏维埃各项工作中。官僚主义是群众路线中最大的敌人，也是中央苏区党和政府必须解决的重大问题。

1932 年 11 月，毛泽东在为政府起草的一个决议中批评官僚主义，他指出："官僚主义，是脱离群众，破坏苏维埃与群众的关系，对于苏维埃胜利和发展，有莫大危害，照例敷衍，强迫命令，是官僚主义的重要表现，这是苏维埃政府中绝对不允许存在的。"[①] 1933 年 8 月，毛泽东在中央苏区南部十七县经济建设大会上的报告中明确提出："动员群众的方式，不应该是官僚主义的，官僚主义的领导方式是任何工作所不应有的。"[②]1933 年 12 月 28 日，江西省第二次工农兵代表大会通过的《苏维埃建设决议案》指出："所以为着有力地推进苏维埃工作，必须在苏维埃系统内，开展最无情的反官僚主义、反机会主义的斗争。"[③]摒弃旧的官僚主义工作方式，建立新的苏维埃的工作方式，这是中央苏区反官僚主义的总的工作要求。主要措施有：

一是转变工作方式，建立集体的、具体的、密切联系群众的领导方式。新的领导方式要求集体的领导，要求把领导的机关健全起来，把一切重要问题在这个集体内讨论、决定，负责执行。只有这种集体的领导才能同包办主义、命令主义作有力的斗争。具体领导首先要求领导机关更充分地了解下面情形，要充分利用巡视委员会、工作团或组织团，耐心倾听下面同志的意见，使党的指示具体化。

二是工农检察部工作，严惩官僚主义者。各地工农检察委员会"应当成为反官僚主义的斗争机关，应当是苏维埃内反官僚主义、反对不能执行一切法令的报警者"[④]。工农检察委员会必须成为报警的机关；必须是自我批评的组织者与群众的教育者；要提出改善工作的具体方案，工农检察委员会必须把检查工作的执行与具体的帮助联系起来，使每一件事得到彻底的、具体的解决。

三是加强舆论监督，大力开展批评与自我批评。中央政府机关报《红色中华》和红军总政治部的《红星报》辟有"铁锤""铁棍""警钟"等专栏，专揭露批评苏维埃工作人员中存在的官僚主义、铺张浪费、贪污盗窃等坏人坏事。

中央苏区开展的反官僚主义斗争，克服了革命队伍中脱离群众、摆"官老爷"架子的恶劣作风，为党和人民政权建设积累了宝贵的经验。

（三）改善自身形象，加强党的自身建设

在苏区，党和苏维埃政府不断端正党风政风，加强党的自身建设，在反腐肃贪方面有坚定的决心，对腐败要案大开"杀戒"，其中引起巨大震动的大案有以下两起：

1. 惩治钟圣谅、钟铁青腐败案。中共胜利县临时县委书记钟圣谅、县苏维埃政府主席钟铁青，都是参加革命较早、经受过农民暴动和战争考验的党政领导者。然而随

① 中共中央文献研究室编：《毛泽东著作专题摘编》（下），中央文献出版社 2003 年版，第 219 页。

② 《毛泽东选集》第 1 卷，人民出版社 1991 年版，第 124～125 页。

③ 《江西省第二次工农兵代表大会苏维埃建设决议案》，载江西省档案馆、江西省委党校党史教研室编：《中央革命根据地史料选编》（下），江西人民出版社 1982 年版，第 282 页。

④ 《江西省第二次工农兵代表大会苏维埃建设决议案》，载江西省档案馆、江西省委党校党史教研室编：《中央革命根据地史料选编》（下），江西人民出版社 1982 年版，第 282 页。

着地位上升和权力增大，个人私欲也不断膨胀，他们同其他干部和富农一起倒卖收缴的鸦片烟土，倒卖款达3000多元，并全部分成侵吞。经联合调查，"二钟"的犯罪事实得到核实，临时最高法庭批准宣判：判处钟铁青死刑，判处钟圣谅监禁两年。

2. 惩治唐仁达贪污案。唐仁达为瑞金县苏维埃政府财政部会计科长。1933年12月，瑞金县苏维埃政府的油灯费、房屋修理等方面骇人听闻的浪费现象引起了中央工农检察部的关注，通过深入检查，查实会计科长唐仁达，"不但吞蚀各机关交来的余款，群众退回的公债、谷票等款；还变卖公家物件的谷子，及隐瞒地主罚款等34项，合计大洋二千余元"①。此案件查清后，中央工农检察部与中央审计委员会决定将唐仁达绳之以法，交最高法庭审判。最高法庭判处唐犯死刑，没收其财产。

大量的事实表明，在党和苏维埃政府的领导下，中央苏区的反腐肃贪工作取得了很大成效。中央苏区的各级党政机关工作人员甘当人民公仆，艰苦奋斗，廉洁自律，不计报酬，为苏维埃事业的胜利努力工作，开启了人民政权的一代新风。苏区干部这种好的工作作风也塑造了独具特色的苏区干部形象——穿草鞋、提竹篾、背干粮，他们在生活上不搞特殊化，以艰苦为乐，以朴素为荣，与群众患难相依。

中央苏区时期，中国共产党以身作则，廉洁奉公，深入群众，为人民群众谋利益，体现了党全心全意为人民服务的宗旨，保持了党的先进性和纯洁性，促进了根据地建设，推动了党的自身建设，为新时代党开展群众路线工作提供了宝贵的经验。今天，我们依然要发扬群众路线思想，在任何时候任何情况下，都必须坚持把实现好、维护好、发展好最广大人民的根本利益作为党一切工作的出发点和归宿，必须关注民生，顺应人民群众求富裕、公正、安定的愿望，构建社会主义和谐社会。

（指导教师：张福记）

① 刘晓农：《中央苏区史话》，江西人民出版社2011年版，第183页。

浅析《反对本本主义》对毛泽东思想的重要贡献

任东辉

摘要：毛泽东思想内涵丰富，它的形成、发展和成熟经历了一个漫长的历史过程。1930年5月，为鲜明反对党内教条主义，毛泽东写成《反对本本主义》一文，具有深刻的马克思主义哲学内涵和鲜明的特点。它系统阐述了调查研究理论，初步形成了毛泽东思想活的灵魂的基本理论形态，在我党发展史上首次明确提出了"思想路线"的概念，在毛泽东思想发展史上具有重要的历史地位。

关键词：反对本本主义；调查研究；毛泽东思想；实事求是

20世纪20～30年代，由于中国共产党尚处在缺乏革命经验的幼年时期，受国际共产主义运动的影响，党内教条主义风气盛行，具体表现为把共产国际决议和苏联经验神圣化的错误思想倾向，这使中国革命一度陷入困境。1930年5月，毛泽东为反对党内教条主义而撰写了《反对本本主义》一文，首次提出马克思主义必须同中国实际相结合的科学命题，并系统阐述了调查研究理论，初步形成了毛泽东思想活的灵魂的基本理论形态，实现了马克思主义中国化和本土化。

一、提出马克思主义与中国实际相结合的科学命题，鲜明地反对教条主义

20世纪20～30年代，中国共产党领导下的农村土地革命迅速发展，红色革命政权得到巩固，但是各种唯书、唯苏、唯上的教条主义思想仍然弥漫在党和军队中。毛泽东在总结中国革命经验的基础上，撰写《反对本本主义》一文，旗帜鲜明地反对党和军队内的教条主义错误倾向，这也是中国共产党人第一篇反对教条主义思想的经典文献。

面对当时党内各种教条主义错误，毛泽东尖锐地批评说："不根据实际情况进行讨论和审察，一味盲目执行，这种单纯建立在'上级'观念上的形式主义的态度是很不对的。"①教条主义是主观主义的一种表现形式，其错误在于人为地将理论和实践割裂开

① 《毛泽东选集》第1卷，人民出版社1991年版，第111页。

来。它导致党的策略和路线不能深入群众,曾使党的发展一度陷入困境。毛泽东在深刻剖析党内教条主义危害及其实质的基础上,提出了对待马克思主义的科学命题,即马克思主义必须与中国具体实际相结合的科学命题。他明确指出:"马克思主义的'本本'是要学习的,但是必须同我国的实际情况相结合。我们需要'本本',但一定要纠正脱离实际情况的本本主义。"①

马克思主义具有普遍性这一理论品质,明确了认识和解决问题的正确方向和基本原则。所以,只有将马克思主义与中国实际相结合,马克思主义才能真正发挥理论武器的作用。北伐战争失败后,中国共产党领导下的土地革命兴起并迅速发展,毛泽东在总结正反两方面经验的基础上,深刻地认识到中国革命失败的根本原因是党内的教条主义在作怪。党内教条主义者对中国国情缺乏充分认识,难以在马克思主义理论和中国革命实践之间找到契合点。② 所以,为了解决中国革命问题,必须旗帜鲜明地反对教条主义,必须坚持马克思主义与中国具体实际相结合。这在本质上是对实事求是思想路线的真实反映。

二、系统阐述调查研究问题,为中国革命实践提供方法论的指导

调查研究是反对教条主义的基础性环节,是贯彻马克思主义思想路线的内在要求。在第一次国内革命时期和土地革命时期,毛泽东对中国社会和革命实际尤其是农村的情况,做了较多调查研究,在此基础上写作了一系列重要的有关中国革命的文章,为中国共产党制定土地革命路线奠定了理论基础。毛泽东《反对本本主义》一文中,着重阐述了调查研究问题,为中国革命实践提供了方法论的指导。

(一)提出"没有调查,没有发言权"的著名论断

文章把调查研究看作是反对唯心主义、教条主义和解决中国革命问题的基础性环节。从认识与实践、知与行的角度,毛泽东提出"没有调查,没有发言权"和"一切结论产生于调查情况的末尾,而不是在他的先头"③的论断。不但把自己的革命主张完全建立在辩证唯物主义基础之上,体现着马克思主义认识论和方法论的一致性;而且也充分体现了中国哲学重行、重实践的优良传统。

毛泽东深刻剖析党内教条主义错误思想的危害,他尖锐指出:"离开实际调查,就要产生唯心的阶级估量和唯心的工作指导,那末,它的结果,不是机会主义,便是盲动主义。"④毛泽东将党内脱离实际的思想路线和工作作风归结为唯心主义的错误根源,肯定了调查研究在认识论和革命策略制定中的重要地位。于是他得出的结论是:"必须洗刷唯心精神,防止一切机会主义盲动主义错误出现,才能完成争取群众战胜敌人的任务。"⑤

---

① 《毛泽东选集》第1卷,人民出版社1991年版,第112页。
② 参见聂志本:《〈反对本本主义〉的哲学内涵与特点试析》,载《辽宁工学院学报》2001年第3期。
③ 《毛泽东选集》第1卷,人民出版社1991年版,第109页。
④ 《毛泽东选集》第1卷,人民出版社1991年版,第112页。
⑤ 《毛泽东选集》第1卷,人民出版社1991年版,第112页。

调查研究是马克思主义思想路线的内在要求，要贯彻马克思主义实事求是的思想路线，必须要做实地调查。就此，毛泽东坚定地说："你对于某个问题没有调查，就停止你对于某个问题的发言权。你对那个问题的现实情况和历史情况既然没有调查，不知底里，对于那个问题的发言便一定是瞎说一顿。"[①]从这方面来说，调查研究是贯彻实事求是思想路线的基础性环节，是实现马克思主义与中国具体实际相结合的必然要求，是马克思主义认识论思想最直接、最生动的体现，更是防止教条主义的有力武器。因此，他要求共产党员必须"注重调查，反对瞎说"。

"没有调查，没有发言权"这个科学论断是唯物主义与唯心主义的分水岭，充分表现了唯物主义的思想原则，具有辩证唯物主义普遍性与特殊性的优良品质。

（二）强调调查就是解决问题

在中国这样一个落后的东方农业大国进行新民主主义革命，必然面临许多前所未有的难题。[②] 在当时党内教条主义思想盛行情况下，党内教条主义者迷信马克思主义的"本本"，张口闭口"拿本本来"，或者认为上级机关的指示都是正确的，不再根据实际情况进行讨论和审查就一味盲目执行。其实质是"唯心主义。"

毛泽东认为，解决问题的最好的办法是深入实际做调查研究。他提到："调查就像'十月怀胎'，解决问题就像'一朝分娩'。"[③]这句话形象地指出了调查研究的目的就是要解决问题。进行漫长的"十月怀胎"式的调查研究，目的就是为了找到领导中国革命问题走向成功的道路和方法。所以，要想旗帜鲜明地反对教条主义，共产党员必须努力做实际调查，彻底洗刷党内教条主义者的唯心精神，进而才能获得真理性认识，真正找到解决革命问题的正确办法和途径。

（三）系统阐明了调查的技术

真正解决中国革命难题是最终目的。就此，毛泽东说："我们的任务是过河，但是没有桥或没有船就不能过。不解决桥或船的问题，过河就是一句空话。不解决方法问题，任务也只是瞎说一顿。"[④]所以我们需要在马克思主义哲学世界观和方法论的指导下，在深入实际调查的过程中找到真正解决问题的方法和途径。通过参加实际调查，毛泽东总结并系统论述了一套行之有效的调查技术。

首先，关于调查方式，毛泽东倡导开调查会。只有这样，才能最大限度地接近问题的结论。第二，关于调查对象，毛泽东认为能深切明了社会经济情况的人是最佳人选，要根据所调查的内容请相关人士参加。他还充分考虑到参与人员的年龄层次、职业特点和思想状况，保证参与人员素质专业化与结构合理化。从人数上看，至少需要三人参加调查会，多则可达十几或者二十几人，这要取决于调查者的指挥能力。第三，关于如何开展调查工作，毛泽东特别强调事前要制定调查纲目，领导干部要亲身出马并且

---

① 《毛泽东选集》第1卷，人民出版社1991年版，第109页。

② 参见李虹霞：《论〈反对本本主义〉对毛泽东思想形成的历史贡献——纪念〈反对本本主义〉发表80周年》，载《山西高等学校社会科学学报》2010年第10期。

③ 《毛泽东选集》第1卷，人民出版社1991年版，第110页。

④ 《毛泽东选集》第1卷，人民出版社1991年版，第39页。

要深入地进行社会经济调查。

上述这些调查态度、调查方法和调查技术，都是毛泽东多年从事社会实践调查的深刻经验总结，具有很强的可操作性，对于中国革命实践具有很强的现实指导意义。

三、孕育着实事求是、群众路线和独立自主思想路线的雏形，初步形成了毛泽东思想活的灵魂的理论形态

实事求是、群众路线和独立自主是毛泽东思想三大活的灵魂，他们是贯穿于毛泽东思想各个组成部分的立场、观点和方法。这三个方面的基本理论形态，在《反对本本主义》中已初具雏形。

（一）孕育着毛泽东思想实事求是思想的理论雏形

"实事求是"是毛泽东思想的精髓，这一思想在《反对本本主义》中已初具雏形。毛泽东针对党内教条主义思想倾向尖锐地批评道："我们说马克思主义是对的，绝不是因为马克思这个人是什么'先哲'，而是因为他的理论，在我们的实践中，在我们的斗争中，证明了是对的。"[①]这表明毛泽东坚持马克思主义认识论"实践是检验真理的唯一标准"的观点，深刻地批判了教条主义者一切从"本本"出发的错误态度；也充分说明我们要坚持在实践中检验和发展马克思主义。

毛泽东指出调查研究是反对教条主义、唯心主义和解决实际问题的基础性环节，这充分体现着毛泽东不唯书、不唯上和只唯实的革命思维和理论态度。所以他提出了对待马克思主义的科学态度：马克思主义的"本本"必须和中国实际相结合。只有这样，马克思主义才能在中国的土地上生根、发芽、开花和结果，才能彰显其作为科学理论的价值。

《反对本本主义》一文虽然还没有明确提出"实事求是"这一概念，但是它处处闪耀着实事求是的光芒，体现着理论和实践相统一的观点。

（二）孕育着毛泽东思想群众路线思想的理论雏形

历史唯物主义认为，人民群众是实践的主体，是历史的创造者。毛泽东以此为指导，创造性地开创了中国革命的新局面。《反对本本主义》一文中已经孕育了"一切为了群众，一切依靠群众，从群众中来，到群众中去"的思想观点。

毛泽东从中国革命现实中深刻认识到人民群众是中国革命的伟大力量。他认为中国革命的具体实践，就是广大人民群众的革命活动。他提出共产党的正确的斗争策略，"是要在群众的斗争过程中才能产生的，这就是说要在实际经验中才能产生"[②]。所以，中国革命要想取得胜利，必须信任和依靠广大人民群众。为此，他要求共产党员："迈开你的两脚，到你的工作范围的各部分各地方去走走，学个孔夫子的'每事问'，只有通过深刻的实际调查，才能科学地了解社会情况。"[③]这充分体现了马克思主义认识论和群众路线内在的一致性。获得正确的革命策略需要深入群众，深入实践；从群

① 《毛泽东选集》第1卷，人民出版社1991年版，第111页。

② 《毛泽东选集》第1卷，人民出版社1991年版，第115页。

③ 《毛泽东选集》第1卷，人民出版社1991年版，第110页。

众中来,到群众中去研究,才能掌握中国革命的特点和规律。

《反对本本主义》所阐释的一切从实际出发,到群众中做调查研究,向群众寻求真理,可以说是“群众路线”思想的理论雏形。

(三)孕育着毛泽东思想独立自主思想的理论雏形

《反对本本主义》第一次提出了“中国革命斗争的胜利要靠中国同志了解中国情况”的著名论断。这是一个具有重要意义的论断,一方面它坚持了一切从实际出发、实事求是的思想路线,另一方面它初次提出了独立自主、自力更生的革命思想。[①] 它表明中国共产党已经开始从教条主义的束缚中解放出来,是中国共产党对中国革命形势认识的进一步深化。

这一命题直接关系到中国共产党如何正确处理与共产国际关系这一问题。中国共产党是在共产国际的帮助下建立起来的,当时中国共产党作为共产国际的一个支部面临两种选择:一种是一切遵照共产国际的指示,照搬共产国际的“本本”来指导中国革命;另一种是立足于中国国情和中国革命斗争的实际,自主地解决中国革命实际问题。而前一种选择曾使中国革命发展一度陷入绝境,中国共产党毅然选择了后一条道路。

中国作为一个半殖民地半封建的东方农业大国,社会情况复杂多变,革命必然会遇到众多特殊难题。中国革命事实告诉我们:“离开实际的调查就要产生唯心的阶级估量和唯心的工作指导”,共产国际的“本本”也不能“想出什么好办法”,“打出什么好主意的”。[②] 我们只有把马列主义与中国具体实际相结合,遵循独立自主、自力更生的原则,才能解决中国的革命问题。所以,中国革命的胜利要靠中国同志了解中国情况,不能依靠外国同志了解中国情况,或者是依靠外国同志帮助我们打胜仗。

四、在中国共产党历史上第一次明确提出“思想路线”的概念,在事实上确立了马克思主义的思想路线

一方面,《反对本本主义》反对当时党内和红军队伍中的教条主义思想;另一方面,从中国共产党发展历程来看,这是党从理论上较早地阐述思想路线的一篇文章。

毛泽东在这篇文章中深刻分析了党内各种教条主义思想,将思想斗争的矛头直指党内的教条主义者。当时党内一些具有一成不变的保守的形式的空洞乐观的头脑的同志,以教条主义的态度对待党的六大的《决议案》,认为“党的第六次全国代表大会的本本保障了永久的胜利,只要遵守既定办法就无往而不胜利”,不愿意深入群众做调查。[③]

针对这种情况,毛泽东在《反对本本主义》中明确提出了“共产党人从斗争中创造新局面的思想路线”的主张,在我党历史上首次明确提出了“思想路线”的概念。这体现了马克思主义唯物论和认识论的高度统一,表明毛泽东从思想路线的高度来反对教

① 参见郑天霞:《从文本〈反对本本主义〉看马克思主义中国化》,载《黑河学刊》2015 年第 4 期。

② 郭宏斌:《当前时代更需要〈反对本本主义精神〉》,载《贵州师范大学社会科学学报》2010 年第10 期。

③ 杨雪:《论〈反对本本主义〉对马克思主义中国化的影响》,载《高校科技》2015 年第 4 期。

条主义。

马克思主义认识论强调实践是认识的现实基础,强调实践是检验真理的唯一标准,也是发展真理的唯一途径。在此指导下,毛泽东提出:"共产党的正确而不动摇的斗争策略,绝不是少数人坐在房子里能够产生的,它是要在群众的斗争过程中才能产生的。"[①]他并且把这一真理运用于斗争实践,开创了土地革命和创建农村革命根据地的新局面。随着时间的发展,这一真知也不断丰富、完善和发展。这实际上已经为我党确立了一切从实际出发,理论联系实际,实事求是,在实践中检验真理和发展真理的马克思主义的思想路线。

树立正确的思想路线是中国革命取得成功的重要保证,马克思主义思想路线的正式确立对于中国革命的胜利发挥着不可估量的作用。它表明,中国共产党人已经开始跳出"教条主义"的包围圈,从对共产国际指示和苏联经验的盲从中解放出来,树立了将马克思主义与中国具体实际相结合的正确思想观念。正是在这一思想路线的指导下,中国共产党带领中国人民最终取得了新民主主义革命的胜利。

《反对本本主义》作为毛泽东思想发展史上里程碑式的文献,从中国革命的实际出发,从理论层面切实分析中国革命发展过程中的难题,并从实践层面提出了切实可行的方法论原则,初步孕育了毛泽东思想三大活的灵魂的理论雏形,在毛泽东思想的形成与发展的过程中具有举足轻重的地位。随着时代发展和马克思主义理论的进一步探讨,《反对本本主义》的内涵和理论意义也将丰富发展,它也将赋予毛泽东思想新的理论意义。

(指导教师:孙余余)

① 《毛泽东选集》第1卷,人民出版社1991年版,第115页。

王明“左”倾教条主义错误的历史启示

王尚宇

摘要:在中国共产党的历史上曾发生过三次“左”倾错误,其中王明“左”倾教条主义错误是理论形态最完备、持续时间最长、影响最深、危害最大的一次“左”倾错误,给中国革命造成了巨大损失。王明“左”倾教条主义的教训又一次证明:坚持实事求是的思想路线,坚持一切从中国国情出发,走自己的路,才能领导中国革命走向胜利。因此,本文试从王明“左”倾教条主义错误的发展及其在各方面的表现进行深入分析,得出了几点历史的启示。

关键词:王明;“左”倾教条主义;马克思主义中国化;历史启示

从1931年1月中共六届四中全会到1935年1月遵义会议期间,王明“左”倾教条主义在党内统治长达四年。这种将马克思主义教条化,把苏联经验神圣化,把共产国际决议神圣化的“左”倾思想给中国革命造成了严重损害。这次“左”倾错误从侧面反映出了坚持马克思主义中国化的必要性和历史必然性。正如邓小平所说:“历史上成功的经验是宝贵财富,错误的经验、失败的经验也是宝贵财富。”①因此,重新审视王明“左”倾教条主义,总结经验,吸取其中的教训,对于保证党和革命事业的健康发展具有积极的意义和作用。

一、破除迷信,解放思想,科学地对待马克思主义

全面准确地深入理解和把握马克思主义的科学体系和基本原理,这是将马克思主义进行中国化的理论基础。

(一)破除迷信权威的思想

任何信奉绝对权威而没有一点自主性的人占据了党的主要领导岗位,并以所谓的“权威”为支撑来机械地领导我们的党和革命建设,都必然会给党的革命实践和建设事业带来重大的挫折。

王明“左”倾教条主义具有唯书、唯上、唯苏的鲜明特征,因而他们脱离中国的实际

① 《邓小平文选》第3卷,人民出版社1993年版,第235页。

国情，照搬马列理论著作，照搬苏联十月革命的经验，对共产国际言听计从的做法，给党的革命事业造成了极其严重的损害，也对根据地的建设产生了极坏的影响。

1931年3月26日至4月11日，共产国际执行委员会举行第十一次全会。这次大会的基调是更加强调世界范围内的革命高潮在加速发展。8月，针对共产国际会议的基本精神和决定，中共中央相应地通过了《接受共产国际执委第十一次全会总结的决议》，认为这会议通过的“三位一体”的任务是“中国党的中心的迫切任务”。因此导致他们在对革命形势的分析上、在红军建设和作战指导上片面强调“正规”的原则，强调党在全国范围内的“进攻路线”。

宁都会议后就备受打压的毛泽东，在这段时间里，情绪上压抑郁闷。针对党内“左”倾教条主义盛行的现实，他曾尖锐地写道：“我们老爷是一条最可怜的小虫，任何世事一窍不通，只知牛头不对马嘴地搬运马克思、列宁、斯大林，搬运共产国际”[①]，“老爷们既然完全不认识这个世界，又妄欲改造这个世界，结果不但碰破了自己的脑壳，并引导一群人也碰破了脑壳”[②]，这些文字都充分反映出了毛泽东对教条主义者的痛恨。

王明“左”倾教条主义者过分迷信共产国际的权威，使党内充斥着绝对服从共产国际并听从共产国际决议的不良风气，最终导致中国革命事业遭受重大挫折。

可见，只有彻底地破除迷信权威的思想，党的革命实践和建设事业才能走向最后的胜利。

（二）以科学的立场对待马克思主义

马克思主义脱胎于19世纪的欧洲，不可避免地带有当时当地社会的印迹。马克思主义理论无疑为中国共产党提供了重要的指导，但并不意味着马克思主义所有的论断均适用于中国，更没有一套现成的适合中国革命的理论。因此，在对待马克思主义理论时，只有科学地运用马克思主义基本原理，结合本国具体的政治、经济、文化等实际情况，以创造性地发展马克思主义理论，才能为中国的革命事业与社会建设做出有益的贡献。

中国的社会、中国的文化，决定了中国的马克思主义者对马克思主义理论的理解既应该具有显著的时代性，又具有鲜明的民族性。不同的思想文化之间的冲突与融合是人类思想文化交往与发展的一个普遍规律，所以，在坚持以马克思主义为指导的立场上，注重发掘中国传统文化的积极内涵，并对其进行新的诠释和创造性转化，使之更加适应于中国的发展，对推动马克思主义中国化的历史进程产生积极作用。

二、坚持实事求是的思想路线，重视思想建党

深入了解中国的具体国情，真正意义上做到一切从实际出发，这是马克思主义中国化的思想基础。

作为后来在临时中央中负总责的博古，基本上是王明的追随者。博古不仅完全继

① 杨奎松：《毛泽东与莫斯科的恩恩怨怨》，江西人民出版社1999年版，第150页。

② 《毛泽东文集》第2卷，人民出版社1991年版，第344页。

承了王明的衣钵，深入地贯彻了"王明路线"，而且在各项具体政策上，又进一步"发展"了"王明路线"，博古本人是王明所写《为中共更加布尔塞维克化而斗争》这本小册子在内容、精神和思想上的坚定推行者和发展者。这本小册子集中体现了王明"左"倾教条主义思想。这些教条主义者因为不能从中国的实际状况着手研究，因此对中国革命的一系列问题上就缺乏足够客观、清晰正确的认识，进而一味推行主观主义和关门主义，主要体现在以下方面：

首先，他们将中国的民主革命和社会主义革命的界限混淆，把反对帝国主义、反对封建主义与反对资产阶级并列起来。王明"左"倾教条主义者们主张民主革命和社会主义革命"毕其功于一役"，企图把不同性质的革命阶段并作一步走，一举取得社会主义革命的胜利。这就不可避免地与中国的具体实际相脱离，进一步出现"左"倾冒进主义的军事进攻路线。

其次，他们不承认民族资产阶级（包括中等资产阶级和上层小资产阶级）在政治上的两面性。他们主张反对全部资产阶级，实行关门主义政策。如拒绝和发动"福建事变"的十九路军合作，最终失去了打破第五次反"围剿"的最佳机遇。

再次，在军事问题上，不顾敌我实力的现实差距以及中国的实际国情，一味推行"左"倾冒险主义和"正规战"。博古在军事指挥问题上过于倚重共产国际方面派来的德国军事顾问李德。然而这个李德却不顾当时国内外形势的变化和红军的实际情况，推行的完全是军事教条主义那一套。他根本不懂得中国的国情，也不认真分析战争的实际情况，只凭他在军事学院学到的课本上的战略战术，照样搬到中国，搬到苏区，进行瞎指挥。[①] 最终实行的是进攻中的冒险主义、防御中的保守主义和撤退时的逃跑主义。这也注定了红军将被迫撤出中央根据地，开始长征。

另外，他们用教条主义的方法，以局部代替全体，以现象代替本质，否定一切。他们夸大民主革命中反对资产阶级斗争、反对富农斗争与所谓"社会主义革命成份"的意义，六届五中全会后在土地问题上，进一步推行"地主不分田，富农分坏田"的左的政策，结果是扩大打击面，造成社会混乱。[②]

王明"左"倾教条主义者所实行的各种政策、方针严重脱离中国国情，一切以共产国际的决议和指示来领导中国革命，这也就必然会使中国革命走入歧途。历史事实证明，必须要在了解中国具体实际的前提下，从中国国情出发，立足实践，才能领导中国革命建设走向胜利。

在马克思主义中国化的过程中，必然会出现各种各样的思想和倾向，面对这种情况，我们必须有勇气有魄力地同各种错误的思想和倾向作斗争，对错误思想决不可放纵和"宽容"。

三、在革命和建设事业中保持自身的独立性

在革命和建设事业中保持自身的独立性，形成具有充分独立自主权力的能够在革

① 参见金冲及：《中国共产党在革命时期三次"左"倾错误的比较研究（续）》，载《中共党史研究》2015年第1期。

② 胡绳：《中国共产党的七十年》，中共党史出版社1991年版，第125页。

命和建设事业中发挥核心作用的政党及领导人，这是马克思主义中国化的主体基础。

六届四中全会上，在共产国际代表米夫的一手操纵下，使原来连中央委员都不是的王明，进入党中央最高领导机关政治局。虽然当时中共中央政治局常务委员会主席仍由向忠发担任，然而实际上中央领导大权已由王明等人掌握。四中全会错误地接受了共产国际反右倾的指示，把立三“左”倾当右倾批判，就使得自“八七会议”以来党内严重存在的“左”倾冒险主义不但没有得到肃清，反而更加扩大化。

从王明“左”倾教条主义的上台可以看出，当时的中国共产党还过于依赖共产国际。一味遵循共产国际方面的决议及其给出的指令，这反映出了当时的中国共产党仍处于非常稚嫩的阶段。实际上中国革命在当时不得不依赖于共产国际方面的援助，因而也就对共产国际方面的决议指令听之任之，再加之对苏共的成功经验过于迷信，因而缺乏组织上的独立自主性。李维汉后来这样说过：“王明等人之所以能够上台，我认为，一是得到共产国际的赏识和支持，这是最主要的原因；二是教条主义唬住了一些人，一部分同志对他们实行妥协和支持；三是八七会议以来党内一直存在着的‘左’倾情绪和政策还浓厚地存在着，容易为王明的一套更‘左’的理论和政策所迷惑。”[①]这种缺乏独立性原则的表现，也就为后来中国革命的曲折历程埋下了隐患。

在第五次反“围剿”的过程中，博古、李德等人推行“左”倾冒进主义与军事教条主义，在军事指挥作战中，根本不能做到独立自主。他们在否定敌强我弱的前提下，反对此前几次反“围剿”的斗争中已经被成功证明了的游击战术和运动战术，主张阵地战和单纯依靠主力军队的正规战；他们反对诱敌深入，主张“拒敌于国门之外”。他们认为，既然这是中国两个政权之间的一场决战，就要强调战争的正规性，摆出堂堂正正之势，全面出击。在1934年7月24日中共中央决议中已经提出了“不让敌人蹂躏一寸苏区”等错误的口号。这种过于激进和教条的口号直接导致了红军在一系列的作战中，虽然英勇作战，但无法破除敌人的“堡垒”战术，以致难以阻止敌人对苏区的进攻。

共产国际对中国共产党的创立和中国革命的发展确曾起过重大作用，对中国共产党的发展壮大也给予了指导和帮助。但是，作为王明后台支柱的共产国际及其发出的“圣旨”，在指导中国革命过程中也犯有严重错误，特别是共产国际扶植王明夺取中国共产党的领导权，导致了土地革命战争的惨重失败。

因此，中国共产党在建设和发展中国的过程中，必须立足实践，从本国国情出发，依靠本国本党，依靠人民群众的智慧和力量去认识和解决问题。

四、加强党内民主，坚持民主集中制的原则

加强党内民主，始终不渝地坚持民主集中制的原则，这是保证一个政党保持先进性的重要前提和保障。

在王明“左”倾错误的指令下，各根据地相继进行“反右倾”“肃反”运动，他们自以为手中有党中央领导人的“指示”，到处抓人，肆意践踏党内民主。

---

① 李维汉：《回忆与研究》(上)，中共党史出版社2013年版，第251页。

一方面，他们要求“以积极拥护和执行”他们“左”倾政策的“斗争干部”来充实各级领导的岗位，形成了宗派主义和惩办主义。早在中山大学期间，王明就依靠米夫的支持，组成了以该校支部局为核心的小宗派，进行一系列的宗派活动，打击与他们意见不同的同志，其中包括实事求是的以瞿秋白为首的中共代表团。在苏区的个别地方，因为一些复杂的原因出现了反革命活动时，就武断地认为各个革命根据地还没有“真正的”工农民主专政的苏维埃政府和“真正的”红军。为了消灭所谓“右倾机会主义”，王明要求“彻底改造党的领导”，为此派出了大批“钦差大臣”，打着“反右倾”“改造党”“改造红军”的旗号，把那些“左”倾教条主义的追随者安插到中央和地方各级领导机关中去，到处夺取党政军大权。在各个根据地搞“肃反”，致使党的一大批优秀干部被错误杀害、批判和打击，给中国革命造成严重危害。

另一方面，对于那些怀疑、不同意、不满意、不支持他们错误做法的同志，一律戴上“右倾机会主义”“富农路线”“两面派”等大帽子，进而受到“残酷斗争，无情打击”，使党内生活极不正常。

在整个中央革命根据地开展反对“罗明路线”的斗争。杨尚昆回忆道：“3 月底，反‘罗明路线’的斗争进一步升级，开始批评‘江西的罗明路线’，对象是邓小平、毛泽覃、谢唯俊、古柏四位同志，撤了他们的职。以后，又反‘军队中的罗明路线’，把萧劲光同志抓了起来，判处‘五年监禁徒刑’。在江西、福建、湘赣三个苏区内，凡是对推行‘进攻路线’不积极、不支持、不满意的干部一律加以打击，‘残酷斗争、无情打击’到达顶峰。”[①]中共六届五中全会将这种“左”倾错误推向了新的高峰。全会肯定了四中全会以来党内在两条路线的斗争，认为党“最后走上了布尔什维克的道路”[②]。全会指出，党必须毫不放松地坚持两条路线的斗争。全会在“反右倾”的纲领下，进一步打击排斥了毛泽东等坚持正确路线的同志。

在这种错误思想的指导下，这种不正确不恰当的党内斗争，一方面助长了党内的家长制，使得个别的领导者及领导机关在这种党内斗争方式之下，压迫着许多党员不敢说话，不敢批评，在党内形成个人或少数人的独断；另一方面，又影响党内民主集中制的生活不能正确地建立，党内民主生活不正常、不正规或极端的缺乏，使党的损失很大。因此，必须要加强党内民主，始终不渝地坚持民主集中制的原则，在强调组织内部必须贯彻体现民主精神的同时，要始终突出组织机制的严密性、纪律规范的严格性。也只有这样，才能使一个政党永葆先进性。

对于中国共产党来说，进行马克思主义中国化是一个巨大的挑战。在这一过程中犯错误是难免的，从错误中吸取经验教训，建立少犯错误的机制，才能使同样的错误尽量避免重复犯。

当前党内仍然存在形式主义、享乐主义、官僚主义、奢靡主义等不良作风，中国共产党只有从思想、组织、制度方面不断推进自身建设才能永葆自身的先进性和纯洁性，

① 《杨尚昆回忆录》，中央文献出版社 2007 年版，第 78 页。

② 《杨尚昆回忆录》，中央文献出版社 2007 年版，第 78 页。

才能真正符合领导中国特色社会主义建设领导核心的地位。[1]

总之，中国共产党在土地革命时期出现的王明"左"倾教条主义错误教训充分证明了坚持马克思主义中国化的重要性和必要性。当前我国正处于社会主义建设新时期下改革的"深水区"，只有始终不渝地将马克思主义基本原理同中国当前的发展实际统一起来，不断推进马克思主义中国化进程，加强党的先进性建设，坚持解放思想，实事求是，不断推进理论创新，才能保证社会主义现代化建设顺利进行，才能最终实现伟大的中国梦。

（指导教师：孙天蕾）

① 参见龚云：《路线——中国共产党的磨难》，江西高校出版社 2009 年版，第 214 页。

党的群众路线在抗战中的体现

——以山东五莲地区为例

沙 璇

摘要：党的群众路线是党的根本工作路线，现代意义上的“群众路线”是在1981年党的十一届六中全会通过的《关于建国以来党的若干历史问题的决议》提出的，其含义概括而精炼。实际上“群众路线”的思想在我国发展历史已久，最早可追溯到我国古代传统的“民本思想”，然而真正将中国共产党与当前的群众路线紧密结合的是抗日战争时期。中共在这一阶段提出的全面抗战路线，本质上就是群众路线。以山东五莲地区的抗战史实为例，无论是在抗战前、抗战中、抗战后群众都发挥着巨大力量，同时中共方面也是时刻注意加强同群众的血肉联系，群众路线就是在这种互动中不断显现并发展成熟的。

关键词：群众路线；五莲地区；抗日战争；实践基础

一、群众路线的含义

群众路线被我们赋予了一个简明的含义：“一切为了群众，一切依靠群众，从群众中来，到群众中去。”但是一句精炼的概括却是党和广大人民群众在长期的战争环境中摸索和探索出来的。在战争中新生的共产党首先真正认识了什么是“群众”，继而领略到群众的力量以及同群众站在一起的必要性和重要性，最终才能够真正地运用群众的力量。至今中国共产党仍坚持走群众路线是中共与人民群众同甘苦、共命运的体现，这种精神到底是如何形成的，其形成过程原因值得我们去探讨。为使问题更加具体化、生动化，所以选择山东五莲地区的革命历史为背景，希望通过对该地区抗战时期的史实的分析讲述，阐明群众路线在抗战时期的体现这一问题。当然也难以避免该地区所具有的某些特殊性，如特殊的群众群体等。

在这里我们首先要明确群众路线与统一战线的关系。因为在抗日战争时期，我们形成了最广泛的爱国统一战线，这是我们不可忽视的一点。群众路线和统一战线在基本任务要求、功能作用等诸多方面存在着一致性，但它们在本质上不尽相同，简单来说，“群众路线是统一战线的思想指引，而统一战线则是对群众的贯彻和展开，也是群众工作的重要组成部分，可以说群众路线是统一战线的重要法宝”[1]。有的观点认为，统一战线主要是团结党内外人士，群众路线主要是团结人民群众。我们要明确，群众路线不分党内党外、上层下层。工农是人民群众，民主派人士、党外知识分子等也是群众，而且是具有特殊性的群众，而统一战线就是做的这些特殊群众的工作，因此，可以说统一战线实质上就是坚持和贯彻群众路线。

二、五莲地区群众路线的初次探索——五莲山一带的农民暴动

在中共领导革命的初期，“群众”的概念模糊地集中于中国广大工人与农民，从一方面而言，中国共产党领导中国人民所进行的革命其实质就是农民革命。农民起义在中国革命历史上并不少见，但这两者除了在性质和矛盾表现上有显著不同之外，还有一个重要区别——领导力量的不同。中国革命史上历次农民起义的失败都源于农民阶级的局限性，换言之，就是缺乏一支有思想、有能力、有目标的领导队伍。新民主主义革命则补足了这一缺陷。自1921年中国共产党成立，作为革命主力军的农民就有了自己真正的领导力量，中国革命的面貌也由此焕然一新。然而中共与农民阶级的联盟并非是一蹴而就的，1932年发生在山东五莲地区的一次农民暴动就证明了这个联盟需要经过一个较长时间的探索与磨合的过程，而这一个过程也是我们党对群众路线的初次探索。

（一）五莲山农民暴动过程简述

1932年10月，在日照及诸城南部的五莲山一带，爆发了一次我党领导的农民暴动，历史上称“日照暴动”。这次暴动仅仅进行了13天，却彰显了五莲地区农民阶级所代表的巨大潜在革命力量，也是五莲地区第一次在中国共产党的领导下进行的一次农民暴动，是该地区对群众路线的初次探索。

1.暴动的准备——党与五莲人民的初次接触

暴动分南北两路进行。南路主要活动在日照南部的牟家小庄、山子河一带；北路从日照北部的安家村、于家村一带发起，开赴五莲山、九仙山一带，与国民党反动武装和当地土顽势力进行了英勇顽强的斗争。

此次暴动是以中共党组织——诸城特支为领导，以五莲山一带农民为主力军针对国民党反动武装和当地土顽势力的集体武装行动。暴动前，曾在武汉工作的日照籍中共党员安哲以同族关系结识了五莲山当家和尚绪让的侄子安子璋。经过考察教育，于1930年冬介绍安子璋加入共产党，安子璋也因此成为五莲地区第一位共产党员。安子璋入党后，积极发展党员。1931年春，五莲山区第一个党支部——诸城特支在潮河镇正式成立。安子璋任支部书记。诸城特支的成立，为五莲地区的党组织的发展奠定了组织基础，为五莲山一带大暴动做了大量的准备。

2.暴动的开始——群众组织初具规模

中国共产党是以工人阶级领导，以工农联盟为基础的无产阶级革命政党。农民阶

---

① 徐娜、李跃新：《浅论群众路线和统一战线的一致性》，载《北京教育（高教）》2014年第2期。

级由于其革命性在中国共产党建党之初就受到极大的重视。在1921年7月召开的中国共产党第一次全国代表大会上就明确宣示了党的奋斗目标是“共产主义”——规定“以无产阶级革命军队推翻资产阶级，由劳动阶级重建国家”，规定党的政治策略是“采取苏维埃的形式，把工农劳动者和士兵组织起来，宣传共产主义，承认社会革命为我党的首要政策”。[①] 在此基础上，五莲县党组织建立起来后，便着手积极组织发动群众，进行抗粮抗税，初步与当地农民结成联盟。通过张贴标语、散发传单，进行革命宣传，号召广大农民“打土豪，分田地”，“打倒帝国主义”。通过这些准备活动，五莲山一带的部分村庄开始秘密建立起匠人会、佃户会、车伙子会、觅汉会等群众组织，使得此次暴动的组织基础初具规模。最后，安子璋着力调查敌方的活动情况和武器存放地点，并向上级汇报。至此，五莲山一带的农民暴动的前提准备基本完成。可以看出，群众路线的建立是基于互惠互利的基础之上的，要想工农联盟更加巩固，必须保障农民阶级的利益，并以此为根据之一明确革命的目的。这是因为农民阶级有自身的局限性，如文化水平低等，所以必须向他们阐明革命对他们的利弊，这样才能激发农民阶级的巨大的革命性。

3. 暴动的失败

1932年10月13日晚，中共日照县委领导的武装暴动分南北两路同时爆发。其中，由日照县委书记安哲和县委秘书于共方(后叛变)以及两城区委书记安子璋领导的北路军队在暴动后的4天内斩获无数，并一举占领了潮河镇，打开地主粮仓，分给了缺衣少食的农民。然而，牟春霆和郑天九领导的南路支队在北上五莲山的途中遇到了大批敌军，为牵制敌人力量，不得不退回山字河一带开展游击战争。10月22日，北路暴动队伍根据敌我力量悬殊情况决定继续向西挺进。23日，北路支队在三关口一带遭遇几百人组成的地主民团的阻挡，暴动队伍陷入腹背受敌的境况。25日，安哲分析战斗形势，决定疏散队伍，转入地下斗争，南路支队也同时疏散。至此，轰轰烈烈的五莲山一带的农民暴动乃告结束。

(二)曲折的探索，光明的前程

五莲山一带的农民暴动只持续了短短13天，但是使中共领略到五莲地区人民的革命力量，对于群众路线的探索过程来说是一个包含着丰富的经验和教训的开端。暴动的失败使共产党站在一个至关重要的问题面前——“群众”的真正内涵是什么？对这个问题答案的错误认识根本上导致了暴动的失败，当然，本次暴动的失败其原因是多方面的。首先，此次暴动受“左”倾冒险主义思想的影响，是一次错误的盲动。其次，敌我力量悬殊。最后，革命经验的不足导致革命准备不充分。但是此次五莲山农民暴动的失败根本上是群众路线的运用不纯熟导致的。虽然在在本次暴动中已经显现出联合农民阶级的意识和倾向，但实际上没有真正地明确需要联合、能够联合的群体，存在着偏离群众路线的致命缺陷。

---

① 中国社会科学院现代史研究室、中国革命博物馆党史研究室编：《“一大”前后：中国共产党第一次代表大会前后资料选编》，人民出版社1980年版，第9页。

毛泽东在《中国社会各阶级的分析》中发问："谁是我们的敌人？谁是我们的朋友？"那么到底谁才是我们需要团结的朋友？群众的范围又是什么？这是运用群众路线前必须明确的问题。我们要革谁的命？联合谁一起革命？这是我们开展革命运动必须明确的问题。然而五莲山的农民暴动是在还没有明确这些问题的情况下发动的，这里也包含着许多不可变的客观因素，例如时间上的紧迫和五莲地区自身革命力量的薄弱和革命经验的缺乏。在准备暴动的过程中有不少流氓出身的人混入革命队伍，造成了组织不纯，并且革命队伍缺乏正规的训练，组织纪律性差，整体素质不高，这也直接导致了在暴动的过程中战斗力不强，逃兵数量多。究其根本还是因为没有明确我们要联合的到底是哪一群体。

在中国社会各阶级中，工业无产阶级是我们革命的领导力量，一切半无产阶级、小资产阶级是我们最接近的朋友。可见，在五莲山一带的农民暴动中，仅仅联合了五莲地区的一部分农民，没有充分结合当地其他可以结合的革命力量，反而让一些流氓出身的人混进革命队伍，导致了革命队伍的不纯。但是我们必须注意的是，群众路线在这次暴动的准备过程中，五莲山光明寺和寺内的僧人们发挥了特殊的作用。其一，五莲山光明寺是五莲地区革命力量的孕育之地。五莲地区第一个中国共产党支部是在光明寺当家和尚绪让设立的"云山别墅"成立的，绪让的侄子安子璋任支部书记。其二，五莲地区最初发展的第一批党员中就包括五莲山光明寺中的和尚和雇工。其三，光明寺是暴动武器装备的主要来源之一。党与五莲地区人民的初次接触过程提醒我们，必须明确"群众"的内涵，团结一切可以团结的力量，反对一切必须反对的恶势力。在此次农民暴动中与僧人群体的联合虽然具有一定偶然性，但是的确是五莲地区群众路线实践探索中的一个创新，从五莲地区革命的长远发展来看，光明寺一直是不可或缺的重要角色。

五莲山一带的农民暴动的失败，直接导致了国民党反动派对广大农民的残酷镇压。暴动队伍疏散后，国民党反动派企图一举歼灭暴动队伍，他们连同当地的地主恶霸在五莲山一带清乡搜山并组织特务进行一系列的恐怖活动，导致70多名无辜农民和暴动队员惨遭杀害。这次暴动的失败无疑动摇了五莲山一带农民对革命的自信心，但是从另一方面来看，却是五莲地区革命必不可少的一环。马克思主义认为，发展的道路是曲折的，发展前途是光明的。五莲山一带的农民暴动虽然失败了，但是打击、动摇了国民党山东新军阀的统治，向五莲地区的贫苦农民展现了一条崭新的解放道路。这次暴动虽然只有短短13天，但是影响到了五莲山区的许多村庄，在广大人民群众心中撒下了革命的种子，为后来五莲地区革命根据地的建立奠定了坚实的基础。

三、群众路线在抗日战争中的日渐成熟

在抗日战争时期，群众路线在理论上、实践上都得到了长足的发展。其一，在理论上表现为理论的升华。群众路线上升为理论，其首要的问题就是对"群众"含义的界定，在这一时期抗日民族统一战线的建立使中国共产党对"群众"有了更深刻的认识与把握。其二，在实践上表现为群众力量的真正彰显与中共对群众力量的运用上。中共

在武器装备、军队规模都处于劣势的情况下依旧能够在抗日战争中发挥中流砥柱的作用，得益于群众的力量。与此同时，对于如何去运用好群众的力量这一问题的答案，中共也愈发明晰。

(一)正确把握"群众"含义

抗日战争时期是党的群众路线理论付诸实践并发展成熟的重要阶段，面对日益严峻的战争形式，中国共产党在马克思主义群众观的基础上，正式提出了坚持走群众路线的战略思想。1937 年 7 月 7 日，日本全面侵华，全面抗战拉开序幕。这一时期是毛泽东群众路线思想逐步得到提炼和发展的时期。遵义会议后，以毛泽东为代表的党中央正确阐述抗日民族统一战线的策略和方针，明确提出："大胆地运用广泛的统一战线，深入到千千万万的群众中去，不怕可能发生的某种错误，从斗争中去学习领导群众的艺术。"①在这一思想的指导下，党组织与五莲地区的人民紧密结合，充分发挥了五莲人民顽强抗争的精神力量。

自全面抗战爆发以来，地势险要的五莲地区频频受日寇侵犯，民不聊生，抗日斗争迫在眉睫。五莲地区的共产党组织经过体察分析民情，认为广大人民群众是不可忽视的、必须联合的抗日力量。要联合群众力量，走群众路线，首先要解决的是"群众"的概念问题，其实也就是在特殊的战争时期，认清孰敌孰友。实际上，"群众"是一个变化的概念，列宁最早论述了这一观点，他认为，"群众"这个概念是随着斗争性质的变化而变化的：在革命初期，对于群众的范围仅仅模糊地限制在几千名革命的工人的范围内；当革命准备得很充分时，"群众"整个概念就发生了变化，"它指的是大多数，并且不单单是工人的大多数，而是被剥削者的大多数"②。在抗日战争中群众路线被具体化为抗日民族统一战线的形成。

(二)群众力量彰显

抗日民族统一战线的建立，使得各阶层群众的力量空前一致，各种群众性的救国组织的建立也表现出对群众力量运用的有序性、组织性和全面性。毛泽东及其他共产党人对群众路线的有关理论著述更是中国共产党对群众路线在实践中的运用发展成熟的证明。

1. 积极发动各阶层群众抗战

1938 年 8 月，苏鲁豫皖边区省委决定建立中共鲁东南特委负责山东东南部地区的根据地建设工作，不久，八路军山东人民抗日游击第二支队在由莒县向东发展的途中，在五莲地区开辟了抗日根据地。10 月，八路军诸城办事处、莒县四区委、洪凝乡支部相继成立，为群众工作的展开奠定了组织基础。

特委在五莲地区进行群众工作时，十分注重联合主体的广泛性，群众工作的展开除了访问、宣传以外，还通过建立代表各阶层利益的组织来实现。抗战阶段五莲地区建立的抗日团体主要包括职工救国会、农民救国会、青年救国会、妇女救国会，分别是

① 《张闻天选集》，人民出版社 1985 年版，第 75 页。

② 李晖：《政治的根本问题：执政党的群众基础研究》，湖南人民出版社 2009 年版，第 2 页。

五莲地区工人、农民、青年、妇女组成的群众性抗日组织。群众工作分阶层进行,保证了党的思想能渗透进各阶层,有利于充分调动一切积极因素,建立抗日统一战线。

其次,中共鲁东南特委进驻五莲地区后,派出了百余人组成的民运团(队)深入各村访贫问苦、宣传抗日,群众工作的广泛性不仅体现在阶层的多样性上,还体现在地域范围上。民运团以五莲地区为中心,逐步向周围地区延伸,访问宣传工作覆盖高泽、许孟、桑园一带。特委进驻桑园后,又派出了以黄民兴为团长的20多名干部组成的工作团,分赴石场、房家沟、万家沟(现属五莲县石场镇)、张家沟、罗圈、北营(现属五莲县于里镇)等村开展工作,在这些村建立了党的组织或发展了党员。随着五莲地区群众工作的开展,抗日武装力量日益壮大,在区党委和地委的帮助下,五莲地区的抗日武装组织有了较大的发展。

例如1940年3月,街头乡(现属五莲县街头镇)成立了乡分队,洪凝区(现属五莲县洪凝街道)成立了区中队,还有很多村庄组织青壮年男子参加"自卫团"。除此之外,五莲地区的各个抗日民主政权也相继建立。在1940年3月一个月内,石场抗日民主政权、日照县抗日民主政府、洪凝—街头抗日民主政权、日照县职工救国会、诸城工委相继建立,星星之火,已成燎原之势。

2.群众路线理论成熟

抗日战争时期是党的群众路线和统一战线理论臻于成熟,并在实践中获得长足发展的重要阶段。在1938年《论持久战》中,毛泽东明确提出:"兵民是胜利之本","战争的伟力之最深厚的根源,存在于民众之中"。[①] 中国抗日战争的胜利,关键就在于我党在战争一开始就建立起一条发动群众、武装群众的抗日民族统一战线,充分发挥群众的力量,而这一群众路线的关键性作用在后期国民党消极抗日、积极反共的形势下尤为突出。这无不验证了毛泽东的人民战争理论:抗日战争是全民的战争,要想取得胜利,仅仅依靠军队的力量是不行的,还必须依靠群众的主动性和积极性,建立最广泛的统一战线,对群众做政治动员,进行经济上的改善,进行真正的人民战争。在民族解放战争中,在巩固和发展抗日民族统一战线的过程中,我党的群众路线的理论和实践更是一次次地被验证其正确性,这不仅对夺取新民主主义革命的胜利具有重要意义,而且对于以后党的革命和建设事业具有重大意义。

四、一切为了群众,一切依靠群众——反奸诉苦运动和减租减息运动

经过抗日战争对群众路线的实践、证实与完善,群众路线的思想理论更加成熟。1943年6月,毛泽东发表《关于领导方法的若干问题》一文,对群众路线的实践运用作了充分的理论阐述,这一论述"标志着群众路线已经被上升到哲学高度,成为系统化、科学化的理论体系,具备成熟的科学理论形态"[②]。形成于革命战争时代的群众路线,依靠其特殊的历史环境与条件以及党的任务,就决定了党和人民是天然联系在一起

---

① 《毛泽东选集》第2卷,人民出版社1991年版,第511页。

② 王超英、王楗夫:《群众路线:党的生命线》,中国方正出版社2013年版,第79页。

的,并且由于当时人民政权的职能较为简单明确,使得群众路线能够通过个人来执行。以抗战时期的五莲地区为例,群众路线的贯彻执行主要是由滨北地委的各工作人员领导实施的,而具体的活动就是反奸诉苦运动和减租减息运动。

抗日战争结束后,敌伪兵力在五莲地区已经不复存在,滨北地委决定抓住战后时机,在五莲老解放区开展反奸诉苦和减租减息运动。为了加强对运动的领导,滨海区委从莒南县抽调200余人的工作队员,分赴各区乡帮助开展工作,与此同时,反奸诉苦运动也逐渐开展。管帅区(现属五莲县管帅镇)分区委在汀沟村召开万人大会,进行反奸诉苦。大会由分区委书记于成风主持,干部群众控诉大地主于经武和赵家窑伪保长赵继文的罪行,并在会后将民愤极大的赵继文就地处决。反奸诉苦运动在现在看来或许失掉一些先进性,无法获得完全的认同,但在当时的历史条件下,的确能够最朴素、最真挚地表达出对人民群众的关心与重视。

减租减息的政策早在中国新民主主义革命时期就被提出,是中国共产党实行的调节农民和地主富农之间利益的、革命统一战线的土地政策。中国共产党在第一次和第二次国内革命战争时期,就领导过许多地方的农民起来减租减息;在抗日战争时期和1946年5月以前,在各抗日根据地和解放区全面实行了减租减息;五莲地区的减租减息运动则是在第三次国内革命战争期间进行的,这次五莲地区的“双减”运动的力度较大,因为此时解放区的农民已不满减租减息的具体规定,要求突破减租减息的原有规定,甚至要求直接分配土地。

1945年的减租减息在一定程度上改善了五莲地区农民的生活,也调动了劳苦农民的革命和生产的积极性,并且思想动员工作做得好,使广大群众将反蒋保田与自己的前途命运联系起来,使共产党与农民阶级的联盟更为牢靠。同时,“减租减息”运动使五莲地区的农民真正受益,一定程度上削弱了封建剥削制度,为土地制度的改革准备了条件。在此基础上,五莲老解放区掀起了轰轰烈烈的大生产运动,各村组织起互助组,村民之间互助互利,驻军也为减轻民众负担,自己动手解决吃穿问题,涌现出军民团结一家亲的景象,充分体现了五莲人民群众对共产党军队的拥护和爱戴。

两大运动的胜利更是对群众路线的真理性和科学性的有力证明。群众路线实质上就是将广大人民群众的利益与中国共产党、与中华民族的共同利益紧密联系起来,结成不可分割的革命联盟。正如荀子所言,“水能载舟,亦能覆舟”①。同样,唯有始终从人民群众的利益出发,加强党同人民的血肉联系,共产党才能保证党的旗帜屹立不倒,才能带领中华民族实现共产主义之最高理想。

(指导教师:孙波)

---

① 《荀子·哀公》。

红色旅游中的中共党史教育价值及途径

——以井冈山为例

万雅雯

摘要:进入21世纪,红色旅游如火如荼地发展起来,人们对于红色旅游也越发关注。在党和国家的大力支持下,伴随经济发展,人们对于享受、发展消费支出增加的情况下,红色旅游成为适合人民了解中国共产党历史轨迹的休闲学习方式,这给红色旅游的繁荣带来了契机。本文以井冈山红色旅游为例,从分析其中的革命、爱国精神和发展现状等入手,对其与中共党史教育相关的内容进行研究,希望为中共党史教育的发展添砖加瓦。

关键词:红色旅游;中共党史;教育

一、红色旅游和中共党史教育

红色旅游作为新常态下社会主义文化建设的重要资源,是培育革命继承者的重要课堂,也是实现中华民族伟大复兴的重要举措。发展红色旅游,对于加强中共党史教育、弘扬和培育革命爱国主义精神、带动革命老区经济社会可持续发展,具有重要的现实意义和深远的战略意义。

(一)红色旅游和中共党史教育的内涵

1. 红色旅游的内涵

要想了解"红色旅游"的含义,首先要从"红色"入手。"红色"概念最初来源于苏联"红军",之后人们往往用"红色"来象征光明、正义、进步、革命和政治觉悟高,如"红色政权""工农红军"等。[①] 红色旅游,主要是指"中国共产党领导人民在革命和战争时期建树丰功伟绩所形成的纪念地、标志物为载体,以其所承载的革命历史、革命事迹和革命精神为内涵,组织接待旅游者开展缅怀学习、参观游览的主题性旅游活动"[②]。

---

① 参见曾盛:《井冈山红色旅游开发研究》,华东师范大学硕士学位论文,2013年,第3页。
② 参见中共中央办公厅、国务院办公厅:《2004～2010年全国红色旅游发展规划纲要》,第5页。

2.中共党史教育的内涵

中共党史教育，就是把中国共产党领导全国各族人民进行新民主主义革命、社会主义革命和社会主义建设的历史传授给受教育者。其教育目的是使受教育者了解中国共产党从诞生到取得执政地位建设中国特色社会主义的过程[①]，了解中国共产党的性质、历史使命、指导思想以及在社会主义建设事业中的领导核心地位等。通过对中国共产党历史的宣传讲解，最终能够达到用党的光辉历程、成功经验、优良传统来启迪、教导后人。尤其是在当前社会主义建设的新常态下，加强中共党史教育具有更为深远的意义。

(二)红色旅游的特征

红色旅游区别于其他旅游之处主要是其具备独特的政治历史背景，因此，红色旅游除了具备旅游观光体验等一般特征之外，还具备了以下独特之处：

1.红色旅游具有浓厚的政治色彩

为了向广大群众宣扬中国共产党以及革命先烈们在革命、建设过程中展现的精神，政府一直在指导并支持着红色旅游的开发建设工作，以期对人民进行良好的思想政治教育。正是由于党和政府的积极推动，红色旅游才能蓬勃发展。由此可见，红色旅游生来具有独特深厚的政治色彩。应该强调的是，红色旅游仅存在于中国，那些国外的例如十月革命、巴黎公社遗址等的旅游都不能称之为“红色旅游”。[②]

2.红色旅游的客体:遗址遗迹以及革命纪念地等

红色旅游最开始的目的是让游客在参观一些具体的革命纪念馆或是具有历史意义的革命遗址的时候感受中国共产党是如何团结领导人民实现国家独立、民族解放的历史任务，又是如何在艰难困苦的条件下创下一个又一个奇迹的，因此基本上所有的红色旅游都是以一些与革命相关的遗迹、遗址或是纪念馆等作为载体。

例如井冈山，红色历史底蕴深厚，它保存了大量革命期间的物品和房屋，这些旧址就成了当地主要的红色旅游载体。目前井冈山保存完好的革命遗址有100多处，被国家评为国家级的重点保护对象有21个，包括红军工作过的地方、五龙潭红军洞、烈士陵园、红四军医院、毛泽东旧居、纪念井冈山会师的纪念碑等等；处于省级保护的旧址共有18处。除了上述的文物和遗址、遗迹之外还包括当年留下的各种诗词歌赋、标语口号等等，所有这些共同组成了井冈山红色旅游的丰富载体，珍惜和善于利用这些高价值的红色资源客体，对于传承红色精神和党史教育宣传具有无可比拟的意义。

3.红色旅游不仅是物质文明建设的产物，还是精神文明建设的产物

一方面，发展红色旅游可以对当地社会经济的发展起到积极的促进作用，并且有助于旅游地居民的生活质量的提升。例如江西省政府在2000年率先提出建设三条“红色旅游”线路，之后为原有的文物或风景区建设了保护设施，大幅提升了当地旅游接待能力，并完善了当地的基础设施建设水平，便利了当地居民。另一方面，游客可以

① 参见安平:《党员干部学习党史的必要性》，载《北京党史》2010年第2期。

② 参见曾盛:《井冈山红色旅游开发研究》，华中师范大学硕士学位论文，2013年，第9页。

在游玩观光途中了解一些革命英雄事迹，切身体会革命精神，从而培育起强烈的爱国精神。如今正处于中华民族伟大复兴的关键时期，思想政治工作十分重要，充分利用好红色旅游，可以更进一步加强党史教育，为实现中国梦伟大事业添砖加瓦。

二、红色旅游发展对党史教育的价值

正确理解和把握好红色旅游与中共党史教育之间的关系，有助于将红色旅游与中共党史教育有机结合，对于传承革命奋斗精神、弘扬爱国主义精神十分有效，反过来也有助于红色旅游的健康、可持续发展。

（一）红色旅游是党史教育的有效载体

红色旅游地区包含具有历史意义的革命遗址或是一些相关的革命纪念馆，这为中共党史教育提供了丰富的资源，也有利于促进全民族的思想政治教育。在实践中，这种寓教于游的党史教育方式使红色旅游景区（点）成为学习中共党史、加强党性锻炼的重要场所，成为青少年继承革命传统的重要课堂和广大人民群众培养爱国情感的重要基地。井冈山的革命旧居故址群、毛泽东故居、红四军医院旧址、红军标语墙等，这些革命遗址正是沉甸甸的党史教育载体，对于有效弘扬党史教育具有深远意义。

（二）红色旅游包含着党史教育的重要内容

红色旅游地区含有党革命和建设时期的重要事件遗址，蕴含着丰富的革命奋斗精神。例如，井冈山是中国红军的发源地，是革命的摇篮，它不仅拥有旖旎的自然风光，同时还承载着闪耀史册的革命历史。作为红军发源地，它有着举世瞩目的革命历史地位，不仅是第一批对青少年进行革命教育的十佳基地之一，还被列为我们国家可持续发展的实验区之一。[①] 这块土地因为无数举世瞩目的革命斗争而闪耀着永远的光辉。我们党在这里建政、建军，开辟出了一条“农村包围城市，武装夺取政权”的革命道路，井冈山精神是我国珍贵的精神财富。

进入全面建成小康社会的攻坚时期，总结中国共产党的宝贵经验，发展繁荣红色旅游，进一步兴起党史教育新高潮，对夺取全面建成小康社会新胜利、实现中华民族的伟大复兴具有深远的意义。

（三）红色旅游提高了党史教育的趣味性和群众的参与度

红色旅游具有很强的体验性和实践性，红色旅游过程本身也是一个参与的过程。人们走出课堂，投身到富有趣味的红色之旅中去感受当年的“那段历史”，更加贴近历史人物和当年的生活。在井冈山革命老区，人们喝南瓜汤，吃红米饭，参观先辈居住的简陋屋棚等等。在特定的氛围中，游客们会立刻感受到为了革命理想坚忍不拔的革命精神和意志。这相比于静止的、缺少个性趣味和互动性的课堂更能让游客增强情感的升华，更能发自内心地增强对历史的感悟。

（四）红色旅游为中共党史教育创新了形式

红色旅游适应了新时期人民群众的消费和心理需求，在中共党史教育方面有着得

① 参见曾盛：《井冈山红色旅游开发研究》，华中师范大学硕士学位论文，2013年，第19页。

天独厚的优势，对于当前以课堂教育和大众宣传为主的党史教育方式是一种改进和创新，是中共党史教育的一种新课堂。一条条红色旅游线路，一个个红色旅游景点生动具体地展现了各个时期中国共产党的历史。积极发展红色旅游，寓中共党史教育于旅游娱乐之中，更能发挥党史教育的作用，更能唤起人民的积极性。

（五）红色旅游拓宽了中共党史教育的受众面

自2004年党中央、国务院部署开展红色旅游以来，红色旅游在全国得到了迅猛发展。“截止到2010年末，在6年的时间里，红色旅游共接待游客13.5亿人次，年接待游客人数从2004年的1.4亿人次增长至2010年的4.3亿人次，年均增长20.4%。”① 红色旅游活动让数以亿计的人民在潜移默化中接受了党史教育，这对于传统的课堂或大众媒体宣传教育形式来讲无疑是个巨大的突破和创新，它大大地增加了教育面。例如，井冈山红色旅游景区（点）非常多，具有同时向数万人提供服务的能力，等于把党史教育的课堂搬到了旅游区，受众自然多起来。

三、从红色旅游中加强党史教育的途径

在中共党史教育的形式中，红色旅游受到普遍欢迎是有其原因的。它将一般旅游具有的吃、住、玩、游、购、娱六大旅游基本要素和党史教育牢牢地联系在一起，创造性地改善了中共党史教育的途径、方式和效果。不过目前红色旅游仍然存在许多问题，要进一步发挥红色旅游中的党史教育，还需有所改进。

（一）精确把握主题，合理规划景区（点）

在党史教育中，脱离感情的知识灌输是难以奏效的。而在红色旅游中，课上听到的人物，在这里可以目睹其故居；书上看到的图片，在这里见到了实物；曾经读到的故事，就发生在脚下。这种感受是真切的，是传统教学无法比拟的。

可惜，虽然许多红色旅游项目在当地红火发展，游客日益增加，带来了无限商机，但是由于缺乏专业的训练，当地景区服务人员提供的服务水平不高，专业不强，无法使顾客满意。虽然他们知道很多党的历史背景和故事，但由于知识水平有限，无法将其充分地表达，这大大降低了解说的效果；其解说的内容也缺少新意，而且往往不成体系，散乱而缺乏主题，甚至还有用一些“地摊文学”和野史哗众取宠，这当然难以打动游客。

因此，应该根据每一红色旅游景区（点）具体发生过的革命事件、人物，确定一个明确的主题，如大力宣传井冈山的“革命摇篮”路线，让游客、学习者一下子把握住该景区（点）党史的重点和精神精髓，真真切切地感受到党由弱到强的发展历程，给予游客真实的震撼，在潜移默化中接受党史教育。

（二）联合开发、深入挖掘红色旅游景区（点）的党史文化内涵

当前，很多红色旅游景区（点）对于红色文化只发掘浅层，没有深入挖掘内涵。比如，虽然井冈山的革命基础十分牢固，在那里无数先辈们奉献了自己宝贵的生命，其深

① 崔鹏、王路宪：《6年接待游客13.5亿人次红色旅游深入人心》，载《人民日报》2011年6月15日。

深的爱国情怀和坚韧不屈的革命精神深深烙在这片神圣的土地之上，这里是中国共产党革命的摇篮，是红军的诞生地，拥有得天独厚的红色文化和党史教育内涵，但是目前井冈山红色旅游景点的开发程度只是停留在表面，当地政府没有对这一资源宝库进行深入挖掘。在经济发展新常态之下也没有按照当前的需求来创新旅游产品，且其红色资源背后的深厚文化也没有以特有的方式加以展现，文物保存和收集工作缺乏细致性和生动性，而且在技术上与同类旅游产品差距较大。

因此，当地政府在开发红色旅游景区（点）时，要加大对党史教育价值的研究挖掘力度，更要联合开发附近的红色景区。比如推出“井冈山—萍乡—瑞金”旅游线，拓展红色旅游产业链，打造精品旅游路线，提高红色旅游的核心竞争力，从而在竞争激烈的旅游市场中占据一席之地，争取到更多的自费游客。同时，由于一些革命文物、设备、遗迹都是以静态方式展现的，游客走马观花之后无法深刻感受到教育意义，如果推出一系列实地体验产品，如在井冈山穿红军衣，住红军屋，走红军路，吃红军粮等，为人民推出丰富多彩的党史教育精神产品，使游客身临其境地体验到战争岁月艰苦的环境以及先辈不屈的革命精神，这不仅有利于建设社会主义思想文化的重要阵地，更是弘扬中华民族宝贵精神财富的不二法门。

（三）加强建设红色旅游专业管理和服务人才队伍

当前红色旅游景区（点）的工作人员，存在党史知识不扎实，讲解不严肃，无法将党史宣教与把握时代精神相统一，党史教育宣讲方法、展陈方式单一等缺点。部分旅游景区的工作人员没有强烈的服务意识，只关注经济效益，这就扭曲了服务的本质。且很多红色旅游景区内缺乏统一的收费管理，收费标准参差不齐，一些人甚至对游客收取额外费用，这引起了游客的不满。此外，景区内的安全问题较为突出，游客在此无法得到可靠的保障，这使得很多游客不愿到此一游。这样的现象不符合红色形象，更破坏了游客心中革命根据地质朴的风范，如果不加以管理，一时的红火无法拯救未来的衰退。

这些现象也是由红色景区（点）大多经济不发达、文化教育相对落后、难以吸引经济发达地区旅游人才造成的。红色旅游工作人员和导游人员党史素养的高低在一定程度上决定了红色旅游中党史教育实效性的高低。因此，尽力打造一支综合素质高、专业素养好的专业人才队伍才是红色旅游中开展中共党史教育的重要保证。建设红色旅游必须加强旅游专业人才建设，这是推动红色旅游健康发展的必要条件。

（四）加强市场监管，防止过度商业化

发展红色旅游，虽然要讲求经济效益，但是更不能忘记发展红色旅游的初衷——革命传统和党史教育，绝不能忽视其社会效益。红色旅游过程中要充分尊重革命历史的严肃性，不可以为了单纯追求“卖点”而乱搞低俗商业化，传播媚俗文化，亵渎革命先烈。过度商业化是一种短视行为，虽然能暂时取得经济效益，但长期来看必然会导致党史教育的教育功能衰减，甚至丧失。因此，必须及时清理那些亵渎红色文化和革命英雄的过度商业化项目，做好必要的市场监管工作。对于在红色旅游过程中的恶性竞争、乱收费、安全问题和服务质量等严重影响红色旅游效果的行为，旅游管理部门应当

予以纠正,情节严重的应根据相关条例对其进行处罚。要为红色旅游党史教育功能的充分发挥提供一个有利环境,必须坚决取缔红色旅游市场中的乱象。

红色旅游以其深厚的红色文化内涵,让游客得到了充分的党史教育,这是传统党史教育方式所难以做到的,无疑是一种突破与创新。例如,井冈山红色旅游在发展的过程中,因其蕴含的创业精神、艰苦奋斗精神的深刻性、时代性,受到人民群众的喜爱,逐渐在激烈的市场竞争中争得一席之地。未来,从可持续发展的角度考虑,红色旅游发展方向应放在拓展挖掘红色内涵、培养专业旅游人才、联合打造精品旅游路线和做好市场监管上。今天,我们对红色旅游中的中共党史教育进行研究,总结分析发展过程中的经验教训,对于弘扬革命传统精神、加强党史教育、巩固党的执政基础具有重要的现实意义。

(指导教师:卢少军)

中华民族精神与新时期党的思想建设的融合

千蒙蒙

摘要:中华民族精神植根于绵延数千年的优秀传统文化之中,是中华各族人民长期实践、共同努力的成果,它以广阔的胸怀汲取外界优秀文化成果,内涵日益丰富。自中国共产党诞生之日起,党的思想建设就开始了,可以说党发展至今,其思想建设一直是一项长期而复杂的任务。中华民族精神与党的思想建设从来就不是彼此孤立的,而是相互联系的,可以说中华民族精神对于党的思想建设而言有着重要的经济、政治以及文化价值。而在今天面对众多新的机遇与挑战,如何将中华民族精神更好地融入到党的思想建设中就更加具有重要的现实意义。

关键词:中华民族精神;思想建设;依据;路径

一、中华民族精神与党的思想建设的科学内涵

(一)中华民族精神的基本内涵和特点

在5000多年的形成发展过程中,中华民族生生不息,不断发展壮大,创造了灿烂的中华文明,也为人类社会的发展做出了不可替代的重要贡献。中华民族为什么能够历经沧桑而锐气不减、千锤百炼而斗志更坚?一个重要原因便是民族精神永不泯灭!以爱国主义为核心,团结统一、爱好和平、勤劳勇敢、自强不息的精神组成了中华民族精神的基本内涵。而各内涵之间又是相互协调、相互联系的,共同构成一个高度统一的整体。并且,中华民族精神作为普遍真理性和民族个性的统一,决定了中华民族精神具有自己的特点。中华民族精神最具代表性的基本特点可以概括为以下几个方面:

第一,源远流长、一脉相承的历史性。中华民族拥有5000年的历史,中华民族精神从远古时期便初具雏形,之后尽管每个时代人们的实践活动总有不同,社会矛盾总在变化,尤其在近代中华民族处于生死存亡的危难关头,但中华儿女仍不忘初心,所以中华民族精神方得始终,优良传统得以传承至今。

第二,与时俱进、兼收并蓄的包容性。中华民族精神从来不是保守封闭的思想观念体系,在5000多年的历史发展过程中,中华民族精神在继承原有的优良传统的同时

也随时代的发展在实践中生成了一些新的内涵，并将其与传统相融合，同时不断汲取其他民族的优秀文明成果，对原有的传统加以改造，从而以新的、更好的精神形态凝结在各个民族成员的意识中。

第三，人民群众自觉构建的实践性。任何一个民族的民族精神都是在改造主客观世界的实践中形成的，社会意识与社会存在的辩证关系就决定了作为社会意识的民族精神的实践性。中华民族精神的形成发展离不开人民群众的自觉构建，它凝聚了各个时代的广大人民群众的智慧，是人民群众在实践中的自觉创造。

（二）党的思想建设的基本内涵和特点

纵观人类社会各个政党的发展史，每个政党的兴衰更替都与这个政党的自身建设有关。如果一个政党的自身建设不能随着时代的步伐、社会的变化有所改进，这个政党就注定灭亡。政党的自身建设包括政党的组织建设、制度的建设、思想建设、政治建设等，而思想建设是政党建设的关键。[①]

思想建设是党自身建设的长期工程，是马克思主义建党学说的重要组织部分。马克思恩格斯用其一生研究无产阶级政党的思想建设，为世界工人运动提供了理论指导，并成功指导了俄国的十月革命，从而给世界无产阶级提供了理论与实践经验，给世界带来了生机和活力。[②] 总的来说，党的思想建设是指党为了始终保持自身的先进性与纯洁性而在思想理论方面所进行的一系列工作。其主要内容和基本任务，是用马克思列宁主义、毛泽东思想、中国特色社会主义理论体系武装全党，改造和克服党内一切非无产阶级的思想观念；让党员不断地学习党的基本理论、基本路线、基本纲领和基本经验，接受教育，从而保证党的基本路线在全党全社会的贯彻执行。高度重视思想政治工作，充分发挥其在革命、建设和改革事业过程中的巨大作用，是党的一条非常宝贵的经验，也是党的政治优势。历史经验告诉我们，思想建设是党的传统优势和基本经验，是我们治国治党的法宝。党的思想建设的过程是一个长期而复杂的过程，长期性和复杂性是党的思想建设两大主要特征。长期性是因为只要党存在一天就要进行一天的思想建设，复杂性是因为党的思想建设内容广泛丰富而且要随着时代环境的变化而变化。

二、中华民族精神与新时期党的思想建设相融合的依据

自中国共产党诞生以来，中华民族精神就深刻影响着党的思想建设的各个方面。在近代，爱国主义是党的思想建设的主旋律，同时在众多志士仁人为祖国为人民的无畏斗争中，中华民族精神的内涵也在不断地得到新的补充，例如红色精神形成与发展。社会主义建设时期，中华民族精神也在党的思想建设中发挥着重要作用，它激励着广大党员干部为建设富强美丽的新中国而不懈奋斗。而在改革开放的新时期，在世情、国情、党情都发生巨大变化的今天，党的思想建设又面临着各种新的机遇和挑战，同

---

① 参见李曙新：《中国共产党指导思想史》，青岛出版社2007年版，第159页。

② 参见楼国军：《红色精神与党的思想建设关系研究》，赣南师范学院硕士学位论文，2012年，第9页。

样,中华民族精神在党的思想建设中的价值仍然是不可忽视的。

(一)新时期党的思想建设面临挑战

1.世情的变化

进入21世纪,经济全球化的浪潮席卷文明世界的每个角落。应该说,它是一把"双刃剑",一方面它有利于我国获取新的知识、技术与观念,从而提高生产效率,推动我国社会主义市场经济的发展。但另一方面,西方的腐朽的资本主义文化与价值观念也会趁机对我国进行渗透。首先,西方强势文化的渗透。全球化浪潮不仅仅局限于经济,政治与文化的全球化也是势不可挡。经济全球化有助于各个国家之间进行思想文化的交流,有利于我国吸收借鉴其他国家优秀的文化成果,但在交流过程中难免会有一些西方不良文化或者是非马克思主义、反马克思主义的意识形态进入我国。其次,西方资本主义价值观的侵蚀。应该说,西方资本主义与社会主义的价值观是截然不同的,资本主义推崇个人自由,注重实现个人利益。因此资本主义价值观便鼓励个人的奋斗进取,但这也容易导致极端个人主义和利己主义。社会主义遵循集体主义原则,个人利益要服从集体利益。随着资本主义文化的侵入,西方鼓吹"个人至上""民主自由"等思想使一些人的价值观出现偏差。有些党员在集体利益和个人利益发生冲突时,偏向个人利益的获取,出现了贪污腐败、以权谋私等不良现象。①

2.国情的变化

经济体制的深刻变革给党的思想建设带来挑战。改革开放以来,我国逐步建立社会主义市场经济体制,经济体制逐步实现转变。加入世贸组织后涉外经济也取得了可观成绩,我国全方位、宽领域、多层次的对外开放格局基本形成。② 但同时我们也应该认识到,现有的社会主义市场经济体制还不够健全,在深化改革的过程中不可避免地会触及一些更深层次的矛盾,这也会对党的思想建设产生消极影响。比如在市场经济中,以追求最大的利益为常态,这种不良风气渗透到党内,致使部分党员受利益诱惑,出现"灰色收入"、权钱交易、享乐拜金等不良现象。另一方面,经济体制的转变促使各种利益团体的出现,而利益团体多元化却降低了中国共产党的凝聚力和整合力。③ 改革开放以来,我国的社会结构发生了翻天覆地的变化,我国的城镇化进程日益加快,典型的城乡二元结构被打破,转而建构起现代化的社会结构。成千上万的农民离开土地进入城镇从事非农产业。这些变化极大地推动了社会的变革,但同时也使一些深层次的社会问题暴露出来,例如"三农"问题、就业问题、贫富差距问题、住房问题等,这些关系到人民群众切身利益的问题如果得不到较好的解决,容易导致群体性事件的发生,进而影响社会的和谐与稳定。

3.党情的变化

党员在数量和构成上都发生了很大变化。中国共产党在历经90多年的发展壮大

---

① 参见邢月军:《新形势下中国共产党思想建设研究》,西南政法大学硕士学位论文,2010年,第29页。

② 参见邢月军:《新形势下中国共产党思想建设研究》,西南政法大学硕士学位论文,2010年,第30页。

③ 参见邢月军:《新形势下中国共产党思想建设研究》,西南政法大学硕士学位论文,2010年,第31页。

之后,由诞生之初仅有 50 人的小党发展成现今 8000 多万党员的大党。中国共产党已经成为世界上党员数量最多的无产阶级政党。据中共中央组织部 2011 年党内统计数据显示:近年来基层党员数量明显增加,党在基层、生产一线工人中仍具有广泛的感召力。知识分子、大学生等高学历和年轻党员数量也飞速地增长,高学历党员有助于党跟上时代的步伐,走在时代的前列,从而始终保持党的先进性,敢于创新、思维活跃的年轻党员的加入,为党的发展注入了新鲜血液。与此同时少数民族党员和女性党员的数量也在不断增多,这些变化使得党员的成分结构愈加合理。党员数量和构成的变化给新时期党的发展带来了更多的活力与生机,但是在另一方面,党员成分的复杂化、行业的流动加快,党员的职业日益多元化,这些变化极大地增加了党对党员思想教育工作以及管理的难度。还有在发展社会主义市场经济的今天,党员因收入高低不同导致的经济地位不平等,如何解决由党员数量和构成变化导致的矛盾与问题成为新时期党的思想建设所要面临的挑战。

(二)中华民族精神在新时期党的思想建设中的价值

1. 中华民族精神在新时期党的思想建设中的政治价值

以爱国主义为核心的中华民族精神发展至今,在本质上已经具有了一定的无产阶级意识形态,有利于保证党的思想建设的政治取向。自中国共产党产生之后,在其长期领导下的社会实践中,中华民族精神的内涵得到了不断的丰富。在不同的历史时期,中华民族精神有着不同的表现。革命时期,中国共产党在斗争中逐渐形成了井冈山精神、长征精神、西柏坡精神等,而这些精神是中国实际同马克思主义相结合的产物,其有着明确的政治与价值方向。在延安时期形成一切从实际出发、理论联系实际、批评与自我批评的优良作风,西柏坡时期形成的勇于与敌对势力作斗争、敢于去取得胜利的进取精神等,这些品质的形成对于提高中国民众的民族自信心、自豪感,坚定民族成员思想信念,有着重要的思想政治价值。党的思想建设向来是带有一定的政治方向性,而这种政治方向需要一定的素材与内容给予支撑。内涵丰富的中华民族精神便能提供这样的素材和内容。

党的十七届四中全会强调指出:我们党在长期执政实践中,探索形成了我们党作为马克思主义执政党加强自身建设的基本经验。其中很重要的一条就是:坚持以执政能力建设和先进性建设为主线,保证党始终走在时代前列。加强党的执政能力建设不仅要提高全党的领导水平,更重要的是提高全体党员干部的思想觉悟。中华民族精神中的井冈山精神、长征精神、西柏坡精神等以及社会主义建设时期形成的大庆精神、“两弹一星”精神等等,都是提高党的思想觉悟的良好素材。

2. 中华民族精神在新时期党的思想建设中的经济价值

中华民族精神在党的思想建设中的经济价值可以从两个角度去分析,即隐性的经济价值和显性的经济价值。从短期来看,中华民族精神的显性经济价值超过其隐性的经济价值;但是从长远来看,中华民族精神的隐性经济价值超过显性经济价值。中华民族精神的隐性经济价值包括凝聚力价值、信任价值等。

凝聚力是一种合力,是一个团体、一个国家的灵魂,没有凝聚力的国家是没有竞争力、没有创造力、没有持久性的国家,是一盘散沙的国家。[①] 中华民族精神的凝聚力价值正是展现了我国的向心力,每个中华儿女都为实现中华民族的伟大复兴而努力奋斗,坚持走中国特色社会主义道路,以实现共产主义为最终目标。"众人拾柴火焰高",目标相同,人心一致,有助于社会在稳定中向前发展。历史经验表明,一个国家或民族的分裂或动荡都是由于缺乏凝聚力,从个体或小团体的利益出发,忽视集体、国家的利益,从而破坏社会的和谐。动荡分裂的经济成本是巨大的,而中华民族精神在无形中将全国人民联结在一起,从而减少了这种政治失序局面的出现。中华民族精神的信任价值主要表现在两个层次:一种是信任—忠诚价值,另一种是交往—交易价值。信任—忠诚价值主要表现在政治领域内,即下级对上级的绝对忠诚。这种绝对的忠诚使背叛和叛乱的损失大大降低,同时也让上级对下级的监督成本大为减少。交往—交易价值主要表现在社会、经济领域中。

3. 中华民族精神在新时期党的思想建设中的文化价值

中华民族精神在思想建设中的文化价值主要体现在两个层面,即个体的层面与社会整体的层面。中华民族精神中蕴含着的忧国忧民的爱国情怀,勤俭节约、艰苦朴素的优良品格,努力奋斗、自强不息的精神等,无论是对个人还是国家、社会、政党都会产生潜移默化的影响。对于个人而言,中华民族精神有利于塑造党员良好的品格,帮助其树立正确的价值观,也有利于党员的社会化。而对于社会而言,中华民族精神具有社会整合、文化传承和文化渗透与创造功能。社会整合包括价值整合、规范整合和结构整合三个方面。价值整合是整合功能中最重要的功能,在协调结构与行动方面,价值的作用不可替代。现今,我国社会的现代化程度日益提高,工业化的步伐加快,社会结构多元化,人们的价值标准和价值判断都趋向于多元化,社会的异质性程度达到了前所未有的高度,那么面对这样的社会大环境,要想规范社会成员的行为,维持一定的社会秩序,就必须加强社会整合,继承与发扬中华民族精神,奏响主旋律。文化的渗透与创造的功能,体现的是精神文化的一种无形性。中华民族精神的形成、发展不是一蹴而就的,而是一个渐进、缓慢的过程,它在无形中发展,同时也在无形中发挥着巨大的作用。中华民族精神可以渗透进各个领域,如社区、学校、政府、军队等等,在渗透的过程中,主动地汲取有益的成分,剔除腐朽落后的成分。对于中华民族精神,我们不仅要继承,更要在理论创新和实践检验中有所发扬和创新。

三、中华民族精神融入新时期党的思想建设的路径

新时期,面对众多新的挑战,党要想始终执好政,就应该重视自身的思想建设,将中华民族精神更好地融入思想建设中去。在融入路径这一问题上,总的逻辑思路是:第一,发扬勇于创新、敢于突破的精神,促进党的思想理论不断创新,坚持弘扬中华民族精神与先进理论武装全党相结合;第二,在党员干部的思想政治教育工作中融入中华民族精神,以增强党员干部的公仆意识、节俭意识和忧患意识;第三,结合新时期的

① 参见楼国军:《红色精神与党的思想建设关系研究》,赣南师范学院硕士学位论文,2012年,第22页。

特点，通过完善红色基地建设、发挥网络媒体的作用等途径，将中华民族精神与创建党的思想建设新载体相结合。

（一）坚持弘扬中华民族精神与先进理论武装全党相结合

1. 弘扬中华民族精神以巩固党的指导思想在全党的地位

中国共产党治国立党的根本指针是以马克思主义为指导思想。这是由马克思主义自身所独具的理论品质所决定的。马克思主义理论从来就不是一成不变的教条与权威，它是指导党和国家正确开展工作的行动指南，对其中每条原理的运用都要坚持“随时随地都要以当时的历史条件为转移”①。马克思主义理论在指导无产阶级改造社会的实践中展现出了巨大威力。马克思主义同时也是科学的、革命的、开放的，它反映了最广大人民的根本利益，它提供给无产阶级的不仅仅是认识世界的方法与观点，更重要的是改造世界的方法与观点，这些方法与观点从来不是一成不变、一劳永逸的，而是不断发展、与时俱进的。中国共产党在马克思主义的指导下，推翻了“三座大山”，取得了新民主主义革命的胜利，建立了新中国。而在新中国成立后特别是改革开放以来，在种种非马克思主义意识形态以及西方资本主义思想文化的渗透中，一些人立场不坚定，认为现在世界进入和平年代，我国已经不再需要马克思主义了，甚至有部分国民狭隘地认为马克思主义已经过时了。针对这些现象，中国共产党要继续加强对马克思主义的宣传教育，教育全体党员干部，无论我国处于哪个时期都应该将马克思主义作为我党的指导思想，都要始终不渝地坚持马克思主义在全党的指导地位。中华民族精神作为民族之魂，它同马克思主义一样都代表着我国最广大人民的根本利益，都是非常宝贵的精神财富。因此，弘扬中华民族精神并且将其与党的指导思想相结合，有利于巩固马克思主义在全党的指导地位。

2. 弘扬中华民族精神以促进党的思想理论不断创新

中国共产党的先进性表现在许多方面，而其中中国共产党的性质——中国共产党是中国工人阶级的先锋队，是中国人民和中华民族的先锋队——是党的先进性的根本标志之一。中国共产党 90 多年的奋斗历史中，始终没有辜负人民的希望，不断建设自身，始终保持着自身的先进性。先进性是无产阶级政党的本质属性，是历史的、具体的又是与时俱进的。加强党的先进性必须不断创新党的理论，保证党的各项工作符合社会发展的规律。而中华民族精神以其特有的具体内涵，对于促进党的思想理论不断创新有着重要作用。艰苦奋斗、自强不息是中华民族精神的重要内涵，与时俱进、博采众长是中华民族精神的重要特征，而理论创新的主体是人，是全体党员干部，因此在党内外弘扬中华民族精神，有助于鼓励全体党员干部发挥自强不息、敢于突破、勇于创新的精神，从而促进党的思想理论不断创新。理论创新的过程是严肃谨慎的。党的理论创新成果的出现与确定是需要经历一个较漫长的过程的，向来不是一蹴而就的，这个过程一般说来是遍布荆棘的，因为理论创新的成果需要得到实践的证明、全党的认可和人民的接受。发扬“富贵不能淫，贫贱不能移，威武不能屈”的坚贞刚毅精神，有利于党

① 《马克思恩格斯选集》第 1 卷，人民出版社 1995 年版，第 248 页。

克服并且战胜理论创新过程中的种种艰难险阻。而发扬革故鼎新、“为往圣继绝学，为万世开太平”的开拓进取精神更能让全体党员干部明白自己肩上所承担的重任，从而激励全党继续前行，保持严肃认真的态度，不断进行理论创新。

3. 弘扬中华民族精神以提高党员干部的思想理论素养

中国共产党是中国工人阶级的先锋队，同时也是中国人民和中华民族的先锋队。全心全意为人民服务是中国共产党的宗旨。中国共产党的政治优势便在于自它诞生以来就始终坚持“一切为了群众，一切依靠群众，从群众中来，到群众中去”的群众路线，坚持解放思想、实事求是的思想路线。但是在新时期，我国正处于矛盾重重的社会转型期，部分党员干部忘记了党的优良传统，也忘记了党的思想路线，不思进取，安于享受，不重视加强自身思想理论素养。中华民族精神作为一种内在于心的道德品质与理想信念，在现今社会转型阶段更需要通过多种实践手段，例如基层党组织、网络媒介等的宣传，加强全体党员干部对其的继承与弘扬。党在注重将中华民族精神内化为党员干部的理想信念的同时，更需要将其外化于全体党员的日常行为之中，只有这样才能使中华民族精神真正成为激励党员干部不断学习理论、自我反思，提升思想理论素养的持久动力和不竭的力量源泉。从中国共产党诞生之初至今，已经走过了 90 多年的艰辛历程。在这个过程中，无论是在炮火连天的革命战争年代，还是在和平建设祖国的今天，党始终坚持定期在全党上下开展理论学习，使全体党员干部尤其是新入党的年轻党员时刻重视提高自身的思想理论素养。发扬“与时偕行”“与日俱新”“日日新，又日新”的与时俱进的精神，有助于全体党员干部能够不随波逐流，安于现状，时时进行自我反省，坚持学习先进理论，从而更好地推进党的思想建设。

（二）坚持弘扬中华民族精神与加强党员干部的思想政治教育工作相结合

1. 在思想政治教育工作中融入爱国主义教育以增强党员干部的公仆意识

中华民族精神是一个相互联系、相互影响的统一体。在这个统一体中，爱国主义处于核心地位，它渗透在中华民族精神的一切领域。无论是中华民族精神的基本内涵——团结统一、爱好和平、勤劳勇敢、自强不息精神，还是中华民族精神在各个时期涌现出来的独具时代特征的表现——“长征精神”“延安精神”“铁人精神”“航天精神”等，无一不围绕着爱国兴邦这一主题，在中华民族 5000 年的发展历程中，激励着万千志士仁人为民族复兴、国家富强而前仆后继，贡献汗水和智慧，甚至是牺牲自己宝贵的生命。无论在任何时候，爱国就是爱人民，就是为最广大人民群众谋利益。全心全意为人民服务是中国共产党的根本宗旨，共产党的执政地位既是历史的选择，也是人民的选择。中国共产党的执政时间越长，党员干部的公仆意识就应该越强。在中国共产党的领导下，全国人民经过不懈努力取得了一系列的辉煌成绩，人民生活水平大大提高。在和平发展的今天，部分党员干部忘记了党“一切为了群众，一切依靠群众，从群众中来，到群众中去”的群众路线以及群众纲领，安于享乐，大摆高高在上的干部作风，脱离群众。因此，要在党的思想政治教育工作中加强爱国主义教育，发扬雷锋精神，让全体党员干部明白“水能载舟，亦能覆舟”，要时刻保持与广大人民群众的血肉联系，做任何一项工作都应立足于最广大人民群众的根本利益，做全心全意为人民服务的好公仆。

2. 在思想政治教育工作中发扬艰苦奋斗精神以增强党员干部的节俭意识

在中国共产党的长期领导下，全国人民经过不懈努力与辛勤劳动，取得了举世瞩目的辉煌成就。国民生产总值每年都保持较高速度的增长，社会生产水平大幅提升，特别是改革开放以来，人民生活水平大大提高。但同时“享乐主义”“金钱至上”“权钱交易”等极端思想与不良现象也在社会上频繁涌现。随着国民平均收入的提高，党员干部的收入自然也发生了不小的变化，甚至出现了一些“灰色收入”。有些党员贪图享乐，沉浸在安逸的生活中无法自拔，甚至忘记了自己的本职工作，忘记了党的思想教诲，利用公费报销机制中不完善的地方，肆无忌惮地拿公家的钱办私人的事，生活奢侈靡乱。在物欲横流的现代社会，部分党员干部的节俭意识极其薄弱，贪污腐败现象层出不穷，因此在思想政治教育工作中发扬艰苦奋斗精神以增强党员干部的节俭意识的任务刻不容缓。艰苦奋斗精神既是中华民族精神的重要内涵之一，也是中国共产党的优良传统。党之所以能够带领全国人民取得抗日战争和解放战争的胜利，建立新中国，完成“三大改造”，初步建立社会主义制度以及其他一系列的辉煌成就，就是依靠着这一优良传统——勤俭节约、艰苦奋斗的精神。“一粥一饭当思来之不易，一丝一缕恒念物力维艰。”[①]节俭意识无论在任何时候都应是作为一名合格的共产党员的必备素质。无论是生活、学习还是工作等方面，身为中国共产党的一分子，都应发扬艰苦奋斗精神，在生活上勤俭节约，在学习上勤恳认真，在工作上脚踏实地，中国共产党任何时候都要坚决抵制贪污腐败。

3. 在思想政治教育工作中提倡自强不息精神以增强党员干部的忧患意识

在世界总体和平、一切事物欣欣向荣的今天，中国共产党已经领导全国人民走过了近百个春秋，其执政地位相当稳固。一些共产党员沉浸在各种各样的“糖衣炮弹”中，安于现状，乐于享受，严重缺乏忧患意识，也正因为如此，在党内一度出现行贿贪污的歪风邪气。“生于忧患，死于安乐”[②]，“居安思危，思则有备，有备无患”[③]，自鸦片战争以来，外国的坚船利炮逐渐打开了我国尘封已久的大门，《南京条约》《北京条约》《辛丑条约》等一系列不平等条约的签订使中华民族日益沦为他国的奴隶，百姓处于水深火热之中。在国家与民族生死攸关的情况下，一批又一批中国共产党人坚贞刚毅、自强不息，用自己的血肉身躯挡住了敌人的炮火，取得了一场场大小战役的胜利，保卫了祖国与人民。而在新中国成立之后，中国共产党并没有因为自己成为执政党而沾沾自喜，相反全体共产党人在强烈的忧患意识下继续前行，充分发扬自强不息的精神，先后完成“三大改造”、“一五”计划，初步建立社会主义制度，带领全国人民取得了一个又一个举世瞩目的伟大成就。在内忧外患的昨天、飞速发展的今天以及仍是未知数的明天，强烈的忧患意识始终是身为一名合格党员的必备素质。而自强不息精神作为中华民族精神的重要内涵之一，它的继承与弘扬无疑有助于完善全体党员干部的思想政治

---

① 洪镇涛主编：《颜氏家训　朱子家训》，上海大学出版社 2010 年版，第 24 页。

② 方勇译注：《孟子》，中华书局 2015 年版，第 78 页。

③ 贾太宏译注：《春秋左传通释》，西苑出版社 2016 年版，第 120 页。

教育，增强全体党员的忧患意识。

(三)坚持弘扬中华民族精神与创建党的思想建设新载体相结合

1. 加快完善红色基地建设以加强中华民族精神教育

红色精神作为中华民族精神中与党的思想建设密切相关的重要内涵之一，加快完善孕育发展红色精神的红色基地在继承发扬优秀的中华民族精神的同时，无疑有利于党的思想建设。红色精神作为一种内在的品质，它的有效继承与发扬只有在借助一定平台和载体才能较为完美地实现。人民政府要进一步推进对各类革命博物馆、纪念馆、展览馆、革命烈士陵园等爱国主义基地的建设工作，借助有力的政策导向、社会动员、财政资助等积极措施来保证红色基地的基础设施建设工作的有效展开。关于红色基地的浏览和参观，党和政府应向全社会开放，并且对于部分人群实行免票政策，例如未成年人。在推进红色基地基础建设工作的同时，也应重视对红色基地内涵的建设。首先要加强对红色精神内涵的挖掘和提炼，而这就需要建立有一定科研能力的科研机构。在建立科研机构、培养和吸纳科研人才方面，政府应给予一定的鼓励与支持。政府需要积极开发各类红色旅游项目，让红色旅游成为当代人追求的一股时尚潮流，同时借助旅游行业宣传红色精神，进而让人们将红色精神乃至中华民族精神铭记在心。党的思想建设应该是实实在在的，它的推进与开展需要借助一定的载体与平台，要使党始终保持纯洁性与先进性，确实做到全心全意为人民服务，就必须在党的思想建设这一长期而复杂的过程中，拓宽建设渠道开展形式多样、内容丰富的教育活动，经常性教育和集中教育相结合，从而更好地建设党的思想建设所需载体和平台，最终实现全体党员干部的思想大解放，增强党员的党性观念、工作热情和奉献意识。

2. 充分发挥网络媒介以大力宣传中华民族精神

自互联网诞生以来，它就以惊人的速度向前发展着，应该说，现代社会互联网在人们的日常生活中扮演着不可替代的角色，它已然是现代人不可缺少的重要应用工具之一。让互联网与党的思想建设有机结合，是党的思想建设发展的必然要求。我国的第一个红色网站是1988年清华大学汽车工业71班自发建立的网站，它是以思想政治教育为内容的理论学习网站，网站的宗旨是：宗马列之说，承毛邓之学，怀寰宇之心、报国之志。所以，取名为“红色网站”。[①] 在此之后，政府和高校及一些企业开始重视宣扬中华民族精神的网站建设，借助有才干的网络能手建设官方网站，将感人的革命故事、优秀的中华传统文化、经典的红色电影等上传网站，并结合现今的时政热点问题对入党积极分子和党员进行中华民族精神教育。由此可见，新时期应充分发挥网络媒介在宣传和推广中华民族精神的作用，使广大党员接受中华民族精神的熏陶。在党的思想建设的过程中利用网络媒介拓宽中华民族精神对于全体党员干部的教育渠道，使党员的教育空间更加广阔与开放。互联网能够打破时空的限制，有效利用网络媒介，进行中华民族精神的宣传教育，能够让党员干部们更加方便地了解、体会中华民族精神的力量，提高其学习的兴趣，从而自觉地将中华民族精神内化为自身素质。通过在贴吧、

① 参见楼国军:《红色精神与党的思想建设关系研究》，赣南师范学院硕士学位论文，2012年，第33页。

论坛以及博客等网络平台上的平等交流，进一步加强对中华民族精神的理解，从而能够更好地把握中华民族精神实质。在网络的虚拟平台上，党员可以自由地发表自己的见解，可以真诚地与网友进行探讨，能够进行更加独立的思考与学习，从而对中华民族精神有更高的认同感，更愿意付诸实践。

3. 大力加强基层党组织建设以有效融入中华民族精神

实践的观点是马克思主义最重要的观点，同时也是贯穿于马克思主义哲学体系的核心思想。任何一个政党要想始终处于稳固的地位，自身的组织建设就显得非常重要，俗话说“根基不牢，地动山摇”，基层党组织建设无疑是执政党自身发展的关键所在。因此，在有关基层党组织建设的一系列实践中应充分融入对全体党员干部的中华民族精神教育，从上到下地将中华民族精神融入党的思想建设。通过组织基层党员开展“继承优秀传统文化，弘扬中华民族精神”等主题教育活动，丰富党员实践的内容和形式；通过听老红军、老艺术家等人生经验丰富的老一辈人讲历代以来彰显中华民族精神的英雄事迹来体会中华民族精神的力量；通过听专家的有关专题讲座了解中华民族精神；利用假期或者节假日，组织党员干部参观各类革命博物馆、优秀传统文化纪念馆、展览馆、革命烈士陵园等拥有展现中华民族精神的资源基地，使中华民族精神真正融入党员干部们的日常生活中，与各类社会实践实现更好地结合，从而发挥其特有的精神优势，推动人们去建设更加美好的和谐社会。此外，还可以通过中华民族精神进乡村、街道等基层，让中华民族精神的内涵与价值在党的自愿活动中得到宣传与教育，这样，不仅宣传中华民族精神的人加深了对中华民族精神的理解，而且那些原先对中华民族精神不是很了解的人也受到了进一步的熏陶和感化。意识观念只有通过持续不断的理论教育与实践活动才能得到不断的净化与升华。坚持培育与弘扬中华民族精神，有助于一直促进党保持思想的崇高性和先进性，从而保证党在实践中始终发挥模范和先锋带头作用。

（指导教师：王青）

当前党员领导干部的心理健康建设探析

张晓委

摘要:党员领导干部处于经济、政治和社会生活的核心层次,担负着领导发展与维护稳定的双重使命。近年来,面对纷繁复杂的社会变化,作为执政党的中国共产党责任更大,对党员领导干部的心理承受能力、抵御腐败的心理免疫力、应对复杂问题的心理适应性和心理健康的要求更高。但部分党员领导干部对心理上的要求并未及时意识到,这种心理上的供需失衡使党员领导干部心理出现了一定的问题,给党的事业造成不利的影响。因此,新形势下加强党的心理建设,提高党员领导干部的心理素质,优化集体的心理环境至关重要。

关键词:党员领导干部;心理健康;党的建设

21世纪以来,社会生活节奏不断加快,社会竞争日趋激烈,人们所面临的压力越来越大,心理问题逐渐增多。而党员领导干部作为一个"特殊"的群体,不良心理也普遍存在。有人曾对全国100多名官员的心理健康进行过调查,发现80%以上的官员存在着较大的心理压力、心理疲劳以及心理不平衡,由此引发的各种问题对党建工作产生了极为不利的影响。因此,新形势下如何加强党员领导干部的心理健康建设,提高党员领导干部的心理素质,帮助党员领导干部更好地应对心理问题,是当前一个急需探讨和解决的课题。

一、党员领导干部心理健康建设的概念界定及其对党建的重要意义

中国共产党的自身建设,一般来说,主要包括思想建设、组织建设、作风建设、制度建设和反腐倡廉建设。而从心理学的角度来看,政党的心理建设应当是党的建设的第六维度。

(一)党员领导干部心理健康的基本内涵

只有心理健康的人才能有合理、正常的行为,非健康的心理必然导致异常的言行。一个称职的领导干部除了要具有良好的政治业务素质和工作能力外,还必须具备良好的心理素质。良好的心理素质是政德、政才、政绩的基础条件。

那什么是真正的健康呢？世界卫生组织（WHO）在其《世界卫生组织宪章》中对健康进行重新界定：“健康乃是一种身体的、心理的和社会适应的健全状态，而不只是没有疾病或虚弱表现。”[①]所谓健康，包括身体健康、心理健康、道德健康和社会适应性良好四个方面的因素，这四者之间是互相依赖、相辅相成的。那什么又是真正的心理健康呢？世界心理协会对心理健康的界定是指个体在各种环境中能保持一种良好的心理效能状态，在与不断变化的外界环境的相互作用中不断调整自己的内部心理结构，达到与环境的平衡和协调，并在其中渐次提高心理发展水平，完善人格特质。日本学者松田岩男认为，心理健康是指这样的一种心理状态，即人对内部环境具有安定感，而所谓内部环境指的就是自身的状况，比如有稳定的情绪、自信、乐观、向上等；对外部环境能以社会认可的形式进行适应，比如遇到挫折困难的时候能正确地认识，理智地对待，积极想办法解决等。若能保持这样的一种心理状态，就可以说是心理上的健康状态。

而对于承担着重大社会责任的领导者来说，他们的工作绩效不仅取决于他的能力，而且更重要的是取决于他的心理素质。保持健康的心理状态已经成为现代领导者提高素质和实施领导行为的前提和基础。那么在政党层面，哪些人属于领导者？即党员领导干部的范围是什么？2015 年 10 月，中共中央印发《中国共产党廉洁自律准则》和《中国共产党纪律处分条例》。为推动“两部党内法规”的学习和宣传，中央纪委法规室对一些社会关注的问题进行了解答。对于什么职级算领导干部，中央纪委法规室明确规定，目前“党员领导干部”[②]的范围主要包括以下三部分：

一是党政机关中的“党员领导干部”，包括党的机关、人大机关、行政机关、政协机关、审判机关、检察机关、各民主党派和工商联机关以及参照公务员法管理的单位中担任各级领导职务和副调研员以上非领导职务的中共党员。

二是国有企业中的“党员领导干部”，包括大型、特大型国有和国有控股企业（含国有和国有控股金融企业）中层以上领导人员，中型以下国有和国有控股企业（含国有和国有控股金融企业）领导班子，以及上述企业中其他相当于县处级以上层次的中共党员。

三是事业单位中的“党员领导干部”，包括事业单位（未列入参照《公务员法》管理范围）领导班子和其他六级以上管理岗位的中共党员。

那么党员领导干部的心理健康标准是怎样的呢？《国家公务员通用能力》里面明确规定，党员领导干部应具备以下心理健康标准：(1)事业心强，有积极、乐观、向上的精神状态和爱岗敬业的热情；(2)根据形势和环境变化适时调整自己的思维和行为，保持良好的心态、情绪；(3)自信心强、意志坚定，能正确对待和处理顺境与逆境、成功与

---

① 1946 年 6 月 19 日至 7 月 22 日在纽约召开的国际卫生会议通过、61 个国家代表于 1946 年 7 月 22 日签署(《世界卫生组织正式记录》第 2 号第 100 页)并于 1948 年 4 月 7 日生效的世界卫生组织《组织法》的序言。

② 参见《中纪委详解“党员领导干部”范围》，人民网，http://politics.people.com.cn/n/2015/1126/c1001-27858472.html。

失败;(4)良好的心理适应性,心胸开阔,容人让人,不嫉贤妒能。①

因此,我们可以说,世界上任何一个政党都有一个心理建设的问题。这是因为政党是由人组成的,党员个人或群体或多或少存在心态不正常或心理承受能力差的问题,在政党的决策中、在人际交往中难免会产生差错,不利于党内的和谐建设。同时,党员领导干部作为一个特殊的群体拥有一定的职权,是党的各项方针政策的执行者,其行为代表着组织的行为,所以具有更大的影响力。但在现实社会中,由于党员领导干部拥有一定的社会权力,使得他比普通党员受到更多不良因素的影响,部分党员领导干部出现心理准备不足、心理承受力弱的问题,进而导致各种腐败现象和执政不力情况的出现。因此,加强党员领导干部的心理健康建设,提高党员领导干部的心理素质,优化集体心理建设环境,已成为保持党的先进性和纯洁性的一项基础工程。

(二)加强党员领导干部的心理健康建设对党建的重要意义

党一贯重视和关心党员领导干部的思想教育、作风培养和心理疏导。2006 年 9 月 28 日,贺国强在“全国选拔任用干部视频会议”的讲话中,把心理素质情况列为考察领导干部 4 项重点内容之一。当前进入改革开放新阶段,以习近平同志为核心的党中央,把“加强党的建设,改进思想政治工作,注重人文关怀和心理疏导,用正确方式处理人际关系”②作为党建工作的重要内容之一。我们要想完成“两个一百年”的伟大战略目标,实现中华民族伟大复兴的中国梦,首先必须有一个强大、正确、健康的党,也就是中国共产党。这个党的执政能力、反腐倡廉、自身发展都必须达到前所未有的高度。因此,加强党员领导干部的心理健康水平,对于增进党的执政能力至关重要。

第一,党员领导干部的健康心理有利于党的执政能力建设。心理健康是良好执政能力的前提。一方面,提高党的执政能力,必须培养造就一支具有铁一般信仰、铁一般信念、铁一般纪律、铁一般担当的干部队伍,建设一支宏大的高素质干部队伍。而身体素质、科学文化素质、思想道德素质以及心理素质是构成整体素质的基本方面。因此,要提高干部队伍的整体素质,就必须重视心理素质的提高,努力形成和维护健康的心理。另一方面,心理健康有助于提高党的执政成效。对党的执政规律的正确认识,拥有开放的胸襟、积极的心态、坚强的意志品格,正确的领导和执政方式,是提高执政能力的重要保障。而这几方面实质上反映了一个党员领导干部在知、情、意、信、行上的良好素质。心理素质好的党员领导干部,在面对环境的压力和工作上的困难时,能够保持自我相对稳定,并具有自我判断和决定的能力;当突发事件和各种不测事件到来时,能够做到准确判断、从容应对、趋利避害;在面临新形势下的人民内部矛盾时,能够妥善处理,及时消除各种不安全因素,对可能出现的政治和社会稳定的问题,能及早做好预案,使其解决在基层。从而有效地提高党的执政成效。

第二,党员领导干部的健康心理有利于党的党风廉政建设。如今,腐败问题仍然突出,在十八届六中全会新闻发布会上,中纪委副书记吴玉良表示,只要坚定不移推进

① 参见《人事部关于印发〈国家公务员通用能力标准框架(试行)〉的通知》(国人部发[2003]48 号)。

② 中共中央宣传部:《习近平总书记系列重要讲话读本》,学习出版社、人民出版社 2016 年版,第 110 页。

党风廉政建设和反腐败斗争，实现“两个一百年”奋斗目标和中华民族伟大复兴就有了根本保障。而党风廉政建设，归根结底就是党员的党性修养建设，党性修养又来自内心的修炼。而高素质党员领导干部应具备的心理素质包括：一是健全、完整、统一的人格品质，能对自我作出客观的分析，对自己的体验、感情、能力和欲求等作出正确的判断和认知；二是拥有积极的个性，善于与人相处，人际关系和谐；三是严谨的思维，在现实工作和生活中不会迷失方向，能正确地判断现实，并有效地处理解决各种问题；四是稳定的情绪，能有效地处理生活、工作中的负性事件，消除矛盾和对立，保持愉快、平和心态；五是合理地应对，对于环境的压力和刺激，能坚定信念，牢记宗旨，保持坚强的意志力，并具有灵活应变的能力。因此，党员领导干部的健康心理有利于党的党风廉政建设。

第三，党员领导干部的健康心理有利于党内和谐建设。加强党员领导干部的健康心理建设，要求在党内营造一个既有民主又有集中、既有统一意志又有个人心情舒畅的工作环境；营造党内民主平等、互帮互助的良好心理环境。目前社会中的种种不和谐因素，都与党员干部自身的不健康心理有直接或间接的联系。群众看党员，干部看班子。如果一个地方的领导班子心理不健康，长期矛盾重重，占山头分派别，内耗不止，那里的干部队伍就会离心离德，人心就会涣散，社会的和谐稳定也就无从谈起。这种不和谐也将直接影响党员先锋模范作用的发挥。因此，在一定意义上说，建设和谐社会，党内和谐是焦点，心理健康是关键。

二、当前党员领导干部的心理问题状况

党员领导干部的心理健康问题至关重要，事关大局。从现实情况看，党员领导干部总体上心理是健康的，绝大多数表现出良好的精神状态，但也应注意到部分党员领导干部不同程度地存在心理问题。具体表现在以下几个方面：

第一，抑郁。工作压力过大，导致身心疲惫。党员领导干部长期担任领导职务，工作压力大，尤其是一些信访、拆迁、纪检、司法等部门领导往往接触到社会的阴暗面，碰到问题又很难找到合适对象倾诉。故常表现为情绪低落、苦闷，反应迟钝或整日沉默不语，或者对什么事都没有兴趣，自卑甚至绝望、厌世。心理压力过大的后果是什么呢？会导致心身疾病。由心理因素导致的躯体疾病叫“心因性疾病”，又称“心身疾病”，如比较常见的高血压、冠心病、心脏病、消化道溃疡等。还会产生一些心理疾病，如各种神经症、焦虑症、抑郁症、恐惧症等等。近些年来，因工作压力过大导致官员自杀的事件频发。比如，2009 年 9 月 23 日，安徽省安庆市商务局局长周新因工作压力过大在市委办公楼跳楼自杀。[①] 这些自杀事件的发生强有力地表明，一些党员领导干部存在着心理承受力差、心理素质有待提高的问题。

第二，焦虑。焦虑是应激状态下最容易产生的心理状态，是一个人预料将会有某种不良后果或威胁的存在，产生的紧张、忧虑、害怕等。表现为不能集中精力工作、坐

① 参见《安徽安庆商务局长因工作压力过大跳楼自杀》，网易新闻，2009 年 9 月 25 日。

立不安、失眠或梦中惊醒等。对于领导者来说，焦虑多疑主要表现在两个方面：一方面，由于身体不如年轻时健康，一些领导干部对自己的身体状况过分重视，导致对自己的身体状况妄加猜测，总担心自己患上难治之症，为此焦虑不安。另一方面，表现为对自己能力衰退的焦虑，总担心自己的能力不足以应对自己承担的工作，为此焦虑不安。尤其是一些基层领导干部在面临如大面积拆迁、群众集体上访、班子做工作效果不理想等严峻情况时，吃不下饭、睡不着觉，精神紧张，急躁易怒。例如，北京某个区的机关，甚至有个别领导干部因不满班子成员和干部的工作状态，出现下令停止机关全体干部的午饭供应，没收机关所有公务用车的钥匙等做法。心理上长期处于焦虑状态之中，就有可能导致生理和心理上的疾病。

第三，恐惧。面对经济社会的快速发展，一部分党员领导干部没有足够的能力和精力应对工作中遇到的种种问题，存在“能力恐慌”的现象。另外，还有少数干部因为贪污腐败问题整日提心吊胆，惶惶不可终日。近两年，党员干部的自杀身亡案例增多。国家行政学院教授汪玉凯对此指出，十八大后反腐力度加大，不少党员领导干部经受不住压力，自杀的人员增多，这些非正常死亡，跟中央对腐败重拳出击有关系。比如，2014年4月4日晚，曾经的“打黑英雄”、重庆渝中区公安分局经侦支队支队长周渝被发现在宾馆自杀。具备可能相关性的背景是，此前重庆已有多名“打黑英雄”被调查、逮捕。[①] 再如，2014年4月8日，国家信访局副局长徐业安在办公室自杀身亡。而五个月前，国家信访局另一名副局长因涉嫌违法违纪而遭中纪委调查。[②]

第四，心理失衡。心理失衡是中国人对内心活动表现的一种术语，与心理平衡相对。表现为跟平常行为出现落差，容易激动，失落等情绪波动。党员领导干部心理失衡主要体现在三个方面：

一是角色失衡。即不能保持党员角色，党性心理弱化。有些党员领导干部平时能表现出党性意识，如党组生活会等，而在危难之时、糖衣炮弹之时角色意识模糊，党性心理弱化，忘记了自己的党员身份和作为党员的责任和担当，从而做出有违党员身份的行为。从心理学角度分析，这种角色意识的模糊、党性心理的弱化必然导致个人的党性心理水平与党性要求差距拉大，表现出行为与内在标准不一致、自制力降低等问题。比如，2015年10月16日，经中共中央批准，中共中央纪委对第十八届中央委员，河北省委原书记、省人大常委会原主任周本顺严重违纪问题进行了立案审查。经查，周本顺严重违反政治纪律和政治规矩，在重大问题上发表违背中央精神的言论，不认真落实党风廉政建设主体责任，干扰、妨碍组织审查。他甚至就跟班子成员讲过：“现在中央抓‘八项规定’，抓得太细了太严了，没有必要。酒该喝还是要喝的，喝点酒有什么不好，喝点酒多有气氛。”因为周本顺是一个省委书记，是中央委员，所以他的责任就更大，如果他的方向偏了，上面偏出一尺，下面就会偏出一丈。[③]

---

① 参见《重庆渝中公安分局经侦支队长周渝在宾馆自杀　曾是“打黑英雄”》，https://www.guancha.cn/local/2014_04_08_220246.shtml。

② 参见《国家信访局副局长徐业安在办公室自杀身亡》，搜狐新闻，2014年4月10日。

③ 参见《周本顺抵制八项规定　给班子成员说：酒该喝还是要喝的》，中华网，2016年10月17日。

二是信仰失衡。即共产党人的理想信念不够坚定。共产党人的理想信念是什么呢？习近平总书记指出："对马克思主义的信仰，对社会主义和共产主义的信念，是共产党人的政治灵魂，是共产党人经受住任何考验的精神支柱。"① 面对纷繁复杂的社会环境和社会思想、价值观念日益多样化的新形势，以及各种腐朽思想文化的侵蚀影响，部分党员领导干部理想信念不坚定，精神上"缺钙"，导致政治上变质、经济上贪婪、道德上堕落、生活上腐化。比如，2016 年 10 月 9 日，全国人大环境与资源保护委员会原副主任委员白恩培因受贿、巨额财产来源不明被判处死刑，缓期 2 年执行，剥夺政治权利终身，并处没收个人全部财产。在接受采访中，白恩培谈到自己正是在和商人打交道的过程中产生了心理失衡，将"招商引资"变成了权钱交易的手段，自以为不会被人发现，理想信念丢失了，精神追求没有了，突破了做人的底线，连法律的红线也触碰了。② 当私欲代替了理想信念，这样的结局并不让人意外。这不仅是白恩培个人的悲剧，更是各级党组织和领导干部必须汲取的沉痛教训。

三是欲望失衡。一些党员领导干部对权力、金钱的攀比心理比较重，认为有些人能力不强、贡献不大、水平不高，各方面都不如自己，但却权位显赫，得到重用。于是自己由不服气、有怨气到心理失衡，便产生出通过利用职权贪污腐化来发泄内心的不平衡，报复不合意愿的现实。比如，2016 年 11 月 8 日，公开开庭审理曾任中国石油化工集团公司原董事、总经理王天普受贿、贪污案。王天普作为一名大型国有企业的负责人，在攀比心理的影响下，对身边的不正之风、腐败现象从见怪不怪到随波逐流，欲望无止境，"贪似火，无制则燎原；欲如水，不遏必滔天"，不管是别人有求于他，还是他有求于别人，他觉得最便利的办法就是在酒桌上解决。③

三、当前党员领导干部心理问题的原因分析

上述这些心理问题的产生，其原因是多方面的，归纳起来，主要有以下几个方面：

第一，市场经济条件下不良思想的影响。普列汉诺夫在《马克思主义的基本问题》一书中指出，社会心理是由经济基础和政治制度决定的，巨大的社会变迁会导致社会成员不同的心理反应。人的心理受外部环境的影响比较大，每一时期人们的心理状况可能不同。近年来，随着市场经济体制的建立和不断完善，我国国力大大增强，人民生活水平显著提高，经济得到了巨大的增长。但是，由于价值规律的负面作用，加上又在开放环境下受到一些西方不良思想的影响，有些党员领导干部"拜金"思想、"享乐"主义滋生，世界观、人生观、价值观发生偏差，致使部分党员领导干部出现信念丧失、理想动摇、心里颓废的问题。

第二，心理压力过大。这是导致当前干部群体心理健康出现问题的主要因素。在心理学上，心理压力是指个体在面对难以适应的外界环境要求或威胁时产生的心理体验。

---

① 中共中央宣传部：《习近平总书记系列重要讲话读本》，学习出版社、人民出版社 2016 年版，第 107 页。

② 参见《白恩培首次面对镜头忏悔！》，搜狐网，2016 年 10 月 18 日。

③ 参见《双节将近　这七名省部级干部的作风问题案例值得反思》，中新网，2017 年 9 月 21 日。

压力源主要是:一是来自领导责任和岗位职责的压力。各地区、各系统、各行业、各单位,你追我赶发展经济的竞拼,社会效益、经济效益及GDP的评比排名次,干部个人升迁与实际绩效相挂钩等,增大了干部"发展"担子的压力。二是来自社会的压力加大。由于目前我国社会的政治体制、社会机制正处于转型期,一些改革方案还不够成熟、不够健全。干部在发展与责任的双重压力下,还要再分出相当大的一部分时间和精力来应对我国特有的官场关系和社会关系。从实际情况看,我国是人情社会,"迎来送往,接待上访","左右逢源,四处结缘",已成为当代干部典型的生活状态特征,这对干部无形中造成很大的社会压力。三是来自各方面的诱惑增多,心理压力增加。身为一名领导干部,随着交往的人群和接触的范围变宽变广,来自钱、权、色的诱惑也随之增多。四是来自家庭的压力。干部作为"人",他们也有家庭,也有妻子儿女。由于他们必须把大量的时间和精力投入到工作和应酬中,无暇顾及家庭成员的感情,影响对孩子的关爱和教育,从而使一些干部内心中产生一种愧疚感,导致家庭关系不和谐,甚至出现一定的危机。这种来自家庭的压力也给党政干部的心理健康带来危害。

第三,对心理健康认识不足,重视不够。很多党员领导干部缺乏心理健康的相关知识:有的把问题当作精神疾病,认为有心理问题就是精神不正常,故对心理问题意图回避、隐瞒,更不要说积极进行心理自救或寻求专业人士的救助了;有的即使认识到了心理健康的重要性,但在工作和生活中过分强调克制、忍耐,不善于自我调节、自我减压;有的明知道自己有心理问题,但总认为别人都没有问题我也不能有,不敢暴露自己的问题。因此,心理问题在现代高度竞争的社会里较为普遍。但部分党员领导干部对心理问题的解决方式关注不够,尤其是严重缺乏解决心理问题的专业技能。在调查中发现,45.6%的被调查者显示有心理问题,但仅仅有3%的人关注过心理救助或寻求过专业人士的心理援助。

第四,干部管理与考核机制不够健全。一方面,传统的干部管理模式与新形势对干部素质的要求还不完全适应,干部管理机制还不够健全、不够完善,干部管理方式还不够科学。另一方面,缺乏明确的切实可行的干部考核标准。当今有些官场出现逆淘汰现象:清廉的不如腐败的;亲民的不如霸道的;干事的不如会说的;不站队的不如站队的;实干的不如作秀的;眼睛向下的不如眼睛向上的;等等。这种逆淘汰现象的出现,究其原因在于干部考核标准与机制存在漏洞。习近平总书记对好干部的标准作出了这样的概括:信念坚定,为民服务,勤政务实,敢于担当,清正廉洁。① 同时,还要建立规范的干部考核评价体系,形成鼓励干部求真务实的有效机制。要切实使那些重实际、说实话、务实事、求实效的干部,不仅不吃亏,而且受到鼓励、褒奖、重用;使那些做表面文章、搞劳民伤财的"形象工程"和"政绩工程"、跑官要官的干部,不仅捞不到好处,而且还要受到批评和惩处。

第五,学习不够,党性不强,对自己要求不严。党政机关的工作岗位一向被视为"铁饭碗",竞争机制不完善,党员领导干部缺乏竞争意识,缺乏危机感,容易自我满足。

① 参见中共中央宣传部:《习近平总书记系列重要讲话读本》,学习出版社、人民出版社2016年版,第109页。

党员领导干部应减少应酬多学习，要有一种“怕被淘汰”的危机感，同时要有“仕而后学”的责任心。除此之外，对党员领导干部的教育没能经常化，有时流于形式，缺乏针对性，教育收效甚微。党员干部组织生活大多“走过场”，缺少面对面的谈心活动，平时对干部的思想政治教育和及时交流不够。

四、加强党员领导干部心理健康建设的途径

加强党员领导干部的心理健康教育，健全党的组织“机体”，对执政党组织来讲，才能更好地提高执政效率。因此，必须采取有效措施提高党员领导干部的心理素质，不断提高抵御心理问题的“免疫力”，形成党建工作的人文关怀及心理疏导机制。那么，应该怎样加强党员领导干部的心理建设呢？

（一）通过学习提高党员领导干部的心理素质和心理承受力

我们党历来重视抓全党特别是领导干部的学习。在每一个重大转折时期，面对新形势新任务，我们党总是号召全党同志加强学习，而每次这样的学习热潮都能推动党和人民事业实现大发展大进步。比如，2016 年中共中央决定在全体党员中开展“学党章党规，学系列讲话，做合格党员”的“两学一做”学习教育活动。习近平总书记也指出，全党同志一定要善于学习、善于重新学习，要有本领不够的危机感，以时不待我的精神，一刻不停地增强本领。通过学习，党员领导干部能够坚定共产主义信念，遵守党的纪律，保持党的先进性和纯洁性；党员领导干部还能了解心理变化规律，调节自身的心理变化和情绪波动，在面对挑战时不轻易被情绪左右，面对大是大非敢于亮剑，面对危机敢于挺身而出，敢于把握大局。

“素质”一词原是生理学的概念，即人的神经系统、感觉和运动器官的先天性解剖特点。素质又可以引申为人在先天的基础上，通过后天的努力而形成的基本特质。所谓心理素质，就是人在处世断事中形成的心理状态和认识，是人的动机、需要、兴趣、理想、信念气质、性格、世界观、人生观、价值观等要素的总和。[①] 不同的人有着不同的心理素质，事业的成败关键在与心理素质。理论学习要与实践相结合，只有实践才能把学习的东西转化为自身的内在素质。平时遇事要处变不惊，不断控制和调整心态，逐渐地促进心理上的成熟，加强党性心理的培养，最后把党性标准自觉内化为个人行为标准。通过学习，坚定共产主义信念，牢固树立正确的世界观、人生观、价值观，形成良好稳定的心态，不断提高心理素质和心理承受力。

（二）通过教育加强党员领导干部的党性修养

从政党心理学的角度来考虑，教育是使政党成员心理趋同最快速、有效的方法。就教育内容而言，主要包括以下两个方面：一是要抓好思想理论建设，教育引导广大党员、干部认真学习和实践马克思列宁主义、毛泽东思想、中国特色社会主义理论体系，做共产主义远大理想和中国特色社会主义共同理想的坚定信仰者和忠实实践者，以理论上的坚定保证行动上的坚定，以理想上的清醒保证用权上的清醒；二是要抓好党性

① 参见张世飞、庞志：《党的心理建设的内容及对策选择》，载《理论探讨》2011 年第 2 期。

教育和党性修养，教育引导广大党员、干部牢固树立正确的世界观、权力观、事业观，始终站稳政治立场，不断增强宗旨意识，弘扬党的光荣传统和优良作风，真正经受住权力、金钱、美色的考验。

同时，教育的方法和手段也有很多。一是可以通过大规模的党内集中教育，迅速统一全党思想，锤炼其心理品质。比如，2013年中共中央决定开展党的群众路线教育实践活动，以"为民、务实、清廉"为主题，按照"照镜子、正衣冠、洗洗澡、治治病"的总要求，自上而下在全党深入开展。对于教育引导党员领导干部牢固树立宗旨意识和马克思主义群众观点，改进工作作风，赢得人民群众信任和拥护，夯实党的执政基础，提高为人民服务的本领，具有十分重大而深远的意义。再如，不断完善党校教育等教育体系，把教育培训作为塑造党员领导干部党性修养的重要渠道。《中国共产党党校工作条例》指出，中国共产党党校是在党委直接领导下培养党员领导干部和理论干部的学校，是党委的重要部门，是培训轮训党员领导干部的主渠道，是党的哲学社会科学研究机构。各级党委要把党校办成培训轮训党员领导干部，培养党的理论队伍，学习、研究和宣传马克思列宁主义、毛泽东思想、邓小平理论、"三个代表"重要思想、科学发展观以及习近平新时代中国特色社会主义思想等重大战略思想的重要阵地，使之成为干部加强党性锻炼的熔炉。二是可以通过树立和宣传先进典型，动员和激励广大党员领导干部。榜样的力量是无穷的，可以给广大党员领导干部很强的心理认同感，促使其向积极的方向前进。与此同时，还可以利用反面教材，给广大党员领导干部以强烈的警示作用。

（三）通过制度建设提高党员领导干部的心理免疫力

教育固然能使党员领导干部之间的心理认识迅速统一，但若没有一个强有力的宏观管理来保证，就不会收到很好的效果。孟德斯鸠曾说过："一切有权力的人都容易滥用权力，这是万古不易的一条经验。有权力的人们使用权力一直遇到有界限的地方才休止。"[①]因此，如何来管理和约束党员领导干部的心理及行为，就成为心理建设是否成功的关键。一是完善心理危机干预机制。首先，党组织应建立一个能够制定、实施并监督党员心理健康教育和危机干预的领导机构。其次，要有一个针对如何提高党员心理素质、防范心理危机的长期工作计划，并贯穿整个党员教育活动中。比如，通过组织心理素质拓展活动，举办心理知识讲座、竞赛以及咨询实践活动，为党员领导干部营造一种浓郁的心理健康教育氛围。二是完善用人考核机制。用人不公是造成干部心态失衡的重要因素。要建立科学有效的选人用人机制，紧密结合干部工作实际，形成系统完备、科学规范、有效管用、简便易行的制度机制。[②] 要推进干部能上能下，通过激励、奖惩、问责等一整套制度安排，保证能者上、庸者下、劣者汰，形成良好的用人导向和制度环境。

---

① [法]孟德斯鸠：《论法的精神》(上)，张雁深译，商务印书馆1961年版，第154页。

② 中共中央宣传部：《习近平总书记系列重要讲话读本》，学习出版社、人民出版社2016年版，第111页。

(四)通过自我调适保持党员领导干部健康的心理

作为一名党员领导干部,要时刻注重自我心理调节,始终保持积极向上的健康心理,坦然面对现实生活,平静地应对诱惑和挑战。首先,要正确认识自我。江泽民同志在《领导干部一定要讲政治》一文中提出领导干部要“自重、自省、自警、自励”。一个心理健康的领导者,就是一个清醒的、自觉的、真正了解自我和客观评价自我优缺点的领导者。除此之外,对世事中的不平、不满、不尽善尽美之处能处之泰然。其次,要树立良好的心态。党员领导干部要学会以快乐的心态对待工作、对待生活,要正确对待个人荣辱得失,淡化名利意识,坦然面对成败得失。在工作中,与同事、领导友好交往保持心情舒畅,养成积极乐观的性格,促进工作效率不断提高;在生活中,与家人互敬互爱,营造幸福和谐的家庭氛围。最后,要学会调节情绪。学会利用暗示调节、放松调节、想象调节等有效自我调节的方法调节情绪。努力提高自身的心理健康水平,使自己能够承受和应付来自外界的各种困难和压力。

总之,新形势下党员领导干部具备良好的心理素质,不仅是个人发展的需要,也是党的事业发展的必然要求。加强党员领导干部的心理健康建设,提高正确应对各种心理问题的能力,是维护党员领导干部心理健康的根本策略。只要我们各级党员领导干部政治坚定、胸怀全局、修身养性,树立正确的世界观、人生观、价值观,不为名所累,不为利所缚,不为欲所惑,始终保持健康的心理和良好的心态,就一定能够担当起党和人民赋予的神圣职责,促进党和国家各项事业的健康发展。只有这样,我们才能更好地把我们党建设成为立党为公、执政为民的马克思主义执政党,使广大党员领导干部成为践行社会主义核心价值观的模范,做共产主义远大理想和中国特色社会主义共同理想的坚定信仰者。

(指导教师:刘芳)

论当代大学生批判性思维的培养

张延丽

摘要：批判性思维被公认为是新世纪学习的新基础。培养大学生的批判性思维有助于破除学生的惯性思维，激发学生的创造力，同时也为我国创新型人才的培养奠定了基础。在进行社会主义建设的新时代，国家越来越重视思想政治教育的作用。发挥思想政治教育的针对性与亲和力，增强思想政治教育的实效性，批判性思维的培养至关重要。然而，综观当今的大学教育，重知识、轻能力的“应试教育”在当今大学教育中仍普遍存在，相较于西方发达国家来说，我国大学生的创新能力相对偏低。因此，培养批判性思维的重要性可见一斑。但是，批判性思维的培养并不是一蹴而就的，它需要多管齐下，多种因素共同发力，方可在改革进入深水区、中国特色社会主义进入新时代的新时期让大学生与时俱进地发展。

关键词：批判性思维；创新型人才；当代大学生

大学生是民族和国家的未来，肩负着实现中华民族伟大复兴的重任。大学生的精神面貌可谓是一个国家的缩影，体现着一个国家的发展前景。教育，国之根本也，而大学教育又是学生由校园走向社会的转折地，只有大学教育搞好了，国家才能发展，社会才得以进步。但是，反观当今许多大学生，却在本该活力四射、为梦想奋斗的青春韶华变得萎靡不振，丧失了斗志。这不仅不利于学生个人成长，更不利于国家创新型人才的培养以及国家的改革与社会主义现代化建设的有序推进。因此，要改变这种现状，就要从思想教育入手，改变大学生的思维定势，调动其参与社会发展的积极性。

一、培养批判性思维的重要性

“批判性思维”作为一个技能的概念可追溯到杜威的“反省性思维”，即“能动、持续和细致地思考任何信念或被假定的知识形式，洞悉支持它的理由以及它所进一步指向的结论”[1]。20 世纪 50 年代,英、美等国学者兴起研究“批判性思维”的热潮。20 世纪 80 年代末,“批判性思维”概念传入国内,理论界开始对其概念和相关理论进行介绍和初步研究。从总体来看,我国对于批判性思维的研究起步较晚,重视程度相对偏低。

(一)批判性思维有利于素质教育提升

1994 年,在《中共中央关于进一步加强和改进学校德育工作的若干意见》中,“素质教育”这一理念被首次正式提出。“素质教育”提倡从以知识教育为核心的应试教育向以能力培养为核心的素质教育的转变。而这关键是如何培养大学生批判性思维素质。要使素质教育落到实处,就有必要正确认识批判性思维本身及其对现实素质教育的重大意义。温家宝总理曾说:“我赞同逻辑思维是素质教育的重要组成部分,应当予以重视。”[2]钱学森也说过:“‘素质教育’的关键是培养学生的思维方法,提高智力。”[3]缺乏一般的批判性思维能力,各项具体能力的发展便失去依托,思想的表达、知识的习得和创新也无从谈起。素质教育所要培育的大学生批判性思维素质包括批判性思维的精神气质、思维品质和思维技能。好的精神气质、思维品质和思维技能是批判性思维素质三大要素,也是素质教育的核心。批判性思维,有助于培养学生的学习能力,发展学生的创造能力,开发学生的创新能力,这与素质教育所倡导的引导学生“学会学习”的教育理念相一致。因此,在当今提倡素质教育的背景之下更是要不断加强对于“批判性思维”的培养,是否重视对批判性思维的培养,也是衡量素质教育贯彻落实的标准之一。

(二)批判性思维有利于创新型人才的培养

党的十八大指出,加快确立人才优先发展战略布局,加大创新创业人才培养支持力度,充分开发利用国内国际人才资源。创新人才的培养是整个人才培养体系的高端部分,也是难度最大的部分。习近平总书记多次在不同场合强调科技创新人才培养。科教兴国的核心在于人才战略,人才战略的核心则在于创新型学术人才培养。

创新型人才,必然要具备扎实的专业基础、良好的心理素质以及与时俱进的思维方式,懂得合作与交流。而要实现创新,创造出与众不同的、独一无二的新事物,这样的人才必然要具备一定的创新思维。创新性思维,是一种不随波逐流的思维,是一种能够透过现象看本质的思维,而这归根结底还是来源于批判性思维。因此,创新性思维是创新人才所必须具备的思维,而批判性思维可以说是创新性思维的前提和基础,一个人如果没有批判性思维,那必然也就没有创新性思维;创新性思维是批判性思维的目的和归宿,它的最终结果是创新型人才的实现。可以说,批判性思维和创新型人才的培养相辅相成,没有了批判性思维,创新型人才的培养就会成为无源之水、无本之木,创新也就失去了活力;同样,如果最终没有创新型人才的成功培养,那么批判性思维也就丧失了其该有的生命力。加强对批判性思维的培养与重视,一方面,可以增强

---

① [美]杜威:《我们怎样思维·经验与教育》,姜文闵译,人民教育出版社 2005 年版,第 71 页。

② 《第二届“素质教育与逻辑思维论坛”在京举行》,搜狐教育,http://learning.sohu.com/20110611/n310003298.shtml。

③ 陈华新:《集大成　得智慧——钱学森谈教育》,上海交通大学出版社 2007 年版,第 116 页。

受教育者的创造能力;另一方面,批判性思维本身即以尊重创新精神作为其基本要素和内在要求。推行批判性思维教育可以进一步推动社会整体对创新精神的尊重,鼓励人们支持创新,主动创新,营造一个乐于创新、善于创新的社会环境,进而为培养更多具有创新精神和创新能力的卓越人才提供有力支撑。因此,在这个飞速发展的21世纪新时期,我们必然要重视批判性思维的教育,为创新型人才的培养奠定基础。

(三)批判性思维有利于增强思想政治教育的实效性

"思想政治教育过程是教育者根据一定社会的思想品德要求和受教育者思想品德形成与发展的规律,对受教育者施加有目的、有计划、有组织的教育影响,促使受教育者产生内在的思想矛盾运动,以形成一定社会所期望的思想品德的过程。"①思想政治教育不仅包括人生观、世界观、道德观和政治观教育,也包括对学生基本能力的培养,比如对于学生的思维能力、学习能力、解决问题能力的培养等等。而这其中最为重要的就是思维能力的培养。在中国高等学校思想政治教育的过程中,通常都只重视对学生逻辑思维能力②的训练,却在很大程度上忽视了对于学生批判性思维的培养。而在信息时代的背景下,在这个有着浓厚的"温良恭俭让"的传统社会里,如何学会辨别各异的信息,传播中国声音,讲好中国故事,批判的思维方式显得更加重要。

当今思想政治教育所面临的一个突出问题就是教学内容过于陈旧、枯燥,学生学习提不起兴趣。教学内容单纯以教师讲为主,很少从多角度多侧面去激发学生的思维,久而久之,学生的思维就被禁锢在条条框框里了。将批判性思维应用于思想政治教育课程中,可以一改思想政治教育课程单调压抑、枯燥乏味的现状,为思想政治课程注入新的活力,使学生们在学习过程中逐渐注重对学习内容进行质疑和反思,进而有利于教师调动学生学习主动性和积极性,活跃课堂气氛,提升思想政治教育的亲和力和针对性,满足学生发展需求和期待,提升思想政治教育课的教学效果。

(四)批判性思维有利于实现个人全面发展

作为一个独立的个体,人具有个体差异性,对于同一件事情,不同的人就会产生不同的观点与看法。但是,我们也要学会自我反思与批判。我们不能随心所欲地敷衍了事,而需要对自己的论证不断反思,并在此基础上不断完善,我们才能生产出较好的思维产品。而提高我们思考技能的方法就是进行批判性思维,也就是说,像思维的教练一样对自己的思想展开批判。当今时代是一个信息大爆炸的时代,当代大学生要适应当今这个时代,就必须具备对于纷繁复杂的信息的实际把握能力,就必须能够从纷乱杂陈的信息当中遴选最有价值,至少不会产生负面作用的信息。这就必须要求当今大学生学会对各种信息作出判断和鉴别,只有这样,才不至于在良莠不齐的信息世界中迷失自我,方可不忘初心,进而找到前进的方向。只有具有了批判性思维才可以区分哪些信息可以为我所用,哪些信息不利于个人发展,需要摒弃。

---

① 张耀灿、陈万柏:《思想政治教育学原理》,高等教育出版社2001年版,第12页。

② 逻辑思维能力:正确、合理思考的能力。即对事物进行观察、比较、分析、综合、抽象、概括、判断、推理的能力,采用科学的逻辑方法,准确而有条理地表达自己思维过程的能力。

当今是一个迫切需要创新的时代，批判性思维是创新思维的必备素养，只有具有了批判性思维，形成良好的思维范式，人们才能去主动思考、积极有效地发现问题，才可能产生新的认识，进而去创造新的发明，否则创新只会是空中楼阁、纸上谈兵，因此，我们必须高度重视对于大学生批判性思维的培养。

二、当代批判性思维培养存在的问题

批判性思维对于国家创新型人才培养、教育发展乃至个人进步发挥着不可替代的作用，但是综观当今社会，不论是家庭、学校还是社会，都很少重视批判性思维，社会个体对批判性思维不够了解，教育者以及政策制定者对此不够重视。可见，我国批判性思维的培养存在较多的问题亟待解决。

(一)学校角度：课程体系不健全，学生教育缺乏特色

2005 年，温家宝理在看望著名物理学家钱学森时，钱学森认为："现在中国没有完全发展起来，一个重要原因是没有一所大学能够按照培养科学技术发明创造人才的模式去办学，没有自己独特的创新的东西，老是'冒'不出杰出人才。""钱学森之问"，其中一方面就体现了对于学校培养创造发明型人才的模式的质疑。可见，在对于创新型人才的培养上，学校教育扮演着至关重要的角色。

1. 教学内容上——教学内容脱离现实，缺乏实践性

当今大学中的课程设置，更多的是理论性的逻辑知识，教学内容更多是以课本为主，很少有学校专门开设批判性思维课程，我们也还没有编写出适合我们自身教育的批判性思维教材。教学内容与实际联系较少，教学过程更多的是知识性内容的传授，学生并没有将学习内容内化于心，也很少将所学理论应用于现实生活。因此未能促进学生知识和智能的协调发展。

2. 从教学方法来看——传统教学模式的束缚

虽然在提倡素质教育的大环境下一直在倡导"教为主导，学为主体"，主张实现教师与学生的双向互动，要求摒弃以往的那种"满堂灌""填鸭式"的教学方式，但综观当今的教学，受各种主客观条件的限制，教学所运用得更多的还是一种"授人以鱼"而非"授人以渔"的教学方式。学生被动接受"知识灌输"，对教师所讲授的知识缺乏批判，这样的模式短时间内可以提高学生的知识储量，但是很难提高学生的认知能力和辨别能力。学习课本知识，更多的应该是从课本知识的学习中掌握一种思考问题的方式、学习方法和对知识的实际运用能力，从而举一反三，这种思维方式不仅在学习中有用，在工作以及生活中也同样适用。而在传统的教学模式下，学生很少对所学的知识进行反思、总结和批判，这是难以适应当今社会发展趋势的。

3. 从学习目的来看——教育的"应试性"

当前我国大学教育模式仍具有很强的"应试"性，学生学习的目的很大程度上是为了应付考试。这也就导致了在大学课堂上学生上课漫不经心，逃课、上课玩手机的现象层出不穷。很多学生都是在考试前临时抱佛脚，这种学习心态使得学生对于课本知识的了解比较零散，学生关注的更多的是考试重点，是为了学习而学习，学习目的过于

功利化。这也就导致学生对所知识浅尝辄止，并没有将所学转化为自己的东西进而应用于实际，使得课堂教学的本质作用并未从根本上得以发挥。

（二）学生角度——因循守旧，缺乏批判思维

据清华大学教育研究院2012年发布的一份研究报告称，超过20%的中国大学生从未在课上提问或参与讨论，而有相同表现的美国大学生只有3%；同时，只有10%的中国学生经常提问或很经常提问，美国学生则约有63%经常提问或很经常提问。① 以上这两项中美学生的数据对比，也充分体现了中美两国学生的差距以及中美两国学生的学习特点。中国学生学习刻苦、认真，但在很大程度上过于注重书本知识，知识的获取更多的是被动接受，对于权威很少有人敢于提出批评的意见。更多的学生喜欢随大流，独立思考能力以及批判意识相比美国学生来说相差甚远，这也是造成中国与美国创新力差距的重要原因之一。

三、培养批判性思维的具体建议

人才成就未来，教育成就梦想。人才和人力是国家最大的资源，教育必须承担起实现中华民族伟大复兴中国梦赋予的历史使命，树立科学的教育发展观、质量观、人才观，以更加奋发有为的精神状态和踏石留印、抓铁有痕的工作作风，勇于实践，善于创新，不断实现改革新突破，迈上发展新台阶。

（一）国家角度：鼓励、支持、引导创新型人才的培养

2017年1月，《国务院关于印发〈国家教育事业发展"十三五"规划〉的通知》提到："对于教育，要坚持'改革创新'。要不断深化教育综合改革，将顶层设计和实践探索有机结合，充分调动基层特别是广大学校、师生的积极性、主动性和创造性，创新体制机制和人才培养模式。"②"十三五"时期教育改革发展的总目标其中就包括要求人才供给和高校创新能力明显提升，主张创新型、复合型、应用型和技术技能型人才培养比例显著提高，人才培养结构更趋合理，加强个性化培养。可见，当今国家对高校人才培养重视程度日益提高，把创新型人才的培养提上了议事日程，这也就为我们的批判性思维培养奠定了政策性基础。同时，由于当今我国正处在社会主义发展的初级阶段，面对的问题还有很多，压力也不小，创新能力也相对处于较低水平，因此发展批判性思维，培养创新型人才仍有很长的一段路要走。

（二）学校角度：改善课程设置、教学方法，营造自由开放的校园环境

谈到"批判性思维"，中国科学院院长、中国科学院大学校长白春礼在该校2013年度中国科学院院长奖、优秀博士学位论文颁奖典礼上曾这样说过："我觉得，一个优秀的创新型人才，一个有造诣的科研工作者，一定要具备很高的批判性思维能力。"③当今的大学教育，都应该秉承白忠礼院长的理念，把批判性思维教育贯穿学生教育全过

① 参见孙玉祥：《学问学问，学生要问》，载《杂文选刊（下旬版）》2012年第8期。

② 《国务院关于印发〈国家教育事业发展"十三五"规划〉的通知》（国发[2017]4号），2017年1月19日。

③ 肖洁：《批判性思维教育至关重要》，载《中国科学报》2013年11月20日。

程，引导学生们把大胆质疑与谨慎断言有机结合，大力提升批判性思维能力，真正把学生们培养成国家需要的优秀人才。

1. 开设批判性思维课程

应把对学生批判性思维的教育作为重要教学目标之一，尽快完善具有中国教育特色的批判性思维课程，构建出恰当的教学框架，对学生的批判性思维能力进行专项训练。在批判性思维课程的教学过程中，充分贯彻"教为主导，学为主体"的教育理念，教师作为"教"的一方，要注重对学生进行启发和引导；学生作为"学"的一方要注重领悟和思考，要通过这一过程学习一种解决问题的思维方式，培养自己独立思考的能力。

2. 转变教学方式

改变传统的以教师讲授为主，重知识、轻能力的教学模式。开展探究性教学，提倡探究式学习和讨论式学习，充分发挥学生的主观能动性，鼓励学生独立思考，主动发表自己的观点和见解，开展多样性课堂交流，促进学生的知识与技能协调发展。转变教学模式使学生得以成为学习的主人，在学习过程中化被动为主动，真正"学会学习"。这不仅关乎当下教学改革的成败，也关乎大学生在迈出校园后能否在环境改变的情况下立马适应环境，快速获取新的知识与技能，进而满足当今社会对人才的要求。

3. 营造自由开放的校园环境

校园环境作为隐性课程的一种对学生的发展具有潜移默化的影响。西方国家的大学生相对热情开放，他们的创新意识比较浓厚。这在很大程度上都与西方教育提倡的"自由教育"有关。比如美国学生在课堂上可以大胆地说出自己的想法，连举手都不用。美国学生有时和老师在课堂上进行争论，建议老师在某些方面作出改进，甚至批判老师的观点。相比之下，在中国，师生关系相当正式，在课堂上学生也很少挑战老师的观点，学校整体风气相对保守。因此，我们的大学要营造一种开放自由的校园氛围，鼓励学生自由发展。

（三）社会生活角度：充分发挥社会及新兴媒体的作用

人是一种社会性动物，要想实现自己的发展必然离不开社会。同样，批判性思维教育在学校发力的基础上还要在社会这一大环境下去实践，靠社会的力量来推动。

1. 利用正向社会环境引导学生培养批判性思维

批判性思维作为一种思维方法，直接通过课堂讲授很难直接传授给学生，它是学生在学习和生活的过程中慢慢培养起来的，是在一定的社会文化环境下受到潜移默化的影响逐步形成的。社会是最大的课堂，生活是最好的老师，社会中可以通过举办各种形式的文化活动，像知识竞赛、社区文艺活动、家庭辩论赛等，在潜移默化的过程中培养大学生的批判性思维。

2. 发挥网络媒体、电视广播的作用

当今时代是一个信息化的时代，自媒体发展的速度越发加快，信息的流动不再是一种单向的被动接收，而已经成为一种双向的互动。这一转变使得人们可以在法律许可的范围内大胆发表自己的观点和意见。而大学生又是自媒体时代受益者中相当大的一个群体。因此，要充分利用当今的互联网、自媒体向学生宣传，鼓励大学生们广开言路，表达自己的想法，敢于针砭时弊，对社会发展中的一些问题提出自己恰当的意见和建议。

（四）个人角度：掌握基础知识，独立思考，树立创新意识

批判性思维教育的最终客体是接受教育的学生个人。因此，最终效果如何还要看学生个人是否真正接受批判性思维所传授的知识与价值观并将所学运用于实践。

1.注重基本知识的积累，加强一般性思维的训练

"批判性思维总是以一定的思想观点为参照框架的，而这些观点总是以专业领域知识为基础的，熟悉领域知识最有助于批判性思维的进行。一个医学领域的专家不太可能对建筑领域的问题有深刻的批判性见识。"[①]要具备批判性思维能力，并不是脱离所学的基础知识，无凭无据地凭空提几个问题就能够解决，而应对某个专业领域的知识体系以及学术研究有一定的了解。只有具备了一定的专业知识技能，对其有相当程度的了解，才能提出建设性的意见和建议。因此，必须注重基础知识的积累，量变达到一定程度才会引起质变。

2.发挥个体主观能动性

培养批判性思维，最根本的还是要调动学生自身的主观能动性。如果大学生丧失了独立思考的能力，一味随波逐流，人云亦云，即使外在条件再充分也不可能激起学生个人的批判性思维。因此，只有大学生自身意识到批判性思维的重要性，主动去培养自己独立思考的能力，注重良好思维方式的养成，再附加外力的支持，才能发挥"一加一大于二"的效果，批判性思维才得以形成，否则只能是竹篮打水一场空。

爱因斯坦曾说："发展独立思考和独立判断的一般能力，应当始终放在首位，而不应该把获得专业知识放在首位。如果一个人掌握了本学科的基础理论，并且学会了独立地思考和工作，他必定会找到自己的道路，而且比起那种主要以获得细节知识为其训练内容的人来，他一定会更好地适应进步和变化。"[②]一个人只有养成了批判性思维，学会以一种理性的眼光来审视周围的世界，才不会在这个信息大爆炸的时代背景下迷失自己，只有带着问题去思考，去学习，并在此基础上内化为自己的知识，进而对其进行完善和创新，才能更好地掌握生活与学习技能，更好地提升自我。

（指导教师：王盛辉）

---

① 刘儒德：《论批判性思维的意义和内涵》，载《教师教育研究》2000年第1期。

② 《爱因斯坦文集》第3卷，商务印书馆1979年版，第238页。

简论高校思想政治理论课优质课堂的构成*

吴 迪

摘要:思想政治理论课是对大学生进行思想政治教育的主渠道、主阵地,高校思想政治理论课优质课堂是一个有机整体,在要素层面、目标层面、地位层面具备丰富的内涵,具有时代性、整体性、共享性的特点,包含教学双主体、教学资源、教学环境等构成要素,在思想政治理论课教学中产生高水准的示范效应,带动高等教育的改革发展。基于对驻济高校思想政治理论课课堂教学的实证调查(样本 $n=1161$)发现,当前高校思想政治理论课课堂教学成果显著,但存在着传统教学模式的延续、大学生对自身学习的主体性地位认知不科学、课程及学科建设滞后等问题,启示我们应当以思想政治理论课优质课堂改进其教学活动。

关键词:思想政治理论课;优质课堂;构成

思想政治理论课是高等教育体系中的重要组成部分,对于塑造具备马克思主义立场、观点、理论的大学生具有重要意义。高校思想政治理论课优质课堂无疑是提升教学质量、培育高素质学生的重要途径和现实举措。厘清高校思想政治理论课优质课堂的内涵特点及其要素构成,是着力构建高校思想政治理论课优质课堂的必要之举。

一、高校思想政治理论课优质课堂构成及特点

思想政治理论课优质课堂有助于提高思想政治理论课的教学质量。厘清高校思想政治理论课优质课堂的构成要素有助于优化思想政治理论课教学效果,有利于各高校公共必修课的开展,促进高校思想政治理论课建设。

(一)高校思想政治理论课优质课堂的概念

高校思想政治理论课就是经“05”方案的课改之后,形成的较为稳定的、在全国范围内广泛使用的课程体系。课程内容主要包括:“马克思主义基本原理”课,着重讲授

* 本文系山东师范大学 2016 年度大学生创新创业训练项目(国家级)《大学生视角下思想政治理论课优质课堂要素调查研究——基于部分驻济高校的调查》阶段性成果,项目编号:201610445100。

马克思主义的普遍真理和科学体系;“毛泽东思想、邓小平理论和‘三个代表’重要思想概论”课,主要探讨马克思主义普遍真理与中国革命和建设具体实践相结合的理论成果;“中国近现代史纲要”课,主要讲授中国近现代社会发展的客观规律与发展趋势,着重探讨马克思主义传播到中国以后我国社会发生的巨大变化与发展;“思想道德修养与法律基础”课,主要讲授提高大学生思想道德素质和法律素质,帮助学生增强社会主义法制观念和道德观念,促进大学生的全面发展;另外,开设“当代世界经济与政治”等选修课。[①] 优质课堂,即是与劣质、低效相反的,优秀的、高质量的课堂,具有典型性和示范效应的课堂。“优”在于教育双主体的功能发挥、教学手段和方法的选用、课堂软硬件环境和课程相关建设等各构成要素方面要优,要向课堂要质量。高校思想政治理论课优质课堂是一个有机整体,它以思想政治理论课程为依托,由配合互动良好的教育双主体、先进的教学方法和现代化的教学手段、设施齐全合理的课堂硬件环境、氛围秩序并存的课堂软环境、科学的课程及学科建设构成,是着力提升大学生思想政治理论素养和道德素质的高质量、高效能课堂,用以产生高水准的示范效应,带动高等教育的改革发展,推动学生整体人文素养的提升。

(二)高校思想政治理论课优质课堂的内涵

第一,要素层面,高校思想政治理论课优质课堂是由配合互动良好的教育双主体、先进的教学方法和现代化的教学手段、设施齐全合理的课堂硬件环境、氛围秩序并存的课堂软环境、科学的课程及学科建设等诸要素所构成的高质、高效课堂。高校思想政治理论课优质课堂的各个构成要素相互联系,缺一不可,共同促进优质课堂的塑造。

第二,目标层面,高校思想政治理论课优质课堂是致力于提升大学生马克思主义理论水平、思想政治理论素养和道德素质的高质量、高效能课堂,带动高等教育的改革发展、推动大学生整体人文素养的提升,致力于高校“质量工程”的实施推进,提高高校教育教学质量,造就一批高素质人才,提升我国高等教育的综合实力。

第三,地位层面,高校思想政治理论课优质课堂是具有高效能、高水平的优秀课堂,同时将优质教学资源普及共享,供高校学生免费学习的具有福射作用的课堂建构,思想政治理论课优质课堂的建设能够带动其他学科优质课堂的建设,形成一批优秀的优质课堂类型集群,起到榜样示范课堂的作用,促进高校教学质量的提高。

(三)高校思想政治理论课优质课堂的特点

高校思想政治理论课优质课堂是提升高等学校本科教学质量与教学改革工程的重要推动力,与其他学科的课堂建设相比,既有普遍性或相似性,更有自己的独特性和差异性,表现出自己鲜明的特点。

1.时代性

高校思想政治理论课优质课堂彰显时代特色、时代精神,随着时代的发展、实践的丰富而不断发展,充分反映国际和国内政治形势的新变化,紧随党和国家的大政方针的新布局,及时体现时代特征和社会发展要求。思想政治理论课优质课堂基于与时俱

① 参见《教育部关于进一步加强和改进高等学校思想政治理论课的意见》(教社政[2005]5号)。

进的教学理念，无论是在教育双主体、教学方法和教学手段、课堂环境建设与课程学科的持续建设上都力求做到不断创新、不断完善。在课堂教学内容上，教师不仅局限在书本知识，更是把学科领域最新的科研成果及时地传达给学生，充分体现了思想政治理论课优质课堂教学内容的时代性特征。在教学方法和教学手段上，思想政治理论课优质课堂满足新形势下学习者的需要，采用探究式、参与式、案例式、实践教学等先进的教学方法，多媒体辅助教学等先进的教学手段①，增强了教学的说服力、感染力和渗透力，贴合当代学生的个性化需求，具有与时俱进的先进性。

2. 整体性

首先，从课程的内容上来看，思想政治理论课是由“思想道德修养与法律基础”“马克思主义基本原理概论”“中国近现代史纲要”“毛泽东思想与中国特色社会主义理论体系概论”和“形势与政策”五门课程组成的一个完整的课程体系，要求优质课堂建设要从整体的课程体系出发，重视每门课程的开发与建设，从单门课程的优质课堂建设带动整个课程体系的建设。其次，从构成要素上来看，高校思想政治理论课优质课堂是由多种要素按一定的方式结合起来的有机整体，它包括配合互动良好的教育双主体、先进的教学方法和现代化的教学手段、设施齐全合理的课堂硬件环境、氛围秩序并存的课堂软环境、科学的课程及学科建设等诸多要素，各要素之间相互联系、相互渗透、相互制约、相辅相成，在整个系统的运行当中缺一不可，要从整体、全局的观念出发，否则难以达成优质课堂的建设标准。

3. 共享性

高校思想政治理论课的共享性是指思想政治理论课教师和学生对于课堂资源的灵活调取、共同享用。第一，高校思想政治理论课的共享性特点不仅体现了师生对已有的教材和教学文件的享用，同时也体现了师生共同成长，教师为学生指点迷津并得以教学相长，学生主动发现社会、生活、学习等各方面的学习契机，将具有探讨价值的话题积极与教师互动，与同学分享，达到师生、生生之间资源的共享和情感的共鸣。第二，积极推进网络教育资源开发和共享平台建设，对于网络课程的教案、大纲、习题、教学文件以及参考资料等教学资源网上开放，为广大教师和学生提供免费享用的优质教育资源，完善终身学习的支持服务体系。

二、思想政治理论课优质课堂构成要素分析

思想政治理论课优质课堂核心在于教学过程的最优化，而思想政治理论课教学过程是各个构成要素及这些要素相互联系和相互作用的过程。我们认为，从思想政治课教学系统来说，其基本构成要素包括教师、学生、教学资源和教学环境四个方面，他们组成了思想政治理论课教学过程的空间结构。

（一）教师要素

课堂教学是教师有目的、有组织和有计划地依据一定的教学目的和教学内容，进

① 参见丁蕾：《高校思想政治理论课国家精品课程研究与思考》，湖南大学硕士学位论文，2010 年，第 12 页。

行教学设计，向学生传授知识和发展经验的过程。教师是教学过程的组织者和领导者，在教学过程中处于主导地位，在思想政治理论课教学过程中具有举足轻重的地位。

1. 教师的综合素质

教师的综合素质是体现教师作为思想政治理论课优质课堂的授课者的全方位能力和修养的概念。首先，教师的综合素质包括教师具有较高的专业水平、马克思主义理论水平和教学能力，优质课堂的构建对教师提高课堂组织管理能力、课程研究与创新能力、洞察心理和沟通协调能力及终身学习能力都提出了较高的要求。其次，教师的综合素质还要求思想政治理论课优质课堂的教师工作者在日常教学活动中不仅要在思想道德和学识上为学生做个好榜样，与此同时还要在自律方面给学生做出良好的榜样。①

2. 教学设计

思想政治理论课教学设计是教师顺利开展教学活动的必要条件。它是教师在一定教学理论和学习理论的指导下，为了实现教学目标，应用系统方法对教学过程的诸要素、环节及其相互关系进行科学的分析、描述、计划，应用合适的教学手段和教学方法为教学活动制定可操作性的程序或方案的过程。② 教学设计是对整个教学过程的整体规划，有利于整个教学过程循序渐进地展开和顺利进行，是思想政治理论课优质课堂的必备要素。

（二）学生要素

学生是整个教学过程的主体，它既是教学的对象，也是教学效果的体现者。学生的身心特征和个性特征（包括智力特征、非智力特征和身体健康状况等）都会影响课堂教学效果。

1. 学生素质

学生素质是指以学生个体的先天素质为前提，在后天环境和教育等条件下，经过自己努力而形成和发展起来的学生个体的身心组织结构及其质量水平。高校思想政治理论课应以学生现有的素质为起点，充分利用一切资源和方法，有针对性地充分调动学生自身的能动性，促进学生生理与心理、智力与非智力等因素全面而和谐发展，促使先进思想内化为学生自身素质。

2. 学生学习活动

学生在课堂学习和课后实践中，进行着思考、表达、书写和体验、践行，学生在学习活动中与高校思想政治理论课起到了相互推进的作用：一方面，学生的学习活动来自于课上知识思想的碰撞交流和课下的体验实践；另一方面，学生高质量的学习活动也推动了思想政治理论课课堂向优质化方向转变。在此基础上，学生能够端正学习态度，掌握科学文化知识，提高思想道德修养，培养在思想政治理论课上的自主意识和问

① 参见蔡建珍：《探究高校思政课堂教学改革》，载《时代教育》2009年第5期。

② 参见王宁、王丽娜：《高校思想政治理论课课堂教学构成要素及其优化策略》，载《赤峰学院学报》2009年第4期。

题意识,应用有效的学习方法掌握马克思主义理论,提高道德素质。

(三)教学资源

教学资源是课堂教学中的物质要素,是开展教学的物质基础。思想政治理论课教学资源是指教师和学生在课堂内和课堂外使用的所有资源。教材是最主要的教学资源,它是教师开展教学的主要依据,也是学生学习的主要材料;此外,还包括各种习题集、书刊杂志、音像资源等辅助资源;同时,要将中国特色社会主义伟大实践作为丰富的资源。学习资源必须与学生学习过程紧密结合,才能充分发挥其应有的作用。

通过学科建设来为高校思想政治理论课优质课堂建设提供学术支撑和人才支撑,整合学科资源,调整学科结构,培养学科骨干,形成学科团队,做大做强马克思主义理论学科。① 另外,提高网络课堂的利用率。网络课堂利用信息技术等手段,通过网络传播优质教学资源,为高校师生提供了免费共享的优质教学资源,是课堂教学的有益补充,对增强高校思想政治理论课优质课堂教学质量具有重要的意义,能够减轻学生的学习负担,通过多样化的渠道潜移默化地向学生传播正确的价值观。

(四)教学环境

教学环境可分为硬环境和软环境。教学硬环境主要包括教室、校舍、相关教学配套设施等物质基础设施,教学软环境主要包括校风、学风等方面。一是课堂规模等因素要适中。为保证开展课堂讨论时学生的参与度,适当在当前"大合堂"背景下缩小课堂规模是必要的。调查显示,学生认为50～80人的课堂容量较为合适,单次授课时长45～60分钟、开课频率两周三次较为合适,让学生有适度的空间充分地合作、讨论,为学生积极地融入课堂提供条件。二是改变教室布局与设计。完善教学基础设施,如合理的教室桌椅配套及功能健全的多媒体设备和教学基础用具等,可以尝试改变教室布局与设计。圆圈型体现出开展课堂讨论时的理念就是师生平等、生生平等的地位,马蹄型座位安排赋予每个学生相等的距离空间,三角型更能激发学生的讨论热情,随意散座型使学生无拘无束地参与讨论。

三、高校思想政治理论课课堂教学的问题成因

就《驻济高校思想政治理论课优质课堂的构成要素问卷调查》数据分析来看,学生对开设的思想政治理论课普遍反映较感兴趣,同时认为思想政治理论课授课教师为人师表,比较受学生欢迎。总体来看,当前大学生对于思想政治理论课的教学满意度较高,认为该课程对于自身正确价值观的塑造具有积极意义。然而不可否认,问卷中显示了当前高校思想政治理论课课堂教学的问题,如下为问题及原因。

(一)传统教学模式的延续与非突破的原因

客观原因方面,在社会大环境下,大众对金钱崇拜的观念和不良社会风气引发社会道德素质低落,致使教师教好和学生学好思想政治理论课的信心低落,进而导致对于传统教学模式的难以改观。再者,就思想政治理论课的课堂环境来说,普遍存在着

① 参见计琳:《创新"思政新课堂"——全方位打造令学生终身受益的思政课》,载《上海教育》2009年第5期。

以大班授课为主的方式，单次授课时长过长，课时安排得不尽合理，例如课时安排在放学前一节课，令学生兴趣减低等。另外，学生人数较多，使得教师对于课堂所有学生的兼顾程度下降，几乎无法实现学生获得公平的发言机会，因而讨论、探究等环节不易开展。

在主观方面，师生关系的淡漠是导致教师对传统教学模式的延续与非突破的重要原因之一。大学教师与学生的关系不比高中密切，所谓“亲其师而信其道”，师生交往行为频次的减弱导致教师以其人格魅力影响学生的几率下降，任务型教学就反映得比较明显了。从教师角度讲，第一，高校思想政治理论课教学课时普遍较短，而其理论要么比较艰涩高深，要么对实践操作要求高、对素质养成周期长，因而教学任务比较繁重。第二，教师在教学过程中，存在着对于教育手段的不合理使用。例如，对于多媒体教学手段的依赖与对板书的低效利用，多媒体多为教案和教材的翻版，多媒体展示的案例选取与情境设置不典型，图片文字及视频等比例安排不尽科学等，教师过于依赖多媒体而忽视板书，对于重点内容或补充知识未及时使用板书标注。① 第三，教师对科研的片面追求与教学任务冲突等使得教师工作压力大，“一心想往专业课方向发展，谈不上对思政课教材的深入研究和科研工作的进一步开展”②。此外，部分教师的教育理念有待更新，对学生学习主体地位未加侧重，对因材施教的教学观及学生个性发展有所忽视，这也导致了教师对于传统型教学模式延续与非突破。

(二)大学生对自身学习的主体性地位认知不科学

由思想政治理论课的学生出勤率相对不高，课堂自控力与纪律性较差。例如，从玩手机、睡觉等现象可以看出，大学生对自身学习的主体性地位认知并不科学。其一，学习态度较为散漫懈怠，或者出现功利性学习，在课堂上表现为显性逃课(旷课早退等)、隐性逃课(看课外书、玩手机等)和浅层学习。这是由于学生对思想政治理论课的既定印象和考核方式等造成的。思想政治理论课内容的理论性较强，教师教学方式未能恰当阐释，造成理论知识艰涩难懂，学生失去学习的兴趣，或者看似较为浅显，加之高中有一定的政治学科学习基础，有些重复性内容则不再予以关注。关于考核方式，尽管当前考核方式有所改变，增加了考勤计入、平时作业等考查方式，但是主要仍是依据期末卷面成绩。总体说来，该课程通过率较高，学生认为较之专业课，思想政治理论课没那么重要，不如多花点时间学习专业课，或者单纯为了应对考研才来听课，这种听课学习是被动地接受知识，出现了功利性学习倾向。其二，学习方法较为机械被动，在课下不能依据自身知识水平和能力基础探寻适合自己的学习方法。在课堂上，学生的个性表达倾向与自我展示行为趋于保守，不愿进行积极思考并主动回答问题，学生不能充分认识到自身课堂学习主体性的地位，就无法主动建议老师改进课堂教的模式，探寻自我学习的模式。

---

① 参见郭建军:《创新教学模式下的思政课堂实效性研究》，载《山西农业大学学报(社会科学版)》2011年第10期。

② 郑彩莲:《高校“思想道德修养”课的问题与对策研究》，载《中国青年政治学院学报》2005年第4期。

(三)课程与学科建设的相对滞后性

第一,在教学内容上,片面注重教材,忽视了学科前沿与动态发展,未能密切联系中国特色社会主义建设实际这一丰富的教学资源,对于大学生生活实际和能力提升关照不足。对于一些实践性课题,面临着组织次数少、活动经费不足等问题。

第二,网络课堂的利用效能低。目前有高校顺应国家精品课程建设,在学校网站上挂出精品课程,这有效补充和丰富了课堂教学内容,对于学生视野的开拓和思维的扩展具有积极意义。但也存在网页访问率低、宣传效应差、课件制作不精美、后期课程更新滞后或停止等问题。"信息技术素质需要进一步加强。如北京大学的'思想道德修养与法律基础'、山东大学的'马克思主义基本原理概论'这两门课,都需要在课件制作水平和技术含量上进一步提高。"[①]

总之,立足当前思想政治理论课的教学成果,关注其中凸显的典型问题,进行高校思想政治理论课优质课堂的构建,是一个不断实践、长期探索的过程。下一步,将依据思想政治理论课优质课堂的构成,着力解决当前课堂教学的问题,坚持马克思主义的指导方向,进一步把握高校思想政治理论课的学生主体地位,实现加强学科建设、师资建设,注重教学方法和教学手段的改进等,不断发现和激活大学生对于思想政治理论课的内在需求和潜在的学习动机,从诸要素的有机结合等方面为构建大学生喜爱的思想政治理论课优质课堂提供路径探析。

(指导教师:史家亮)

① 韩丽娟:《高校思想政治理论精品课程研究》,东北师范大学硕士学位论文,2014年,第17页。

"非指导性"教学模式的应用意义及策略研究

——基于高校思想政治理论课教学视域

苏玉婷

摘要:罗杰斯作为人本主义代表人物之一,提出了"以学生为中心""教师即促进者""创造平等和谐的师生关系"等教学思想,倡导一种高级的以学生为主体的教学模式,即"非指导性"教学模式。将该模式引入高校思想政治理论课,与高校学生的学习特点相结合,与当前课程现状相适应,有利于增强教学效果,突出学生的主体地位,提高学生学习的主动性,实现课程设置的多维目标。

关键词:"非指导性"教学模式;应用意义;策略;高校思想政治理论课;教学

改革开放40年来,我国经济飞速发展,国家建设稳步推进,综合实力大幅提升,这离不开我国教育事业的蒸蒸日上以及众多高校对大批青年人才的培养,这些人才扎根各行各业,为实现我国"两个一百年"的奋斗目标不懈奋斗。为了培育更多的优秀人才,以适应世情、国情、党情的不断变化,我国始终秉承着"科教兴国""全面发展"之道,重视教育,发展教育,素质教育,不断地更新和改进教育政策,如通过课程改革、高校扩招等途径使教育现状适应高校受教育者的切实需要。高等教育培养的对象是经历过高考的层层选拔并有一定学习能力和文化涵养的学生,他们具有一定的自主性、自觉性、独立性和开放性。然而,高等教育不同于基础教育,高校学生作为成年人,其身心发展已经达到一个新的阶段,因而寻找一种适宜在高校课堂展开、受高校学生喜爱的教学模式是一个在实践中需要长期探索的过程。在高校开设的诸多课程中,尤其以理论性较强的思想政治理论课为例,部分学生并没有积极主动地参与教学,从而无法达到课程设置的理想效果。此时更需要寻求一种平衡师生关系、符合高校学生学习特点的新型教学模式替代教条化、常规化的高校思想政治理论课现行模式,而"非指导性"教学模式不失为一种可取的选择。

一、"非指导性"教学模式的基本理论问题阐述

"非指导性"教学模式有其深厚的理论基础——在人本主义教学理论、建构主义教

学理论、罗杰斯心理治疗理论、马克思关于人的全面自由发展的理论基础上，罗杰斯与教学实际相结合，关注学生的身心发展和切实需求，创设出一种新的“非指导性”的教学模式，对该模式的内涵和特点作出明确阐释，并在后来的教学实践中不断检验和运用。

(一)“非指导性”教学模式的内涵

“非指导性”教学模式源自于人本主义代表人物罗杰斯的“非指导性”教学的相关阐述。罗杰斯所提出的“非指导”有着更深刻的含义：并不是说教学不需要指导，而是另一种指导或是指导的另一种特殊形式，即不同于传统的指导。[①] 其含义应是较少有“直接性、命令性、指示性”等特征，而带有较多的“不明示性、间接性、非命令性”等特征，是一种间接性的相对灵活的指导。

“非指导性”教学模式实质就是“以学生为中心”，把学生摆在教学过程的核心位置，尊重学生的主体地位，激发学生的积极性和主动性。该模式下的教师进行教学时应当充分了解学生——了解学生的学习情况、思维特点、身心发展、性格特征等诸多方面的要素，基于这些要素，教师应当结合课程特点和学生实际因地制宜地实施教学。然而，这样并不排斥教师在教学过程中的作用，而是强调教师是学生学习过程中的促进者、启发者、帮助者，起着管理和引导的作用而不是主导作用。“非指导性”教学模式不只意味着不操纵学生，不打击学生的积极性，而且意味着打破传统教学中学生被动接受的局面，培养他们的独立性和自主性，提高学习能力和效率。该模式还要求师生共同参与学习过程，使学习成果渗透到学生行为、态度和个性中去。这种教学模式使学生更能为自己的学习负起责任，从而更加主动、有效、持久地学习。

(二)“非指导性”教学模式的主要特点

罗杰斯作为人本主义代表人物之一，从人本主义角度出发，将其主要观点系统概括，联系教学现实，丰富并形成了“非指导性”教学模式的三大特点。

1. 以学生为中心

罗杰斯认为，每个学生都有能动的有意识的学习的欲望，要充分尊重学生的主体地位，调动学生主动学习的积极性，促进学生主动发现、分析和解决问题的能力。教师应当充分了解学生的现实需要和身心发展特点，因材施教，对症下药。罗杰斯对“以学生为中心”的理论最多的描述就是“意义学习”，他认为有意义的学习关注的是学习内容与学习者之间的联系，即如何让学生主动参与学习、学会学习的问题。

2. 教师即促进者

在罗杰斯看来，学习者本身就具有自我实现的潜能。罗杰斯认为教学就是要把学生的自由解放出来，推动他们个性的充分运转，从而达到自我确定、充分展开创造力的过程。[②] 学生是一个独立的个体，有自己制定的计划和目标，有自我认识、自我教育和自我评价的能力，能够充分利用客观有利的条件促成自身目标的实现，并且这个过程

---

① 参见娄先革：《非指导性教学理论及对高校思想政治理论课教学的启示》，载《学术论坛》2007 年第 8 期。

② 参见方展画：《罗杰斯“学生为中心”教学理论述评》，教育科学出版社 1990 年版，第 104 页。

需要一个较为漫长和独立的时间去完成。此时教师应当成为一个促进者和帮助者，在一旁引导学生，促进学生发展。

3. 创造平等和谐的师生关系

罗杰斯认为良好的心理气氛是教学中一个重要的因素，"非指导性"教学模式并不完全否定教师的作用，否定的是以教师讲授的"一言堂"为主、以教师的决定和行为方式为主的传统教学模式。[①] "非指导性"教学模式与传统教学最大的不同，就在于教师不是教学的中心人物，在教学过程中并不起决定作用和评价作用，教师只是课堂活动的参与者和协调者。在教学过程中教师应该抱有真诚、接受和理解的情感态度，使学生在温馨愉悦的学习氛围中全员积极主动参与教学，促成课程目标的实现。这样平等和谐的师生关系会让学生产生学习的主动性与积极性，使学生成为课堂的主体，充分参与课程内容的设置。"非指导性"教学模式使学生能够充分认识自己的价值，从而增强学习的信心和兴趣，也逐渐增强自主学习的能力，达到教学相长的理想效果。

（三）"非指导性"教学模式的评价

"非指导性"教学模式与现代素质教育、以学生为主体的教育理念不谋而合，在今天的课堂教学中仍有很高的借鉴价值，但该模式也不可避免地存在一些局限性，应当在教学实践和应用中加以注意，使其更好地为教学服务。

1. "非指导性"教学模式的优越性

"非指导性"教学模式是对传统教学模式的更新和改进，改变了以往以教师讲授为主的教学模式，充分尊重学生的主体地位，能够有效地激发学生学习的积极性和主动性，使学生更有意义、更全面地参与课程的学习。"非指导性"教学模式以学生为本，关注学生的情感体验，学生成为课程学习的开发者和探究者，教师只作为促进者和引导者。这一教学观念符合现代素质教育的发展趋势——使受教育者适应社会。"非指导性"教学模式除了知识教学外，更重视学生主动学习的能力和个人的兴趣，在自由安全的氛围中认识自我。[②] 由此使学生能够锻炼并提升探究学习能力、团结协作能力和独立思考能力，为今后步入社会打下良好基础。

2. "非指导性"教学模式的局限性

首先，"非指导性"教学模式要求师生有充分的接触和交流，这就需要师生提供足够的时间和精力，这样巨大的工作量给高校教师带来了严重的工作负担，在公共课尤其是大班教学环境下难以实施；其次，"非指导性"教学模式过于强调学生的情绪体验，但忽略了教师的情绪体验；再次，该教学模式虽然较为新颖，但还未完全成熟，没有足够的实践经验考证学习；除此之外，该教学模式结构松散，会加剧高校学生学习的懒散性和随意性；最后，"非指导性"教学模式最初的实施较为困难，该教学模式比较灵活，一开始教师不知如何备课和讲课，学生不知如何参与，需要做大量准备工作。

---

① 参见程艳：《浅析"非指导性教学"》，载《科教导刊》2014 年第 11 期。

② 参见王晓晶：《"非指导性"教学模式理念在高中思想政治课中的运用研究》，载《贵州师范大学学报》2016 年第 12 期。

二、“非指导性”教学模式在高校思想政治理论课教学中的应用意义

“非指导性”教学模式引入高校思想政治理论课，与高校学生的学习特点相结合，与当前课程现状相适应，符合国家素质教育的理念，有利于人的全面发展和社会的全面进步，有其深远的现实意义：

（一）加快教学理念和方式的更新

这一教学模式有利于加快高校思想政治理论课教学理念和教学方式的更新，改变过去教师一言堂的传统教学模式和照本宣科、墨守成规的教育方式，能够不断提高教师学科素质和教学水平，使教育者能够根据学生的学情需要与时俱进地设计和改进教学方法，符合时代的发展潮流和教育现状，从而达成思想政治理论课知识目标、能力目标、情感态度价值观目标三维目标的有机统一。

（二）促进课程主体的转变

这一教学模式有利于促进高校思想政治理论课主体的转变。教师不再决定课堂的运转，学生才是课堂的主人，因而能够真正把课堂交还给学生，充分尊重学生的主体地位，发挥教师的引导作用。在这一模式下，学生是课程的学习者和探究者，能够自觉主动地对课程内容进行分析、深化、合作、思考，而教师只作为促进者和管理者在一旁引导和监督，双方交流促进、和谐统一，创建一个平等活跃的课堂。

（三）提高学生的积极性和主动性

这一教学模式有利于提高高校学生学习的积极性和主动性，切实增强学生对思想政治理论课的认同感，提高学生的学习兴趣，在课程学习中培养学生总结归纳、合作探究、独立思考的能力，并将其内化运用于课程的学习中，如此循环往复，从而达到提升学生综合素质的终极目标。在此模式下，高校思想政治理论课不再是索然无味的理论性课程，而是能够提高学生思想修养和道德素质的实践性课程，以此来增强课程的教学效果，使思想政治理论课的内涵渗透各大高校的教学实践，深入人心并内化为学生的自觉行动。

（四）增强课程的感染力和教学效果

这一教学模式有利于增强高校思想政治理论课的感染力和教学效果，使课程的设置在注重学生知识水平提高的同时也注重学生能力目标、情感态度价值观目标的实现。同时，课程将更多地与高校学生的学习特点和生活实际相贴合，关注学生的发展需要，重视课程在实践中的运用，因此在理论性的基础上更具有实践性，而不再只局限于理论灌输，充分凸显了思想政治理论课的人文性和实践性。

三、“非指导性”教学模式在高校思想政治理论课教学中的应用策略

在我国大部分高校中，尤其以“思想道德法律修养”及“中国特色社会主义理论体系概论”“马克思主义基本原理概论”等思想政治理论课为例，课堂教学通常以传统教学模式为主，表现为教师为主导，学生学习主动性和积极性不高，缺少了教师与学生“人与人”之间的直接交流。由此可见，“非指导性”教学模式并没有被广泛运用于高校

课堂，更多是传统教学模式占主流地位。如能将“非指导性”教学模式引入高校思想政治理论课，正确掌握和运用这种教学模式，将其优势充分展现，与高校思想政治理论课教学现状相结合，则有利于增强教学效果，更好地达到教学目标。

（一）转变教师角色，建立平等和谐的师生关系

在高校思想政治理论课中教师应当尊重、信任学生，相信学生有无限创造和自我学习的潜能，发挥教师的指导作用，尊重学生的主体地位。在这种教学模式下，由学生决定要了解和学习的知识内容，他们自由设置自己的思想政治理论课目标，并选择达到目标的方法和途径，教师只是为他们提供一些材料，设置一些有益的情境，成为一个辅助者。教师要着力改变传统教学“一言堂”模式，改变以教师讲、学生听为主要方式的课堂教学，教师不是课堂的主体，而应当成为学生学习的促进者和指导者。除此之外，还要建立和谐平等的师生关系——教师应当更新思想政治理论课的教学理念，充分运用情感教学，不能端着架子、高学生一等、盛气凌人，要以学生为本，关注学生情感，尊重学生个性，与学生真诚相处，构建一个和谐的课堂。教育者和受教育者犹如天平的两端，若要保持平衡就应当做到两边对等。教师要虚心向学生学习，教学相长，同时学生也可以成为教师的老师，互相帮助互相促进，共同提升思想道德修养和政治理论觉悟。

（二）创设情境，营造轻松愉悦的学习氛围

在高校思想政治理论课中教师不仅要建立平等和谐的师生关系，更要借机营造出一种轻松愉悦的学习氛围——这种学习氛围包括教师的教学氛围和学生的学习氛围。创设一个良好的环境在高校思想政治理论课程的开展中具有重要的作用。[①] 因此教师应当努力营造一个宽容、等待、接受、激励的教学氛围，学生在轻松愉悦的学习环境中更有助于思想政治学科的课堂学习和课后反思。在这样的环境中，学生能够充分发挥主观能动性和独立思考的能力，能够打破教师独立于课堂的“僵局”，在课堂中积极参与思考，学会自我表现，重视与他人的合作，共同促进提高。在教学过程中，“非指导性”教学模式应该达到这样一种理想的目标——学生乐于对他们自己的学习承担责任，学习的成功取决于师生之间以交流、沟通、互动、合作，并且能够在双方互动中分享彼此的经验、认识、观点和情感，从而达到共享、共识、共进。

（三）丰富教学手段，激发学习兴趣

高校中的思想政治理论课在各门各类的学校和专业中作为公共必修课大面积开设，但不少学生都反映课程枯燥生涩、索然无味。思想政治理论课作为理论性较强的课程，灌输的理论知识点本身较为枯燥，对学生的吸引力较小，除此之外，在传统思想政治理论课教学中，内容陈旧、理论模式单一、缺乏时代感和现实价值是其共性。[②] 因此在高校中，教师更应当多了解学生，与学生积极沟通，结合学生的生活实际、学习情

---

① 参见何永军：《中学历史“非指导性”教学模式研究》，载《河南大学硕士学位论文专刊》2013年第5期。

② 参见王晓晶：《“非指导性”教学模式理念在高中思想政治课中的运用研究》，载《贵州师范大学学报》2016年第12期。

况、性格特征以及学生兴趣进行教学,应当充分利用多媒体信息技术等现代教育技术,采用丰富多样而不是乏善可陈的教学方法,创新教学手段,让课堂热情灵活,让学生自由发挥。同时也要更新教学思路,贴近学生,使学生了解到思想政治理论课与生活息息相关,与现实紧密相连,以此来提高学生的参与意识,培养学生对思想政治理论课的学习热情,从而加深对课程的理解。兴趣是最好的老师,只有培养了学生对课程的兴趣和热爱,才能使学生真正地学习课程、了解课程,达到课程设置的目的,使教学效果达到最优。

(四)创造良好学习环境,提供教育教学资源

在高校思想政治理论课中,教师应当提供给学生足够的教育教学资源和自主学习环境,促进学生主体地位和学习积极性的提高。教师的目标就是创造一种学习环境,设置一定的活动和机会促成学生的小组合作或者自主探究,以利于学生自主学习的激发、考核和评价,对自己的学习作出及时的反馈和评估,培养其独立思考的能力和分析解决问题的能力,帮助学生理解他们自己的学习需要,并实现自身的目标和社会价值。教师也应当亲身参与创设的情境,积极参与学生讨论,与学生思维碰撞,交换、分享彼此的心得感悟,及时适时点拨学生的思路,促进学生更好地理解思想政治理论课的实质和内涵,增强对此类课程的感性认识和理性思考,师生多维角度共同促进教育教学。同时教师也应当不断改进教学手段,丰富和完善教学内容,拓宽学生的思维见解,给学生创造足够的良好的客观条件,促使其主动参与思想政治理论课的学习。

(五)加强与生活实际的联系,注重社会实践

思想政治理论课的特点包括实践性和人文性。课程的学习是为了更好地与学生的生活实际接轨,将理论运用于实践之中,在实践中检验和发展理论。因此在理论知识学习的过程中,教师应当及时更新教学内容,与时事热点、学生生活实际相联系,要重视与学生自身经验和社会实践活动相承接。教师应当唤醒学生的主体意识,培养其自主能力,将理论贯穿于生活实践之中,使课程与生活息息相关,引导学生在实践和社会生活中切实贯彻思想政治理论课的指导思想,并以师生的亲身实践潜移默化地带动周边的人,形成思想政治理论课强大的感染力和号召力,使学生更好地支持和肯定思想政治理论课的作用和效果。

四、结语

无论如何,我们研究这种新型的教学模式,不是为了照搬其操作过程,而是应该吸取其积极的思想,改进和完善其中的不足和缺陷,并融入我们的教育现状和教学实践中,使其服务于课堂和学生,以此更完善地开展教学工作,更有效地完成教学任务,更好地促进学生积极主动地全面发展。

(指导教师:孙余余)

论当前翻转式课堂的创新、问题及对策

谭　磊

摘要：翻转式课堂通过对知识传授和知识内化的颠倒安排，实现了对传统教学模式的创新。但就目前翻转式课堂在我国实施的状况来看，翻转式课堂的实施过程仍然存在诸多问题，在实施过程中应对翻转式课堂充满信心，推动其实现“本土化”，并逐步提高教师的教学素养，从而更好地发挥翻转式课堂的作用。

关键词：翻转式课堂；传统教学模式；自主学习

随着现代教育技术的发展，传统教学模式中的一些内容已不适应现代化教学和学生全面发展的需要，我国部分学校尝试开展翻转式教学，以求实现对传统教学模式的创新与变革。在实施翻转式课堂的过程中，不同方面出现了不同的问题，这些问题影响着课堂教学效果，也阻碍着翻转式课堂的发展，为此，要采取相应措施以推动翻转式课堂在我国的进一步发展，进而推进教学模式的革新。

一、翻转式课堂是对传统教学模式的重要创新

与传统教学模式不同的是，翻转式课堂倡导以学生为中心，对教师、学生、课堂的角色及教学方式等方面进行创新，有利于提高课堂教学质量，促进人才的培养。

（一）翻转式课堂促使传统教学模式下的三大主角发生了改变

首先，教师的角色发生了变化，教师由知识的传授者变为学生学习的指导者和帮助者。在传统课堂中，教师把绝大部分甚至全部时间用于基本知识讲授，而在翻转式课堂中，教师在课前已通过互联网的大数据对学生的新课学习情况作了基本了解，在此基础上进行有针对性的备课，设计学生的学习活动，因而课堂上的多数时间是留给学生的，学生以活动的形式探讨解决自己的疑难问题，教师则从中起指导和帮助作用。可见在翻转式课堂中，教师由知识的传授者变成了学生学习的指导者和帮助者，教师的角色发生了变化。其次，学生的角色发生了变化，学生由知识的被动接受者变为知识的主动学习者和建构者。在传统课堂中，教师对整个班级的学生进行授课，尽管学生的学习能力、学习习惯等存在差异，但为按时完成教学任务，教师仍然要按照统一的

步调进行授课，老师讲，学生听，由于课堂时间有限，学生或许连发言的机会都没有，因此，学生对知识的学习变得被动。而在翻转式课堂下，学生的角色发生了变化，通过课前对知识的提前学习，学生能够找出自己对知识的疑惑点，课堂上，学生按照老师提前设计好的活动，以交流、协作的形式进行小组学习，组内成员共同解决问题，学生也可请教老师，老师为学生提供个性化指导，学生的主动性和积极性大大提高，学生的主体性得以体现。建构主义者认为，知识的获得是学习者在一定情境下通过人际协调活动实现意义建构的过程。[①] 因此，翻转式课堂的实施有助于学生对知识的主动建构。可见，在翻转式课堂中，学生成为知识的主动学习者和建构者，其角色发生了变化。最后，课堂的角色发生了变化。在传统教学模式下，课堂是教师传授知识的场所，是学生听讲的场所，在翻转式课堂中则不同，课堂成为教师为学生答疑解惑的场所，成为学生自主学习的场所，成为师生、生生之间交流互助的场所，可见课堂的角色发生了变化。

(二)翻转式课堂使得传统教学模式下的课堂中心发生了转移

翻转式课堂使得课堂中心发生了转移，即以教师为中心变为以学生为中心。在传统教学模式下，课堂以教师为中心，即课堂由教师主宰，课堂上老师讲，学生听，即使教师对学生进行提问，所提问的问题也有既定的答案，学生难以有自己的发挥，尽管传统课堂发挥了教师的主导性作用，却难以充分发挥学生的积极性、主动性、主体性及创造性。与之相反，翻转式课堂在充分发挥教师主导性作用的同时，以学生为中心，真正关注学生对知识的消化、吸收情况，老师在课堂上有充分的时间针对学生提出的不同问题分别作出解答，因材施教，能够满足不同学生的不同需求，学生不再是知识的被动接受者，而是成了知识的主动学习者和建构者，从而促进学生的个性化发展，促进学生能力的提高和智力的发展。

(三)翻转式课堂改变了传统教学模式下的教学方式

翻转式课堂与传统课堂相比，教学方式发生了改变，这里所指的教学方式既包括教的方式也包括学的方式。就教学方式的改变来说，在传统课堂中，教师一般采用讲授式对学生进行知识的讲解。采用讲授式的好处在于可以节省讲授知识所用时间，也可使得知识讲解更为系统；不好处在于教师一味地注重讲，并未注重学生对知识的真正的消化与吸收情况，学生在学习上处于被动的状态，不利于学生积极性、主动性、创造性的发挥，也没有充分体现学生在教学过程中的主体性地位。而翻转式课堂采用谈话式的教学方式，课前，学生通过自主学习找出自己的疑难点，老师以此为基础进行有针对性的备课；课堂上，教师带领学生开展积极的讨论与互动，引导学生在合作互助中找出问题的解决办法，从而使学生对知识进行真正的消化吸收。就学习方式的改变来说，传统教学模式下，教师主宰课堂，进行“填鸭式”教育，学生被动接受知识，从而使得学生的主体性、主动性以及创造性等方面难以得到发挥，而翻转式课堂却为学习方式带来了改变，学生以小组合作互助的方式解决问题，使得学生的交互性、合作性得到增强，另外学生自主解决问题，使得学生的自主性、独立性也得到发展，此外，教师因材施

---

① 参见何克抗：《建构主义——革新传统教学的理论基础》，载《电化教育研究》1997年第3期。

教，针对不同学生的不同问题进行个性化讲解，深入挖掘了被传统教学模式下遮盖的学生的个性化因素，从而使得学生的个性化也能得到发展。

二、我国翻转式课堂实践中存在的问题

随着我国课堂改革的不断深入，实施翻转式课堂的地区与学校数量增多，翻转式课堂实施过程中存在的问题也逐渐显现出来。

（一）实践的主体及协助者的顾虑及态度问题

翻转式课堂虽已在我国的多所学校开始实施，但从教师到学生再到家长都对其实施存在顾虑，由此他们对翻转式课堂实施的态度也不坚定。其中教师对翻转式课堂的顾虑多出于对学生成绩的思考，尤其对于高中来说，教师对学生的成绩更加关注，翻转式课堂究竟能不能帮助学生提高成绩则成为多数教师担忧的问题。对于家长来说，他们对孩子的成绩固然关心，但多数家长更关注网络对孩子的影响，翻转式课堂注重课前学生通过在线教育资源进行自主学习，但学生尤其是中小学生，他们的自制力较差，好奇心又比较强，因此家长担心这样的学习方式易使得孩子沉溺网络；另一方面，在传统教学模式下，家长形成了一种传统的观念，那就是教师就是向学生讲授知识的，而在翻转式课堂下，教师让学生课前自主学习，部分家长会产生“让孩子自己学习，那还要老师干吗”的想法，这种想法固然是错误的，但这种错误的观念的确存在于部分家长的头脑中。学生的自主学习离不开家长的支持和帮助，因此我们说家长是翻转式课堂实施的协助者，而家长的这种错误观念则会阻挡翻转式课堂前进的步伐。对于学生而言，他们对翻转式课堂也存在着一定的顾虑。人对新的事物难免有排斥心理，在传统课堂中，学生已经适应了课堂上教师讲、学生听的方式，忽然之间要让他们适应一种新的模式，学生必然会面临适应性问题，学生将为自己能不能适应这种新的课堂教学模式而担忧。此外，学生，尤其是对自己成绩要求较高的学生，难免也会为实施翻转式课堂的效果而担忧；兴趣爱好广泛的学生则会考虑，实施翻转式课堂后，课前自主学习会不会占用大量的时间，以至于没有时间做自己喜欢的事情等等。教师与学生是翻转式课堂的主体，而家长是翻转式课堂实施的协助者，因此教师、学生以及家长对翻转式课堂的种种顾虑及不正确的态度等问题，势必会影响翻转式课堂的发展。

（二）翻转式课堂的“本土化”及适应性问题

一方面，“本土化”问题。翻转式课堂源于美国，2000年，翻转式课堂在《经济学教育杂志》上正式被提出[①]，近几年才在我国开始实施，我们在借鉴的过程中势必会有一个“本土化”的过程，因此翻转式课堂的准备—实施—评价体系不可能迅速在我国发展完善。例如学习效果评价体系，对于学习活动而言，评价至关重要，因为学习效果评价不仅是对学习效果作出的价值判断，更是进一步学习的动力。而对于翻转式课堂的实施而言，并没有一个完善的学习效果评价体系。现在的学习效果评价体系仍旧是适应

---

① 参见钟晓流、宋述强、焦丽珍：《信息化环境中基于翻转课堂理念的教学设计研究》，载《开放教育研究》2013年第1期。

传统教学模式的，这就为翻转式课堂的实施带来了诸多问题：学生的课前学习效果如何评价？课堂的学习效果如何评价？学生能力的提高怎样来衡量？小组合作学习展示的是小组的成果，小组中每位成员的学习效果又如何评价？等等。

另一方面，适应性问题。产生于美国的翻转式课堂，究竟适不适合在中国实施，存在一个适应性问题。中国学生的思维特点是否适合翻转式课堂的特点？中小学生的自主学习能力较差，自制力较差，能否适应翻转式课堂？高中生面临高考，如此关键的时期能否适应这样一个全新的教学模式？每一门科目是否都适合开展翻转式课堂？以上诸多问题都是在实施翻转式课堂的过程中的的确确存在的，这些问题都在阻碍着翻转式课堂在我国广泛而深入的实施，因此，这些问题不得不引发我们的深思。

（三）教师的教学素养问题

有人认为开展翻转式课堂使得教师的作用弱化了，实则不然，翻转式课堂不仅没有弱化教师的作用，反而更加充分地发挥了教师的主导作用。在传统教学模式下，课前教师只需要按照自己的课程任务进行备课，在课堂上教师按照自己的教学计划进行讲授即可。而翻转式课堂则不同，在课前，教师需要对学生自主学习的基本情况进行了解，在了解情况后进行有针对性的备课，设计学习活动；在课堂上，教师要根据学生的疑难问题引导学生开展学习活动，针对个别学生的个别问题还要进行个性化指导。足以可见，在开展翻转式课堂的过程中，教师发挥着不可替代的作用，同时也说明了翻转式课堂对教师的教学素养提出了更高的要求。在翻转式课堂中，从课前教师对学生自主学习的大数据分析，到根据数据进行针对性的教学活动设计，再到课堂上教师对学生个性化指导，无一不需要教师多元化的技能。例如，翻转式课堂实施的一个重要前提和基础就是要拥有大量的优质在线教育教学资源，这部分资源有的是教学专家制作，而部分则需要教师根据自己的教学实际制作，这对于部分教师，尤其是对于老教师而言，是存在一定困难的。这是教师教学素养不足的一个方面，即多元化教学技能方面的不足，另一方面则是教师的个人修养方面的不足，这里的个人修养主要指教师的交际能力，即交流与协调能力，其中包括了教师与学生的交流协调能力、教师与家长的交流协调能力以及教师与其他教师的交流协调能力等等。在开展翻转式课堂的过程中教师与学生之间的交流互动必不可少，教师不仅要调节好班级内、小组内成员的关系，更要搞好与学生的交流互动，为学生提供个性化的帮助和指导；在开展翻转式课堂的过程中，课前学生的自主学习需要家长的支持与帮助，因而教师与家长之间的交流协调必不可少；此外，在线教学资源的制作则更离不开教师之间的交流与协作等等。足以可见教师的交流与协调能力在开展翻转式课堂中的重要性，而事实却是，适应了传统式教学模式的教师，习惯了自己在讲台讲授、学生在下面听讲，习惯了自己与家长通常情况下只在家长会上进行沟通，习惯了自己与其他教师各自备课、各自教课，因而在传统教学模式下形成的教师的交流与协调方式不足以使得教师在翻转式课堂中起到较好的作用，这势必会为翻转式课堂的实施带来一定的困难。

三、发展我国翻转式课堂的对策

翻转式课堂在实施过程中存在的问题，势必会影响翻转式课堂开展的效果，为此我们应该在充分吸取传统教学模式精华的基础上，改正实施过程中存在的问题，从而更好地发挥翻转式课堂的作用。

（一）坚定发展翻转式课堂的信心

要推动翻转式课堂在中国广泛而深入地发展，就要采取相应措施使教师、学生及家长树立起对翻转式课堂的信心，坚定其信念，使其坚定不移地推动翻转式课堂的发展。

就坚定教师对翻转式课堂的信念而言，学校或者学校所在的区（县）可以组织教师，对翻转式课堂的基本理论、本质规律进行学习，以使得教师对翻转式课堂有更加深入的了解。此外，亦可通过观摩翻转式课堂实施的成功案例，来坚定教师对开展翻转式课堂的信心和信念。

就坚定学生对翻转式课堂的信念而言，要坚定学生对翻转式课堂的信念，无非就是要解决学生担心的问题，即如何解决学生担心课前通过观看在线教学视频进行自主学习会占用大量的时间，从而使得做自己喜欢的事情的时间减少。要解决学生担心的这个问题，可以从以下几方面着手：第一，提高在线教学资源的质量，这就需要教师考虑视觉效果，避免死板、单调的讲述，突出和强调主题、重点与要点，录制情感丰富、生动活泼的教学视频[①]，这样就可以减少视频资源的时长，留给学生自己的时间也就增多。第二，教师教导学生不要将课前自主学习的时间碎片化，要求学生拿出完整的时间来进行课前自主学习，这样事半功倍。倘若学生将7分钟左右的教学视频分散在半个小时或者更长的时间去观看，期间嵌插了吃零食、看电视等活动，想必学习的效果会大打折扣，学生除学习之外的时间就更少，因此学习的时间不可碎片化。怎样才能避免学生将学习的时间碎片化，有以下几方面措施：其一，家长可陪同孩子一同学习，对孩子起到督促作用。倘若家长事务繁忙，或者处于叛逆期的孩子对家长的督促较为排斥，学校则可以为学生提供集体学习的条件，学生在班内共同观看在线教学资源，学生自主学习，发现自己的疑难困惑。其二，进行技术开发，为课前在线学习系统设计时间项目，家长或者学生自己可以设置完成课前预习所需的时间，看完视频后设置问题，视频的观看及问题的回答需在规定的时间内完成。这样就可以避免学生将课前自主学习的时间碎片化，从而使学生的注意力高度集中，学习的效率也能保持较高的水平，因此学生完成课前自主学习消耗的时间就能减少，学生也就能有更多的时间去做自己喜欢的事情，对翻转式课堂实施的信念也就更加坚定。

就坚定家长对翻转式课堂的信念而言，家长担心的无非就是孩子是否会被网络吸引。要解决这个问题可以从以下几方面入手：其一，家长全程陪伴孩子，督促孩子完成课前学习，然而这对于多数家长而言是较难做到的。其二，在线学习系统再开发，将学

---

① 参见赖文继：《简论“翻转课堂”的价值》，广西教育出版社2012年版，第8页。

生课前学习的内容生成为可离线模式或者可提前下载于本地，这样学生在学习时可以切断网络的链接，从而使学生的注意力始终保持在学习上。只有家长看到孩子专心学习，不借此机会沉溺于网络，家长才会安心，才能坚定其对翻转式课堂实施的信念。

（二）推动翻转式课堂"本土化"

翻转式课堂终究不是在中国土地生长起来的，因此，翻转式课堂在中国的发展必定要经历一个"本土化"的过程。依我看来，翻转式课堂的"本土化"，并不是把翻转式课堂原封不动地搬到中国来，而是要根据我国的教育教学实际，使翻转式课堂与我国实际相结合，形成符合我国教育教学需要的新型教学模式。要解决翻转式课堂"本土化"过程中遇到的诸多问题，就要分清翻转式课堂实施的本质与形式。部分学校在学习翻转式课堂时学"形"而未学"本"，导致实施翻转式课堂的效果不佳，以至产生了诸多问题。让学校领会翻转式课堂的本质，切实实施真正的翻转式课堂，可从以下几方面着手：其一，在理论方面，可由翻转式课堂的研究专家向实施翻转式课堂的学校领导及教师讲授翻转式课堂的系统理论，使得学校领导及教师明白该如何系统实施翻转式课堂，而不只是流于形式。其二，在实践方面，刚开始实施或准备实施翻转式课堂的学校可以借鉴部分实施翻转式课堂成功的学校的经验，但绝不能照抄照搬成功学校的经验，因为每所学校的具体情况都不同。要想翻转式课堂在自己学校的实施取得良好的效果，经验的借鉴是一方面，更重要的是要不断探索。例如，可以设置少量的实验班，在这些实验班中实施翻转式课堂，出现问题及时调整，探索出最适合自己学校的实施方案，而后可在全校实行。其三，在思想态度方面，部分学校在实施翻转式课堂的过程中，"挂羊头，卖狗肉"，表面上看是实施翻转式课堂，实际上仍然是传统教学模式，这样做既得不到想要的教学效果，又对学生的发展不利。因此，学校应该端正态度，要么不实施，按照传统式教学模式教学；要么彻底地实施，即要系统、完善地实施翻转式课堂，只有这样才会逐步推动翻转式课堂的"本土化"，产生应有的效果，才会促进学生的个性化发展和能力的提高。

（三）提高教师的教学素养

不符合翻转式课堂发展需要的教师的教学素养，将会为翻转式课堂的实施带来一系列问题，而要解决这些问题，就要提高教师的教学素养。这里的教学素养主要指两方面：一是教师教学技能的多元化，二是教师的交流与协调能力。

就促进教师教学技能的多元化来说，可从以下几方面入手：其一，教师要树立终身学习的观念，与时俱进，不断提高、完善自身的教学技能，促进自身教学技能的多元化。其二，学校或教育部门可组织教师进行现代教育技术的学习，从而使教师掌握开展翻转式课堂必备的技术技能。其三，教师之间可以设立学习合作小组，每组中混合了青年教师与老教师，这样有利于青年教师与老教师互相帮助，既可以发挥老教师对青年教师授课水平的指导与帮助作用，又可以发挥青年教师对老教师的带动作用，青年教师可对老教师现代教育技能的提高提供指导和帮助，以此来推动全体教师教学技能的发展，促进教师教学技能的多元化。

就提高教师的交流与协调能力来说，可从以下几方面入手：其一，组织教师进行培训，为教师讲授与学生、家长及同事进行交流和沟通的方式和技巧。其二，教师可以通过教学反思的形式，将自己与学生、家长及同事沟通的成功或失败案例记录下来，并反思成功或失败的原因，逐步积累经验，以提高交流与协调能力。其三，教师对自己角色的准确定位。教师的交流与协调能力不足，多数原因出于教师对自己的角色定位不准确。就师生关系而言，教师是学生的良师益友。教师如果只看到自己是学生的老师，处处要与学生保持距离，以保持自己的威严，那这便是教师对自己角色定位不准确，只看到了自己是学生的教师，而并没有看到自己也是学生的朋友，朋友之间应该是亲密而友善，因此，教师需要尊重学生的个性和认知、情感需要。① 就教师与家长的关系而言，教师倘若将家长视作自己工作的监督者，那教师与家长的关系自然会疏远，因此教师应意识到教师与家长拥有共同的目标，那就是促进学生的发展。就教师与其他教师之间的关系而言，教师与同事之间，虽然在一定程度上存在竞争关系，但最基本的还是友好合作伙伴。只要教师为自己准确定位，教师与学生、家长及其他教师之间的关系就较为清晰了，教师的交流与协调能力也会得到提高。

（指导教师：王盛辉）

① 参见俞红珍：《教材“二次开发”的教师角色期待》，载《中国教育学刊》2011年第8期。

高中思想政治课教学中“学案导学法”应用研究

栾鑫宇

摘要：近年来，人才的综合素质和综合能力越来越被社会所重视，素质教育越来越深入人心。在新课程改革思想的指导下，一批新的教学方法应运而生，学案导学法就是其中之一。学案导学法已在多个学科开始了探索与实践，在高中思想政治课教学中也进行了广泛的应用。这一教学方法有利于提高思想政治课的授课效果，有利于提高高中学生的学习积极性，也有利于减轻教师和学生的负担。但是在应用过程中也存在一些问题，例如导学案设计存在缺陷，学生缺乏自主学习与合作探究能力，教师不能灵活运用学案导学法等。为此，要完善思想政治课导学案的设计，培养学生自主学习与合作探究能力，提高思想政治课教师运用学案导学法进行教学的能力，从而充分发挥学案导学法对高中思想政治课教学的促进作用。

关键词：高中思想政治课；学案导学法；应用

当今时代是一个知识急剧增长的时代，传统的以教师为中心的“重教轻学”教学模式已不能适应当今时代和教育发展的要求。新课程改革以来，高中思想政治课在教学方法上不断创新，越来越注重开放互动式的教学和合作探究式的学习，越来越注重“以学生为中心”的教学理念。学案导学法就是这一教学理念的产物，即在教学过程中以导学案为依托，通过学生课下自主学习及教师课堂上答疑解惑的方式来共同完成教学任务的一种课堂教学方法。[①] 本文将从学案导学法在高中思想政治课教学中的意义、应当遵循的原则、存在的问题及解决措施等方面进行探究。

一、学案导学法在高中思想政治课教学中的意义

高中思想政治课作为高中必修课之一，以其思想性、人文性和时政性而占据重要地位。但也正是由于其特殊的性质，传统的高中思想政治课难免采用“满堂灌”的教学方法，学生只是机械的接受者和背诵者。而学案导学法则强调“以学定教”，既能够发挥教师的主导作用，又注重发挥学生的主体性，因而不论是对高中思想政治课中教师

① 参见贾如鹏、傅海伦：《学案教学模式探析》，载《课程与教学》2004 年第 7 期。

的“教”还是学生的“学”，都具有重要意义。

(一)有利于提高高中思想政治课的教学效果

教师的教学目的就是要取得良好的教学效果，而评价一堂课的教学效果不仅要看教师教得怎么样，也要看学生学得怎么样。学案导学法以导学案为依托，学生在课前根据导学案中的学习目标、预习思考题等对新课进行预习，在课堂上通过教师的答疑解惑而使预习中的难题得以解决。因而从教师教的方面来看，教师可以在课前预先了解学生在预习过程中存在的困难与疑惑，从而有针对性地进行备课。在课堂上，教师可以合理分配教学时间，将大部分精力用于讲解学生知识掌握的薄弱环节，有效提高课堂效率。从学生学的方面来看，学案导学法的应用使学生能够在上课的伊始就带着问题听课，大大促进了学生注意力的集中。

例如在“生活与哲学”中“唯物主义和唯心主义”一课的教学中，教师在课前几天下发导学案，在导学案的预习部分罗列若干古语，让学生辨别它们体现了唯物主义还是唯心主义。学生预习课本后辨别这些古语，能够对一部分古语准确判断，而对另一部分存疑，因而他们会在课堂上更注意教师对这部分内容是如何讲解的。而教师则通过课前对学生预习情况的调查，了解了哪些古语是大部分学生都感到疑惑的，从而能够及时调整教学侧重点。因而在课堂上进行“区分古语中的唯物主义和唯心主义”环节时，教师直击学生普遍存疑的古语，学生豁然开朗，课堂上即可解决困惑。同时，由于有了导学案作指导，学生明确了课堂上要进行的各项环节，明确了教师的教学思路，因而也就避免了课堂上的盲目性，学习效果自然也有了保障。

(二)有利于提高高中学生的学习积极性

学习积极性是学生能否有效掌握知识的重要前提，因为只有当学生学习的内在积极性被激发出来，他们才能在课堂中主动地进行探索与思考。对于高中思想政治课来说，其重要性更是不言而喻。《普通高中思想政治课程标准(实验)》指出：“高中思想政治课进行马克思列宁主义、毛泽东思想、邓小平理论和‘三个代表’重要思想的基本观点教育，以社会主义物质文明、政治文明、精神文明建设常识为基本内容。”[①]这表明，高中思想政治课具有很强的理论性。再加上高中学生难免以高考为指挥棒，思想政治课往往成为他们为应对高考而机械背诵的课程，更谈不上学习的积极性了。学案导学法将枯燥的理论知识蕴于贴近学生生活的案例之中并在导学案中展示出来，同时辅以有深度的思考题，学生可以在课下进行充分的思考，在课堂上展开争辩，各抒己见，充分发挥他们的想象力和创造力，从而真正让学生参与到课堂教学之中，最大限度发挥学生的主体地位，构建和谐的课堂氛围，提高学生的学习积极性。同时，高中学生心理发展具有社会性，“注意指向从关注自身逐渐拓展到关注他人、关注社会”[②]。教师将时政热点附于导学案之中并引导学生讨论思考，不仅满足了高中学生了解社会焦点问题的需要，培养了他们关注时事政治的习惯，也大大提高了他们对思想政治课的学习积极性。

① 教育部：《普通高中思想政治课程标准(实验)》，人民教育出版社2004年版，第1页。

② 倪玲杰：《高中生的心理特点与思想政治课教学》，载《牡丹江教育学院学报》2006年第2期。

(三)有利于减轻高中学生的学习负担

学习负担过重,严重影响着高中学生学习效率和学习能力的提高,这也是推行素质教育的重要原因之一。高中学生学习负担过重,既体现在课堂上任务冗杂,也体现在课后作业繁多。在高中思想政治课上应用学案导学法,一方面能够极大减少学生在课堂上记录详细笔记的负担,另一方面也避免了过去学生课后埋头于题海的压力。

高中思想政治课由于其人文学科的特质,难免需要学生在课堂上作大量文字性的笔记,这就导致学生在课堂上不仅要用眼看、用耳听、用脑思考,还要将一部分注意力分配到用手记。而应用学案导学法后,不论是对教材中抽象理论的具体阐释,还是本节课的知识框架,还是与本节课内容相关的课外知识拓展,都可以在导学案中有所体现,学生只需要适当补充一些教师针对某些课堂生成性问题而补充的知识点即可,从而大大减轻了学生在课堂上的负担。同时,学案导学法也改变了过去学生以良莠不齐的大量习题集为课后作业的传统,教师将精选的高质量课后题附于导学案,学生的作业虽然少了,但却更“精”了,从而在保证了学习效果的同时也减轻了学习负担。

二、高中思想政治课教学中学案导学法应当遵循的原则

学案导学法在高中思想政治课教学中具有重要意义。但要想充分发挥其作用,必须遵循一定的原则,包括主体性原则、启发性原则、探究性原则等。

(一)主体性原则

学生是教学活动的主体,只有通过他们自己的努力实践才能实现学习的进步和发展。在高中思想政治课教学中应用学案导学法,必须尊重学生的主体性,让学生意识到学习是自己主动建构而不是被动接受的过程,从而更有效地发挥学生学习的积极性和自主性。对于教师来说,一方面要根据学生的实际情况设计导学案,另一方面要在课堂上起到引导与帮助的作用;对于学生来说,则在教师的指导下直接参与到一系列教学活动中,动耳听、动口说、动脑思、动手做,使知识得到巩固,能力得到提升。

(二)启发性原则

启发性原则是指在高中思想政治课教学中应用学案导学法时,要改变传统的灌输式的教学方法,让学生自己去发现问题,寻找答案,以激发学生的思维。在教学过程中,教师的教学任务不仅是把基础知识传授给学生,更要注重对学生的引导,使学生能够联系生活,拓展思维的宽度和深度。因而学案导学法在应用过程中需要教师创设贴近学生生活的情境,将枯燥的思想政治课理论知识与学生的生活经验相联系,以激发学生的学习兴趣和思维活动。在教师的引导下,学生不再是被动接受知识,而是通过联系实际生活来积极思考、得到启发,从而主动获得和掌握知识。

(三)探究性原则

叶圣陶先生曾说过:“教师教各种学科,其最终目的在于达到不需教,而学生能自

为研索,自求解决。"[①]学生只有养成透过现象研究问题本质的习惯,他们的思维能力才能得到迅速提高。探究性原则要求学生能够在学习过程中发现问题,并以此问题为突破点,通过调查研究、分析研讨,最后解决问题。在学案导学法的应用过程中,学生在课前预习中发现问题,通过自主学习、合作学习对问题进行探究和思考,并在课堂上根据教师的引导进一步深化理解。只有学生积极地对问题进行探究,才能使学生主动投入到学习中,激发他们的创造性思维,从而达到良好的教学效果。

三、学案导学法在高中思想政治课教学应用中存在的问题

学案导学法作为新课程改革的产物,在近年来的高中思想政治课教学的实践中不断臻于完善。但是在应用过程中,不论是在导学案的设计,还是在师生对学案导学法的使用方面,都仍存在一定的问题。

(一)导学案设计不够科学

导学案是学案导学法的重要载体。教师能够科学地设计导学案,是学案导学法在高中思想政治课教学中发挥良好效果的重要前提。然而在实际应用过程中,导学案的设计却存在某些缺陷,主要包括以下几方面:

1.导学案中问题过于浅显

导学案是帮助学生自主预习的方案,但部分教师认为自主预习就是机械地阅读课本中的文字即可,因而在对教材内容进行简单的归纳整理后编写出大量浅显的填空题,例如《按劳分配为主体　多种分配方式并存》导学案:

①在社会主义初级阶段,实行公有制为主体、多种所有制经济共同发展的基本经济制度,相应的就必然实行________的分配制度。

②______是实行按劳分配的前提;______是实行按劳分配的物质基础;______是实行按劳分配的直接原因。

③在我国社会主义初级阶段,发展社会主义市场经济,还要健全______、______、______、______等生产要素按贡献参与分配的制度。

这样的导学案发给学生,学生无需动脑思考,只要照着课本抄答案即可,匆匆忙忙就算完成了预习任务。由于这些问题过于浅显,再加上缺乏必要的学法指导和规律总结,学生很少会主动进行深入探究,从而忽略对知识间的联系、蕴含的深层次原理等的思考,不仅不能使学生明确自己在预习过程中的不解和疑惑是什么,更阻碍了学生探究能力的提升。同时,久而久之学生会越来越以应付的心态对待导学案和预习,降低了学生的学习积极性。

2.导学案编写语言不规范

一份完整的导学案应当包括学习目标、教学重难点、课前预习、课堂探究、巩固练习、提升拓展等内容。[②] 部分教师认为将学习目标、教学重难点写入导学案只是一种形式,对于学生学习的作用不大,因而在编写这部分内容时语言常常随意且不够严谨。

① 《叶圣陶语文教育论集》,教育科学出版社1980年版,第721页。

② 参见王永军:《关于导学案的一些理性思考》,载《中国教育学刊》2009年第11期。

例如在编写学习目标时常常使用“使学生理解”“使学生掌握”等教师主体的语言，或者使用模糊、空洞的表述。“科学清晰和可操作的教与学的目标对教学的导向功能非常大，它会促进教学效果和教学质量的提高。”[①]因而学习目标的表述必须明确具体，具有可操作性。还有部分教师语言功底欠佳，表述不够凝练，导致导学案篇幅过长，既浪费了教师编写导学案的时间，也浪费了学生自主学习的时间。

3.导学案编写缺乏创新

一份导学案的最终形成，通常需要经过以下流程：“教师个人‘初备’——备课组‘集备’——教师个人‘复备’——课上‘续备’——课后‘补备’。”[②]但是在实践中，部分教师由于教学压力较大、为了省时省事等原因，忽略了上述流程中的后三个环节，即不结合本班学情而直接使用备课组编写的导学案。更有少数教师，复制其他学校的导学案，或者直接从网络下载导学案，造成了导学案编写缺乏个性与创新。不同班级、同一班级中的不同学生在认知水平、思维发展水平等方面存在差异，千篇一律的导学案无法满足学生的个性化需求，无法实现每一个学生自主学习的最优化。同时，高中思想政治课具有时政性、思想性等区别于其他学科的特点，这就要求高中思想政治课导学案必须紧跟时事热点。然而部分教师直接使用往年的导学案，材料和事例都已过时，导致学生学习积极性不高。

（二）学生缺乏自主学习与合作探究能力

应用学案导学法的一个重要前提就是学生能够有效进行自主学习和合作探究，但实际上，部分学生的自主学习和合作探究能力较为薄弱。高中学生在升学压力之下，普遍存在作业多、难度大的问题，他们将大量精力用于完成课后作业，而对于自主预习往往敷衍了事。还有部分学生认为思想政治课无非就是众多原理的堆砌，教师要求利用导学案自主预习下节课内容，即使导学案中已经提出自主预习的具体要求，他们也仅仅只是按照书本把提纲部分完成，不按照要求去思考、理解、联系生活。长此以往，学生无法掌握自主学习的方法，无法形成对新知识的有意义的建构，学案导学法的“导学”作用也就难以充分发挥。

同时，学案导学法要求学生能够合作探究、团队协作，例如教师会在导学案中布置小组任务，要求小组成员共同完成。但由于部分学生存在惰性，他们往往将集体任务推给组内能力较高的一个或几个同学来完成。而在课堂的讨论中，也有学生并没有认识到合作探究的重要性，不愿参与到讨论中，这就造成部分学生合作探究能力的欠缺，进而导致他们对知识的理解运用以及语言表达方面落后于他人，无法真正贯彻学案导学法的要求。

（三）教师不能灵活运用学案导学法

课堂教学是高中思想政治课的基本教学组织形式[③]，因而教师对课堂的操控也是应用学案导学法的关键一环。学案导学法使教师由过去的主“讲”变为主“导”，对教师操控课堂的能力也提出了更高要求。在实践过程中，部分教师还没有完全接受学案导

① 刘强：《思想政治学科教学新论》，高等教育出版社2009年版，第79页。

② 张海晨、李炳亭：《高效课堂导学案设计》，山东文艺出版社2011年版，第85页。

③ 参见刘强：《思想政治学科教学新论》，高等教育出版社2009年版，第118页。

学法，在教学过程中不由自主地回到传统的教学模式中。例如，没有对学生预习中遇到的问题进行总结，只是检查学生导学案预习部分的完成情况，课堂上没有给学生足够的自主思考时间等等，导致整个教学过程虽然表面采用了学案导学法，但实际上将其形式化了。

相反，还有部分教师为了充分发挥学案导学法的优势，片面强调学生的主体地位，导致教师对课堂失去掌控。“新课程在强调学生自主性的教学实践中，也确实存在着忽视教师作用的‘唯自主化倾向’。”[①]例如，在《文化生活》课中“体味文化”一课的教学中，由于学生过多地讨论和展示各种文化现象，导致“文化的含义”等重点内容没有足够时间讲解，出现偏离主题而完不成教学任务的情况。因而教师在教学过程中的这两种“极端”，都是没有灵活运用学案导学法的表现。

四、改进学案导学法在高中思想政治课教学中的应用措施

针对学案导学法在高中思想政治课教学应用中存在的问题，必须采取一定的措施，努力加以克服，以更好发挥其作用与优势。

（一）完善高中思想政治课导学案的设计

教师在设计导学案时，必须认真研究高中思想政治课课程标准，认真钻研教材，了解学生实际，确保每一张导学案的科学合理。

首先，要增强导学案中问题的探究性，应尽量减少能够不经思考直接从书本上找到答案的填空题，多设置简答题、材料题，引导学生思考和分析。教师可以结合教材中的探究活动提出启发性的问题，并把问题设置层次化、深入化，加大思维的含金量，使学生在探究中有所收获。

其次，要规范导学案的编写语言。要突破“教师中心”的传统思维，立足学生的学习基础，用清晰明确的语句表达学习目标和重难点，并用醒目的字体使学生加以重视。在课堂探究、巩固练习、提升拓展等内容中，语言表述既要严谨准确，不对学生产生误导，又要生动形象，激发学生的学习兴趣，同时还要言简意赅，使学生迅速抓住要点、领会知识。备课组里的教师也可以互相检查、交流，取长补短，共同提高编写语言的规范性。

最后，要创新导学案的设计。教师要按照自己的教学风格和本班学生的学习实际，在备课组集体编写的导学案上加以创新，补充增加相关内容，删减不必要的环节，根据需要调换教学环节的顺序，使导学案具有独特性。同时，高中思想政治课的教案必须紧跟时代的步伐，这就需要教师加强对时政热点的敏感度。教师必须与时俱进，通过不断学习扩宽自己的知识面，深化自己对知识的理解与感悟，转变学生对政治课枯燥无趣的观念，主动自发地学习政治。[②] 因而教师要学会将时政热点融入导学案的编制中，不断采用新的材料和案例，提高学生对高中思想政治课的学习积极性。

---

① 马永录：《教师如何培养学生的学习主动性》，江苏美术出版社2011年版，第164页。

② 参见李秋英：《导学案教学模式探究》，载《教育科学研究》2011年第3期。

(二)培养学生自主学习与合作探究能力

学案导学法的目标之一就是要让学生从"要我学"转向"我要学",在这个过程中,必须把激发学生自主学习的内在动力放在首位。教师要营造轻松、愉悦的思想政治课课堂氛围,结合导学案和生动具体的实例,为学生提供充足的时间,鼓励学生对课本中的原理进行自主探究,激发学生自主学习的积极性。同时,教师也教授给学生自主学习的方法,例如如何构建知识网络、如何查阅课外资料等。对于不同学习能力和认知水平的学生,教师要因材施教,布置有梯度的自主学习任务,降低对基础较差学生的评价标准,从而使全体学生的自主学习能力都能得到提高。

构建学习小组是培养学生合作探究能力的最主要方法。小组活动实际上就是合作学习,它是在教师引导下,通过组内同学间的互助,发挥集体智慧,以达到对知识的正确理解。[①] 但是学习小组不是简单地把几个人拼凑在一起,而要充分考虑成员的学习成绩、性格、男女比例等因素,并选出小组长。学习小组构建后,一方面要以小组总体成绩作为评价依据,另一方面也要考察每个成员在小组中的表现,包括参与的积极性、对小组的贡献等,以减少学生"不劳而获"的行为。教师要对优秀学习小组及时进行奖励,可采用口头表扬、授予荣誉称号、实物奖励等形式,提高学生的团队意识,培养学生的合作探究能力,从而为学案导学法的应用提供保障。

(三)提高高中思想政治课教师运用学案导学法进行教学的能力

学案导学法作为新课改后逐渐兴起的教学方法,相比于传统教学方法有着本质不同。对于学生而言,它重在学生的"学",而对于教师而言则重在教师的"导"。这不仅需要培养学生的自主学习与合作探究能力,更需要提高思想政治课教师运用学案导学法进行教学的能力。思想政治课教师首先要从思想上摒弃"满堂灌"的教学模式,将自己的角色从"讲师"变为"导师",把学习的主动权交给学生。教师还应博览群书,与时俱进,了解思想政治教育教学前沿信息,开拓自己的眼界,提升自己的综合素质。学校也应创设各种条件进行教师专业技能培训,例如聘请专家学者来学校开展讲座并指导教学,开展导学案编制竞赛等,不断提高思想政治课教师运用学案导学法进行教学的能力,更好地引导学生的学习与发展。

五、结语

随着素质教育的深入及新课改的推进,学案导学法吸引了越来越多教育研究者的探索,高中思想政治课教学中学案导学法的应用也正逐渐完善起来。学案导学法极大提高了高中思想政治课的教学效率,也增强了学生的学习效果。诚然,这一教学方法还存在些许不足,需要进一步改善和优化,也需要在实践中进一步摸索。时代在进步,教育在变革。只要教育工作者与时俱进,不断创新,学案导学法在高中思想政治课的教学中就还有巨大的潜力可以发挥。

(指导教师:于光胜)

---

① 参见朱文彦:《用好小组活动提升课堂效率》,载《新课程导学》2012 年第 4 期。

初中"道德与法治"课感恩教育的实施

郑靖靖

摘要:感恩作为中华民族的传统美德,需要继承与发展。感恩教育是初中"道德与法治"课道德教育的重要组成部分,对初中生良好品德的形成具有重要作用,关乎初中生个人全面发展教育,有利于改善与他人、社会的关系,有利于创建和谐校园、和谐社会。当今社会青少年的感恩意识较为薄弱,不利影响日渐凸显,初中"道德与法治"课作为感恩教育的主要阵地之一,感恩教育亟待加强与完善。加强初中道德与法治课的感恩教育,应从多方面进行:教师增强言传身教意识、能力和素质;充分挖掘教材,活用教学资源;综合多种教学方法,丰富课堂教学形式,并加强课外社会实践强化效果;形成"家庭—学校—社会"三位一体的感恩教育。

关键词:感恩教育;初中生;"道德与法治"课

感恩是人生的必修课。引导学生学会感恩,并把感恩之心转化为成长动力,十分必要。但是当今初中生感恩教育尚存一些问题,需从初中"道德与法治"课(原"思想品德"课)入手,多措并举,使感恩教育融入平常教学之中,从点滴做起,教养一致,真正帮助学生养成感恩之心,并外化于行。

一、感恩教育的内涵

(一)"感恩"的内涵与来源

"感恩"一词源于拉丁文"gratia",意为慈悲、好心和感激。对我国而言,"感恩"一词是舶来品,产生于西方的感恩节,《牛津字典》上对它的定义是:"乐于把得到好处的感激呈现出来且回馈他人。"在美国,每年11月第四个星期四是感恩节,这是由美国人民独创的节日,也是美国人合家欢聚的日子。感恩节的由来要一直追溯到美国历史的发端。1620年,不堪忍受英国国内宗教迫害的清教徒102人乘坐"五月花"号轮船到达美洲。1620年冬,难以适应当地环境的他们,饥寒交迫,冬天过后,仅有50多人存活下来。基于"来者是客"的信念与习俗,善良的印第安人给这些移民送来了生活必需品,并且热情认真地教导他们狩猎、捕鱼和种植玉米、南瓜等。在印第安人的帮助下,来自欧陆的新移民逐渐习惯了在当地的生存方式，并且在欢庆丰收的日子，新移民邀请印第安人一同感谢上天的赐予。

在我国，"感恩"一词最早出自晋朝陈寿的《三国志·吴书·骆统传》："令其感恩戴义，怀欲报之心。"《现代汉语词典》也给出了解释：对别人所给的帮助表示感激。在我国，"滴水之恩，当以涌泉相报"是常挂在嘴边的，"身体发肤受之父母"也是对父母孝顺的体现。教师传授给学生知识，指导学生成长，学生也该感恩。

基于以上阐释，现代的感恩是合理正确地对正确的人或事表达谢意以及回馈，既包括物质方面，也包括精神方面。

（二）感恩教育的内涵

综合各种研究，感恩教育可以概括为教育者运用一定的教育手段和方法，通过正确对待人与自然、个人与他人、个人与社会整体的密切关系，对受教育者有目的、有步骤地实施识恩、知恩、感恩、报恩以至于施恩的人文教育，也就是要引导人们逐渐产生感恩情感，进而形成感恩意识，使感恩行为成为个人的稳定心态和行为习惯。可以说，"感恩教育是一种以情动情的情感教育，以德报德的道德教育，以人性唤起人性的人性教育"①。

笔者以为，根据被感恩对象的不同，感恩内容分为以下几个方面？

第一，感恩自己，自己的每个选择都与未来有关，每一份收获也都是自己奋斗的结果，因此感恩自己是感恩教育的一个重要组成部分，要自重自爱，且尊重自己，不能自卑或自大。这一部分内容常常被忽略，需予以应有的注意。

第二，感恩他人，包括父母、师长、朋友等。感恩提供"身体发肤"的父母，感谢他们的养育之恩，不能认为父母的无私奉献是理所应当，要知恩更要感恩。感恩师长，师长的培育之恩是每个人应该重视且心怀感激的，在家里要孝顺父母，在社会上要尊敬师长，感恩师长的培养与激励。感恩朋友，朋友对自身的成长发展有很大的影响，友情是支持学业、事业等多方面发展的支柱，而且是提供给个人陪伴的避风港。"在家靠父母，出门靠朋友"，说的也正是亲友的力量。

第三，感恩外物，包括赐予一切基础的大自然和创造幸福条件的社会。关于大自然，张载在其《西铭》中说："民吾同胞，物吾与也"，把天地直视为生命界的共同父母，一切生物是人类的同胞与朋友。中国传统文化中的"天人合一"思想，强调人与自然和谐共存与演进，认为人类是自然的一部分，人源于自然，又需回归自然，与自然融为一体。大自然提供给我们生存生活与发展的环境，而且赐予给我们珍贵的自然资源，没有大自然的赐予，我们难以立足，更不用说发展，因此人要尊重自然，适应自然，力求达到"天人合一"的境界。

关于创造幸福条件的社会，马克思指出："人的本质不是单个人所固有的抽象物，在其现实性上，它是一切社会关系的总和。"②人不能孤立存在，都要存在一定的社会

① 陶志琼：《关于感恩教育的几个问题的探讨》，载《教育科学》2004年第8期。

② 《马克思恩格斯选集》第1卷，人民出版社2012年版，第135页。

关系中,我们每个人都是社会中的一分子,社会的发展为个人的发展提供越来越充分的物质文明和精神文明成果,为个人利益的满足提供物质基础。个人得到全面发展,又反过来激发人们去巩固发展社会集体利益。"一个人活着不只是在为自己而活着,由于一些千丝万缕的情愫,使得人在某种程度上乐意为别人而活着,不得不为别人而活着。"①人不得不与他人发生联系,受他人之惠,或者惠及他人。

二、初中"道德与法治"课感恩教育的意义

《义务教育思想品德课程标准》(2011年版)在课程目标中指出:"思想品德课程以社会主义核心价值体系为导向,旨在促进初中学生正确思想观念和良好道德质量的形成与发展,为使学生成为有理想、有道德、有文化、有纪律的社会主义合格公民奠定基础。"在课程目标的情感态度价值观目标中明确提出:"中学生养成孝敬父母、尊重他人、诚实守信、乐于助人、有责任心、追求公正的品质。"感恩教育是初中"道德与法治"课的重要组成部分,相关内容贯穿于教材的始终,包括感恩父母、感恩朋友、感恩师长、感恩社会、感恩自然等内容。初中"道德与法治"课的性质和内容决定了感恩教育的重要地位,初中"道德与法治"课开展好感恩教育意义重大。

(一)有利于初中生建立和谐的人际关系,健康成长

初中学生处于青春期,埃里克森将其界定为"自我同一性和角色混乱的冲突"的阶段,这一阶段的孩子们一方面会因本能冲突的高涨而带来问题,另一方面也会因新的社会要求和社会的冲突而感到困扰和混乱,他们迫切想要建立起新的同一感,树立自己在别人眼中的形象,并确立他在社会集体中所占的情感位置。初中阶段是学生的心理和生理急剧变化的关键时期,此时初中"道德与法治"课加强感恩教育意义重大。

首先,利于处理好与父母的关系。"00后"大多是独生子女,从出生起养尊处优,对父母的关爱缺乏感恩,青春叛逆期时常常淡漠亲情,漠视父母的情况愈加严重。加强感恩教育,学生能够主动与父母沟通,理解父母的无私奉献,从而减少矛盾冲突,促进家庭和谐。

其次,利于处理好与同辈群体的关系,感恩教育能够让朋友之间更好地相处,珍视友情,对他人的帮助感恩,建立良好的人际关系。

再次,利于处理好与师长之间的关系。加强感恩教育,能够提高学生对教师的理解认可与尊重感激,建立更为融洽的师生关系。

最后,有利于缓和校园矛盾,减少不必要的冲突,建设和谐校园。校园里主要矛盾体现在学生之间和师生之间,培养有感恩意识的学生,使学生怀有感恩之心与他人交往,利于改善与同辈群体、师长的关系,减少校园矛盾冲突,创设和谐的校园氛围,构建和谐校园。另外,感恩教育使得学生矛盾冲突减少,利于学风建设,提高学校的综合实力,推动建设和谐校园。

---

① 《马克思恩格斯全集》第46卷,人民出版社1971年版,第196页。

(二)有利于初中“道德与法治”课教学任务的完成

感恩教育寓于初中“道德与法治”课中,是初中“道德与法治”课的重要组成部分,随着德育智育并重,进行感恩教育,也有利于初中“道德与法治”课任务的更好完成。

如在学习七年级上册第三单元《师长情谊》时,对学生进行感恩教育,让他们理解老师、父母的用心付出与无私奉献,从而感恩老师和父母,尊重回报师长的关爱。这样既能够对课本知识有更好的理解和掌握,还在智育的同时进行德育,体现了初中“道德与法治”课的德育性质,有利于提高教学质量。

“道德与法治”课是道德品质培养的主渠道,要求智育与德育并举,知识性与教育性相统一,理论与实践相结合。感恩教育渗透于初中“道德与法治”课的始终,有利于提升教学效果,有利于初中“道德与法治”课教学任务的完成,实现德育与智育并重。

(三)有利于传承中华美德,构建和谐社会

2014 年 1 月 28 日,习近平总书记到呼和浩特市儿童福利院看望残疾儿童时深情地说,有一颗感恩的心很重要,所有的人都要有感恩的心。[①] 感恩是中华优秀传统文化的一部分,是中华民族的传统美德,符合当今社会主义核心价值观的要求,加强初中“道德与法治”课感恩教育有利于初中生传承传统美德,成为一个知恩图报的人。

在社会主义市场经济下,初中生的思想追逐新潮,而对于传统的美德文化有所忽视,从而引发了变革的新社会与传统美德继承的冲突。近些年来,优秀传统文化受到了前所未有的重视,文化自信再出发,在这种形势下,加强初中“道德与法治”课感恩教育,利于引导学生传承中华美德,树立文化自信,建立起符合时代发展的社会主义核心价值体系,对建设和谐社会意义重大。

三、当前初中道德与法治课感恩教育中存在的问题

(一)教师感恩教育意识不强,对学生引导不够

培育和造就初中生健全而高尚的思想道德素养是初中“道德与法治”课的任务,对于初中生来说,他们正处于“三观”形成的重要阶段,运用“道德与法治”课进行感恩教育十分重要,然而,在现代考试压力只增不减的情况下,受师资力量与教师素质制约,学校在开展初中“道德与法治”课教学时过度强调书本知识,更有甚者,对“道德与法治”课没有正确合理的认知,对学生的感恩教育很不够,与学生情感的沟通和感化薄弱。应试教育体制下,很多教师只顾追求高分,“道德与法治”课上感恩教育不足。另一方面,教师要言传身教,这也对当今教师的素质提出更高要求,需要给学生树立榜样,教师在这方面还需加强。

(二)教学存在不足影响感恩教育效果

首先,教师进行感恩教育离不开教材辅助,应该创新使用教材。如教学内容更新不及时,与现实连接不够紧密,在教学过程中可利用的内容不足,也会导致感恩教育的

① 参见《习近平到呼和浩特市儿童福利院看望残疾儿童》,http://news.china.com.cn/2014-01/28/content_31334096_3.htm。

实施情况不乐观。这要求教师需要充分挖掘教材，并能够结合社会热点等进行补充，而非囿于课本的知识讲解。

其次，教师不善于利用当地的教育资源、历史教育资源等。教师在课本知识传授的基础上，没有意识到与现实生活相联系，目前不少教师只顾课本知识的传授，教学内容不够丰富。

另外，在课堂教学中教法单一、模式老套也会影响教学效果。很多学校将初中“道德与法治”课作为“副科”而忽视它，部分教师在有限的课堂教学中又不能很好地创新教法与教学模式，不能激发学生兴趣，不能用生动恰当的情景和问题引导学生进行体验感悟，对初中生感恩意识的培养效果不佳。

(三)只注重理论的传授，缺乏引导学生践行

教育应该德育和智育共发展，和感恩教育关系密切的“道德与法治”课程在实践中更应突出德育性。但部分教师忽视这一点，只是单纯为应对考试而传授知识，没有真正引导学生践行，学生感受不深，感恩意识没有被强化，也难以在生活中知恩和感恩。许多学校存在感恩教育活动化，感恩教育只是借助活动蜻蜓点水，并不能很好地使学生有感恩情感体验，或者没有将体验与践行结合起来，活动结束后学生收获不大。

四、初中“道德与法治”课加强感恩教育的对策

(一)增强感恩教育意识，调动学生主动性

素质教育要求教师重视感恩教育。教师在注重德育的同时也要进行德育，有意识地在课堂上引导学生学会感恩。

首先，教师要身正为范。与学生接触最多的是老师，好的老师自然以好的人格魅力感染着学生的情感和行为，教师言行得当，学生通过熏染会认同感恩意识和行为，其情感体验来源于教师的情感教育，正所谓“其身正，不令而行；其身不正，虽令不从”[①]，就是这个道理。

其次，学生是学习的主体，应充分调动学生主动性。在上课之前，可以提前让学生做一些小活动，从而激发学生兴趣，也让学生在课堂上更有发言权。

(二)挖掘教材丰富内容，灵活巧用教学资源

初中“道德与法治”课教材中有很多主题可以作为切入点，引导学生树立感恩意识，如与父母、同学、老师的相处，以及爱护大自然，遵守社会规章制度等，教师可以充分挖掘教材，结合学生实际进行感恩教育。

以人民教育出版社出版的初中《道德与法治》课教材为例，在七年级上册第二单元《友谊的天空》两课中分别讲了新学期学校、同学的作用，教师可利用这两节课进行感恩学校、老师、班集体的教育，使学生珍惜受教育的权利，热爱校园生活，拥护和奉献班集体，并且引导学生与同学和睦相处，珍视友谊等。

另外，在七年级上册第三单元《师长情谊》第六课《师生之间》教学中，教师可以讲

---

① 《论语·子路》。

述当老师的感受，加上课本知识，使学生对教师有更加深刻的理解，引导学生尊重知识，感恩老师，在与老师发生矛盾时采取合理的方法解决，让老师成为陪伴成长的朋友。

在七年级上册第三单元《师长情谊》第七课《亲情之爱》教学中，教师应该引导学生从多方面改变自己，感受父母的养育之恩和父母对家庭的努力付出，学会感恩父母，积极地帮助父母做力所能及的事，从而感受为父母付出的意义与快乐。

另外，教师可利用当地的教学资源，如红色文化，带领学生进行"游学"活动，充分运用当地的教学资源，让学生在熟悉的环境、事物面前更好地进行感恩教育，有更加深刻的情感。

(三)课堂教学奠定基础，课外实践加强效果

教学有法，教无定法，在进行感恩教育时，要避免方法单一重复，探求多种教学方法和模式。

1.运用多种方法、模式创新课堂教学

可以利用故事讲述法、情境教学法、案例分析法等多个方法，在课堂上激发学生学习兴趣，潜移默化地进行感恩教育。如在学完《爱在家人间》一课后，发动学生写一封家书，让学生和父母以书信的方式谈心沟通，表达对父母的感恩之情；或者在学习完热爱祖国的内容后，学生们举行爱国主题的演讲，表达对祖国的热爱之情。

以七年级上册第三单元《师长情谊》第七课《亲情之爱》为例，可运用故事讲述法，在上课之前让学生追问父母"我是怎么来的"这个问题，通过父母的讲述，学生对感恩父母有一个提前的认识。课堂上让学生分享与父母的小故事，从而得出父母对我们的爱有多么无私，具体学习知识后，观看《感动中国 2014 年度颁奖典礼》中的陶艳波片段，让学生更深地了解父母之爱的伟大。课后，鼓励学生给父母写信进行沟通，并且建议学生定期与父母谈心等活动。

以七年级上册第三单元《师长情谊》第六课《师生之间》为例，可利用案例教学法，引导学生通过分析学生殴打教师的案例，引出应该以怎样的态度对待老师，如何与老师和睦相处等问题，学生进行讨论，在讨论过程中使学生对这个问题有更深的思考，从而让学生自己得出答案，加深印象。

2.引导学生践行，加强感恩教育效果

教师在教学过程中不能停留在简单的说教上，还应该组织学生多参加一些社会实践活动，加强感恩效果。

首先，奖惩分明，使学生有强烈的荣辱感。学校可以设立相应奖惩机制，必须保证其客观公正性。鼓励品德优良的学生及其行为，可公开表扬并采取奖励措施；相反，对行为不良的学生应适度批评，情节严重者应适度惩罚，并督促其改正。

其次，结合教学进程定期组织学生进行课外实践。如定期拜访福利院、养老院等社会机构，在服务社会中进行感恩教育。让学生们通过亲身照顾老人或者孤儿，知道自己生活在多么幸福的家庭环境中，引导学生学会付出，懂得付出，感受父母伟大的养育之恩，感谢老师的悉心培育。在活动中增强学生的社会责任感，让他们在不断的实

践过程中深化对感恩的认识，配合学校感恩教育更好地完成。

最后，还可以依托节假日进行课外体验，以传统文化为依托，发挥节日作用，把感恩教育融入生活，进行感恩教育的拓展(如表1)。

表1　　各类节日与感恩教育结合点

节日名称	感恩教育
春节	感恩长辈，感恩一年努力的自己
清明节	感恩先烈为我们创造的美好生活
端午节	解读屈原端午，感恩历史上的忠烈之士
中秋节	感恩家庭的团聚给我们的爱
教师节	尊师重教，感谢老师的传道授业解惑
学习雷锋日	感恩为社会做贡献的每一位劳动者
国庆节	进行爱国主义教育

(四)联合学校与社会，共同深化感恩教育效果

作为礼仪之邦，中国具备很深厚的文化积淀。这使得中国的感恩教育可以借助家庭、社会力量，建立健全“家庭—学校—社会”三位一体的教育网络，引导学生逐步形成感恩心理并内化为其思想素质的一部分。家庭是学生接受教育的第一阵地，受到的教育深远持久、影响力度大；学校主要进行系统完备的感恩教育，使学生对感恩有更清楚的认识与理解；社会是广泛影响人的因素，人们时时刻刻受到社会价值观的引导。因此，初中“道德与法治”课的感恩教育需要联合家庭、学校、社会一起，形成多方合力，形成全社会都重视、关注和支持学校的感恩教育的良好氛围，在弘扬社会正气、振奋民族精神、树立正确的价值观方面，为广大青少年身心全面健康发展营造一个优良的环境，强化其效果。

初中“道德与法治”课要借助学校，通过各种途径积极争取家长的配合和支持，积极争取社会各界的支持，利用社会上各种适宜教育的场所开展有益于学生身心健康的活动。只有家庭、学校、社会相互配合，共同作战，拓宽教育渠道，感恩教育的实效性才能得到保证。

作为中国特色社会主义事业接班人的初中生，他们的整体素质直接关系到中华民族的整体素质，关乎国家前程和民族希望。初中“道德与法治”课教师应对感恩教育有更强的责任意识，言行一致树榜样；挖掘教材不断丰富教学内容，结合实际利用多种教学资源；用心打造初中“道德与法治”课堂，多种教法与模式使课堂教学“火起来”和“活起来”；课堂奠定基础，加强课外实践巩固效果；在家庭、学校、社会的合力影响下，实现对初中生的感恩教育，引导初中生度过更加健康、更加丰富、更加快乐的青春期！

(指导教师：王兰芳)

“全面二孩”政策下城市居民生育意愿研究

——基于济南市、济宁市、烟台市部分社区的调研*

李枚捷

摘要:通过问卷调查法、访谈法等社会调查方法,对济南市、济宁市、烟台市部分社区的500多位居民的生育意愿进行调研,分析“全面二孩”政策下影响城市居民生育意愿的因素及其作用机制,发现“全面二孩”政策在实际落实的过程中出现的问题,为政府相关部门进一步落实“全面二孩”政策提供相关建议。调研结果显示,“全面二孩”政策下城市居民的生育意愿并没有特别强烈。545例可生育人群中,明确表示会生育二孩的人数占38%,明确表示不会生育二孩的人数占44%,还有18%的居民表示还未考虑清楚是否生育二孩。国家生育政策、家庭经济水平、家长自身年龄、主要家庭成员意见、生育观念等均对居民的生育意愿有所影响。针对“全面二孩”政策在落实中存在的问题,我国应大力发展经济,提高人民生活水平;完善教育医疗等基础设施;简化生育手续,普及“全面二孩”政策;加大生育观念宣传,培养居民健康生育观。

关键词:“全面二孩”政策;生育意愿;影响因素

中共十八届五中全会决定实施“全面二孩”政策,标志着我国人口政策在现阶段的重大调整,那么调查研究在“全面二孩”政策下我国城市居民的生育意愿,便对我国人口新政的评估及预测提供了重要的参考作用。我们选择“全面二孩”政策下城市居民的生育意愿作为研究课题,立足于当今人口政策转型的契机,以济南市、烟台市、济宁市部分社区的城市居民为研究对象,运用抽样调查法、访谈法等社会调查方法,旨在研究“全面二孩”政策下影响城市居民生育意愿的因素及其作用机制,在实地调研的过程中加深城市居民对“全面二孩”政策的理解,并通过深入剖析所得数据发现“全面二孩”

---

* 山东师范大学大学生创新创业训练计划项目(项目编号:201610445093)。

政策在实际落实的过程中出现的问题，为政府相关部门进一步落实“全面二孩”政策提供相关建议，帮助其更好地预见中国未来的生育状况以及人口状况。

一、问题的提出

人口作为社会存在和发展的自然前提和必要条件，对社会经济政治等各个方面均有着重要的影响。人口政策作为上层建筑的重要范畴，对经济基础的稳步发展亦有着关键作用。因此，人口政策的改变所引起的居民生育意愿的变化，也会一定程度上影响着社会的可持续发展，这种变动更是关系着千家万户的生育意愿，直接影响着居民的实际生育行为。新中国成立以来，我国的人口政策也随着社会的发展与进步进行着优化调整，不断发挥着调整居民生育数量、促进社会和谐稳定、缓解人口与资源之间矛盾等重要作用。

新中国成立之初，我国各项事业均处于起步阶段，没有明确的人口政策加上民众“多子多福”思想、生产力发展的需要等众多原因，我国人口在短时间内迅速激增。从1953年新中国进行第一次全国人口普查到60年代末，虽然党和国家领导人以及部分专家学者看到了当时中国人口激增背后的危险，但是囿于当时错综复杂的国内国际环境等原因，“直到1970年，妇女总和生育率仍然高达5.81，人口总量也由6亿增加到近9亿”[①]。然而，人口的快速增长在为生产力发展提供丰富劳动力、带来生产力快速发展的同时，与经济、社会、资源、环境的矛盾也逐渐从各个方面显露出来。

面对庞大的人口数量，政府越来越认识到人口增长过快对经济、社会产生的不利影响。20世纪70年代开始，我国针对具体国情开始实行计划生育政策，并逐步把计划生育政策作为我国的一项基本国策。计划生育政策的实行使“独生子女”成为大多数家庭的生育状况，有力地控制了我国人口快速增长的态势，在较长的一段时间内保证了我国人口的数量与总体质量，在一定程度上缓解了人口数量过多造成的与社会、资源、环境等的矛盾，为我国经济社会的健康发展提供了重要的人口支撑。

然而，计划生育政策在调整我国人口规模与增长速度的同时，也引起了很多问题。人口老龄化水平不断提高，人口红利逐渐消失，劳动力资源相对短缺，新生儿性别比例严重失衡等，使得我国的人口政策不得不根据现实国情实行重大转变。从“双独二孩”政策到“单独二孩”政策，我国人口政策根据社会的发展要求进行着不断的调整。而2015年中共十八届五中全会决定实施的“全面二孩”政策，也更真切地体现了当前时代背景下对生育政策调整的迫切要求。

自2016年1月1日“全面二孩”政策正式实施，生育政策的调整对城市居民的实际生育水平的影响，也受到了各界专家学者的强烈关注。而生育意愿作为实际生育水平的重要参考因素，对研究居民实际生育水平具有重要的参考意义。对“全面二孩”政策下城市居民的生育意愿进行调研，有助于为我国人口政策的调整作出现实评估，为我国经济的发展提供重要的人口素质支持。

---

① 杨垣国：《历史地看待新中国成立以来的人口政策及演变》，载《江西社会科学》2009年第1期。

然而,目前学术界对“全面二孩”政策下居民的生育意愿研究尚处于起步阶段,研究成果也相对较少。“山东省于 2014 年 6 月初开始实施‘单独二孩’,‘单独二孩’目标人群占全国的 8.7%,至 2015 年 7 月底‘单独二孩’申请量达到41.6万,占全国同期申请量的 25%;同时,山东省作为全国人口大省,更是具有规模庞大的‘全面二孩’政策目标人群。”[①]因此,其居民生育意愿在全国范围内具有较强的代表性。为了更具体地了解城市居民的生育意愿及影响因素,我们抽取了山东省省会城市济南、内陆欠发达城市济宁、沿海城市烟台的部分社区居民作为调查对象,进行了大量实地调研工作,并在调查数据的基础上综合分析了“全面二孩”政策下城市居民的生育意愿、影响居民生育意愿的因素等。

二、研究方法与调查结果

(一)研究方法

在实地调查前,团队成员搜集了大量有关“全面二孩”政策的学术论文及媒体报道,对“全面二孩”政策的实施背景以及基本内容有了深入的了解。之后,设计了“全面二孩政策下城市居民生育意愿调查问卷”。问卷内容主要包括两部分:第一部分为被调查者的基本情况(包括性别、年龄、月收入等),第二部分为被调查者的二孩生育意愿(包括二孩生育意愿、对“全面二孩”政策的理解、影响生育意愿的因素等)。在收集数据前,团队成员选取了部分社区居民进行了预调查,并通过预调查对问卷信息进行了修改完善。在实际调研中,团队成员不仅运用抽样调查的方式收集了大量问卷数据,并且选取了几个比较典型的家庭进行了具体的采访调查。

1. 抽样调查

在抽样调查中,一方面,抽取了济南市、济宁市、烟台市的部分社区(社区的选择既包括城市中心地区,也包括部分城市边缘欠发达地区)作为抽样调查对象,并在居民比较多的周末及节假日进行了大量问卷的发放与收取工作。另一方面,借助“问卷星”调查平台,通过添加济南市、济宁市、烟台市部分社区居民的微信群聊、QQ 群,从网络上收取了大量问卷。我们从各个渠道共收取问卷 560 份,其中有效数为 545 份,问卷回收有效率高达 97%,对分析“全面二孩”政策下城市居民的生育意愿及其影响因素提供了重要的数据支撑。

2. 随机访谈

在实地发放问卷的过程中,团队成员积极与被调查者进行沟通和交流,并在他们中选取了各个年龄段中几个比较典型的被调查者进行了访谈。访谈内容围绕家庭育龄人口的生育意愿,重点访问了居民在“全面二孩”政策实行后生育意愿的变化情况、影响生育意愿的因素、不同年龄阶段的家庭成员对“全面二孩”政策的看法、周围亲朋好友的生育情况、对“全面二孩”政策的具体理解等问题。在抽样调查的同时采用随机

① 张晓青、黄彩虹、张强、陈双双、范其鹏:《“单独二孩”与“全面二孩”政策家庭生育意愿比较及启示》,载《人口研究》2016 年第 1 期。

访谈的形式与部分居民进行具体交流，就使得调查结果既有普遍性的特征，又不乏典型案例的特殊性，在一定程度上降低了调查的误差，保证了调查数据的准确度，增强了所得结论的科学性。

(2)调查结果

通过统计以上调查方法收到的545份有效调查问卷，我们初步得到了调查对象的基本人口学信息及不同群组居民在“全面二孩”政策下的二孩生育意愿(见表1)。在545例可生育人群中，明确表示会生育二孩的人数占38%，明确表示不会生育二孩的人数占44%，还有18%的居民表示还未考虑清楚是否生育二孩。从总体上看，“全面二孩”政策的开放并没有引起居民特别强烈的生育意愿，但不同群体的生育意愿仍因为各种因素的综合作用表现出较大差异。

表1　　调查对象基本情况

	分类	频数(构成比)	明确表示愿意生育二孩频数(比例)
是否为独生子女	是	195(36%)	60(31%)
	否	350(64%)	145(41%)
年龄	20岁以下	140(26%)	95(68%)
	20～30岁	165(30%)	50(30%)
	30～40岁	240(44%)	60(25%)
受教育情况	初中及以下	110(20%)	40(36%)
	中专或高中	215(39%)	55(26%)
	大专或本科	205(38%)	100(49%)
	研究生以上	15(3%)	10(67%)
家庭月收入	3000元以下	105(19%)	35(33%)
	3000～5000元	255(47%)	105(41%)
	5000～10000元	140(26%)	40(26%)
	10000元以上	45(8%)	25(56%)
婚姻及生育状况	未婚未育	105(19%)	65(62%)
	已婚未育	20(4%)	10(50%)
	已婚并育有1个孩子	345(63%)	55(16%)
	已婚并育有2个孩子	75(14%)	75(100%)

从二孩生育计划看，在205名明确表示愿意生育二孩的居民中，34%的调查对象表示会尽快生育二孩，51%的调查对象表示对二孩生育时间还没有明确规划。居民的生育规划意识相对欠缺。从理想生育孩子数量以及孩子性别来看，545名调查对象中有高达72%的居民表示两个孩子是他们认为比较理想的子女数量，60%的居民表示一男一女两个孩子是他们的理想生育情况，这个比例远高于明确表示愿意生育二孩的居民数量。为了进一步探求理想生育数量为两个孩子的居民数量与

明确表示会生育二孩的居民数量之间的巨大差异，就不得不分析影响居民生育意愿的具体因素。

三、居民生育意愿的影响因素

（一）国家生育政策

作为普通居民，到底生育几个孩子首先要受到国家生育政策的影响。新中国成立初期我国没有明确的生育政策，未对居民的生育情况进行正确引导，因此在一定程度上造成了一段时间人口大规模膨胀的局面。而国家实行计划生育政策以来，大多数家庭都积极响应，少生优生，大大缓解了我国庞大人口与资源、社会之间的矛盾。近些年来，从“双独二孩”到“单独二孩”再到“全面二孩”，国家生育政策的不断调整也极大地影响着大部分居民的生育意愿与生育数量。

在我们的调查中，高达65%的居民对“全面二孩”政策持支持态度。其中有44%的居民对“全面二孩”政策的颁布实行表示非常支持，对“全面二孩”政策持反对态度的只有约6%的居民。居民对“全面二孩”政策的高支持率鲜明地反映了当前国家生育政策调整的必要性，表明了当前一段时间内“全面二孩”政策的可行性，有助于实现我国人口状况的良性变化。同时这种高支持率也在一定程度上对预估“全面二孩”政策的实施效果起到重要的参考作用。

当然，政策因素对居民是否生育二孩的影响主要是因为政策的主导性和强制性，“但这样的强制性多表现在限制力上，即政策可以通过法律法规有效限制人们多生育，而在政策开放后，生育与否还要基于各个家庭对自身的规划”①。家庭在决定是否新增家庭成员时需要考虑多方面因素，经济水平就是其中一个重要影响因素。

（二）家庭经济水平

在我们的调查中，共有约44%的居民明确表示不愿意生育两个孩子，而在随后选择不生育两个孩子的原因（多选）时，有近56%的居民选择了“养育成本高，增加家庭负担”这一选项，足以见得家庭经济水平与居民生育意愿有着极大的关联。家庭的整体收入水平是居民在考虑是否生育二孩时的一个重要因素，近年来养育成本的增高可能让更多中低收入群体放弃生育二孩。然而，“值得注意的是，今后随着人均收入的不断增长、社会保障水平的不断提高，孩子的抚养成本会逐渐下降，那时‘全面二孩’的生育意愿可能会发生变化，这是政策实施过程中值得关注的一个重要方面”②。

从另一个角度来看，我们分析了居民收入与生育意愿之间的具体联系（见表1）。从表1中可以清晰地看出，二孩生育意愿最高的群体集中在月收入在10000元以上的居民，高收入带来的财政自由让他们在选择是否生育二孩时可以免除经济压力的束缚，排除经济因素对二孩生育意愿的干扰。同时可以看出，月收入在5000～10000元

① 宋亚旭、于凌云：《我国生育意愿及其影响因素研究综述：1980～2015》，载《西北人口》2017年第1期。

② 韩雷、田龙鹏：《“全面二孩”的生育意愿与生育行为——基于2014年湘潭市调研数据的分析》，载《湘潭大学学报》2016年第1期。

的居民二孩生育意愿相较于其他收入群体相对较低，在访谈中有部分居民表示，这主要是因为收入的增高使得他们更加注重子女的教育，因此养育成本也更高，高额的养育成本让更多家庭放弃了生育二孩，集中精力财力抚养一个孩子健康成长。同时，收入在5000～10000元的居民年龄普遍偏大，年龄的增长也让他们在选择是否生育二孩时变得更加慎重。

从总体上看，随着居民收入的增加，二孩生育意愿也逐渐变强，家庭财政的自由让家长在作出生育选择时摆脱经济压力的束缚，更从容地作出决定。但是月收入在5000～10000元之间的居民二孩生育意愿最低，导致这种现象的原因是多方面的，其中一个重要原因就是家长自身年龄。

（三）家长自身年龄

通过统计分析调查数据，我们得到了家长的自身年龄与其生育意愿之间存在着密切的联系。家长年龄对生育意愿的影响首先比较鲜明地表现在他们不愿意生育二孩的原因（多选）中。在不愿意生育二孩的原因中，有高达56%的居民选择了自身年龄过大这一选项。在访谈中我们了解到，该群体中有很大一部分居民的经济收入主要是多年奋斗的结果，所以在有能力承担两个孩子的生育成本时，往往又因为年龄过大综合各方面考虑不得不放弃生育二孩。那么家长的年龄与其生育意愿之间究竟有着怎样具体的联系呢？通过之前的数据分析结果我们发现：20岁以下的居民中，有68%的居民表示愿意生育两个孩子，这部分调查对象主要为大学生群体，大部分会在未来5年内结婚生子，该群体表示的高生育意愿也表明我国未来人口状况的良性发展。20～30岁的居民中，愿意生育二孩的居民比例骤降到30%，该部分调查对象主要是育龄妇女，但迫于经济压力等复杂原因，二孩生育意愿明显降低。30～40岁的居民群体中，只有25%的居民表示愿意生育两个孩子，这部分居民的经济水平普遍较高，但年龄过大成为影响他们二孩生育意愿的重要阻碍因素。

通过以上的数据我们可以清晰地看出，随着年龄的增长，居民的生育意愿有着明显的降低。年轻人的高生育意愿可能是因为还未进入社会的理想状态；而20～30岁居民的二孩生育意愿表现，可能对现阶段"全面二孩"政策的效果评估更具有参考价值；30岁以上的居民要生育二孩可能要承担更多的风险，因此生育意愿表现得并不强烈。

总之，不同年龄阶段的居民的二孩生育意愿确实存在较大差异。这可能是因为，不同年龄阶段的群体对"全面二孩"政策的理解存在差异，选择是否生育二孩时需要考虑的因素也不尽相同等。在我们的随机访谈中，有民众表示生育意愿确实会随着个体年龄的增长发生变化，30岁之后的生育选择就不得不综合家庭经济水平、赡养老人、生育成本等多种因素。

值得一提的是，在访谈中有部分居民表示，若"全面二孩"政策提前5年开放，他们可能也会生育第二个孩子，这部分居民的年龄主要集中在40岁左右，"全面二孩"政策开放的时间让他们错过了相对适宜的生育年龄。这也启示相关部门以后进行生育政策调整时，对政策的具体实施时间以及重点育龄群体予以更多关注。

（四）家庭中其他成员的影响

除了以上几个重要因素影响到居民生育意愿之外，居民家庭中其他成员也对居民是否生育二孩有着很大的影响。我们调查的对象中有超过一半的居民生育状况为已经生育一个孩子，因此在考虑是否生育第二个孩子时，他们中有超过 50％的人选择考虑长子或长女的意见。当然，近年来发生越来越多的长子或长女虐待二孩的事件，也让我们不得不反思孩子的家庭观念教育是否存在部分缺失。

从另一个角度看，在选择决定生育二孩的原因（多选题）时，更有高达 68％的人选择了利于孩子健康成长，两个孩子相伴成长可能对孩子的身心发展产生更积极的作用。同时，也有约 20％的居民表示是因为家庭中长辈的意见。访谈中我们也了解到，因为工作繁忙、经济压力大等原因，现在抚养孩子对家庭中长辈的依赖越来越强，因此家庭中长辈的意见也是父母在决定是否生育二孩的重要因素，长辈的支持将会极大地增加他们的二孩生育意愿。

总之，在父母决定是否生育二孩时，无疑会受到周围众多家庭成员的影响，家庭中其他成员对生育二孩的态度是他们作出生育选择的重要参考。是否生育二孩毕竟影响到家庭成员的增添，居民在考虑是否生育二孩时，权衡各家庭成员意见也是情理之中，这种现象也从侧面上展现了中国传统文化中对生育的重视。

（五）生育观念

然而，随着知识爆炸时代的到来，越来越多的信息涌入到人们的生活中，在生育方面也有越来越多新潮的观点逐渐为人们所接受。在访谈中我们了解到，25 岁左右的年轻人有越来越多的人选择组建“丁克家庭”，以避免经济压力对生活幸福感的影响。而这部分年轻人的父母大多数都不能接受“丁克家庭”，生育观念的巨大差异可能在家庭中会引发部分思维上的碰撞，最后一方不得不向对方妥协。

同时，随着女权运动的开展、女性社会地位的提高等，家长只是为了生男孩而作出生育选择的比例越来越少，“重男轻女”的思想也逐渐为人们抛弃。在全部调查对象中，仅有 25％的居民表示第一个孩子的性别会对是否生育二孩产生影响。但是长子或长女的性别也的确会在一定程度上影响到居民的生育意愿。在家庭生育状况为已婚并育有一个孩子的调查对象中，第一个孩子是男孩的居民二孩生育意愿为 22％，第一个孩子为女孩的居民二孩生育意愿为 40％。

除了以上因素会极大地影响居民的二孩生育意愿，家长是否为独生子女、家长学历水平等因素也在不同程度上影响着居民的生育意愿。家长自己为非独生子女的可能更会选择生育二孩，为孩子提供一个与自己类似的健康成长环境。随着受教育水平的提高，居民生育意愿也呈现明显的增加趋势，这“可能由于高学历人群更清楚认识到了二孩家庭对于子女成长的优势，且高学历者生活稳定，收入较高，更有能力抚养二孩”①。

① 李思成、陶寄、何鸾英、何雨莲、陈怡依、张强：《“全面二孩”政策下成都市育龄妇女二孩生育意愿及影响因素研究》，载《现代预防医学》2017 年第 20 期。

四、优化"全面二孩"政策效果的策略

(一)大力发展经济,提高人民生活水平

根据之前的分析,居民的月收入水平与其生育二孩的意愿有着较强的关联,经济自由的居民可能有更高的二孩生育意愿。在问到居民认为"全面二孩"政策在实际执行中存在哪些问题(多选)时,有87%的民众选择了"经济负担沉重"这一选项,足以见得经济问题是影响居民生育意愿的一个重要因素。从另一个方面看,居民每月用于抚养孩子的花销,36%的家庭为500~1000元,51%的家庭为1000~3000元,在其实际收入中占比依然很大,高额的养育成本让不少居民放弃生育二孩。

所以,要想让"全面二孩"政策取得更加明显的效果,缓解人口老龄化的危机,我国在相当长的一段时间内仍应坚持统筹各方面发展,提高居民的收入水平,缩小居民收入差距,逐渐消除民众在考虑是否生育二孩时经济上的担忧。当然,效仿部分发达国家给予生育二孩的家庭优厚的生育补贴,让妇女在孕期、产期、哺乳期享受到更多福利,加强生育保险基金的合理使用与科学管理,可能也会在一定程度上提高居民的二孩生育意愿。

(二)完善教育医疗等基础设施

在被问到"全面二孩"政策在实际落实中存在什么问题(多选)时,除了有近87%的居民选择了"经济负担沉重",也有近50%的居民选择了"教育医疗等基础设施不完善"。随着"全面二孩"的放开,有些地区的医疗及教育方面的基础设施和人员确实都开始出现紧张状态,供需之间的矛盾也使部分居民在选择是否生育二孩时变得更加慎重。

因此,我们一方面要抓好教育特别是幼儿教育的质量,大力兴建相关学校的同时,做好教师的教育与培训工作,填补学前教育师资缺口,让孩子接受高质量高水平的教育。另一方面,医院妇产科、儿科的发展也应尽快展开,医学院应该积极培养妇产科、儿科相关专业学生,提高妇产科和儿科医生的数量和质量,保障妇女和与儿童接受高质量的医疗服务。通过完善教育医疗等基础设施,减轻民众对生育二孩的担忧,提高居民二孩生育意愿。

值得注意的是,上海市在教育资源配置方面的尝试,可能值得不少优质教育资源短缺的地区借鉴。上海市尝试在"部分有条件的社区在暑期开办社区暑期夏令营,与大学合作,为社区家庭提供一个看护、教育孩子的场所"①,这种推动家庭养育成本部分社会化的措施有效地减轻了家庭托管压力,亦有助于提高居民二孩生育意愿。

(三)简化生育手续,加深居民对"全面二孩"政策理解

为了减轻居民在办理二孩生育手续方面的负担,"全面二孩"政策在确定实施时就明确提出:取消二孩审批,实行生育登记服务制度,生育家庭只需提供结婚证明和生育申请备案即可。但在实际办理相关生育手续时,有部分民众表示二孩生育手续办理程

① 张清亚、汪燕琳、周梦妮:《关于上海市实施全面二孩政策的调查报告》,载《中外企业家》2016年第12期。

序依然复杂，需要跑多个部门办理准生证等相关证明，对自身工作生活均会有所影响。因此相关部门应尽量简化生育手续办理程序，提高办事效率，真正贯彻落实生育登记服务制度，让广大居民在办理相关生育证件时更加方便快捷，减少人民群众在生育二孩过程中遇到的困难，提高居民的二孩生育意愿，优化“全面二孩”政策的实施效果。

同时需要注意的是，虽然目前关于“全面二孩”有着较广泛的报道，但是在问到对“全面二孩”政策的了解程度时，仍有近60%的居民表示对“全面二孩”政策“略有了解但不知晓实情”，因此相关主流媒体及宣传部门仍应加大“全面二孩”政策的宣传力度，在宣传中“不局限于通过电视广播网络等媒体形式宣传，可增加杂志、报纸、书本或者社区、频道宣传栏等其他方式尽可能多方面地宣传‘全面二孩’政策，让更多的居民了解该政策的具体执行条目，帮助居民做出合理的生育规划。”[①]通过多样化的宣传渠道让“全面二孩”政策真正为广大人民群众所理解，推动“全面二孩”政策在广大人民群众中真正普及。

（四）加大生育观念宣传，培养居民健康生育观

虽然现在许多主流媒体都在做“全面二孩”政策的相关报道，但是关于生育观念的宣传却相对较少。在调查中，我们也发现居民的生育理念参差不齐，存在较大差异。有些居民拥有健康的生育观，但是也有部分居民的生育观特别消极。在问到愿意生育二孩的居民其生育二孩时间计划时，有高达44%的居民表示没有明确计划，这也从一定程度上表明居民生育规划意识的欠缺。

因此，我们应该进一步加大居民的生育观念宣传，培养居民的健康生育观。这种宣传既可以通过电视互联网等渠道播放相关纪录片，也可以通过育龄妇女每年进行的查体对妇女进行生育观念宣传，亦可以通过社区、村委会宣传栏等渠道潜移默化地影响居民的生育观念。总之，要借助于各种途径加大居民生育观念的宣传教育力度，让广大居民树立正确的生育观念，引导良好健康的生育行为，理性规划其生育时间与生育行为。

（指导教师：史家亮）

① 林永玲、梁瑞琼、谢宁、王婧静、陈楠馨、杨耀东、赵亚杰、杨濛：《全面二孩政策下广东省居民生育意愿调查》，载《卫生软科学》2016年第12期。

城镇化进程中失地农民的生存状况调查

——以山东省潍坊市坊子区为例*

温立燕

摘要：随着我国工业化、城镇化进程的进一步加快，大量土地被占用，非农建设用地越来越多，因土地被征用而失去土地的农民即失地农民数量也急剧上升。近年来，由于农民失地而引起的社会问题越来越引起人们的重视，农民失去土地以后生存状况有了明显的变化，主要体现在日常生活、就业、心理认同和社会保障几个方面。本文通过对多个被征地村庄进行的实地调查，分析了当前失地农民的生存现状，剖析其存在的问题，以期为了解我国失地农民的生存现状提供借鉴。

关键词：失地农民；城镇化；生存状况

工业化是当今世界发展的必然趋势，城镇化是伴随着工业化同时进行的，城镇化是工业化的必然产物。从全世界城镇化的发展进程来看，由于城市建设的需要，一部分农民失去部分或全部土地是不可避免的，而土地对于农民来说具有很重要的意义——土地是农民生存的依靠，失去土地意味着大部分农民失去了工作的岗位以及收入的来源。数量庞大的农民失去土地后生活的各方面都发生了很大的变化。了解并且正确处理好失地农民的生活、就业、心理和保障问题既是一个经济问题，更是一个不容忽视的社会问题，对于建设社会主义和谐社会、推进以人为本的新型城镇化具有重要意义。

2016年8月，笔者对潍坊市坊子区的部分失地农民进行了走访调查，此次调查共发放问卷120份，回收有效问卷112份，问卷有效回收率为93.33%。被调查对象主要来自潍坊市坊子区几个已征地10年以上的小区居民，他们大部分是完全失去土地的失地农民。根据回收的问卷，在所有被调查的对象中，男性有56人，女性有56人。

* 本文系山东师范大学2016年度大学生创新创业训练计划项目（国家级）“城镇化进程中失地农民的生存状况研究——以山东省潍坊市坊子区为例”阶段性研究成果。项目编号：201610445092；指导教师：宋惠芳。

其中年龄处于 20～30 岁的失地农民有 26 人，占被调查总人数的 23.21％；年龄处于 31～40 岁的有 27 人，占 24.11％；40 岁以上的失地农民有 59 人，占 52.68％。大多数失地农民为四口之家或五口之家，约占全部被调查失地农民的 3/4，约 1/4 为三口之家①；家庭里劳动力人数约半数是两人。接受调查的失地农民身上能够比较集中地反映失地农民所面临的共同问题及生存状况。

根据调查结果，被调查的失地农民的文化程度与他们的年龄几乎呈负相关，即年龄越大，文化程度越低。约 2/3 的失地农民文化程度为初中及以下，1/3 的失地农民文化程度为高中及以上，从总体来看，被调查者文化程度较低。而文化程度的高低决定了他们职业技能水平的高低。在被调查的 112 人中，有一技之长并拥有技能证书者有 24 人，占总人数的 21.43％；有一技之长但没有技能证书的失地农民有 33 人，占总人数的 29.46％；没有职业技能的失地农民有 55 人，占总人数的 49.11％。可见，失地农民总体职业技能水平不高。

对于农民来说，土地不仅仅意味着低成本的生活方式，而且是自身的一份保障。土地被征用后农民的生活必然发生翻天覆地的变化，而失地农民的生存状况一直是政府和社会各界关注的焦点。下面根据调查情况，就失地农民的生活方式状况、生活收支状况、就业状况、心理认同状况、社会保障状况和征地意愿以及征地补偿状况六个方面进行分析。

一、生活方式状况

坊子区接受调查的失地农民的居住环境彻底告别了晴天土雨天泥的平房，取而代之的是基础设施较完善的楼房。面对城市与农村生活的巨大差异，他们的生活方式也发生了相应的变化，农民不再围着土地打转、不再靠天吃饭，而是有了一定的闲暇时间。

据了解，坊子区失去土地后的农民大多已经“上楼”居住在小区里，以前的左邻右舍都住在一个小区，现在他们仍然可以在有空闲的时候一起打打牌、聊聊天。在坊子区已经上楼的失地农民的小区旁边都建有小公园，公园里配备较为完善的健身设施和篮球场、乒乓球场等，他们闲暇时间的主要活动安排是在小区公园散步、打球、跳广场舞等，看电视、做家务活、串门聊天也成为他们闲暇生活的选择。失地农民的闲暇生活由原来的单调乏味转而日趋多元化与丰富化。但他们的闲暇时间大都是围绕着小区进行各种娱乐活动，像异地旅游这种高消费的娱乐活动则较少，由此可以看出坊子区失地农民的生活消费方式仍以基础性消费方式为主，从基础性消费向发展型消费需求的转变较慢，仍保持着传统的消费习惯。

此外，失地农民家庭一般都有家电产品，与城市居民并无太大差异，如电瓶车、洗

① 家庭人数为 3 人的有 28 人，占 25％；家庭人数为 4 人的有 45 人，占 40.18％；家庭人数为 5 人及以上的有 39 人，占 34.82％。

衣机、冰箱、空调、电脑等。在征地之后,失地农民都会利用补偿款将新楼房进行精装修,购置了冰箱、洗衣机、空调、电脑等现代城市生活必需的家用电器。尽管在这些家电等方面失地农民已和城市家庭相当,但是对比失地农民的小区和城市居民的小区,失地农民的小区仍以电瓶车为主要的代步工具,有些单元门口仍然停放着破旧的脚蹬三轮车,而城市居民的小区则以汽车或者电动三轮为主要的代步工具,脚蹬三轮车极为罕见。失地农民的楼房质量较差,坊子区最早一批上楼的失地农民是在10年前,如今则存在墙体裂缝、小区绿化破坏不堪、垃圾桶缺失、垃圾乱扔,胡乱停车等现象。由农民转变为市民给失地农民带来了极大的冲击,使得他们由半开放性、半自给自足型的消费向全方位市场化、商品化的消费转变;但由于失地农民的自身因素的影响,他们仍然受到原有农村生活方式的束缚。

二、生活收支状况

大部分失地农民在失去土地的同时也失去了低成本的生活方式,难以接受城市高成本的生活方式,生存压力增大。从生活水平来看,21.43%的失地农民会因为本村土地征用而生活水平上升,然而,35.71%的失地农民却因为土地征用而生活水平下降。这是因为,失地农民中的一部分人在失去土地之前从事非农业工作,失去土地对他们就业、生活等影响不大,反而因为征地补偿生活质量提高;另一部分人在征地前就依靠土地从事农业生产经营活动获得经济来源,由于当前我国征地补偿安置方式主要采用货币安置的方式,失去土地就意味着失去了工作,在短时间内这部分失地农民可以依靠因征地而得到的货币生存,而从长期来看却失去了生存的根基。农民失去土地变为城市居民,在生活方式上必须向城市市民转变,需要和城市市民一样支付必要的生活费用,如此一来,他们的生活成本必然增加。

在笔者走访的失去土地实现"农转非"10年以上的居民中,大部分(尤其是50岁以上年纪较大的居民)对当前的生活满意度不高。[①] "自从上了楼,生活方便了很多,但是花钱也比以前多了,每个月得交物业费、电费、水费、暖气费、停车费……以前自己家种的蔬菜就能吃一个冬天,现在没有地了只能买着吃,吃饭都吃不起了!""我们是10年前征用的土地,政府的政策是每人每年900元钱补助,10年了一直是这个价钱,现在物价涨了那么多,一个人一年的口粮都不止900元钱!""现在孩子都在城里上学,每天来回接送孩子上下学,交学费、买学习用品所花的费用也是一笔不小的数目。"由表1可见,农民失地进入城市后生活支出明显增多。

---

① 在笔者所做的调查中,44.64%的失地农民愿意到城市中居住,31.25%的失地农民不愿意到城市中居住,24.11%的失地农民表示无所谓。在不愿意去城市居住的失地农民中有48.57%表示城市生活费用支出较高是最主要的原因。

表1　　征地前后，家庭年支出变化状况[①]

家庭年支出	征地前		征地后	
	小计	比例	小计	比例
1万元以下	15	13.39%	13	11.61%
1万～2万元	29	25.89%	19	16.97%
2万～3万元	22	19.64%	26	23.21%
3万～4万元	16	14.29%	16	14.29%
4万～5万元	6	5.36%	11	9.82%
5万～8万元	13	11.61%	15	13.39%
8万元以上	11	9.82%	12	10.71%

三、就业状况

对于任何人而言，没有工作就无法生存。土地作为农民从事生产经营活动所依赖的对象，是农民特殊的工作岗位，失去土地意味着失去工作的场所，意味着失去收入的来源。根据国家政策，对农民征用土地后要对其进行一定方式的补偿，补偿方式多种多样，包括一次性货币安置、就业安置、入股分红安置、社会保障安置等，不同的地方根据各地情况的不同分别采取了不同的政策。大部分地区采取货币安置的补偿方式，少数地区采取就业安置和社会保障安置。

通过对潍坊市坊子区几个已经“上楼”10年的小区的走访调查，笔者了解到，对于征地之前从事非农业生产工作的居民来说，失去土地对他们的就业影响不大；对征地前从事农业生产工作的居民来说，他们在失去土地的同时就失去了工作。在被调查的对象中，将近一半的失地农民没有任何职业技能，将近40%的失地农民为初中及以下的学历，且年龄在50岁以上的失地农民占到全部被调查人数的1/4。那些自身文化程度不高、缺乏职业技能且年龄偏大的失地农民在就业上处于劣势地位，土地被征用后他们有许多赋闲在家或加入到农民工行列，处于职业的底层。征地后，40岁以上的人基本上找不着新的工作，只能靠子女和每月的补助生活。当问及有什么困难希望政府帮助解决时，很多人表示希望政府帮忙解决就业问题和医疗保险问题。

就业是民生之本。对于失地农民来讲，最大的困难在于征地补偿款用完之后的生存问题，而解决这一问题的关键就是对失地农民进行就业安置或对他们进行就业技能培训，如此一来，就算是失地农民用完征地款，他们也不会失去收入的来源。而根据笔者的调查，潍坊市坊子区失地农民所面临的主要问题就是再就业难和社会保障问题，接受调查的失地农民中有70.54%表示征地以后最担心的问题是没有技能，无法就

① 由于收入涉及居民的个人隐私，出于对失地农民隐私的保护，我们只给出家庭消费支出的对比数据。由表1可见，征地后失地农民的家庭年支出普遍有所增加。

业，无经济来源，无生存保障。他们由于总体上文化程度不高，缺乏必要的职业技能，在竞争激烈的就业市场不占优势，只能从事比较低级的体力劳动（见表2）。

表2　征地前后的职业状况

职业	征地前		征地后	
	小计	比例	小计	比例
务农	31	27.68%	7	6.25%
本地企事业单位工作	16	14.28%	16	14.28%
外出打工	27	24.11%	40	35.72%
个体经营	16	14.28%	11	9.82%
赋闲在家（无工作）	9	8.04%	20	17.86%
其他	13	11.61%	18	16.07%

四、心理认同状况

失地农民市民化是社会关注的一个焦点，它是指“农民在失去土地后克服各种障碍使其生存职业、社会地位、自身素质和意识行为不断城市化，逐渐摆脱其城市边缘的状态，走向和融入城市主流社会最终成为市民的过程”①。它不仅仅是失地农民适应城市居民的生活方式的过程，更重要的是从心理上认可自己的身份，在思想上实现农民到市民的转化的过程。失地农民大多存在着留恋故土的心理倾向，他们对于以往生活的记忆无疑是长久的，尽管有些人已经实现了“农转非”，但是由于长期形成的生活习惯和对自己身份的界定一时难以改变、在城市中没有稳定的工作以及享受不到城市居民应有的待遇，许多失地农民出现了身份与职业上的割裂，心理存在着迷茫。

失地农民的身份转换问题一直是研究失地农民问题的一个重点。笔者走访调查发现，被调查的小区被人为地分为前后两个部分，前半部分是房地产商用于销售的商品房，后半部分是失地农民的拆迁房。虽然同为一个小区，但是前后两部分的房子质量、物业管理以及基础设施等许多方面都大相径庭。如此不公平的划分使得失地农民对于自己的身份认同处于一种模糊的状态，而这种状态也真实地反映了他们对生活现状的不尽满意。

农民没有做好成为“城市人”的准备就被剥夺了土地，“扔”进了城市。由于长期实行的城乡二元机制还没有完全被打破，作为弱势群体的失地农民在就业、社会保障等方面都会受到或明显或隐晦的歧视。根据调查，坊子区被调查的失地农民中有39.29%认为城市居民对人、集体、社会事务比较冷淡，19.64%表示城市的人际交往方式难以接受。就人际交往方面，72.32%的被访者选择在农村居住。“在城乡二元结构的

① 周军、刘晓霞：《失地农民市民化身份转换的障碍分析及其对策》，载《理论探讨》2010年第2期。

社会背景下，失地农民制度性身份的变化发生了改变，但并不享有与市民同等的待遇，缺乏在城市生活的基础，他们是失去‘根’的农民，又是缺少城市社会保障的市民，加剧了身份认同判断的模糊性。”①

尽管调查显示，坊子区被调查的失地农民中有44.64%愿意到城市居住，但是在对自己的身份认定问题上，仅有21.43%认为自己是城市居民，29.46%说不清自己是市民还是农民，有49.11%的失地农民认为自己依旧是农民。22.32%的失地农民认为自己能够适应城市生活并且已经融入了城市，这一部分失地农民大多是征地前就已在城市从事非农工作；52.68%的失地农民在心理上存在迷茫，不能在短时间内适应城市生活。在对个案做访谈时，当问到他们对自己的身份认同，大部分人都说自己只是住在城市里的农民，身份认同的模糊性真实地反映了失地农民在心理上仍然没有完成从农民向市民的过渡。

五、社会保障状况

对于失地农民而言，即使实现了农民向市民的转化，也无法完全取得城市居民所享有的各种保险。当前我国完善的、面向全体成员的社会保障体系还未建立，土地对于农民来说就是他们生活的保障，它担负着生活、养老、就业等多重意义。我国当前对失地农民的补偿项目数量较少，补偿的标准不高，在给予补偿的过程中，主要是从政府的意愿出发、对土地实行政府定价，而忽略市场价格。由于我国大部分省市都采取了一次性货币安置的补偿方式，而较少采用社会保障安置，由此使得失地农民的社会保障状况仍然处于初级阶段。

在接受调查的潍坊市坊子区失地农民中，有50.89%对当前的社会保障状况不满意，28.57%认为一般，仅有20.54%持满意态度。身份转化为非农户口也享受不到城市的社会保障是他们不满意的主要原因。在问及现阶段急需政府帮忙解决什么问题时，1/3的失地农民表示希望政府解决老人的医疗和养老问题。子女教育问题、老人养老问题以及医疗问题等等迟迟得不到保障使得许多失地农民缺乏生活安全感，这也是影响失地农民生活满意度的一个重要因素。

失地农民在失去土地之前土地一直发挥着社会保障的作用，使得他们几乎得以自给自足并且在老的时候有个保障。接受调查的张某说："有地的话可以自己种点蔬菜或者给孩子建房，就算以后老了种不了地，也可以租出去或卖了赚钱。"由于失地农民中有许多老年人，他们失去土地后由于年龄的限制无法找到新的工作，只能靠征地款维持生计，刚开始或许生活会有所好转，但过不了几年征地款用完了，生活就没了着落。据了解，很多老年人身体不太好，看病就医花费太高，征地款难以支撑高昂的医药费，"老人最怕的就是生病，一生病就得吃药，严重的还得住院，一次就花好多钱"，一位接受采访的老太太说。害怕生病就医成了许多失地农民的"心病"。

农民在失去土地以后，即使是某些已经实现"农转非"取得城市户口的人，也并没

---

① 崔波、李开宇、高万辉：《城乡结合部失地农民身份认同：社会空间视角》，载《经济经纬》2010年第2期。

有获得相应的城市社会保障，新型农村合作医疗保险仍是大部分失地农民所拥有的社会保险类型，只有少数人获得了城镇职工养老保险和医疗保险，甚至还有部分失地农民没有任何保险(见表3)。在养老的方式上，21.42%的失地农民希望依靠儿女或其他方式，36.61%希望能够依靠自己的力量，41.97%希望能够依靠保险养老，保险问题成为失地农民最迫切希望政府解决的问题之一。

表3　　征地前后失地农民社会保障状况

职业	征地前		征地后	
	小计	比例	小计	比例
个人购买的商业养老保险	32	32.99%	29	29.9%
城镇职工养老保险	17	17.53%	17	17.53%
新型农村合作医疗保险	61	62.89%	54	55.67%
城镇职工医疗保险	14	14.43%	14	14.43%
其他	7	7.22%	10	10.31%
没有任何保险	14	14.43%	12	12.37%

注：在进行问卷设计时，本题为多项选择题，因此可能出现征地前后统计总数和比例不一致的现象。

六、征地意愿及补偿安置问题

在我国城镇化快速发展的进程中，大批失地农民并非作为积极的、主动的参与者迎接城镇化的到来，而是作为被动的接受者，被卷入到城镇化的浪潮中去，即“被城镇化”。在中国，农民与土地之间有着割不断的联系，土地与城镇化之间又有了新一层的关系——征用土地已经演变成为城镇化的一个重要环节。土地征用涉及农民的切身利益，农民却并无或者很少有发言权，这就增加了失地农民对政府的不满，最终导致许多群体性事件的发生。

在笔者所做的调查中，62.5%的失地农民表示政府在征地过程中并没有提供信息渠道征求征地补偿方案的意见，67.86%的失地农民表示自身并不赞成被征地。不同意被征地的失地农民认为：土地是农民的保障，种地可以得到粮食、蔬菜(43.75%)；靠近县城，土地少，工作、赚钱之余就可以把地种完，收入可以补充家庭收入(36.61%)；年龄大了，没有别的技能，只能种地，没有土地就没有生活保障(30.36%)等等。① 在采访潍坊市坊子区被征地10年以上的失地农民时，绝大部分被访者反映当时政府采取了强制拆迁的手段，并未征得他们的同意。

在征地补偿方面，接受调查的失地农民表示，他们征地较早，政府对他们进行了货币安置，按人头每人每年900元补贴，此外没有任何其他补偿。与10年前相比，我国的物价水平有了很大幅度的提高，而补偿款却没有随之增加。据统计，填写问卷的失

---

① 在调查问卷中，此题为多选题。

地农民中，仅有14.28%满意政府的征地补偿。不满意的原因主要表现在三个方面：赔偿不公平，不同生产队、不同批次被征地的农民所得赔偿方式不同；赔偿金太低，不足以支撑城市生活开销；没有新的就业出路，也没有土地保障，担忧生存。

在征地过程中，农民完全处于被动的状态，从征地开始到结束，不管是土地征用的认定，还是补偿费的确定、征地后的安置，都是政府和有关部门说了算，农民没有以独立的主体身份参加。[①] 不管在征地之前还是征地之后，政府都应坚持以人为本，充分尊重人民的意愿，做好协商，尽量采用就业安置和社会保障安置的补偿方法，使得失地农民实现自身的再发展。

（指导教师：宋惠芳、史家亮）

① 参见王克强：《中国农村集体土地资产化与社会保障机制建设研究》，上海财经大学出版社2005年版，第156页。

在校大学生对校园贷款的使用情况分析

——基于对山东省部分高校的调查*

杨　森

摘要：随着当今社会的多元开放和电子支付领域的蓬勃发展，在校大学生网上贷款、分期付款消费、创业贷款等各方面的消费开支不断增大，作为无固定收入的高消费人群——大学生，对贷款服务有很强烈的需求，由此应运而生简单快捷的校园小额贷款。但是校园小额贷款自身存在许多法律问题。本文尝试从校园贷款的分类、表现及特点出发，分析其对新时期在校大学生的双重影响，力求发扬积极影响并针对其消极影响提出合理对策，真正做到取其精华，去其糟粕，从而引导大学生树立正确的债务观和消费观。

关键词：校园贷款；大学生；培养

校园贷款是当下热议的一个话题。校园贷款，大多数是校园网络贷款，是指一些网络贷款平台面向在校大学生开展的贷款业务。校园贷崛起之际，正值"90后"进入大学之时。这一代学生年轻时尚，推崇提前消费，缺乏忧患及风险意识，面对琳琅满目的消费品很容易动心。当兜里的生活费不足以为欲望埋单，借钱的想法自然萌生。从宿舍门缝里小广告的试探，到公然贴上校内布告栏，校园贷款广告瞄准大学生消费欲望和支付能力之间的落差，用"零首付""免息""分分钟到账"等噱头挑逗象牙塔中人，无担保，宽审核，为借贷双方的相互不负责任，追求一时便利，埋下深重隐患。

一、校园贷款的分类、表现及特点

校园小额贷款在全国各大高校的迅速发展，催生了一大批的大学生"贷奴"。因此，正确认识和把握校园小额贷款的分类、表现及特点有利于规避其中的不利因素，保障在校大学生在贷款中的合法权益。

---

* 本文系山东师范大学2016年度大学生创新创业训练项目（校级）"新时期在校大学生小额贷款问题的调研与分析——基于山东省部分高校的调查"阶段性成果。项目编号：201610445097；指导教师：谢林刚。

(一)校园贷款的分类

校园贷款通常分为三种:一是专门针对大学生的分期购物平台,主要涉及满足大学生购物这一方面的需求,例如趣分期、分期乐等手机 APP;二是 P2P 贷款平台,用于大学生助学和创业,例如平安集团旗下 P2P 平台陆金所;三是淘宝、京东等电商平台提供的信贷服务,例如支付宝的蚂蚁花呗、京东的京东白条。

(二)校园贷款的表现

就目前的情况来看,校园贷向我们展现的主要是其危险性,校园贷存在的乱象逐渐显现。主要表现为以下三种现象:

1.奇葩借贷条件层出不穷

为了吸引大学生,有些平台会通过各种形式降低大学生借贷门槛,但是低门槛的背后也隐藏着更高的风险,其中有些形式已经触犯了公众的道德底线。比如:有些高利贷团伙通过一些网络借贷平台向大学生提供"裸条放款",即进行借款时,以借款人手持身份证的裸照替代借条。对于有些涉世未深且思想开放的当代大学生来说,这个条款无疑是极具吸引力的,只需拍张照就可借到钱,何乐而不为?但是,高借贷利率往往会导致大学生无力偿还债务,这就会直接导致有一些女大学生不能按时偿还贷款被威胁要公开其裸照,甚至要求进行性服务来偿还的现象。这种结果的发生,不论是对于当事人还是公众,都是极大的冲击。

2.近八成平台费率不明确且各家平台费率不一

根据《2016 年上半年大学生消费分期调查报告》,在调查的所有机构中,21%的平台有较为明确的费率,79%平台的费率较为不明确。[①] 费率不明确意味着当大学生选择校园贷产品时面临较大不确定性,从而面临的风险也随之增大。

3.大部分平台未明确说明预期后果且预期费率两级差距大

根据《2016 年上半年大学生消费分期调查报告》,在调查的所有机构中,明确表示逾期后果以及逾期费率的平台占比为 52%,逾期费率不明确的平台为 48%。在明确逾期费率的平台中,逾期后每日费率在 1%的平台占比最多,为 58%;逾期后每日费率最高的是 3%,占比为 11%;逾期后每日费率最低的是0.05%,占比为 12%。最高逾期费率与最低逾期费率相差 60 倍,而大学生在借贷时大都不会仔细阅读借贷协议,从而容易造成日后悲剧的发生。

(三)校园贷款的特点

1.放贷门槛低,流程简单

校园贷通过在校园内贴广告、微信朋友圈、QQ 群、发短信、打电话等多种方式宣传"无担保,无抵押""每天前 1000 名借款免息""闪电借款"等贷款标语,凭身份证即可获得几千甚至上万的贷款,如此低的门槛就可以申请到贷款,使那些经不住诱惑或者无偿还能力的学生轻而易举地掉入陷阱。此外,目前市面上的校园借贷公司各自为政,没有大数据共享机制,一个学生可以在多个平台申请贷款,很容易出现"拆东墙补

---

① 参见余辉:《2016 年上半年大学生消费分期调查报告》,学习网—调查报告,2016 年 6 月 16 日。

西墙”的情况，陷入“借贷—消费—借贷—还贷”的恶性循环之中，最终债台高筑。

2.还款方式灵活

有按月等额还本付息、按季结息到期还本、到期一次还本付息或分两次还本付息等多种灵活的还款付息方式。

3.隐形费用较高与高额的逾期违约金

具体来说有八项常见的费用，包括贷款利息、逾期罚息、逾期管理费、充值费、提现费、借款服务费、借款手续费，其中还有一项神秘的“代理费”，代理费是为了进一步扩展业务，圈占所属“地盘”，校园贷款平台往往会通过设校园代理的方式为平台争取更多的客户资源，代理人拉人贷款获得提成奖励。此外，如果代理人主动去拉别人成为中介，还可以从借款人手里额外多抽取一定比例的中介费。因此，一些大学生会遇到通过校园中介借款时还需缴纳代理费的情况。所谓违约金，是附停止条件的给付允诺，其所附加的条件是允诺人不履行义务或者不当履行义务。违约金通常指向的是金钱的支付，但也可能是其他给付。[①] 校园贷款平台通常设置极高额的违约金，如果借贷者没有按时还款，则会出现高额逾期违约金，有的违约金甚至比本金高好几倍。

二、校园贷款对新时期在校大学生的双重影响

马克思主义辩证法要求我们用一分为二的全面观点看问题，任何事物都有两面性，校园贷款也不例外，它是把“双刃剑”，如果运用得好可以造福广大学生，一旦滥用则会贻害无穷。有的大学生利用校园小额贷款进行自主创业，响应李克强总理“大众创业，万众创新”的口号，凭借自己的不懈努力以及聪明才干，获得了创业成功；还有的大学生只会利用贷款平台购物消费，和其他同学盲目攀比，丝毫不考虑自己和家庭实际的经济状况，以至于在多家贷款平台申请贷款后“拆了东墙补西墙”，陷入“借贷—消费—借贷—还贷”的恶性循环之中，最终债台高筑，更有甚者，因为还不起庞大的债务而结束了自己年轻的生命。在这种背景下，我们要从正反两个方面看待校园贷款这个问题，分别从积极和消极两个方面来分析校园贷款对新时期在校大学生的双重影响。

(一)校园贷款对新时期在校大学生的积极影响

1.适应大学生的需求

19世纪德国哲学家黑格尔说过：“存在即合理。”校园贷的出现是适应大学生消费需求而产生，如果取消校园贷，会造成大学生的消费需求不能满足。对于大学生而言，“叫停校园贷”关闭了他们获得更多资金的一条途径，学生在没有其他有效且适合大学生途径的情况下，会寻求其他渠道，不能排除他们会通过非法手段获得所需资金，从而会危害公众安全，扰乱社会秩序，从而得不偿失。

2.对经济的发展具有一定推动作用

校园贷是普惠金融的一部分，普惠金融是国家乃至国际上都在倡导的一种发展方式。作为一个占有相当大比例的消费群体，大学生不能被排除在这一范围之外。如果

---

① 参见王洪亮:《债法总论》，北京大学出版社2016年版，第423页。

对校园贷进行有效管理与引导，大学生的消费是一股不可忽视的力量，对经济的发展起到很好的推动作用。

3.有利于支持大学生创新创业

当前，大学生创新创业热情高涨，对很多并无资金积累和外力支持的年轻人来说，用借贷搭个创业的梯子，不失为一种选择。同样，借贷助学并用自己的努力偿还债务，以便顺利完成大学教育，也能为家庭减轻经济负担。曾有人统计，学生贷款主要用于消费、创业、助学，分别占 40%、40%、20%，并随时间点不同而有所波动。校园贷款作为互联网时代的新兴产物，的确为尚未具备收入自足能力的大学生打开了一扇“经济解困”的窗。

(二)校园贷款对新时期在校大学生的消极影响

事实上，校园贷款的消极意义要大于其积极意义，因为校园贷款危及大学生生命安全及财产安全的事例更是层出不穷。例如 2016 年郑州 21 岁大学生郑某因无力偿还 60 万元网贷跳楼自杀；2016 年暑假期间，重庆某同学因借 1200 还 6000 离家出走；常州一大学生深陷校园贷，短短几月被追债 10 万……这些事例真实地发生在我们身边。那么校园贷款有哪些消极意义呢？

1.校园贷款具有高利贷性质

不法分子将目标对准大学校园，利用大学生社会认知能力较差，防范心理弱的劣势，进行短期、小额的贷款活动，从表面上看这种借贷是“薄利多销”，但实际上不法分子获得的利率是银行的 20～30 倍，肆意赚取学生的钱。据不完全统计，目前涉及校园贷款的平台，借款利率普遍较高，借贷利息仍然是一种指数计算形式，利益极为可观。部分通过校园贷款消费的大学生，缺少应有的消费理性。有教育人士提醒，若不考虑高额的利息一味借贷，难免酿成苦果。这种类似于“温水煮青蛙”的现象，令人担忧。

网贷之家调研数据显示，纯 P2P 学生贷款平台年化借款利率普遍在 10%～25%，分期付款购物平台要更高些，多数产品的年化利率在 20%以上。2015 年 6 月 23 日，最高人民法院专门就民间借贷问题出台了司法解释，规定年利率没有超过 24%的受法律保护；超过 36%的，超过部分的利息不受法律保护。

2.校园贷款会滋生学生肆意借款的恶习

大学生的经济来源主要靠父母提供的生活费，若学生具有攀比心理，且平时就有恶习，那么父母提供的费用肯定不足以满足其需求。因此，这部分学生可能会转向校园贷款获取资金，并引发赌博、酗酒等不良恶习，严重的可能因无法还款而逃课、辍学，甚至自杀。

3.若不能及时归还贷款，放贷人会采用各种手段向学生讨债

一些放贷人进行放贷时会要求提供一定价值的物品进行抵押，而且要收取学生的学生证、身份证复印件，对学生个人信息十分了解，因此一旦学生不能按时还贷，放贷人可能会采取恐吓、威胁学生甚至其父母的手段进行暴力讨债，对学生的人身安全和高校的校园秩序造成重大危害。

4.有不法分子利用高利贷进行其他犯罪

放贷人可能利用校园高利贷诈骗学生的抵押物、保证金,或利用学生的个人信息进行电话诈骗、骗领信用卡等,这些行为均触犯了法律,对正处于大学校园的学生来说更是一种极大的伤害。

三、避免在校大学生滥用校园小额贷款,引导树立正确的债务观和消费观

校园贷款是2016年轰动校园及各大社会舆论话题之一,起因事件为河南某高校的一名在校大学生,用自己身份以及冒用同学的身份,从不同的校园金融平台获得无抵押信用贷款高达数十万元,当无力偿还时跳楼自杀。据调查,校园贷款平台的风控措施差别较大,个别平台存在学生身份被冒用的风险。此外,部分为学生提供现金借款的平台难以控制借款流向,可能导致缺乏自制力的学生滥用贷款,过度消费。

(一)校园贷款自身的危害

对于不良校园贷款对大学生造成的影响及危害,主要表现在暴力催款。很多校园贷款平台普遍存在不文明的催收手段。比如"关系催收",学生借款时被要求填写数名同学、朋友或亲属的联系方式,如果不能按时还款,平台就会把其逾期信息告知该学生的关系圈,严重干扰和伤害借款学生。

又比如"裸条"借贷,学生借款时被要求拍"裸条"(手持身份证拍裸照)作为借条,如果无法还款将被威胁公布裸照给家人朋友。这些不文明的催款手段不仅会影响学生的正常学习生活,还影响其人生观和价值观取向,有时候还会造成不可挽回的错误。

(二)避免在校大学生滥用校园小额贷款高校应当采取的措施

鉴于高校有义务维护在校学生的合法权益,因此,高校方面应该积极做出实际行动,降低学生进行校园贷款的概率,切实保障学生正常的学习和生活。

1.做好经济困难学生的精准帮扶工作

切实提高奖学金、助学金及相关贷款政策宣传的广泛性和有效性,使那些需要资助,特别是在学费、生活费等方面有保障性需求的学生,都能够明了政策、清楚办理流程,切实做到精准帮扶。

2.建立健全完善的资助体系

加强对学生资助工作的科学管理和制度支撑,建立健全既有共性需求又能体现个体差异的资助体系。要充分挖掘校内外资源,筹集专项基金,满足学生拓展学业、创新创业等发展性需求。拓展资助渠道,积极探索建设和发展校园社区银行,为学生提供渠道畅通、手续便捷、利率合理的金融借贷服务,满足学生的临时性需求。

3.定期组织学生参加教育学习讲座,加强学生的理财意识,提高学生的防骗能力

为了加强校园不良贷款借贷风险防范和教育引导,高校应当同金融机构、网贷监管机构、网络安全等部门一起,组织举办报告会、讲座、知识竞赛等活动,普及金融信贷和网络安全知识及相关法律法规知识。

(三)引导大学生树立正确的债务观和消费观

新时期在校大学生是校园小额贷款的主体,是贷款事件的主要参与者。作为一名

有理想、有道德、有文化、有纪律的大学生，我们应当正确地认识到滥用校园贷款所带来的危害，并加强防范意识，树立良好的债务意识和消费意识，避免落入不良校园贷款的陷阱。

1.加强防范意识，识别出校园贷款中的陷阱

首先，要明确费率问题。据调查显示，约六成的平台费率不明确，逾期后每日费率最高与最低相差60倍之多，成了高利贷。

其次，要明确“简单”的贷款流程。为了方便推广以及扩大用户数量，很多校园网贷平台对申请贷款的大学生的审核流程非常简单。在填写多项个人信息资料后，主要通过远程视频等途径确认信息，有的甚至只需要提供学生证和身份证即可办理。但是在这看似简单的背后，隐藏着并不简单的后果。

最后，要清楚各种隐藏的费用。校园网络借贷平台出于抢占市场和竞争的需要，会隐瞒或模糊实际资费标准、逾期滞纳金、违约金等。

2.培养良好的债务意识和消费意识，加强自我管理能力

作为一个大学生，要学会合理消费、理性消费、科学消费，要意识到超前消费、过度消费和从众消费是错误的观念。要学会制定消费计划，合理安排生活支出。确实需要贷款的，要选择正规的渠道贷款，并与学校老师和家人耐心商量，他们永远是你的最坚固的防火墙。平时需要提高消费自控的能力，做到三思而后行，尽量不要冲动购物。养成每日记账的习惯有助于提醒和约束自己。

3.自觉了解金融信贷和网络安全知识及相关法律法规知识

为了不掉入校园贷款的陷阱中，我们要积极参加学校举办的有关报告会、讲座，避免不良贷款平台给我们带来不必要的麻烦。

4.时刻提醒自己坚决不做贷奴

很多同学通过各种渠道来办理校园小额贷款，虽然短期获得了经济上的高消费，但是以后的日子里压缩生活开支，为还款付出更多的金钱和精力，更严重者会严重走上歧途，对自己的学业和未来生活都有影响。

综上所述，校园小额贷款作为一种新兴的事物，就其本身来说没有好与不好之分，只是学生们在使用它的时候出现了各种各样的偏差。在使用得当时，它会是你成功路上的助力；在使用不当时，校园贷款便成为一些不法之人谋取利益的工具，这一做法使得校园小额贷款这一极具发展潜力的业务变得摇摇欲坠。因此，应提高校园贷款平台设立标准，加大审查监管力度，同时对于违法或者资质不好的平台加大惩处力度，鼓励扶持优质平台的发展，使其成为对大学生有利、对经济发展起积极作用的工具，使新时期的大学生养成良好的债务观和消费观，进而培养出新一代全面发展的大学生。

（指导教师：谢林刚）

大学生视角下思想政治理论课优质课堂要素研究

——基于部分驻济高校的调查*

吴　迪

摘要：思想政治理论课是对大学生进行思想政治教育的主渠道、主阵地，课堂教学是高校思想政治理论课教育教学的中心环节，思想政治理论课优质课堂的实施有助于提高其教学质量。本文借助对驻济高校大学生样本的实证调查，首先对问卷及访谈内容进行详细整理，其次剖析当前高校思想政治理论课的现状及问题产生的原因，进而从课堂教学过程中的教育双主体、教育介体、课堂环境、课程建设等角度重点研究大学生视角下优质课堂的概念、特点和要素构成。

关键词：大学生视角；思想政治理论课优质课堂；要素研究

课堂教学是高校思想政治理论课教育教学的中心环节，是构成思想政治理论课优质课堂的基本单元。然而，优质课堂的建设既是高校思想政治教育的重点环节，也是薄弱环节。随着时代的发展，思想政治理论课优质课堂日益成为大学生的迫切需求，也成为我国高等学校教育改革与建设的现实需要。

一、调查的基本情况

项目组成员在2016年10月至2017年2月围绕课题进行了为期3个月的问卷调查及师生访谈。本次调查共涉及驻济南9所全日制高校，共发出问卷1500份，回收问卷1380份，回收率92%，其中有效问卷1161份，有效率84.13%。

其中男生418人，占比36%，女生742人，占比64%。包括大一年级414人，大二年级344人，大三年级307人，大四年级95人。按学生专业类别分为文史哲类349人次，理工类330人次，师范类167人，财经类84人，医药类140人，建筑类110人，艺术

* 本文系山东师范大学2016年度大学生创新创业训练项目(国家级)“大学生视角下思想政治理论课优质课堂要素调查研究——基于部分驻济高校的调查”阶段性成果。项目编号：201610445100；指导教师：史家亮、孙余余。

类 154 人次，高职类 143 人。

在问卷正式内容展开之前，我们首先了解了大学生对于思想政治理论课的喜爱程度。调查显示，受访者对于“思想道德修养与法律基础”和“中国近现代史纲要”两门课的喜爱程度较高，而对于“马克思主义基本原理”的喜爱程度偏低。一方面，由于受访者年级集中于低年级，对于尚未开设的“马克思主义基本原理”了解不多，对于其他科目了解更多些。另一方面，与课程难度有关，“思想道德修养与法律基础”和“中国近现代史纲要”与现实关联度强，与历史融合度高，较之“马克思主义基本原理”略显艰深的理论叙述来说，学生接受起来更为简单些。

(一)受访大学生对其当前所处思想政治理论课的看法

1. 对其思想政治理论课授课教师的总体看法

其一，56.85％的学生认为思想政治理论课教师为人师表、方法恰当，很受学生欢迎，只有 13％的大学生认为思想政治理论课教师上课枯燥，教学方法单一，印象不佳。由此可以看出，教师队伍的整体素质非常值得信赖，但是仍然需要加强教师队伍建设以适应学生的需求，达到更好的教学成果。其二，对于课堂教学低吸引力教师方面的原因，55.13％的大学生认为造成思想政治理论课对学生缺乏吸引力在教师方面的原因是教学方式陈旧单一，难以激发学生的学习兴趣；19.61％的学生认为教师的理论基础不够雄厚，学科知识的广度和深度有待提升；另有约 18％的学生认为教师的道德素养和仪表言谈也是造成思想政治教育理论课缺乏吸引力的原因。可见思想政治理论课优质课堂的授课教师在提升自身理论素质和道德水平的同时，更要创新教学模式和教学的方式方法，提高课堂对学生的吸引力。

2. 所在思想政治理论课堂中学生的具体表现

大学生思政课出勤率较高，出勤率在 85％以上的达到 70％。可见学生学习思想政治理论课的兴趣还是保持得较好的，但是学生对于思想政治理论课缺乏吸引力的反馈和学生表面维持的较高的出勤率让我们不禁想到：学生人在教室里了，但是是否真正高效率地得到了知识的吸收和道德情感的升华？在多大程度上达到了思想政治理论课的教学预期，是否存在着“隐性逃课”的行为？在随后的问卷信息中该疑问有所解答。其次，所在思想政治理论课学生的表现如下：表示认真听讲、积极与老师互动的大学生有 27.73％，表示自己在思想政治理论课上认真听讲但是不做课堂笔记的占 26.87％，另有 30.15％的大学生只是偶尔听听，但大部分时间看其他科目的书。我们可以初步得出，大多数学生在课堂上表现还是比较不错的。但是学生对于思想政治理论课学习的功利化态度亦有之，比如看其他科目的书，这就使原本课时不长的思想政治理论课课堂时间的有效利用程度降低了，学生虽然在教室，但思维并没有和老师同步。结合访谈我们发现，这可能是因为学生认为思想政治理论课内容浅显不用费时记忆，只需要临考试多背背就可以，不如专业课重要等。

3. 所处思想政治理论课课堂氛围的主要表现

当前大部分(43％)的大学生认为自己所处的课堂氛围为学生上课认真，积极性高，课堂氛围活跃，这是思想政治教育教学的可喜成果。但是有相当一部分(39％)的大学生认为学生在课堂上没有什么积极性，氛围比较压抑。少部分学生(18%)走向了逃课或是“隐性逃课”的极端。需要关注的是，造成学生积极性不高的原因是什么，以及如何提高学生的积极性，大学生对于思想政治理论课优质课堂的课堂氛围期待为何及如何达到。

4.所认可的思想政治理论课的考核方式

在对大学生喜爱的考核方式的调查中我们可以看出，占比最高的是当堂开卷考查(为27.39%)，其次是进行户外考察并提交实践成果(占比19.10%)，喜爱提交论文形式的有17.57%，喜爱撰写读书笔记的有16.45%，喜爱考勤的有12.27%，喜爱期末闭卷考试的有7.31%。综合来看，不能以单一的考核方式为评价学生的根据，应该把受学生欢迎的考核方式有机地纳入日常考核之中。

(二)受访大学生对高校思想政治理论课优质课堂的观点

1.对大学生思想政治理论课优质课堂基本认知

在了解程度上，50.13%为略有了解，29.46%的学生表示比较了解，但是对其内涵了解并不深入，多停留在较浅显的层面上。在最佳班额上，42.64%的大学生认为班级人数最佳为35～50人，31.18%的大学生认为人数应当以50～80人为宜。由此我们可以看出，对于思想政治理论课的中小班额的需求在大学生中间较为迫切，班额过大使学生的主体地位得不到有效发挥，课堂活动不能高效开展，因此中小班额教学是学生对于思想政治理论课优质课堂的要求之一。在授课时长上，51.50%的大学生认为应控制在45分钟，31.87%的同学认为单次授课时长为60分钟。单次授课时长过长，对于学生长时间保持较高的学习效率会造成一定的困难和障碍。大学生更倾向于单次短时间上课的节奏。就调查结果来看，学生认为两周一次和一周一次的想法比较普遍。但是，大学生思想政治理论课优质课堂的“优质”是需要一定时间保证的，而不能在短时间内单方面的缩减授课时长和压缩授课频率。所以，如何在单次授课的较短时间内实现学生的知识高效率吸收，道德情操最大程度上升华，是需要解决的问题。再者，学生对于大学生思想政治理论课优质课堂的内涵并未深入了解，造成他们对思想政治理论课积极性不高的原因在问卷后续题目上可以找到答案。

2.对于思想政治理论课优质课堂的授课教师的意愿

对于教师类型，38%的大学生对于年轻有锐气、思想活跃的教师比较认可，33%的大学生对于成熟稳重、见解独到的教师非常喜爱，26%的大学生对于阅历丰富、理论基础雄厚的教师较有好感。可以初步看出，在授课过程中，要在教师年龄比例上搭配合适，并且可以适当地将自身经历和阅历体验与授课内容有机结合，学生乐于倾听教师独到的见解，分享教师深厚的阅历和活跃的思想，这些是在教材之外的“人”的因素，是值得合成到教学内容里的鲜活的素材。

对于教师在思想政治理论课堂上所具备素质与能力的重要程度排序中，就综合得分来看，(学生对教师在思想政治理论课堂上所具备素质与能力的重要程度排序体现了对教师具有对社会热点问题的关切与强烈的社会责任感的要求最高。)此外，对于教师的人格魅力和对学生的态度的重视程度也不亚于对教师教学方面的需求，如教师的教学素质和能力等。

教师在思想政治理论优质课堂上扮演角色的重要程度排序中，学生的选择依次是学生学习的引导者、启发者，学生合作学习的交流者，知识的传授者和学生心理健康的维护者，课堂的组织管理者。由此可以看出，学生对于教师传授知识的地位仍旧比较认可，但是教师对学生的关注度有了明显的要求，比如关心教师对学生学习过程的引导，在学习过程中与学生的合作交流，体现了学生对于自身学习主体地位的认知提升，对于和老师在学习过程中的合作交流尤为重视。

3.对于思想政治理论课优质课堂中大学生的角色认知

对大学生在思想政治理论优质课堂上所扮演角色的重要程度综合排序中，学生并不认为自己是知识的被动吸收者，这是对自身学习的主体地位更为明确的认知，认为自己更应该是教师的互动配合者和问题的发现与思考者，在发现问题的基础上主动地去搜集处理信息，在课堂上进行讲授和评价。这也是对于大学生思想政治理论课优质课堂的学生要素美好和可期的愿景。

对于思想政治理论课优质课堂上应该采取的学习方法的调查中，最受大学生喜爱的学习方法是课堂讨论（占比 26.29%），其次是聆听故事（占比25.81%），再次是教师主讲理论（占比 22.95%），16.52%的学生较为喜爱浏览资料，7%的大学生热衷于学生主讲。总体来看，大学生对于丰富多样的学习方法比较欢迎。

对于大学生在思想政治理论课优质课堂上的积极参与，42.89%的大学生认为在大学生思想政治理论课优质课堂上可以通过参与课堂讨论和互动的方式参与课堂；26.62%的大学生认为可以在课前搜集资料，写小论文，拿到课上与同学交流；建议采用主题式研讨辩论的大学生占 22.60%；只有 7.9%的大学生认为可以单纯接受理论知识，这与学生的专业类型及学习方式的偏好有一定关系。由此我们可以看出，大学生在课堂上表达的欲望比较强烈。在课下搜集资料，准备小论文和研讨材料可以有效延长潜在的学生用于学习思想政治理论课的时间，对于高效的课堂讨论和学习效果的提高也是有益的。

4.思想政治理论课优质课堂的课堂氛围期待

就综合得分来看，大学生期待的思想政治理论课优质课堂的课堂氛围依次是：师生观点新颖，视角多样，富有个性化，包容和谐；学生认真听讲，与教师积极互动，积极热烈；课堂以学生讨论与互动为主，民主自由；学生出勤率高，教学环节循序渐进，稳定有序。大学生思想政治理论课优质课堂的课堂氛围是融合了学生和教师这些鲜活的课堂因素共同营造的，对于师生的观点角度、思想深度、协作程度都有综合性的要求。

5.大学生对思想政治理论课教学内容的态度

从数据来看，仅有 7.92%的学生认为只需要背好教材应对考试，而另有 23.77%的大学生认为需要深入阅读与理解教材理论，36.18%的大学生认为要以教材为主自主拓展延伸资料，32.13%的大学生认为要敢于对教学内容质疑并提出创新性研究。综合来看，大学生对于教学内容普遍认为要以教材为主，对现有教材的认同度比较高，但是不想止步于教材内容，要多扩展自己的知识面，多去接受社会的历练等。三分之一的大学生具有创新的诉求，如何调动和保持大学生创新的积极性，引导大学生注重研究和实践，是我们在大学生思想政治理论课上需要关注的地方。大学生对于思想政治理论课的“新”的要求，体现在师生观点、教学理念、教学内容等诸多方面。结合访谈我们发现，大学生的理解水平已经比较高，他们倒不是很在乎教学内容的难度是否过大，反而一些较为陈旧和难度较低的内容会使其减少好胜心和求知欲。

6.思想政治理论课优质课堂的适用教学方法及教学手段

28%的大学生比较青睐于案例教学法，26%的大学生比较喜欢情境教学法，19%的大学生乐于使用小组讨论法，另有12%的大学生热衷于理论讲授法，11%的大学生乐于使用课题研究教学法。综合来看，大学生思想政治理论课优质课堂上使用的教学方法应该是多种多样，符合学生意愿和独具特色，至于如何搭配这些方法的使用以发挥最大的效用，我们要继续探讨。在教学手段方面，近58%的名大学生认为需要借助于多媒体辅助教学，43.47%认为需要将板书与多媒体教学相结合，另有约22%的大学生比较青睐网络教学，约7%认为只需要借助教材，约7%认为只需要借助板书。由此我们可以看出，仅仅依靠教材和板书不能够满足学生的需要，对于只使用多媒体教学也是比较片面的，应该把板书和多媒体教学结合起来，使用网络教学等多种新形式。在教学方法和教学手段上，思想政治理论课优质课堂满足新形势下学习者的需要，采用探究式、参与式、案例式、实践教学等先进的教学方法，多媒体辅助教学等先进的教学手段，增强了教学的说服力、感染力和渗透力，贴合当代学生的个性化需求，与时俱进。为什么多媒体教学如此受学生重视，它在使用的过程中有哪些不足之处，该如何融入大学生思想政治理论课优质课堂的建设，应该是我们将继续研究的内容。

二、当前高校思想政治理论课课堂存在的主要问题

(一)传统教学模式的非突破

“传统的教学模式主要有三个元素构成：教师——黑板——学生”，“我们传统的教学模式通常是‘满堂灌’‘填鸭式’‘一言谈’”[①]，当前大学生对于高校教师思想政治理论课的教学方式满意度较低，反映了当前高校对于传统教学模式的延续：部分高校思想政治理论课教师以教材为中心，以讲授为重点，以知识灌输为主要方式传授知识，忽视了学生自主探究的环节和“知其所以然”的体验过程，教科书和教师的教案仍然是学生信息获取的主要途径，尽管加入多媒体技术在课堂的应用，但许多课件仍为教师教案或教材的翻版，学生忙于PPT的抄写，并未领会所学内容，导致了传统教学模式的延续和非突破。[②] 由此，学生学习的兴趣易遭削弱，学习的主动性易被压抑，加重了对学生主体地位的漠视。一方面，教师在教学过程中是“知识垄断”“知识权威”的“主体”“主宰”，学生则处于被动地位，被牵着鼻子走，难以增进师生的知识、情感的交流和碰

① 邱双成：《现代教育技术在高校思想政治教育理论课的应用探析》，载《湖北函授大学学报》2014年第16期。

② 参见郭建军：《创新教学模式下的思政课堂实效性研究》，载《山西农业大学学报（社会科学版）》2011年第10期。

撞;另一方面,教师很少结合学生具体情况开展教学。学生的来源主要分为理科生、文科生、艺术生及其他类,然而教师在课堂教学中很少结合学生的实际设置具体的教学内容和教学方法;思想政治理论课的开设从大一到大三,在此期间学生的需求重点会有所变化,教师也很少做到结合思想政治理论课的相关内容有意识地帮助学生进行角色转换。加之当前部分教师"一心想往专业课方向发展,谈不上对思政课教材的深入研究和科研工作的进一步开展"[①],各个高校普遍重视科研奖励而忽视教学激励,迫使教师不得不将主要精力用于科研,致使难以很好地达成教学目标。

(二)学生整体素质有待提高

1.学生上课积极性亟待提高

对于学生出勤率及课堂表现的调查反映了学生极高的隐形逃课率,部分学生认为思想政治理论课理论性强,大道理居多,属"高、大、上"课程,实用性低等,因此,课堂上就会产生轻视、敷衍等心理,导致影响课堂学习效果。

2.对思想政治理论课的重要性的意识淡薄

开设思想政治理论课的目的不仅仅局限于提升学生的理论素养,提高学生的思想道德素养、培养学生健全的人格才是开设课程的出发点和落脚点。学生仅仅局限于阅读理解教材以应对考试,并没有充分意识到学习思想政治理论课的重要意义,因此很难端正态度,激发内在的学习动力,将所学知识内化于心,完善品性。

3.方式机械,效率低下

当前,学生对思想政治理论课教学内容普遍存在不求理解的机械记忆的现象,很少做到学以致用,将课堂理论学习与社会实践结合在一起。思想政治理论课的授课方式以教师机械地讲授、学生被动学习为主,很少产生交流互动,严重挫伤了学生课堂学习的积极性、主动性、创造性,也容易使学生产生学习倦怠、学习效率低下等状况。

(三)课程相关建设的滞后性

第一,在教学内容上,片面注重教材,忽视了学科前沿与动态发展,未能密切联系中国特色社会主义建设实际这一丰富的教学资源,对于大学生生活实际和能力提升关照不足。对于一些实践性课题,面临着组织次数少、活动经费不足等问题。虽然每一本思想政治理论课教材较薄,但理论性强,覆盖面广,包含了丰富而抽象的理论知识和为人处世的道德规范。据调查,驻济高校思想政治理论课开课频率为一周一次,时长90分钟左右。要在这么少的时间内,完成提高学生的理论水平、增强学生理论联系实际的能力、培养学生健全的人格的任务显然十分困难。此外,教材之间还有少部分重叠的教学内容,不仅降低了课堂教学的效率,也消耗了教师和学生宝贵的时间和精力。

第二,网络课堂的利用效能低。目前有高校顺应国家精品课程建设,在学校网站上挂出帮助学生课下学习的精品课程,这有效补充和丰富了课堂教学内容,对于学生视野的开拓和思维的扩展具有积极意义。但也存在网页访问率低,宣传效应差,课件

---

① 郑彩莲:《高校"思想道德修养"课的问题与对策研究》,载《中国青年政治学院学报》2005年第4期。

制作不精美，后期课程更新滞后或停止等问题。信息技术素质需要进一步加强，需要在课件制作水平的技术含量上进一步提高。

三、思想政治课优质课堂内涵分析

课堂教学是构成整体教学活动的基本单元，优质课堂教学是教师和学生共同的价值追求。人们主要从两个视角对“课堂质量”概念进行界定：一是从要求的视角，即课堂教学是否达到教学预期；二是从程度的视角，即课堂教学在多大程度上达到教学预期。所以，优质课堂之“优”，就是通过师生的共同努力，最大程度达到教学预期，实现课堂教学最优化。

高校思想政治理论课优质课堂应当力求对当前高校思想政治教学产生一种“范式”导向作用。优质课堂，即是与劣质、低效相反的，优秀的、高质量的课堂，具有典型性和示范效应的课堂。“优”在于教育双主体的功能发挥、教学手段和方法的选用、课堂软硬件环境和课程相关建设等各构成要素方面，向课堂要质量。思想政治课优质课堂是一个发展性的范畴，是和传统思想政治课堂教学相比较的结果，不存在超越时空的“优质课堂”，也不存在绝对的和孤立的“优质课堂”，当前思想政治课优质课堂研究应置于高校新一轮课程改革时代背景之下。

四、思想政治理论课优质课堂构成要素分析

思想政治理论课优质课堂核心在于教学过程的最优化，而思想政治课教学过程是各个构成要素及这些要素相互联系和相互作用的过程。我们认为，从思想政治课教学系统来说，其基本构成要素包括教师、学生、教学资源和教学环境四个方面，组成了思想政治课教学过程的空间结构。

（一）教师要素

其一，教师专业素养要适应教师专业化发展的要求，思想政治课教师必须在具备教师基本素养的基础上，达到教师专业素养的要求，具备较高的理论素养和健全的专业人格，它作为一种无形的教学资源，会对学生的道德修养产生潜移默化的影响。其二，思想政治理论课教学设计是教师顺利开展教学活动的必要条件。它是教师在一定教学理论和学习理论的指导下，为了实现教学目标，应用系统方法对教学过程的诸要素、环节及其相互关系进行科学的分析、描述、计划或规定，为教学活动制定具体可行、可操作性的程序或方案的过程。

（二）学生要素

其一，学生素质方面，思想政治理论课教学应该在充分把握学生素质的基础上，以学生现有的素质水平为起点，充分利用一切资源和方法，有针对性地充分调动学生自身的能动性，促进学生生理与心理、智力与非智力等因素全面而和谐发展，促使先进思想内化为学生自身素质，从而为学生素质的进一步发展奠定基础。其二，学生的学习活动方面，学习活动体现学生的思维品质，以期促使学生高效自主地学习。教师传授引导学生的学习活动，学生自身的学习实践和体验是学习活动的鲜明体现。

(三)教学资源

教学资源是课堂教学中的物质要素,是开展教学的物质基础。思想政治理论课教学资源是指教师和学生在课堂内和课堂外使用的所有资源。包括教材、书刊杂志、音像资源等。这些物质要素是思想政治理论课优质课教学系统中必不可少的重要部分,对于激发学生学习动机和兴趣、促进学生智力发展都有重要作用。

(四)教学环境

教学环境可分为硬环境和软环境。教学硬环境主要包括教室、校舍、相关教学配套设施等物质基础设施,教学软环境主要包括教学手段、校风、学风等方面。这些环境因素都会或多或少、间接或直接地影响学生的学习效果和教师教学效果。从人的发展来看,人具有很大的可塑性,特别是教学软环境会对教师和学生双方互动产生潜移默化的影响,促使教学过程达到最优化。

(指导教师:史家亮、孙余余)

中学校园冷暴力问题现状调查*

孙　巧

摘要：随着近年来校园欺凌事件的频发，社会对这方面的关注逐渐增加，但其背后隐蔽的校园冷暴力问题却还没有得到足够的重视。在中学校园里冷暴力问题不同程度地存在着，并主要通过师生之间和生生之间两种形式表现出来，其中生生之间冷暴力所引发的学生欺凌等暴力问题尤为突出，无论表现的形式如何它都会给学生带来难以估量的伤害，尤其是对学生的身心健康成长造成了难以弥补的消极影响，进而也影响着和谐校园以及和谐社会的建设。

关键词：中学；校园冷暴力；教师；学生

校园冷暴力是指在学校教育中优势主体以语言攻击、忽视、不理不睬、孤立等非肢体或身体暴力行为的方式对弱势客体造成心理或精神层面伤害的现象。校园冷暴力是一种隐蔽却又十分普遍的现象，它从属于校园暴力，而中学又是校园暴力的重灾区。本研究就是在问卷调查和充分了解校园暴力的基础上分析综合，掌握中学校园冷暴力的现状。

一、问卷调查的基本情况

本研究以济南市的中学为例，随机抽取8所中学发放问卷。共发放问卷366份，获得有效问卷342份，问卷回收率为93%。在问卷调查中同时收集被试性别、学习成绩、师生关系等资料。

本次调查研究采用的是自己设计的中学校园冷暴力问题调查问卷。按照校园冷暴力的有关理论，本问卷通过如下几个维度来设计相关问题：冷暴力的表现、冷暴力发生的原因、冷暴力发生之后学生的感受、冷暴力产生的影响等。

其中，冷暴力的表现维度中分为师生之间的冷暴力和生生之间的冷暴力两个方面。而师生之间的冷暴力又包括教师的行为、教师的态度、教师的语言三个方面，生生之间的冷暴力又包括学生的行为、学生的态度、学生的语言三个方面。冷暴力发生的原因维度从师生和生生两个方面加以分析。冷暴力发生之后学生的感受维度分为当

* 本文系山东师范大学大学生创新创业训练计划项目“思想政治教育视域下中学校园冷暴力问题研究——以济南市长清区为例”的阶段性研究成果。

事人和非当事人两个部分，包括师生之间冷暴力当事人的感受、生生之间冷暴力当事人的感受、师生之间冷暴力非当事人的感受、生生之间冷暴力非当事人的感受。冷暴力产生的影响维度分为师生之间冷暴力的影响和生生之间冷暴力的影响两个方面。最后在其他信息维度中，包括师生关系状况、生生关系状况、学生学习状况、教师年龄信息以及构建和谐师生、同学关系的方法，这几个方面可以单独作为分析校园冷暴力的一个侧面，同时可以结合前面的维度进行多变量分析。

二、中学校园冷暴力问题的现状

以下是通过本次问卷调查得到的关于中学校园冷暴力问题现状的资料。通过这些资料的分析，我们能对当前中学校园冷暴力的现状有一个比较清晰的了解和认识。

(一)冷暴力的表现

1.师生之间的冷暴力

(1)教师行为

当被问到“下列行为，哪些在你的老师那里曾经出现过”时，有 8.6%的学生选择把学生比作动物，有 6.2%的学生选择孤立学生，有 6.7%的学生选择取笑学生的缺点，有 4.3%的学生选择用侮辱性的语言嘲笑学生，有 3.3%的学生选择给学生起外号，有 14.4%的学生选择给“问题学生”定性，有 12.0%的学生选择指桑骂槐，有5.3%的学生选择对有“前科”的学生不闻不问，而只有 39.2%的学生选择从未出现过上述行为。可见，师生之间的冷暴力的现象仍然没有从我们校园消失，并且中学校园冷暴力具有一定的普遍性。

(2)教师态度

在“老师对学习成绩不好的学生采取的态度”一题中，有 65.8%的学生选择帮助其进步，有 7.3%的学生选择冷嘲热讽，有 5.8%的学生选择不理不睬，有 21.1%的学生选择和其他同学差不多。从这可以看出，有 13.1%的学生认为学习成绩的好坏影响着教师对待学生的态度，老师对待“差生”的态度是有着“冷暴力”倾向的。

再结合教师的年龄进行分析可以发现，有 10%的学生认为 20～30 岁的老师更倾向用冷嘲热讽的方式；对于 30～40 岁的老师，有 9.0%的学生选择了冷嘲热讽，6.4%的学生选择了不理不睬；对于 40～50 岁的老师，选择冷嘲热讽，不理不睬的学生比重是相同的，都是 8.1%；而 50～60 岁和 60 岁以上的老师在对待“差生”的态度上并没有表现出明显的“冷暴力”的倾向。

(3)教师语言

当被问到“老师在批评你或者同学时，是否使用过‘笨蛋、傻瓜、坏学生、讨厌、给班级丢脸、你比某某差远了、以后你不会有什么发展’等词汇”的问题时，有 10.8%的学生选择经常使用，有 37.4%的学生选择偶尔使用，有 51.8%的学生选择从来没有使用过。可以看出，老师在对学生进行批评的过程中有 48.2%遭到过教师的语言暴力，还是占到了很大的一部分比重，应该引起我们重视。

2.生生之间的冷暴力

(1)学生行为

在回答“当某同学被孤立时，你通常会选择……”问题时，5.0%的学生选择“和其他同学一起孤立他(她)”,4.4%的学生选择“离他(她)远一点”,有68.1%的学生选择“向被孤立的同学伸出援手”,有22.5%的学生选择“很同情,但不关我事”。由此可以得出,有31.9%的学生存在着对其他同学实施冷暴力的可能性,数量还是比较大的。可见,生生之间冷暴力的发生具有一定的普遍性,校园冷暴力往往隐藏在同学相处的细节中,潜移默化地对人的心理造成压力,甚至伤害。同时在不同成绩的学生身上又存在着一定的区别,其中成绩不好的学生受伤害可能性的比重相对大些。

结合“你认为自己在班里的成绩是……”和“看到老师对班上某个同学冷嘲热讽或说其‘脑子笨’等否定性的话语或起外号或孤立冷漠,你会如何对待这位同学”两道问题,有8.8%的学生选择“有时会效仿老师对他的言行,对此同学起外号”,有62.0%的学生选择“对此同学的态度和以前一样”,有6.1%的学生选择“疏远孤立此同学”,有1.8%的学生选择“放学后欺负他‘羞辱他’”,有21.3%的学生选择“其他”。由此可以看出,有16.7%的学生会对其他同学做出带有“冷暴力”特征的行为,同学之间存在着引发“冷暴力”的倾向。再结合学生成绩进行分析,成绩优秀的学生这一倾向性的比重是41.7%,成绩良好的学生这一倾向性的比重是14.5%,成绩一般的学生这一倾向的比重是12%,成绩不好的学生这一倾向的比重是22.7%。可见,不同成绩的学生身上的倾向性存在着显著的特征,其中成绩优秀的学生倾向比重相对较大,应该引起我们的重视。

(2)学生态度

结合“你是否经历过同学、朋友以及室友间的轻视、冷漠和排挤”和“你认为自己在班里的成绩是……”两个问题,有3.2%的学生选择经常经历,有32.5%的学生选择偶尔经历,有64.3%的学生选择从未经历。由此可见,经历过生生之间冷暴力的学生有35.7%,还是占到了很大的一部分比重,应该引起我们重视。再结合学生成绩进行分析,成绩优秀的学生经历过的比重为30.6%,成绩良好的学生经历过的比重为35.9%,成绩一般的学生经历过的比重为35.3%,成绩不好的学生经历过的比重为45.5%。可见,不同学习成绩的学生经历生生之间冷暴力的比重既具有共性又突出个性,其中成绩不好的学生经历过的比重尤为大,这应该引起我们对此的重视。

(3)学生语言

结合“在平时生活中,你的同学有说过挖苦嘲讽你的话吗”和“你认为自己在班里的成绩是……”两个问题,有5.3%的学生选择经常受到同学的挖苦和嘲讽,有45.3%的学生选择偶尔受到同学的挖苦和嘲讽,有49.4%的学生选择从来没有受到同学的挖苦和嘲讽。由此可见,有50.8%的学生受到过同学的挖苦和嘲讽,表明生生之间语言暴力问题是显著存在的。再结合学生成绩进行分析,成绩优秀的学生受到同学挖苦嘲讽的比重为50.0%,成绩良好的学生受到同学挖苦嘲讽的比重为48.7%,成绩一般的学生受到同学挖苦嘲讽的比重为50.9%,成绩不好的学生受到同学挖苦嘲讽的比重为59.0%。可见,在生生之间存在的冷暴力在不同成绩的学生身上存在着少许差异,其中成绩不好的学生受到的冷暴力更为突出。

(二)冷暴力发生的原因

1.师生方面的原因

当被问到“如果教师在批评人时使用‘笨蛋、傻瓜、坏学生、给班级丢脸、你比某某差远了、以后你不会有什么发展'等词汇，你认为原因是什么"的问题时，有20.5%的学生认为原因是教师压力太大，有20.2%的学生认为是教师缺乏耐心，有33.3%的学生认为是教师恨铁不成钢，有26.0%的学生认为是学生太淘气不听话。可见，有74.0%的学生认为师生冷暴力发生的原因取决于教师的主观色彩，这个比重还是相当大的，应该引起我们的重视。

2.生生方面的原因

当被问到"假如甲同学对乙同学有排斥冷落行为，你觉得是什么原因"，有14.3%的学生认为是从众心理，有9.6%的学生认为是甲嫉妒乙比自己成绩好，有17.5%的学生认为是乙同学性格缺陷不合群，有20.5%的学生认为是甲和乙刚吵过架，有38.0%的学生认为原因是青春期情绪化。可见，生生之间冷暴力发生的原因相对比较复杂，学生之间的矛盾冲突趋向多样化，其中青春期情绪化所占比重最大，对此我们应该多角度看待。

(三)冷暴力发生之后学生的感受

1.当事人

(1)师生之间冷暴力当事人的感受

关于"如果在课堂上老师总也不理会你，你会感到……"的问题，6.1%的学生选择了"太好了，就喜欢这样"，有35.7%的学生选择"没什么感觉，不介意"，有39.5%的学生选择了"感到被轻视，有点不满"，有18.7%的学生选择了"很难受，老师对我漠不关心"。由此说明，有58.2%的学生是希望被老师关注的，老师的不理会还是会让大多数的学生感到不满和难受。再结合性别因素可以发现，在面对老师课堂上总也不理会的情况时，女生所感受到的不满和难受的百分比比男生高出了7.1个百分点，这可以明显得出女生比男生更加看重老师对其的关注程度。

(2)生生之间冷暴力当事人的感受

在"当你感到你的同学冷落你而你却不知道原因的情况下，你会有何感受"这一问题中，有27.2%的学生会觉得"伤心委屈，觉得同学太不重感情"，有44.7%的学生会觉得"没什么大不了，也许同学并没有那个意思，是自己想多了"，有17.8%的学生会觉得"气氛郁闷，一定要追问出缘由来"，有10.2%的学生会觉得"无所谓，关系好的朋友有的是，不在乎这一个"。由此可见，只有10.2%的学生明确表示不会在乎同学之间的冷落，剩下的绝大多数的学生都对同学之间的冷落或多或少地在意。再结合性别因素可以发现，男生和女生对同学之间冷落的在意程度，明显看出存在一定的性别差异，男生在意程度的比重是89.0%，而女生在意程度的比重是90.3%，女生比男生更敏感于各种人际关系的变化，更容易感受到同学之间的冷暴力。

2.非当事人

(1)师生之间冷暴力非当事人的感受

关于"当听到老师用难听的话批评你同学时，你的感受是……"的问题，有33.0%的学生感觉"很正常，因为同学犯了错，应受到老师的批评"，有59.1%的学生感觉"不应该，难听的话太伤人的自尊心了，老师应尊重学生"，有7.9%的学生感觉"无所谓，反正老师没用这种话批评过我"。可见，对于教师对学生实施的语言暴力，作为旁观者身份的学生只有33%认为其是一种正常的行为，有59.1%的学生不管教师实施的语言暴力的对象是谁都不能接受，而有7.9%的学生选择了漠视、不管不顾同学受到来自教师的冷暴力，而这种冷眼看待的做法是不正确的。面对校园冷暴力，非当事人冷漠的态度会加剧师生关系的恶化程度。再结合性别因素可以发现，男生漠视的比重为10.3%，女生漠视的比重为6.1%，可以看出男生由于其性格的关系，相对来说比女生表现的态度更加冷漠。

(2)生生之间冷暴力非当事人的感受

在学生被问到“当看到班上有同学受到其他同学的语言攻击时，你的感受是……”，有48.5%的学生感觉“很正常，同学间有点矛盾在所难免”，有44.4%的学生感觉“不应该，难听的话太伤人的自尊”，有7.0%的学生感觉“无所谓，反正我和他们又不熟”。可见，有51.4%的学生并不认为班上有同学发生争吵是一件正常的事情，但其中有7.0%的学生却选择了漠视。再结合性别因素可以看出，这种漠视的态度表现出了明显的性别差异，男生选择漠视的百分比比女生高了6.9个百分点，这说明男生更容易以一种“事不关己高高挂起”的态度看待同学之间的冷暴力，对激化同学之间的矛盾起到了隐形的催化作用。

(四)冷暴力产生的影响

1.师生之间冷暴力的影响

“你认为老师对你的态度好坏……”这一问题，有24.9%的学生选择“常常会影响我的心情”，有56.7%的学生选择“偶尔会对我的情绪产生影响”，有18.4%的学生选择“我不太在意”。可见，只有少部分学生不太在意老师对自己的态度，绝大多数学生都是很在意老师对自己的态度，并且认为老师的态度对自己的影响占到了不小的比重。再结合性别因素可以看出，男生和女生存在着差别。女生认为对自己有影响的百分比比男生高了8.5个百分点，这说明女生更敏感，更容易受到师生冷暴力的影响，对她们的伤害更大。

2.生生之间冷暴力的影响

“你认为被同学、朋友或者室友孤立对你个人有什么影响”这一问题，有32.5%的学生认为“影响很大，扰乱个人正常的学习生活”，有40.9%的学生认为“影响一般，加重心理负担”，有18.7%的学生认为“影响很小，心态受到干扰”，有7.9%的学生认为“基本没有影响”。由此可见，有92.1%的学生认为被同学孤立对自己产生了不良影响，这一比例较大，应该引起我们对生生之间冷暴力问题的格外重视。再结合性别因素可以看出，有30.8%的男生认为“影响很大，扰乱个人正常的学习生活”，而相对的女生所占的比重则为33.7%，可以看出，因为受到同学孤立而产生的不良影响，女生比男生感受到的更大更强烈。

(五)其他信息

1.师生关系状况

当被问到“下面哪个词汇能够形容现在你和老师的关系”问题时，有5.6%的学生选择了“敌对”，有29.8%的学生选择了“冷漠”，有64.6%的学生选择了“朋友”。可见，有35.4%的学生认为自己现在和老师的关系并没有很友好，这一比重还是比较大的，对此我们应该重视和谐师生关系的建立。

2. 生生关系状况

关于“你希望你身边有多少朋友”这一问题，有 41.2% 的学生认为知心朋友有一两个就足够，有 26.6% 的学生认为要三五个朋友一起玩，有 28.9% 的学生认为周围要有一大群朋友，有 3.2% 的学生表示有没有朋友无所谓。可见，只有极少数的学生觉得自己身边有没有朋友都无所谓。可以看出，处于中学阶段的学生都普遍渴望与他人建立亲密的关系，希望得到朋友的相伴。

关于“你平时和身边同学相处得怎样”问题，有 10.5% 的学生表示不怎么和同学交流，有 60.8% 的学生表示经常和同学一块聊天谈梦想，有 26.3% 的学生表示总是形影不离，有 2.3% 的学生表示与同学经常闹别扭。由此可见，大部分学生能够和身边的同学友善相处，但还是有小部分的学生和同学相处得不好。由此，还需要进一步加强和谐生生关系的构建。

三、结果分析

本次调查选取了 8 所中学，这 8 所中学包括 5 所初中和 3 所高中，分布在不同区域，在中学生年龄段上具有一定的代表性。所得结果一定程度上反映了冷暴力在中学校园存在的普遍性：师生之间的冷暴力和生生之间的冷暴力造成了哪些伤害以及伤害的情况如何，诱发不同冷暴力的缘由，当事人和非当事人对此的感受以及所产生的影响。这些问题在调查中均有很好的呈现，取得了较好的调查效果。分析调研资料和数据，可得出如下结论：

（一）校园冷暴力现象在中学里确实存在

校园冷暴力的表现主要分为师生之间的冷暴力和生生之间的冷暴力两种。师生之间冷暴力在班级中是存在的，学生成绩的好坏影响着教师对待学生的态度，教师对待“差生”的态度有着冷暴力的倾向，教师在对学生进行批评的过程中对学生实施语言暴力的可能性比较大。生生之间的冷暴力也是存在的，很大一部分学生都经历过生生之间的冷暴力，多数学生都受到过同学的挖苦和嘲讽，其中成绩不好的学生受到的生生之间的冷暴力尤为突出。出现同学孤立同学的情况时，成绩不好的学生受到孤立的可能性相对较大；出现教师批评或孤立学生的情况时，成绩优秀的学生表现出的冷暴力倾向相对较大。

（二）校园冷暴力问题发生的原因较为复杂

师生之间的冷暴力发生的原因在学生看来主要取决于教师的主观色彩，而生生之间的冷暴力发生的原因相对比较复杂，学生之间的矛盾冲突趋向多样化，其中青春期情绪化所占比重最大。

（三）从关注学生的角度来看，校园冷暴力对当事人造成了伤害，而非当事人的漠视、不管不顾的态度，又助推了校园冷暴力的发生

当教师对学生漠视、轻视或出言伤害，无论这种做法是有意还是无意的，都会对学生产生伤害，大部分学生还是希望受到教师的关注和关爱，其中女生所表现出的关切度比男生更高；绝大多数的学生都对同学之间的冷落或多或少地在意，其中女生对同学冷落自己与否的敏感度高于男生。可见，女生不管是在师生之间还是生生之间的冷暴力中都比男生更容易受到冷暴力的伤害。

面对校园冷暴力，非当事人冷漠的态度会加剧师生和生生关系的恶化程度，其中男生由于其性格的关系，相对来说比女生表现出的态度更加冷漠；同时男生更容易以一种"事不关已高高挂起"的态度看待同学之间的冷暴力，对激化同学之间的矛盾起到了隐形的催化作用。

(四)校园冷暴力对中学生身心的健康成长、和谐校园的建立、社会的安定存在不良影响

绝大多数学生都很在意教师对自己的态度，并且认为教师的态度对自己的影响占到了不小的比重，其中女生因为性格比男生更敏感更容易受到师生之间冷暴力的影响。中学生还处于性格形成的过程中，他们都普遍比较敏感与脆弱，在心理疏导能力上还比较缺乏，同时他们具有较强的向师性，教师在他们心中是权威的代表，所以教师说过的话在他们看来还是非常重要的。而经常在语言上惩罚学生或总是孤立漠视学生的教师，会使学生极易形成敌对心理，在与人的交往中由于自卑而导致自闭，严重的还会形成病态扭曲的心理，对中学生的身心健康产生极大的危害性。研究表明，经常在精神上受到无视(漠不关心)的学生则容易导致回避型人格障碍和类分裂型人格障碍。①

几乎所有的学生遇到自己被同学孤立的情况时都会感到难受和不满，同时女生比男生感受到的更大更强烈。由于中学生知识水平还处于积累的初级阶段，并没有形成系统的判断是非的能力，他们对教师以及其他同学还存在着一定的模仿，而其中对其他同学的模仿占到了很大的比重。这样使得中学生很容易在不辨事情缘由的情况下盲目从众而对某个同学实施以孤立、辱骂等方式的冷暴力。这样同辈群体的不良影响会严重挫伤学生的自尊心、自信心，而被扼杀的自尊心与自信心会在学生的心里留下难以愈合的创伤。同时，如果生生之间的冷暴力不能得到适当的解决，还很有可能产生学校治安秩序破坏等安全问题。近年来，性质恶劣的校园欺凌事件正是生生之间冷暴力演化升级的突出表现。"同龄人的欺凌也是重要的心理创伤。许多分裂型、偏执型、反社会型与回避型人格障碍患者都有被欺负的经历。"②同时，校园欺凌事件的蔓延也会进一步影响到整个社会的安定。

构建和谐校园是社会主义和谐社会建设的重要组成部分，是实现社会和谐的重要一环，而建设和谐校园的一个重要方面就是和谐的校园人际关系的建设。这主要包含两方面的内容：和谐的师生关系与和谐的生生关系。然而校园冷暴力却影响了师生与生生关系的和谐，造成了师生之间交流沟通的障碍，同时破坏了生生之间的友好相处，更容易引发中学生的叛逆心理，进一步加重学生身心所受的伤害。

我们常说青少年是国家的未来和民族的希望，然而校园冷暴力问题的存在却严重地阻碍了青少年的健康成长，这就要求我们必须要关注校园冷暴力问题，采取适当的措施以减少冷暴力的发生，还他们一个和谐快乐的校园。

(指导教师：刘芳)

---

① 参见[日]冈田尊司：《不正常人类研究所》，曹逸冰译，天津社会科学院出版社2016年版，第47页。

② [日]冈田尊司：《不正常人类研究所》，曹逸冰译，天津社会科学院出版社2016年版，第47页。

公益组织参与留守儿童教育的调研与反思

——以贵州省毕节市家乐小学为调研对象*

和志英

摘要:中国目前存在着城乡经济发展的不平衡,导致很多农民外出打工,选择将孩子留在农村,导致留守儿童的数量变得很庞大,留守儿童的教育问题成为社会关注热点。为了改善和缓解留守儿童的现状,很多公益组织应运而生。本项目小组为了调查公益组织对农村留守儿童教育的影响,成员在原有参与公益组织(暑期支教)的基础上再次深入实践调查走访。调查贵州省三合小学、家乐小学留守儿童基本教育情况与受公益组织帮助的基本情况,并据此分析公益组织对留守儿童教育的影响,提出思考与建议。

关键词:留守儿童;公益组织;教育

贵州省作为留守儿童基数庞大的劳务输出省份,近几年频繁发生留守儿童事件,不断引起社会的广泛关注。这样频发事件背后的原因是什么?值得我们深思。

一、贵州省毕节市家乐小学留守儿童教育基本概况

本项目小组成员在2015年曾随校内社团在贵州省毕节市家乐小学、凯里市三合小学展开暑期支教,发现当地小学也有很多留守儿童,在2016年暑假又踏上了调研留守儿童与暑期支教的路,对两所小学的留守儿童做了一个全面的调研,其中以毕节市留守儿童为重点调研对象。

(一)毕节市家乐小学基本情况

毕节市属于贵州省下辖地级市,位于贵州省西北部,是个多民族聚居的地区。在毕节有46个民族,少数民族占总人口的25.88%。基于毕节独特的地理条件和经济条件,青壮年纷纷外出务工,这也就导致了日趋严重的留守儿童问题。据不完全统计,在毕节80%多的中小学,留守儿童就占到了一半以上。家乐小学的具体位置是贵州

* 本文系山东师范大学2016年度大学生创新创业训练项目(国家级)“公益组织对留守儿童教育的影响——以公益组织在贵州家乐小学、三合小学的参与为例”阶段性成果。项目编号:201610445098;指导教师:冯芸。

省毕节市织金县官寨乡联盟村家乐组，家乐位于黔西北地区，以山区为主，很多喀斯特地貌，独特的地理环境导致了交通的不便和经济的落后。

家乐小学始建于2002年，最初由于村里的孩子上学要去很远的其他村子，所以村民自发建立了这所小学，最初的小学只有两间土坯房，没有任何基础设施。而且师资力量匮乏，最初的授课老师也只能由村里有初中知识水平的村民担任。到2005年，有企业家了解到家乐小学具体情况后捐赠一大笔善款用于改建学校，但依旧面临着师资短缺和基础设施不完善等问题。从2009年开始，逐渐有像西部支教同心会、“绿之叶”、海外中国教育基金等各种公益组织和个人向学校提供帮助。随着公益组织对家乐小学援助的不断深入，到2016年，家乐小学已经拥有两层小楼，办公室、教室、图书室、厨房、厕所、篮球场、乒乓球桌等基础设备也都很齐全，同时师资力量也较为稳定，每年固定有六位老师在家乐小学从事教学工作，其中三名老师为本村村民，另外三名老师为公益组织输送的支教。

（二）毕节市家乐小学留守儿童教育基本情况

1.留守儿童人数

	总人数	留守儿童	留守儿童比例	年龄分布	特殊家庭（父母离异或父母一方去世）
一年级	20	13	65.0%	4～9岁	2
二年级	8	5	62.5%	8～10岁	1
三年级	9	8	88.9%	8～13岁	1
四年级	13	10	76.9%	9～13岁	1
五年级	9	4	44.4%	11～13岁	1
六年级	6	2	33.3%	12～15岁	2
全校	65	42	64.6%		8

2.家乐小学留守儿童教育存在的问题

（1）学习成绩总体偏下

在学习成绩问题上不仅是留守儿童，整个学校的成绩都在偏下的水平，我们在教授语数外主课过程中发现学生们存在一个普遍的问题：这一秒听懂，下一秒就不知道老师讲的是什么。我们在同一个问题上会重复十几遍，可是有的学生依旧不会。一份数学试卷，在60分以上的人数不到一半，班级内也会有好几个学生考个位数。基础知识十分薄弱，尤其是拼音，即使是五年级的学生也有不会标拼音，有的学生到高年级了也不会背九九乘法表。对比留守儿童与非留守儿童的成绩，留守儿童的成绩普遍偏低，虽然成绩偏差不是很大，留守儿童中也有成绩好的人，但是非留守儿童的全面发展情况比留守儿童好很多。留守儿童中成绩优异的学生也许考试成绩好，但是在课外读物与副科方面则表现不好，非留守儿童除了语数外主科能均衡发展外，在课外读物、语言表达能力、副科等方面普遍较好。

(2)学习过程中家长工作无法展开

留守儿童,顾名思义是父母不在孩子身边,所以在留守儿童的受教育过程中父母这个角色是缺失的。在与杨校长的聊天过程中他说孩子父母是“不负责”的人,每年外出务工回来后只会留下一些钱然后又离开,每年开学来开家长会的人寥寥可数,有些是爷爷奶奶来开家长会,但是因为老人本身知识水平不高,对学生学习不了解所以没办法与他们沟通,这些老人每天能做的只是保证孩子的吃穿。父母不在身边导致了两个问题:孩子学习没人监督,也没人辅导。小学生年纪小,在学习上没办法做到积极主动,离开学校这个学习环境,学习在家里做不到衔接,留守儿童一回家大部分就不做作业,只看电视,也没有人监督他们的作业。在家访的过程中与家里老人聊天,他们说平时孩子也会和家长打电话,但是聊天过程中几乎不聊孩子的学习,父母在电话中最多就是叮嘱孩子要听老人的话。

(3)留守儿童心理问题影响学习

在支教一个月的过程中,我们给孩子们上课,和孩子们一起玩,发现留守儿童中存在的心理问题主要有三种:一是性格暴躁极端,容易发脾气;二是性格很内向,不愿意开口说话,很难进行沟通;三是有很多不好的坏习惯,不能和同学们融洽相处。

朱××,男,三年级,家里有两个哥哥,分别读三年级和五年级,三兄弟的爸爸在外出务工时去世,母亲独自抚养他们三个生活非常艰辛。由于要抚养他们上学,还要还爸爸留下的债,母亲不得已改嫁到邻村并跟随其继父外出打工,并把三兄弟托付给他们的伯父伯母照顾,一个月支付给三兄弟一共500元生活费。他们平时不知道如何使用这500元,往往会发生饿肚子或者每天煮泡面吃的情况。最小的朱××因为平时缺少大人的管教与引导,会有一些极端的言行,容易与其他同学发生冲突,与他人打架,破坏学校的设施,甚至会和老师发生冲突,把老师买给他的假期作业撕毁。其实他很聪明也很善良,成绩在三兄弟中是最好的,但性格很容易暴躁,连两个哥哥也被他打过。

黎××,男,一年级,5岁,他的年纪还不到读一年级,但因为村里没有幼儿园,所以不满入学年龄的孩子都会在一年级。家里有爸爸和姐姐,爸爸在假期从外地务工回来,黎××的爸爸和妈妈在没有结婚的情况下生下两个孩子,后来妈妈又离开他们,爸爸和叔叔照顾他们,姐姐小时候在贵阳幼儿园上过学,所以基础很好,在班级里成绩属于前三名,姐姐也很照顾弟弟,但黎××在学校总是穿着与自己身型不符的衣服。他的问题在于喜欢说谎,喜欢吐口水,会拿别人的东西。吐口水是在上课的时候发现的,经过教育之后还是会有学生举报,最初说谎和拿别人东西是在与学生们的聊天中了解到的,不仅是一年级的孩子,其他年级的孩子也会这样说。在一个月的相处中,我们也确实发现他爱说谎的毛病,不同老师与他交谈得到的结果都不一样,我们也发现他很喜欢翻同学的东西。

通过这两个明显的案例,我们发现这些心理问题不仅会影响他们的学习,对他们以后的生活也是很不利的,学校的教育没办法做到方方面面,有很多需要家庭环境去促成,他们的心理状况如果不及时加以修正,很难想象以后的发展趋势。

(4)电子产品对留守儿童教育的负面影响

在我们的支教过程中,手机问题是屡次被提起的,高年级的留守儿童几乎每个人都有一部手机。父母为了方便孩子与他们联系,加之如今手机价格不高,于是就给孩子买了手机,父母的初心是好的,但是孩子们能否正确使用手机就要另当别论。孩子们拿手机主要的用途不是给父母打电话,而是打游戏与结交网友,打游戏最为严重,本应该在操场上奔跑的年纪却变成三五个人盯着一部手机看三四个小时。

2016年暑假是我第二次前往家乐小学支教,第一次是2015年暑假,我当时是四年级的班主任,负责四年级的英语教学,班上有一个男生叫陈××,他有两个弟弟,爸爸外出打工,妈妈负责照顾三兄弟。陈××在班上属于很受欢迎的那种类型,虽然成绩比较差,但是与班里的孩子相处得很好。一个月相处下来感觉陈××是一个大暖男,是一个很讲义气的孩子,关心老师,爱护同学,有责任感,能担当。但是第二次暑期支教的时候,陈××完全变了一个人,已经不是我记得的那个小男生,而且2016年的暑期支教他只来了两三天。后来通过他的两个弟弟了解到2016年他们的妈妈也外出务工了,而陈××每天在家玩手机游戏。有一天去他家家访,在家访的路上见到他在和村子里初中的孩子一块儿玩。他一直躲着老师,问他为什么不去补课,他说不关我们的事,他说出这句话的时候我是很震撼的,没想到一年的时间竟然可以改变一个人那么多。很大一部分原因是父母的离开导致没有人管他,加上父母为了方便联系给他买了一部手机,但这反而使他开始沉迷于手机,每天就玩手机游戏,连两个弟弟的饭也顾不上做。渐渐地发生了心理变化,开始产生厌学心理。

二、公益组织参与家乐小学留守儿童教育的基本概况

(一)山师西部支教同心会对家乐小学的帮助情况

1.山师西部支教同心会简介

西部支教同心会成立于2009年,其前身为青岛大学同心会,最早隶属于山师体育学院,2014年升级为校级社团。它是一个以联系东西部,服务西部教育为宗旨的公益性社团。其主要活动是暑期西部支教活动。目前有两个支教点:一个是位于贵州省毕节市的家乐小学,另一个是位于贵州黔东南苗族侗族自治州的三合小学。这两所学校目前都得到了很好的发展。同时,针对暑期的支教活动,西部支教同心会在学校也开展了一些日常活动,如“爱心回收 & 爱心义卖”为两所学校的孩子筹集奖学金,针对留守儿童的“爱心一帮一”加强与留守儿童的心灵交流等。另外同心会还与学校的其他公益组织和“美丽中国”等公益组织开展“暖冬拥抱”和“旧书义卖”等公益活动,受到了山师广大师生的好评。西部支教同心会的支教活动曾先后被《齐鲁晚报》、大众网等媒体报道,而且多次被评为“最受欢迎社团”和“最具人气社团”等。

2.同心会2016年的具体支教活动

(1)教学任务

开设科目:语文、数学、英语、科学、品德、音乐、美术、舞蹈、体育、安全教育、故事课。

(2)暑期活动一览表

时间	活动内容	活动对象	活动目的
7月31日～8月15日	家访	家乐小学一至六年级学生以及家长	了解学生尤其是留守儿童家庭状况和在家作业完成情况,让学生感受到来自老师的关怀。
8月9日	火灾演练	家乐小学一至六年级学生	让学生掌握火灾逃生能力,提高留守儿童的防火安全意识。
8月21日	表彰大会	家乐小学一至六年级学生	对各方面表现优异的学生进行表彰奖励,提高他们的自信心。
8月22日	南瓜节+送别晚会	家乐小学一至六年级学生、家乐老师、家乐村民	传承当地传统节日,展现学生才艺,正式告别避免给学生造成心理伤害。

(3)其他帮助

捐赠图书:每次暑期支教前会和家乐小学的老师联系,询问学校老师缺少哪些种类的书籍,2016年暑假购买100多本书籍捐给家乐小学。

发放奖学金:每年我们会从社团"爱心义卖&爱心回收"的成果中拿出500～1000元作为优秀学生的奖学金,这部分奖学金由学校校长代发。

(二)"绿之叶"公益组织对家乐小学的帮助情况

1."绿之叶"公益组织简介

2012年初,"绿之叶"公益发展促进中心的前身——"绿之叶"支教正式成立。2014年初,获得中华人民共和国非政府组织(NPO)合法公益资质。截至2016年12月,"绿之叶"公益已累计开办17所支教校点,目前正常运营中的有11所(其中自主建造的有5所),累计为山区输送200多名来自全国各地的支教老师,累计帮助超过3000名山区儿童重返课堂。此外,以支教项目为根基,"绿之叶"组织还开展了各类城市公益活动,包括义卖、跳蚤市场、好妈妈成长计划、"小小志愿者"、一堂爱心课、爱心徒步活动、"三洗计划"、中国大学生乡村支教发展论坛等。

2."绿之叶"对家乐小学的援助

自2014年春季学期以来,"绿之叶"公益已连续往家乐小学输送支教老师22名,每位支教老师任期为一学期或一年,在家乐小学的教学、管理和发展方面均做出了很大的贡献。在留守儿童心理和推行"三洗计划"方面也付出了很大的努力。

(三)其他公益组织对家乐小学的援助

1.海外中国教育基金会

(1)图书项目:自2012年家乐小学引进图书项目以来,从最初的几个简陋的图书角,经过海外教育基金会的几次帮助,发展成了拥有各类图书上千本的初具规模的图书室,方便了师生课外学习。

(2)"日有所诵"项目:通过海外教育基金会资助的"日有所诵",加之家乐小学教师的配合,实现了书籍的流动使用,"日有所诵"项目在晨读时间顺利展开,取得了很大的成效。

(3)对于教师的援助:对教师的工资补助和爱心午餐,以及在江老师家庭遭遇事故时给予的补助款,都体现了对乡村教师的关怀,帮助他们解决后顾之忧,从而更好地投入到留守儿童教育中去。

2.个人与企业

(1)捐赠物品:衣物、图书、音乐器材、文具、办公用品、生活用品(太阳能热水器、电暖气、饭盒)、体育器材、校园设施(旗杆)、教师的慰问补贴。

(2)开展项目:爱心午餐、参加“农村小规模学校成长计划寒假培训”、受邀参加“IN关爱留守儿童慈善”义演晚会与慈善音乐会。

三、对公益组织参与留守儿童教育状况的思考与分析

(一)公益组织参与留守儿童教育的积极影响

1.提供了完善的基础设施,创立了一个良好的学习环境

家乐小学在各种公益组织的帮助下,由原来的两间小平房变成了两层小楼,办公室、教室、图书室、厨房、厕所、篮球场、乒乓球桌等都很齐全,办公室里的办公设备也很齐全:打印机、电视机、电脑等,给老师的办公提供了极大的便利。同时还有很多捐赠的体育器材、图书、学习用品等,给孩子们提供了基本的学习工具,让孩子们更好地投入学习中。以前孩子们下课或者体育课只能在操场上追逐打闹,现在有更丰富的课余活动:打篮球、羽毛球、乒乓球、去图书室看书、下象棋……多样的课余活动为孩子们的身心健康发展都提供了良好的条件。

2.固定的教师资源保证了基本的教学工作,提升了教学质量

在以前,家乐小学的教师主要来自村里初中水平的中年人,不仅人数不够,在教学质量上也没有保证。“绿之叶”的老师输送给家乐小学的教学工作提供了帮助,每年3～4个的支教老师保证了家乐小学的教学正常开展,而且这些老师基本上是大学本科的学历背景,经过公益组织一段时期的培训,在教学质量上要比以前的村里老师规范。先进的教学方法和教学理念、全面的知识结构都能让孩子们在不同程度上提升教学质量。输送的老师在家乐小学的主要工作就是教学,有更多的时间投入教学工作,加上家乐小学人数少,能够尽可能针对每个孩子进行辅导,这也在一定程度上弥补了留守儿童回家后没人监督学习的情况。同时,像同心会这样的大学生暑期支教组织能在假期为孩子们进行补课,把平时薄弱的学科尽力补上来,为下学期学习打下一个良好的基础。

3.拓展孩子兴趣,培养孩子特长

留守儿童一般回家就是看电视、玩手机或者帮助爷爷、奶奶干活,在以前学校也缺乏开展兴趣班的教学用品,公益组织的优点就是既提供了教学用品,也提供了开设相关科目的老师,例如美术课,有些支教老师有美术特长,而且公益机构会提供更多绘画用品,还包括书法课、故事课等。值得一提的是开展结合本地实际的兴趣活动,很多留守儿童是少数民族,公益机构会联合当地老师开展一些具有少数民族特色的活动,不仅让孩子们从活动中发展兴趣,也让他们从小有民族自信。在这些课程的学习中,留守儿童会把注意力转向自己感兴趣的科目,一定程度上减少玩手机、打游戏的时间。

4.陪伴孩子,改变留守儿童的心理

经过两次暑期支教,我们发现其实留守儿童最需要的就是陪伴。他们有一个共同

的特点就是渴望得到老师的关注，但不知道如何表达，有更多的老师陪伴在他们身边，与他们交流，长期下来能够渐渐打开他们的心结，走进他们的世界，了解他们，然后对症下药，改变他们不好的习惯。暑期支教的一个最大好处也体现在陪伴留守儿童，一个月的相处能够逐渐了解他们，有女生一直不愿意和别人交流，经过老师一个月的相处，最后愿意打开自己的心扉，和老师同学聊天，也有脾气暴躁的男生在老师的耐心帮助下愿意克制一点自己的暴躁。陪伴还有一个好处是可以改变孩子们一些不好的习惯，例如有的孩子总是吃泡面和小卖铺的垃圾食品，老师每次看到都会提醒；有的孩子经常脸和手都不干净，老师每次见到就会让他们去水池边洗干净。这样时间久了，孩子们也会慢慢改变这些不好的习惯。

5. 给本土老师外出考察学习的机会，更好地建设学校

很多公益组织会定期开展乡村教师培训工作，一方面为中国各地的乡村教师提供一个互相交流的机会，另一方面会有农村教育专家给农村教师进行培训，教给他们更科学更适合农村留守儿童的教学方法。本土老师除了有机会走出乡村了解外界世界，也能在培训过程中学习到更科学的管理办法，更好地建设家乡学校。

（二）公益组织参与留守儿童教育中存在的问题

1. 教师的流动性大，对孩子的心理和学习都有一定影响

不仅是短期支教的大学生公益组织，支教一年的老师也会发生这样的情况。留守儿童本身对陌生人就很敏感，经过一个学期或一个月，留守儿童已经熟悉了老师，打开心扉与他们交谈，但是老师的离开会让他们伤心，又需要去认识新的老师。在学习上，每个老师的教学方式是不同的，一个月或者一年的时间里支教老师会带去一些新的教学方式，但是开学之后会有原来的老师或者新的长期支教老师去教授学生，因此让孩子们适应不同老师的教学方式，转变一些学习习惯需要一定的时间。

2. 过多的援助让孩子产生依赖心理，不知道感恩

公益组织的捐赠一般是学校公用物品，每个学生都一样，但是一些资助是针对有特殊情况的个别学生，一些不恰当的捐赠方式。例如，当着其他同学的面问"谁是留守儿童""谁需要捐助"，这不仅给孩子们的心理造成伤害，也会让这些孩子认为一直都会有人帮助他们。曾经发生过留守儿童通过手机 QQ 向曾经的支教老师索要红包、索要话费的情况。

3. 支教老师个人素质带来的问题

公益机构的出发点是好的，但是最终执行到个人时就不一定也是完美的。有些支教老师在与留守儿童的相处中会有一些不恰当的言语和行为。例如在孩子面前玩手机，把手机拿给孩子玩等。有些支教老师经过公益组织的培训后到了支教地，但因为接受不了支教地的环境而离开，造成教师空缺，使学校教学工作难以开展下去。

针对以上存在的这些问题，我们希望公益组织在参与留守儿童教育过程中，增强自己的队伍建设，采取更合理、更有效的措施来帮助留守儿童的成长。关于公益组织如何更有效帮助留守儿童的教育，我们也将在接下来的调研中继续探索，为社会公益组织和高校公益社团帮助留守儿童提供行之有效的方案。

（指导教师：冯芸）

后 记

2012年11月，山东师范大学被确立为山东省首批重点建设应用基础型人才培养特色名校。随后马克思主义学院的思想政治教育专业被评为山东师范大学名校工程重点建设专业。在推进名校工程专业建设的过程中，学院根据学校要求开始在思想政治教育专业设立卓越教师班，以满足新时期卓越人才培养的需要，培养造就一批热爱教育事业，具备良好的政治理论素质、思想道德素质、文化素质及创新素质，能在中等以上学校从事思想政治学科教学、科研、管理等工作的优秀复合型人才。为此，学院精心组织了一批科研能力强、有责任心的教师作为卓越教师班学生的学术指导教师，指导学生进行学术研究，奠定其进行科学研究的基础。

思想政治教育专业2014级卓越教师班，是马克思主义学院第三届卓越教师班。本文集即是2014级卓越教师班的同学在老师的指导下，结合专业学习以及对社会热点问题的思考所形成的科研成果，同时本文集还收录了2016年度山东师范大学大学生创新创业项目(国家级、校级)的阶段性研究成果。成果主要围绕马克思主义基本原理、马克思主义中国化、思想政治教育、政治学、国际政治与国际关系、伦理学、社会学、中共党史与党建、教育理论与中学德育课教学等领域的相关问题，进行了相对广泛深入的探讨，反映了当代大学生对重要理论与现实问题的多维度思考和理论探索，展现了思想政治教育专业学生自觉的时代担当、良好的学习风貌和学术追求。由于学生刚刚开启学术研究之路，文中难免会有这样那样的疏漏和瑕疵，我们诚恳地期待来自各方面的指导与批评指正。

本文集的结集出版要感谢学校的大力支持和学院领导的高度重视，感谢指导教师的精心指导，感谢山东大学出版社的大力支持。特别需要说明的是，相关指导老师在日常繁重的教学科研工作之余，尽职尽责、不计名利地参与到对学生科研的指导工作中，付出了大量心血，保证了论文的质量和水平。本文集成果的论证，参考引用了大量相关研究成果，在此一并致以诚挚的谢意！

编 者
2018年7月